LES CRIMES DE LA WEHRMACHT

collection tempus

Wolfram WETTE

LES CRIMES DE LA WEHRMACHT

PERRIN
www.editions-perrin.fr

Secrétaire générale de la collection :
Marguerite de Marcillac

Titre original :
Die Wehrmacht. Feindbilder, Vernichtungskrieg, Legenden

Traduit de l'allemand par Olivier Mannoni

Ouvrage publié avec le concours du Centre national du livre

Éditions Perrin, un département d'Édi8,
12, avenue d'Italie – 75013 Paris
Tél. : 01 44 16 09 00 – Fax : 01 44 16 09 01
www.editions-perrin.fr

ISBN : 978-2-262-04277-6

tempus est une collection des éditions Perrin.

Sigles et abréviations

DDP	Deutsche Demokratische Partei (Parti démocratique allemand)
DFG	Deutsche Friedensgesellschaft (Société allemande pour la paix)
DNVP	Deutschnationale Volkspartei (Parti populaire national-allemand)
DNZ	*Deutsche Nationalzeitung*
DVLP	Deutsche Vaterlandspartei (Parti patriotique allemand)
GKSD	Garde-Kavallerie-Schützen-Division (Division garde-cavalerie-tirailleurs)
HLKO	Règlement de la guerre terrestre de La Haye
HSSPF	Höhere SS- und Polizeiführer (Responsable de secteur pour la SS et la police)
IMT	Internationales Militärtribunal (Tribunal militaire international)
KPD	Kommunistische Partei Deutschlands (Parti communiste d'Allemagne)
MGFA	Militärgeschichtliches Forschungsamt (Centre de recherche sur l'histoire militaire)
NSDStB	Nationalsozialistischer Deutscher Studentenbund (Alliance allemande des étudiants nationaux-socialistes)
NSFO	NS-Führungsoffizier (Officier de direction national-socialiste)
ObdH	Commandant en chef de l'armée de terre
OC	Organisation Consul

OHL	Oberste Heeresleitung (Direction suprême de l'armée de terre)
OKH	Oberkommando des Heeres (Haut commandement de l'armée de terre)
OKW	Oberkommando der Wehrmacht (Haut commandement de la Wehrmacht)
OKW/WPr	Service de la propagande de la Wehrmacht au sein du haut commandement de la Wehrmacht
RSHA	Reichssicherheitshauptamt (Office central de sécurité du Reich)
SA	Sturmabteilung (Section d'assaut)
SD	Sicherheitsdienst (Service de sécurité)
SK	Sonderkommando (Commando spécial)
SS	Schutzstaffel (Escadron de protection)
USPD	Unabhängige Sozialdemokratische Partei Deutschlands (Parti social-démocrate indépendant d'Allemagne)
VdS	Verband deutscher Soldaten (Union des soldats allemands)
WfTs/WPr	Section de la propagande de la Wehrmacht au sein de l'état-major de direction de la Wehrmacht

Avant-propos

Wolfram Wette ne s'est pas donné pour unique objectif de proposer une nouvelle description de ce que l'on a appelé la « compromission » de la Wehrmacht dans la guerre d'extermination. Il montre surtout ce que recouvre ce concept : l'évolution de l'idéologie et de la caractérisation de l'ennemi, qui avait commencé bien avant 1933 et qui a incité les groupements nationalistes à voir dans cette alliance entre la Wehrmacht et le national-socialisme une opportunité plausible d'assurer le déploiement des forces allemandes.

Si l'image de la Russie au sein de la société allemande est devenue la caricature du « bolchevisme russe », cela ne tient pas uniquement aux nationaux-socialistes. La Reichswehr, certaines parties de la bourgeoisie dite de culture, mais aussi des voix cléricales y ont contribué. C'est dans ce phénomène que s'enracine la participation de la Wehrmacht à la Shoah. Il n'a pas été nécessaire de lui forcer la main pour qu'elle participe à la réalisation des buts de guerre de Hitler à l'Est. Les généraux n'ont pas été victimes d'un détournement.

Wette ne se contente pas de propos abstraits, il ne se lance pas dans une thèse de sciences politiques. Il montre le lien entre des idéologies exerçant un pouvoir politique, des actes qui s'enchaînent et des décisions prises par les chefs militaires à différents niveaux de la hiérarchie, autant d'éléments qui ont fait jouer à la Wehrmacht, dans la division du travail d'extermination, un rôle parallèle à celui dévolu aux organes spécialisés dans cette tâche.

Ce que l'on ne trouve guère dans la plupart des études sur cette guerre, l'attitude de l'« homme ordinaire » obligé d'obéir, Wette le décrit dans le contexte des limites et des aléas du système national-socialiste. La volonté de résistance née de l'esprit chrétien ne pouvait guère compter sur l'assistance des deux grandes Églises, alors que les Témoins de Jéhovah se savaient soutenus par leur communauté de foi lorsqu'ils refusaient de servir dans la Wehrmacht. Dans la perspective de l'« homme ordinaire », la part des actes assumée par la Wehrmacht dans cette division du travail et les éléments exprimant l'état d'esprit des généraux sont particulièrement flagrants – y compris lorsqu'il s'agissait de certains membres de l'opposition militaire. On voit apparaître ici une dimension importante de cette étude de la « guerre d'en bas » à laquelle Wette se consacre depuis déjà un certain temps.

Cette approche joue aussi un rôle pour le second grand sujet de ce livre : l'histoire de la manière dont on a abordé le rôle de la Wehrmacht, qui est aussi une histoire de l'étouffement, de la banalisation et de la falsification, et dont les conséquences ne sont pas encore effacées à ce jour. Il s'agit en l'occurrence d'une « prestation globale » du national-conservatisme, alimentée par la « guerre froide », encouragée de manière déterminante par l'armée, la justice et ceux qui avaient un intérêt politique à obtenir le réarmement. Cette histoire, Wette l'illustre en présentant des exemples convaincants de cette stratégie d'étouffement qui n'a pas seulement exercé un effet durable sur la manière dont s'est ensuite constituée la tradition de la Bundeswehr*, mais aussi sur

* L'armée fédérale d'Allemagne de l'Ouest, qui succéda à la Wehrmacht en 1955 (*NdT*).

la science historique elle-même, avec, entre autres résultats, le fait que la recherche en histoire militaire et la recherche sur la Shoah ont suivi des « chemins séparés » et que le tabou commence tout juste à se lever.

À ce seuil du changement de mentalité, le livre de Wette est indispensable. Il montre comment on peut intégrer des textes critiques déjà existants à un tableau d'ensemble. Et il le montre de manière impressionnante, car son articulation est claire et son style remarquablement lisible. Peu de livres incitent autant que celui-ci à la réflexion.

Manfred MESSERSCHMIDT

1

L'ennemi : Russie, Union soviétique et bolchevisme

En 1941, le corps des généraux de la Wehrmacht envisageait contre l'Union soviétique une guerre sans précédent historique : un conflit fondé sur une motivation idéologique et visant à l'extermination physique de certains groupes ennemis. Cette réalité n'est plus contestée aujourd'hui. Mais les causes de ce phénomène appellent toujours une explication. Comment a-t-il pu se faire que les généraux de la Wehrmacht aient repris à leur compte la guerre d'idéologie raciale qu'avait voulue Hitler, et l'aient mise en œuvre au nom du pouvoir de commandement qui leur avait été conféré ? L'étude de la période qui a immédiatement précédé l'attaque allemande contre l'Union soviétique n'apporte qu'une réponse insuffisante à cette question. Car, en ce qui concerne l'histoire idéologique, certains des éléments à l'origine de la guerre d'extermination contre l'Union soviétique remontent beaucoup plus loin dans le temps.

Il faut en premier lieu reconstituer les images que l'on se faisait de la Russie. Car les connaissances qu'avaient les généraux de la Wehrmacht sur l'Union soviétique en 1941 et la réflexion qu'ils menaient sur ses habitants ont joué un rôle politique considérable. L'élite militaire constituait en effet un pouvoir essentiel au sein de l'État national-socialiste. Quand on décrit la Wehrmacht comme le « second pilier » de l'État national-socialiste, comme son « meilleur garant », on ne rappelle pas seulement que la Wehrmacht était un immense appareil de pouvoir, mais aussi que l'élite de la Wehrmacht, si elle l'avait voulu, aurait aussi pu jouer le rôle d'un pouvoir autonome. Qu'elle n'ait en règle générale pas voulu tenir ce rôle est un constat qui appelle une explication.

Les militaires refusaient la démocratie parce qu'ils la considéraient comme une organisation politique faible ; ils saluèrent la restauration d'un État autoritaire sous la direction de Hitler. Ils n'avaient pas compris qu'au cours de la Première Guerre mondiale l'Allemagne avait été vaincue par des démocraties qui étaient mieux parvenues qu'elle à motiver et mobiliser leurs populations. Leurs préjugés antipluralistes empêchèrent les militaires allemands de comprendre ces liens.

Il est une évidence que l'on refoule souvent : même s'il exerçait aussi depuis 1934 les fonctions de commandant en chef de la Wehrmacht, le dictateur qu'était Hitler n'était pas en mesure de planifier, préparer et mener ses guerres tout seul. Il ne put le faire qu'en étroite collaboration avec l'élite militaire et ses auxiliaires, les officiers des états-majors généraux des différentes armes. De fait, si l'on met entre parenthèses des objections occasionnelles et portant sur des questions strictement militaires, les plans de guerre bénéficiaient d'un large consensus.

La Russie dans l'œil allemand

Les images que les gens se font d'un autre pays exercent-elles vraiment une influence durable sur le type de coexistence des peuples concernés ? Ou bien n'ont-elles jamais, en réalité, cette dimension politique ? D'une manière générale, on peut dire que les idées que les gens se font des autres nations ont même, dans certaines circonstances, un poids politique plus important que la réalité proprement dite. Il arrive souvent qu'on ne connaisse pas du tout la situation réelle d'un autre pays et de ses habitants. C'est donc à l'image qu'on a de l'étranger que revient le rôle de remplacer une réalité que l'on ne connaît pas par soi-même. Cette image oriente notre pensée et, le cas échéant, guide aussi notre action. Même si ces représentations ont un caractère fantasmagorique, elles constituent un facteur politique de poids. Le pouvoir des images tient au fait qu'on croit en elles, et non à la part de réalité qu'elles reflètent. Les images de la Russie dont on retrouve la trace dans l'histoire conflictuelle des relations germano-russes au cours de ce siècle en sont une illustration éloquente.

Cela ne dit naturellement rien encore sur la manière dont une certaine image de la Russie est entrée dans la tête des gens. Il est totalement impossible d'apporter à cette question une réponse monocausale : les éléments les plus divers interfèrent dans la formation des idées que l'on se fait d'un autre pays, et il est rare de pouvoir les faire apparaître clairement. Il est cependant possible de désigner et de décrire le rôle des élites politiques dans la genèse des images que l'Allemagne s'est faites de la Russie au cours de ce siècle. L'objectif était de convaincre les Allemands du bien-fondé et de la nécessité des concepts politiques en vigueur, notamment lorsque la seule manière de les imposer était la force militaire.

Dans ces situations historiques, les caractérisations de l'étranger prenaient la forme de portraits de l'ennemi, ce qui signifiait concrètement que leur teneur en réalité avait encore moins d'importance qu'auparavant. Elles servaient moins à informer qu'à motiver son propre camp afin de préparer et d'accompagner un conflit armé[1].

L'image que la « bourgeoisie de culture » avait de la Russie

Au début du XXe siècle, la Russie tsariste était considérée comme un « pays lointain », énigmatique, mystérieux, « asiatique[2] » et l'on parlait, de manière diffuse, de l'« âme russe[3] ». Le *Konversations-Lexikon*, une encyclopédie allemande de 1866, affirme à propos des Russes : « Ce peuple bas a pour caractéristiques dominantes la gaieté, l'insouciance, la frugalité, la bonne humeur, mais aussi la voracité et la démesure, ainsi que, dans certaines circonstances, la cruauté, la ruse et la perfidie. Le penchant pour le vol est dominant [...][4]. » Et les contemporains pouvaient lire dans une autre encyclopédie, en 1907, que les Grands-Russes étaient sincères et hospitaliers, « mais aussi paresseux, désordonnés, et s'adonn[ai]ent à la boisson ». On lisait également : « Parmi les zones d'ombre du caractère russe, on trouve également la quête de jouissances matérielles, un penchant pour l'escroquerie et le vol, la vénalité [...][5]. » On le voit, cette caractérisation respire, presque sans voile, l'arrogance des peuples qui se disent civilisés.

Au XIXe siècle, en dépit de quelques tensions résultant ou bien du nationalisme allemand, ou bien du panslavisme russe, les relations politiques entre l'Allemagne prussienne et la Russie tenaient plus de la coopération que de l'hostilité[6]. La politique étrangère de Bismarck (jusqu'en 1890), orientée vers une coopération entre l'Allemagne prussienne et la Russie aux dépens de la Pologne, favorisa une perception positive. Dans ces conditions, put se former au sein de ce que l'on appelait la « bourgeoisie de culture » allemande une image de la

Russie forgée par l'intérêt et la compréhension ; d'un autre côté, elle était elle aussi liée au sentiment de supériorité du « civilisé », que nous avons déjà évoqué. Cela dit, les partisans allemands de la culture russe ne s'intéressaient pas particulièrement ni aux rapports de pouvoir politiques dans ce pays, ni à la misère des gens simples. L'essentiel était pour eux la littérature, la philosophie et l'art russes, ainsi que les relations culturelles entre les deux pays, lesquelles avaient une longue tradition[7]. Cette tradition était symbolisée par un grand nom : Gottfried Wilhelm Leibniz (1646-1716). Le philosophe avait, dès le XVIIe siècle, été à l'origine de la fondation de l'Académie impériale des Sciences à Saint-Pétersbourg, et il avait activement collaboré avec le tsar réformateur Pierre le Grand[8].

Dans la liste des grands noms russes qui avaient et ont encore du prestige en Allemagne, on trouve entre autres Alexandre Pouchkine, Nicolas Gogol, Ivan Tourgueniev, Fiodor Dostoïevski, Léon Tolstoï, Anton Tchekhov, Maxime Gorki, Boris Pasternak et Alexandre Soljenitsyne. Il faut garder à l'esprit – avec Fritz Fischer – l'idée que, « à partir des années 1870-1880 et jusqu'à nos jours, c'est-à-dire pendant plus de cent ans, la grande littérature russe a établi dans les milieux cultivés allemands une profonde relation émotionnelle et intellectuelle avec le monde russe, un lien qui a résisté à tous les changements de gouvernement et de leurs relations, aux guerres et aux révolutions[9] ».

Avant la Première Guerre mondiale, il existait de véritables colonies d'étudiants russes à Berlin, Heidelberg, Dresde, Leipzig et Iéna[10]. Les artistes et les scientifiques russes travaillaient dans les universités allemandes. La Première Guerre mondiale provoqua ensuite une coupure profonde dans ces relations. Avec la révolution bolchevique d'octobre 1917, l'image de la Russie, fondée sur la culture, que s'était faite la bourgeoisie allemande, subit un nouveau choc. Lorsque les révolutionnaires privèrent de son pouvoir la catégorie peu nombreuse que constituait la bourgeoisie russe, ce fut, et c'est compréhensible, interprété en Allemagne comme une menace politique potentielle.

Dans les années 1920, les échanges culturels germano-russes purent toutefois de nouveau se développer, quoique avec une ampleur limitée. Des écrivains allemands, mais aussi des milliers de travailleurs communistes, voyagèrent en Russie et en rapportèrent leurs impressions. Les images qu'ils avaient de la Russie constitueraient sans doute un thème de recherche intéressant, dans la mesure où l'on peut tout de même penser qu'ils étaient très proches des réalités.

Les relations scientifiques culminèrent une nouvelle fois dans l'entre-deux-guerres lorsque, à l'occasion du bicentenaire de l'Académie de Saint-Pétersbourg, le savant allemand de premier plan qu'était Max Planck[11] fit le voyage de Leningrad avec une délégation et évoqua dans un discours le lien unificateur de la science. En 1928, on organisa à Berlin une semaine germano-soviétique des historiens. Les relations scientifiques n'étaient qu'une partie d'un réseau dense de relations culturelles (théâtre, films, expositions). Tous ces liens furent coupés lorsque le pouvoir fut confié à Hitler, en 1933[12].

Les tenants d'une telle image de la Russie ne constituaient pas un groupe de pression particulièrement puissant dans la société allemande. Cela constituait une différence notable avec l'effet produit par d'autres images de la Russie, notamment par les visions impérialistes, racistes et antibolcheviques.

L'image sociale-démocrate de la Russie

On peut parler à juste titre d'une image spécifiquement sociale-démocrate de la Russie. Celle-ci n'était ni impérialiste, ni belliqueuse, ni raciste. Les sociaux-démocrates furent confrontés aux régimes politiques qui se succédèrent à la tête de la Russie : d'abord avec l'autocratie tsariste, puis avec le communisme – tout aussi autocratique – dans sa version stalinienne[13]. Du point de vue de la politique intérieure, le communisme était aussi considéré comme un concurrent à l'idéal social-démocrate, et donc – sous une forme abstraite – comme un adversaire politique[14].

Avant la Première Guerre mondiale, les sociaux-démocrates n'étaient antirusses que dans la mesure où ils dénonçaient l'autocratie et l'injustice sociale d'un régime tsariste qui tentait de se préserver contre toute évolution démocratique. Pendant la révolution russe de 1905, les sympathies des sociaux-démocrates allemands allèrent aux révolutionnaires. August Bebel, pourtant âgé en 1907, déclara même que si la guerre devait un jour être lancée contre la Russie tsariste et son système d'oppression brutale, il comptait lui aussi « mettre le fusil à l'épaule ». Il voyait en elle un « foyer de la réaction » en Europe et considérait que la Russie n'était pas capable de s'engager dans un développement économique conforme à son époque.

Le comportement du groupe social-démocrate au début de la Première Guerre mondiale fut fortement influencé par cette image antitsariste de la Russie. Quitte à affronter ce « foyer de la réaction », on ne voulait pas être en reste. Il n'est pas sûr néanmoins que les responsables politiques du SPD, en cette heure décisive, aient saisi que de l'autre côté du front se trouvaient précisément ces pauvres fils de paysans russes que l'on voulait libérer du tsarisme. Rosa Luxemburg, en tout cas, voulut justement lancer une mise en garde contre ce risque de désolidarisation des gens simples dans les pays belligérants lorsqu'elle affirma : « Les dividendes montent, les prolétaires tombent[15]. »

Avec le début de la guerre, les prises de position de quelques politiciens sociaux-démocrates prirent aussi des tonalités que n'aurait pas récusées le laboratoire de propagande chauviniste du gouvernement impérial allemand. Gustav Noske, député SPD au Reichstag, écrivit par exemple dans le journal *Volksstimme* de Chemnitz : « [...] en cet instant nous ressentons tous le devoir de nous battre avant tout contre le règne du knout en Russie. Les femmes et les enfants ne doivent pas devenir les victimes de la bestialité russe, ni la terre allemande la proie des Cosaques. [...] C'est la raison pour laquelle nous défendons aujourd'hui toute la culture et toute la liberté allemandes contre un ennemi barbare et sans pitié[16]. »

Une telle prise de position illustre l'homogénéisation des images négatives de la Russie que l'on diffusait à l'époque en Allemagne. C'était la conséquence de la guerre. Le début du conflit, en 1914, fut ainsi l'un de ces points de cristallisation à partir desquels s'imposa en Allemagne une image négative de la Russie[17]. La période qui suivit les deux révolutions russes de 1917 – la menchevique de février et la bolchevique d'octobre – fut, en ce qui concernait le SPD, marquée par deux points de vue : on ressentait en premier lieu quelque chose comme une sympathie fondamentale avec les Russes qui étaient en train de se débarrasser du régime tsariste ; mais, dans un second temps, le SPD se démarqua clairement du style d'exercice du pouvoir autocratique et antidémocratique qui était celui de Lénine. À cela s'ajouta le fait que le SPD redoutait désormais la prétention des communistes russes à propager la révolution dans le monde entier, celle-ci s'adressant au même public que le sien, la classe ouvrière.

Les communistes menaçaient ainsi de faire une sérieuse concurrence au cap réformiste des sociaux-démocrates. Une sympathie de fond pour la Russie postrévolutionnaire subsista aussi au cours des années 1920, ce qui eut, au moins temporairement, un effet sur la direction politique du pays. Cela dit, la ligne de la confrontation politique et idéologique avec la Russie communiste, avec un refus clair de toute politique fondée sur la violence, détermina aussi la ligne sociale-démocrate après 1945. De toute l'histoire du SPD, on n'a jamais entendu la moindre déclaration raciste contre les Slaves.

Le « pouvoir de la paix » : la représentation amicale de la Russie chez les communistes allemands

De toutes les représentations globales de la Russie que les Allemands fondèrent, au XXe siècle, la seule image positive était celle des communistes allemands. Le tableau de la jeune Union soviétique qu'ils avaient brossé dans les années 1920 se nourrissait d'une idéalisation de la révolution russe et du prolétariat en lutte. L'enthousiasme qu'inspirait la réussite de Lénine au cours de sa conquête du pouvoir politique joua lui aussi un grand rôle dans l'image que les communistes allemands se firent de la Russie. Les différences bien réelles de développement entre l'Allemagne industrialisée et cet État agraire qu'était la Russie, où il n'existait en 1917 qu'une petite classe ouvrière industrielle, ne firent cependant pas l'objet d'une réflexion suffisante, compte tenu de cette vision dénuée d'esprit critique. On se contenta d'invoquer l'amitié germano-soviétique[18].

L'image de la Russie défendue par le parti communiste allemand, le KPD (Kommunistische Partei Deutschlands), et ses organisations avancées était à l'époque de la République de Weimar totalement centrée sur le soutien apporté au rôle de la Russie révolutionnaire dans la politique mondiale. Cependant, le KPD ne représentait dans l'Allemagne de l'entre-deux-guerres que tout au plus 10 % de la population.

L'image nationaliste et impérialiste de la Russie

L'image nationaliste de la Russie exerça en Allemagne une bien plus grande influence. Elle se fondait pour l'essentiel sur deux réflexions. Selon la première, la Russie était d'une taille gigantesque, mais souffrait d'une faiblesse structurelle. Ce constat, la propagande de l'époque l'exprima dans l'image du « colosse aux pieds d'argile ». La seconde réflexion était clairement agressive. Elle se situait dans le contexte d'une « poussée allemande vers l'Est » – une notion nébuleuse qui dissimulait tout simplement la volonté allemande de conquérir militairement des territoires à l'Est, aux dépens de la Russie. Peu après le début du siècle, au plus tard à partir de 1912-1913, commença à circuler en Allemagne le slogan de l'« inévitable combat final pour l'existence » entre les Slaves et les Germains[19]. On vit alors se diffuser une « onde de propagande contre le panslavisme, contre le risque de voir un déluge de Slaves s'abattre sur la germanité, mais aussi contre la France, l'ennemi héréditaire[20] ». Cette prospective tenait cependant moins à la crainte d'une puissance excessive de l'entité slave qu'aux intérêts d'un expansionnisme territorial stratégique et économique, entre autres à l'égard du « grenier à blé » qu'était l'Ukraine.

On peut relever dès l'époque qui précéda la Première Guerre mondiale les premières traces de l'effet historique que produisit cette image nationaliste et impérialiste de la Russie. Elle s'intensifia au cours des années 1914-1918 et atteignit son apogée lors de la guerre de conquête et d'extermination menée par l'Allemagne de

Hitler contre l'Union soviétique entre 1941 et 1945. Les tenants de cette image belliqueuse de la Russie étaient les nationalistes allemands, depuis les « pangermanistes » extrémistes de l'époque du Kaiser jusqu'au NSDAP fasciste. Mais cette image de la Russie était aussi défendue par des fractions déterminantes des élites allemandes, à la fois arrogantes et dédaigneuses à l'égard du développement comparé des deux pays, interprétation qui s'accompagnait dès cette époque d'une note raciste. Exemple typique de ce phénomène, une carte postale diffusée en 1914, avec ce texte qui faisait allusion à la prétendue saleté de la Russie : « Petit père, ton pays est une porcherie ! Nous venons vous civiliser et vous désinfecter à fond[21] ! »

C'est une image analogue de la Russie qu'avaient ces cinquante-six professeurs allemands qui signèrent en octobre 1914 le fameux appel « au monde civilisé » dans lequel la guerre était représentée comme un combat vital imposé à une Allemagne pacifique. Dans l'appel de ces érudits allemands, on peut entre autres lire la phrase suivante : « Mais, à l'Est, le sang des femmes et des enfants abattus par les hordes russes imprègne la terre, et, à l'Ouest, les balles explosives déchirent la poitrine de nos guerriers. Ceux qui ont le moins le droit de se faire passer pour des défenseurs de la civilisation européenne sont ceux qui se sont alliés aux Russes et aux Serbes, et qui offrent au monde ce spectacle infâme où l'on lance des Mongols et des Nègres à l'assaut de la race blanche[22]. »

L'image nationaliste et impérialiste de la Russie se fondait sur la supposition très répandue selon laquelle les Allemands étaient dans tous les registres supérieurs aux Russes – et, dans un sens plus large, aux Slaves en général. Contrairement à ce qui s'était passé pour les tenants de l'« image culturelle de la Russie », cette idée ne conduisit cependant pas à travailler sur des formes d'échange susceptibles de rendre les différences fertiles et d'égaliser les différents niveaux d'évolution. On en fit au contraire un usage agressif : les Allemands – qui n'avaient, disait-on, pas eu leur compte lors de la répartition du monde – étaient en droit de faire la conquête militaire de l'« Est » et de l'exploiter économiquement. Dans la perception des tenants d'une politique allemande de cette trempe, le gigantesque Empire russe était à la fois grand et faible. Ils supposaient qu'il s'effondrerait rapidement sous l'assaut d'une armée de conquête allemande supérieure. Le cours de la Première Guerre mondiale sembla corroborer ces suppositions. Avec la paix de Brest-Litovsk, au début 1918, que le gouvernement allemand dicta aux Russes, les ambitions allemandes en matière d'expansionnisme vers l'Est purent être satisfaites pour une brève période.

Bien que les possibilités réelles qu'avait l'Allemagne de devenir une grande puissance aient été sérieusement entamées après le traité de Versailles, en 1919, l'image nationaliste et impérialiste de la Russie y survécut[23] et s'adapta aux contours de l'Union soviétique. Les nationalistes la présentèrent dans une nouvelle variante défensive : l'Allemagne était désormais selon eux le « rempart » ou la « fortification » contre le bolchevisme. Toute évaluation du traité de Rapallo devrait tenir compte du fait que l'image nationaliste et impérialiste du monde avait aussi survécu, sous cette forme défensive provisoire, dans l'Allemagne de la République de Weimar[24]. Il faut souligner que, dans le même temps, l'idéologie antibolchevique fut instrumentalisée dans la politique intérieure allemande et utilisée comme ciment de l'intégration.

En se fondant sur la thèse du « rempart », Hitler put par la suite mettre en œuvre son propre programme de conquête de l'« espace vital » à l'Est, en adoptant une part non négligeable des idées reçues sur la Russie. On sait ainsi combien l'idée que ce pays était un « colosse aux pieds d'argile » fut une erreur d'évaluation lourde de conséquences. Pourtant, c'est bien elle qui déterminait encore en 1941 l'appréciation des chefs de la Wehrmacht[25].

L'image nationale-socialiste de l'ennemi russe : le « bolchevisme russe »

L'image raciste de la Russie constitue un avatar spécifique et outrancier de l'image nationaliste de la Russie. Le sentiment de supériorité allemand – qui s'intégrait aussi à d'autres images de la Russie – trouva ainsi une explication biologique. Sous sa forme la plus simple, il s'agissait d'affirmer l'existence de différences naturelles entre la race germanique et la race slave. Le sentiment d'une supériorité allemande fondée sur des critères raciaux existait à l'état embryonnaire avant même la Première Guerre mondiale. Mais il ne joua un rôle dans l'histoire mondiale qu'à l'époque hitlérienne[26], ou plus précisément pendant la guerre germano-soviétique, à partir de 1941[27]. Hitler estimait que la race des esclaves était incapable de constituer un État par elle-même et qu'elle devait donc être dominée par d'autres. C'est la raison pour laquelle ce que Hitler appelait le « bolchevisme russe » avait pu, selon lui, édifier en 1917 un pouvoir étranger au pays[28]. On suggérait ainsi que les piliers du système soviétique, c'est-à-dire les membres de l'élite politique en Union soviétique, étaient pour une très large partie des Juifs. Les anéantir et conquérir de l'espace vital à l'Est : tels étaient les deux objectifs centraux de Hitler.

L'image raciste que Hitler se faisait de la Russie définissait donc deux groupes d'ennemis. Elle prenait d'une part pour cibles les Juifs russes – dans le contexte de son programme de destruction du judaïsme européen. Mais ce courant antisémite fondamental se doublait d'un courant antislave. Si l'on s'en tient aux idéologies de l'époque, celles que Hitler avait encouragées et que la SS, tout particulièrement, diffusa pendant la guerre, on ne devait pas seulement considérer les Juifs et les « bolcheviques juifs », mais aussi les Slaves, comme des « sous-hommes[29] ». Selon l'idéologie nationale-socialiste, ils ne méritaient pas d'être traités conformément aux règles du droit international. Dans le futur espace de domination allemande, le « Reich germanique grand-allemand » qui devait s'étendre de l'Atlantique jusqu'à l'Oural, on destinait aux Slaves le rôle d'esclaves qui devraient être au service des « seigneurs » allemands[30].

L'image nationale-socialiste de la Russie focalisait tous les clichés négatifs qui circulaient en Allemagne sur la Russie, les Russes et l'Union soviétique, au service d'une représentation polymorphe de l'ennemi. L'image de l'Union soviétique que dessinait la propagande nationale-socialiste était composée d'éléments hétéroclites dont on pouvait faire des assemblages variés en fonction des exigences tactiques du moment[31]. La propagande nationale-socialiste associait le sentiment de supériorité nationaliste traditionnel des Allemands à un antibolchevisme d'une agressivité sans borne. On pouvait en quelque sorte s'en servir comme d'un « disque antibolchevique » : il suffisait d'y poser l'aiguille de la tête de lecture. Elle associait en outre cet antibolchevisme avec les éléments racistes (antisémites et antislaves) que nous avons cités. Sur tous ces clichés se greffèrent en outre les angoisses traditionnelles qu'inspirait aux Allemands la grande puissance de l'Est, qualifiée d'« asiatique » et censée menacer l'existence même de l'Occident.

C'est ainsi que se constitua cette caractérisation de l'ennemi qui permit d'associer gestion de la guerre et politique raciale[32]. On comprend bien à quoi servaient ces images de la Russie dessinées par la propagande nationale-socialiste : il s'agissait de placer les soldats allemands, les membres de la SS et le reste du personnel d'occupation engagé en Russie dans un état d'esprit qui leur permettrait d'appliquer le programme raciste du national-socialisme, dont le cœur était la « solution finale » et l'édification de l'Empire allemand à l'Est[33].

Qu'y avait-il de nouveau dans cette image ? En quoi reprenait-elle des visions traditionnelles ? Fritz Fischer souligne la continuité entre le vieil expansionnisme panallemand d'avant 1914 (« Nous chevaucherons vers le pays de l'Est ! ») et la politique de conquête hitlérienne. Mais il insiste aussi sur les différences : « Ce qui est nouveau, et doit être attribué à la seule personne de Hitler, c'est la dimension criminelle qu'a prise cette politique : le fait que l'on ait traité en parias la population polonaise et la population russe ; que l'on ait laissé mourir de faim des millions de prisonniers de guerre russes, phénomène dans lequel la Wehrmacht porte aussi une grande part de responsabilité. Ce qui est sans doute attribuable au seul Hitler, c'est l'assassinat de millions de Juifs européens[34]. » Le national-socialisme se concentra sur plusieurs images éculées de la Russie, leur donna une tournure agressive et les coupla à un antisémitisme visant à l'extermination. De toutes les représentations de la Russie qu'on avait forgées au XIXe siècle, ce fut celle qui eut le plus de conséquences et, partant, celle qui joua le plus grand rôle dans l'Histoire.

Il faut distinguer nettement la formule de « bolchevisme juif » conçue par la propagande nationale-socialiste et une autre image de la Russie et de l'Union soviétique, qui se concentrait pour l'essentiel sur une critique du système politique et social de l'Union soviétique. Depuis 1918, l'image sociale-démocrate de la Russie (que nous avons décrite plus haut) se fondait sur ce courant ; mais on en retrouvait la trace dans les images bourgeoises que l'on se faisait généralement de la Russie en Occident[35].

Cet agrégat d'éléments antisémites et antislaves, typique du national-socialisme, a certes pris fin en 1945, avec la victoire des Alliés sur l'Allemagne nationale-socialiste. Mais l'image de l'Union soviétique forgée par l'anticommunisme ou l'antibolchevisme a perduré au-delà de 1945 et de la fin de la guerre[36]. Pour les Allemands de l'Ouest, elle fut l'un des rares points de continuité idéologique entre la guerre et l'après-guerre.

La Russie des généraux du Reich

Quand on s'interroge sur le milieu intellectuel et politique dans lequel baignaient les officiers de la Reichswehr et, plus tard, de la Wehrmacht, on ne se trompe sans doute pas en les classant parmi les adeptes de l'image nationaliste et impérialiste de la Russie. Des recherches récentes font cependant apparaître, sur ce point, des nuances intéressantes[37]. On le sait, il y eut au cours des années de la République de Weimar une phase de collaboration entre la Reichswehr et l'Armée rouge. L'Union soviétique – qui était, comme l'Allemagne, sortie perdante de la Première Guerre mondiale – offrit à la Reichswehr la possibilité de réaliser sur son territoire des essais et des travaux intensifs que l'Allemagne ne pouvait mener dans ses propres frontières. Cette coopération facilita la tâche de l'armée allemande lorsqu'elle créa et forma, dès le milieu des années 1930, les premières unités de blindés et les premières escadres de l'armée de l'air. Ces années de collaboration intense entre officiers de la Reichswehr et de l'Armée rouge[38] modifièrent en partie l'image que les officiers allemands se faisaient de la Russie[39]. On peut en outre comprendre la coopération entre des officiers marqués par une idéologie aussi éloignée que ceux de la Reichswehr allemande et de l'Armée rouge soviétique comme un indice que, chez les militaires de carrière – tout comme chez les membres d'autres professions –, il existait, même à l'ère des conflits entre États-nations, une sorte de solidarité professionnelle internationale.

De surcroît, dans les années 1920, un nombre important de jeunes officiers de la Reichswehr n'appliquaient pas à la politique étrangère les schémas qu'ils utilisaient pour les ennemis politiques de l'intérieur – « noir-rouge-or », communistes et sociaux-démocrates. La première cible de leur hostilité n'était pas l'Union soviétique, mais Versailles, la République de Weimar et la Pologne. Chez certains officiers, ce sont parfois même les attitudes anti-occidentales et antilibérales qui dominaient, et elles les poussaient vers l'option d'une coopération avec l'Union soviétique. Dans ses « Réflexions sur la guerre du futur », rédigées en 1924, le responsable de la planification de la Reichswehr, le lieutenant-colonel Joachim von Stülpnagel, désignait par exemple clairement la France et la Pologne comme ennemis futurs[40]. Les adeptes de ce genre de pragmatisme estimaient qu'il fallait clairement donner la priorité à la politique étrangère dans tous les domaines d'action. On pouvait donc avoir, à l'intérieur, une orientation antibolchevique, antisocialiste et antidémocrate, tout en approuvant une coopération militaire avec l'Union soviétique bolchevique.

Quelles expériences firent les officiers de tous les grades de la Reichswehr qui eurent, au fil de leurs nombreuses visites dans le pays, la possibilité de découvrir le gigantesque Empire russe ? Ils en revinrent manifestement avec la même impression générale : les responsables de l'État soviétique avaient réussi à surmonter le complexe d'infériorité traditionnel des Russes à l'égard des étrangers, et le pays se trouvait, du point de vue culturel et économique, dans une phase de dynamisme ouvrant de grandes perspectives d'avenir[41]. C'est dans ce sens que s'exprima par exemple, en 1931, le colonel

Wilhelm Keitel[42], à l'époque chef du département de l'Organisation de l'armée de terre au sein du bureau de la Troupe, l'homme qui, en 1941, devenu feld-maréchal et chef du haut commandement de la Wehrmacht (OKW), signa une partie des ordres criminels et rejeta vivement toute critique contre le concept hitlérien de guerre d'extermination.

Un nombre non négligeable d'officiers allemands se montrèrent impressionnés par le « militarisme sain » de l'État soviétique, et l'exprimèrent avec admiration. Ils désignaient par là « la manière dont cet État s'engageait sans réserve en faveur de l'idée de défense et défendait la grande valeur sociale de l'esprit militaire[43] », c'est-à-dire une reconnaissance sociale et politique du militaire de carrière dont les officiers de la Reichswehr manquaient douloureusement dans le climat souvent antimilitariste de la République de Weimar, avec son armée de 100 000 hommes.

En remettant les faits en perspective, on peut se rappeler que les officiers d'état-major de la Reichswehr, dans les années 1920, furent les généraux de la Wehrmacht des années 1940, ceux qui menèrent la guerre d'extermination contre l'Union soviétique. Leurs adversaires n'étaient cependant pas leurs pairs, les officiers russes qu'ils avaient connus au cours des années de la coopération. Car, en 1941, la plupart d'entre eux n'étaient plus de ce monde : ils avaient été victimes des purges staliniennes de 1937-1938.

On trouve aussi çà et là parmi les officiers de la Reichswehr, avant même 1933, des schémas de pensée très clairement racistes dans le jugement porté sur les officiers russes. Un capitaine répondant au nom de Hans Krebs caractérisa ainsi en ces termes des officiers membres de la délégation du général et homme politique soviétique Mikhaïl Toukhatchevski, venus en visite à Berlin en 1932 : « un Juif rusé, malin […] un mélange de sang juif [...] d'un caractère biaisé, méfiant et sincère, apparemment un communiste fanatique[44] ». On peut sans hésiter classer ce style au nombre des premiers présages intellectuels de la guerre d'extermination fondée sur l'idéologie raciale. Expert de la Russie au sein de la Wehrmacht, nazi affirmé, Krebs fut nommé en 1936 à l'ambassade d'Allemagne à Moscou où il devint adjoint de l'attaché militaire, le général Ernst August Köstring. Dans ce rôle, il contribua de manière non négligeable à cette immense erreur d'appréciation sur l'Armée rouge[45] dont il a déjà été question ici. Dans la phase finale de la guerre (le 29 mars 1945), Hitler chargea Krebs, devenu général d'infanterie, de reprendre les affaires du chef d'état-major général de l'armée de terre. Krebs tenta vainement, après la mort de Hitler, d'ouvrir des négociations avec l'Armée rouge. Il se suicida le 1er mai 1945 à la Chancellerie.

En 1933, le nouveau gouvernement dirigé par Hitler mit un terme à la coopération entre la Reichswehr et l'Armée rouge. Un nombre non négligeable d'officiers le regrettèrent. On comptait parmi eux le colonel Walther von Reichenau, qui venait d'être nommé chef de cabinet au ministère de la Reichswehr et occupait donc une position politique clé dans l'entourage du ministre dévoué à Hitler, le général Werner von Blomberg. Point intéressant, Reichenau garantit en juin 1933 à un membre de l'ambassade soviétique à Berlin que la Reichswehr demeurait « totalement partisane, comme dans le passé, du développement et de l'approfondissement de l'amitié germano-soviétique[46] ». Huit ans plus tard, lors de l'attaque menée contre l'Union soviétique en 1941, Reichenau, devenu feld-maréchal et commandant en chef de la 6e armée, serait l'un des plus ardents défenseurs de la guerre d'extermination fondée sur l'idéologie raciale[47].

En ce qui concerne l'image que les militaires allemands avaient de la Russie, les années 1930 furent caractérisées par la rareté croissante des informations sur l'Union soviétique et ses forces armées. Cette pénurie favorisa le recours aux vieux clichés, qui remplacèrent peu à peu la réalité. Les purges staliniennes furent interprétées dans les milieux militaires allemands comme une « décapitation » de l'Armée rouge, qui privait de ses chefs et affaiblissait encore des forces armées soviétiques qui ne se trouvaient de toute façon pas au niveau technique auquel elles pouvaient prétendre[48]. Il est vrai qu'à la suite de ses épurations il manquait à l'Armée rouge, en juin 1945, 120 000 commandants d'unité[49]. Dans cette perspective, l'image traditionnelle du « colosse aux pieds d'argile » reprit de la vigueur en Allemagne[50].

L'alliance idéologique de 1941

Dans son ouvrage paru en 1978, Andreas Hillgruber a étudié dans une sorte d'« instantané » l'idée que les généraux de la Wehrmacht se faisaient de la Russie au cours de la planification de la guerre contre l'URSS, c'est-à-dire entre juillet 1940 et juin 1941[51]. Les résultats qu'il a obtenus confirment en grande partie ce qui a été dit jusqu'ici. Selon Hillgruber, l'image que l'élite militaire avait de la Russie en 1940-1941 présentait les caractéristiques typiques suivantes[52] :

a/ relativement peu d'informations actuelles sur l'Union soviétique, ses forces armées et son potentiel industriel, ce qui avait pour conséquence

b/ un retour au cliché d'une Russie restée un « colosse aux pieds d'argile » qui s'effondrerait rapidement sous un coup puissant porté de l'extérieur,

c/ une réduction du champ de vision spécifique aux militaires, mais qui, par manque d'informations concrètes, débouchait elle aussi sur des conceptions anciennes et des clichés, phénomène dans lequel s'inscrivait

d/ une tendance à sous-estimer les capacités militaires de l'Armée rouge, et notamment de sa direction, alors que l'on attribuait obstination et endurance au simple soldat russe, et en parallèle

e/ une évaluation arrogante – et même parfois pratiquement euphorique après la victoire rapide sur la France en 1940 – des capacités de la Wehrmacht, puis, résultat de tout cela,

f/ le pronostic selon lequel la Wehrmacht pouvait gagner en huit à dix semaines une guerre contre l'Union soviétique.

Selon Hillgruber, Hitler avait pu imposer ses conceptions de la guerre d'extermination fondée sur l'idéologie raciale à l'aide de « quelques militaires de premier plan[53] ». Des recherches récentes suggèrent une thèse différente : en 1941 aurait eu lieu une véritable alliance idéologique entre Hitler et le corps des généraux de la Wehrmacht. Pour pouvoir expliquer cet épisode, il faut d'abord s'arrêter sur les courants antisémites au sein de l'armée allemande.

Au début 1941, les officiers de la direction de la Wehrmacht et de l'armée de terre allemande avaient « largement repris à leur compte les intentions de Hitler[54] ». Il ne fait aucun doute que l'image de la Russie fondée sur l'idéologie raciale constituait désormais le courant principal et que les protestations isolées – par exemple, contre l'« ordre des commissaires » – ne purent exercer aucune espèce d'influence sur le cours des choses. Cela signifie qu'à partir du début de l'attaque la nature même des actes de guerre était liée à cette image de la Russie fondée sur l'idéologie raciale, aux idées d'extermination et aux « ordres criminels », et non, par exemple, à des reliques d'une image traditionnelle et moins radicale de la Russie qui subsistait encore dans l'esprit de certains membres de l'élite militaire. En 1941, lorsqu'il fallut lancer la mobilisation idéologique des soldats qui lui étaient confiés, la direction de la Wehrmacht n'eut pas besoin de commissaires politiques semblables à ceux que l'on trouvait dans l'Armée rouge ; les généraux allemands s'en chargèrent eux-mêmes.

Certes il y eut des voix pour exprimer une opposition, aussi bien au sein de la diplomatie allemande[55] que dans la Wehrmacht. Elles restèrent cependant isolées et ne purent infléchir aucune des phases de la guerre. Un historien qui a étudié l'attitude des milieux résistants à l'égard de la politique russe de Hitler et de la guerre à l'Est[56] en conclut d'ailleurs que « de nombreux adversaires de Hitler ne purent, même pendant la guerre, rompre avec l'antibolchevisme – parfois militant – sur lequel la propagande nazie insistait déjà tout particulièrement dans les années 1930[57] ». Dans ces milieux aussi, on accepta la guerre contre l'Union soviétique comme une guerre contre le « bon » adversaire – acceptation qui découlait d'un « accord antibolchevique de principe », mais aussi, sans doute, en partie d'une attitude raciste à l'égard de la population slave[58].

2

L'antisémitisme dans l'armée allemande

Existait-il dans la Wehrmacht, l'armée allemande de la décennie 1935-1945, un antisémitisme particulièrement affirmé et susceptible d'expliquer la participation de soldats de cette armée à des meurtres de Juifs ? Ou bien faut-il plutôt considérer que l'antisémitisme existant au sein de la Wehrmacht ne se distinguait pas particulièrement de celui qui était globalement répandu dans la société allemande ? Les expressions de cet antisémitisme étaient elles-mêmes extrêmement différentes. Elles allaient du vague sentiment que les Juifs étaient des étrangers à ce que Daniel J. Goldhagen a appelé l'« antisémitisme éliminationniste[1] », en passant par l'idée que ce n'était pas une erreur de les mettre à l'écart de la vie publique. Nous ne savons pas combien d'Allemands défendaient la version meurtrière de l'antisémitisme. Peut-être 100 000 personnes ? Ou bien plus ?

Un fait semble toutefois primer sur la réponse à cette question quantitative : la forme la plus extrême de l'antisémitisme a pu se déployer et agir dans les conditions d'une attitude de réserve généralisée à l'égard des Juifs. Manifestement, les meurtriers pouvaient s'attendre à ce que les suivistes détournent le regard et ne se posent pas de questions. Sur ce point, on peut considérer comme essentiel le fait que l'autorité – en l'occurrence, l'État national-socialiste et les organes qui régissaient la vie des soldats, l'OKW (Oberkommando der Wehrmacht, « haut commandement de la Wehrmacht ») et l'OKH (Oberkommando des Heeres, « haut commandement de l'armée de terre ») – ait laissé les meurtres se commettre, c'est-à-dire qu'elle ait contribué à ce que les meurtres de Juifs puissent être organisés et exécutés sous forme de crimes d'État.

De l'antisémitisme à la Shoah ?

Quand on tente de se faire une idée de l'état de nos connaissances sur le rôle de l'antisémitisme dans l'armée allemande, on ne tarde pas à faire de singulières constatations. Il existe sans doute quelques tableaux généraux sur l'histoire de l'antisémitisme en Allemagne[2], signés en majorité – le fait est caractéristique – par des historiennes et historiens juifs. Mais nous ne disposons pratiquement pas d'études empiriques spécifiques susceptibles de nous renseigner sur l'antisémitisme dans l'armée allemande. Nous en savons donc relativement peu sur d'éventuelles lignes de continuité dans la pensée antisémite au sein de l'armée entre le XIXe siècle et la Seconde Guerre mondiale. La meilleure introduction demeure l'aperçu de Manfred Messerschmidt, qui porte un titre un peu trompeur, *Les Juifs dans l'armée germano-prussienne*[3]. Cet essai déploie en effet toute une série de considérations sur l'antisémitisme dans l'armée allemande avant la Seconde Guerre mondiale. On est pour le reste frappé qu'une présentation aussi insigne de l'histoire de la Reichswehr que celle écrite par Rainer Wohlfeil – et qui constitue un élément du *Manuel d'histoire militaire allemande* – fasse totalement l'impasse sur le thème de l'antisémitisme[4]. L'historien anglais Francis L. Carsten, en revanche, n'a pas manqué d'éléments sur ce sujet dans son histoire politique de la Reichswehr[5].

La question de l'existence d'un antisémitisme dans l'armée allemande a donc été globalement peu traitée. Nous disposons en revanche de quantité d'études sur les Juifs qui ont servi dans ces armées. On insiste toujours sur la volonté qu'avaient les Juifs d'effectuer leur service militaire et d'accéder ainsi à la reconnaissance sociale. Horst Fischer a étudié cet aspect pour la période du début du XIXe siècle, notamment à propos des guerres de libération prussiennes[6]. Quelques études datent de l'époque qui précéda la Première Guerre mondiale et des années de la République de Weimar. La plupart ont été écrites par des Juifs dans le but d'illustrer l'engagement patriotique des Juifs allemands, tel qu'il s'exprima dans l'accomplissement – parfois volontaire – de leur service militaire[7]. Il faut aussi citer dans ce cadre différents textes du Reichsbund jüdischer Frontsoldaten[8] (« Alliance nationale des soldats juifs du front ») qui défendait les intérêts de ces soldats dans la vie publique. Les rapports de recherche sur les soldats juifs au cours de la Première Guerre mondiale[9] et sur l'Alliance des soldats juifs du Front, fondée en 1919[10], vont eux aussi dans cette direction.

Une certaine catégorie de publications allemandes, parues depuis les années 1960, suit une perspective analogue à celle de cette littérature projuive contemporaine. On y poursuit l'objectif – en soi honorable – de réfuter les slogans antisémites propagés au cours des décennies précédentes à propos du comportement de tire-au-flanc qu'auraient eu les Juifs pendant la guerre, et de confirmer ce que les associations juives ont toujours affirmé et prouvé par les statistiques : les Allemands de confession juive ne se sont pas montrés moins patriotiques que les adeptes des autres religions. C'est la tendance que suit la réédition d'un livre documentaire paru pour la première fois en 1935[11], les *Lettres de guerre de Juifs allemands morts au combat*[12], réédition qui a eu lieu en 1961, alors que l'on connaissait la réalité de la Shoah. Pour Franz Josef Strauss, à l'époque ministre fédéral de la Défense, qui encouragea cette publication et lui donna un poids politique en rédigeant une introduction, les lettres de guerre de la Première Guerre mondiale étaient « une preuve admirable de l'attitude patriotique des Juifs allemands et un démenti cinglant à l'encontre de la propagande nazie, qui s'efforçait de présenter nos concitoyens juifs comme des êtres par nature lâches, corrompus et renégats[13] ». Dans le même texte, Strauss expliquait qu'il s'agissait pour lui de « rétablir la véritable image, souillée par les nationaux-socialistes, du citoyen et du soldat juif en Allemagne ». Sachant quelles limites imposait cette perspective, le ministre ajoutait qu'il était bien conscient que cette intention était « très modeste face au grand problème posé par l'antisémitisme et les monstruosités qui lui sont liées[14] ».

On trouve, dans la même lignée, une exposition itinérante mise en place à la demande du ministère fédéral de la Défense et intitulée « Soldats juifs allemands de 1914 à 1945[15] ». Le catalogue de cette exposition, paru en 1982, contient lui aussi un avant-propos fort instructif. C'est Richard Strücklen, à l'époque président du Bundestag, qui exprima l'« intention politique » de l'exposition : il s'agissait selon lui d'« œuvrer à la réhabilitation des soldats juifs allemands » qui s'étaient courageusement et tout naturellement engagés en faveur de la patrie allemande[16]. Le chef de bureau du Militärgeschichtliches Forschungsamt (« Service de recherche sur l'histoire militaire »), un officier de la Bundeswehr, souligna pour sa part que « l'objectif déclaré de l'exposition [... était] de travailler à une réhabilitation des soldats juifs allemands qui, en prenant les armes pour la patrie, voulaient aussi obtenir la pleine reconnaissance de leur citoyenneté, effort dont les nationaux-socialistes les empêchèrent de récolter les fruits[17] ».

Cette exposition se donnait ainsi pour objectif la « réhabilitation » des soldats juifs allemands, ce qui ne peut avoir qu'un seul sens : les protéger – rétroactivement, en quelque sorte – contre des attaques calomniatrices. On se demande à qui cela pouvait s'adresser. Les responsables de l'exposition ne répondirent pas explicitement à cette question. Il est en tout cas exclu que les destinataires de ce message de réhabilitation aient été ceux des Allemands qui n'avaient jamais calomnié les Juifs. Ceux-là, il n'était pas nécessaire de les persuader que les soldats juifs allemands ne correspondaient pas à l'image négative que brossaient les antisémites. Voulait-on alors s'adresser aux antisémites de l'époque, par exemple aux membres de la génération qui avaient vécu la guerre et qui étaient restés prisonniers de modes de pensée forgés avant 1945 ? À moins que l'on n'ait voulu interpeller – dans un aperçu plutôt théorique, mais censé inaugurer une nouvelle et juste tradition – ces Allemands qui, pendant la Première Guerre mondiale et par la suite, diffamèrent les Juifs en les qualifiant de « lâches, corrompus et renégats[18] », c'est-à-dire les antisémites déclarés ? Par exemple, ces officiers du ministère prussien de la Guerre qui, en 1916, déclenchèrent une immense vague d'indignation en lançant un recensement des Juifs au sein de l'armée de l'Allemagne prussienne ? Ou bien les officiers des corps-francs qui, sous la République de Weimar, assassinèrent des politiciens juifs de premier plan ? Ou encore les antisémites qui, sous le nazisme, au sein de la SS et de la Wehrmacht, perpétrèrent les assassinats de Juifs ?

On voit bien la tentative de focaliser sur les « nationaux-socialistes » la responsabilité de l'extermination des Juifs européens pendant la Seconde Guerre mondiale. La question du chemin qui a mené à l'antisémitisme racial national-socialiste est à peine posée. Quant à celle de la dimension et du rôle de l'antisémitisme dans l'armée allemande avant Hitler, et bien entendu aussi sous le nazisme, elle n'a pas été élucidée. En utilisant la formule « soldats juifs allemands », on suggère au contraire qu'il y a eu, de manière démontrable, des soldats juifs dans les armées allemandes, mais pas d'antisémitisme. En toute logique, le catalogue qui accompagna en 1982 l'exposition itinérante « Soldats juifs allemands » s'achève sur un article reprenant les cas isolés – et réjouissants – où des officiers allemands ont aidé des Juifs et des « demi-Juifs[19] ». On ne peut et l'on ne doit certes pas nier l'existence ponctuelle de ce type d'assistance. Mais une étude historique qui ne replace pas ces exemples remarquables de courage civique dans le contexte général de la guerre et de la Shoah s'expose au soupçon de pratiquer l'apologie.

La *Deutsche Nationalzeitung* (*DNZ*), un journal d'extrême droite, publia en 1997 des « documents sur le patriotisme des Juifs allemands » afin de gommer la « fausse impression d'une éternelle hostilité judéo-allemande ». En se référant au « patriote social-démocrate issu d'une famille juive » que fut le Pr Herbert Weichmann, ce journal exhortait à « ne pas faire des douze années de Hitler le critère éternel pour juger un peuple »[20]. À l'appui de cette « thèse de l'accident de parcours », on reproduisait un article « au progermanisme enflammé » publié dans la *Jüdische Rundschau* du 7 août 1914 et que « même le parti germaniste n'aurait pas dépassé », au moins dans la tendance, ainsi qu'un article paru le 30 mars 1933 dans le *C.V.-Zeitung*, l'« organe de l'Union centrale des citoyens allemands de confession juive », dans lequel des « Juifs allemands patriotes » réfutaient des articles de presse étrangers faisant état d'exactions antisémites en Allemagne. Là encore, le message était clair : les seuls « événements » dont aient été victimes les Juifs se sont produits pendant la période hitlérienne. Il faut oublier la question de la continuité. Et pourtant, lorsqu'on cherche de véritables explications, on ne peut pas en faire l'économie.

Le IIe Reich et la Première Guerre mondiale

Si l'on compare l'antisémitisme sous le IIe Reich et les attitudes antisémites des siècles précédents, on peut faire apparaître quelques évolutions nouvelles et essentielles[21]. En premier lieu, c'est à cette époque que se propage la théorie pseudo-scientifique de la différence biologique entre les races. Elle a débouché sur une tentative visant à apporter des preuves scientifiques aux préjugés préexistants contre les Juifs, et à tenter de leur donner un poids particulier à une époque où se propageait la foi dans la science. On devra en second lieu constater que l'antisémitisme devint pour la première fois, pendant cette période, un mouvement organisé sur le plan politique. On vit apparaître des groupes politiques – par exemple le Deutscher Handlungsgehilfenverband (« Union des commis allemands »), le Bund der Landwirte (« Alliance des agriculteurs ») et l'Alldeutscher Verband (« Union pangermaniste ») – qui firent de l'antisémitisme un programme et combattirent en quelque sorte les Juifs, considérés comme un groupe ennemi sur le terrain de la politique intérieure. On utilisa à cette fin des organes de publication comme la *Kreuz-Zeitung*. La propagande antisémite, qui utilisait déjà à cette époque toute la technique moderne des médias, s'en prenait avant tout aux personnes reléguées dans les marges de la société. L'antisémitisme prit pied dans tous les partis politiques de la droite, mais toucha moins le parti centriste du Zentrum et la sociale-démocratie allemande.

Comme le corps des officiers prussiens se situait très à droite sur l'échiquier politique du IIe Reich – il était monarchiste, partisan d'un État autoritaire, opposé à la sociale-démocratie et au libéralisme –, on n'aura pas à s'interroger longuement sur l'attitude des officiers à l'égard des Juifs. Il existait effectivement au sein du corps des officiers de l'armée prussienne, sous le IIe Reich, une attitude fondamentalement antisémite. Elle se manifesta en particulier dans la politique de gestion du personnel au sein de l'armée. Il n'existait certes ni loi, ni directives, ni même un ordre spécial stipulant que les juifs – on les définissait alors avant tout comme les adeptes d'une confession, et non comme membres d'une race – étaient exclus de la carrière d'officiers[22]. La Constitution du IIe Reich en faisait au contraire des citoyens à égalité de droits. La discrimination à laquelle on exposait constamment les fonctionnaires et employés juifs dans la pratique administrative des autorités de l'État, qui les oubliait lors des nominations et des promotions, constituait donc une entorse manifeste à la Constitution. La pratique qui interdisait aux soldats juifs de l'armée prussienne de devenir officiers, et même, après 1885, officiers de réserve, n'était pas moins anticonstitutionnelle[23]. Les Juifs ne faisaient pas partie des milieux jugés « désirables » au sein de la caste exclusive des militaires prussiens[24]. Le Kaiser Guillaume II définit en ces termes ce qu'étaient les « milieux désirables », dans un décret signé le 29 mars 1890 et concernant les recrutements destinés à compléter le corps des officiers : « Outre les enfants des familles nobles du pays, outre les fils de Mes braves officiers et fonctionnaires qui constituent, selon l'ancienne tradition, les piliers du corps des officiers, je reconnais aussi les piliers de l'avenir de Mon armée dans les fils de ces honorables maisons bourgeoises au sein desquelles on cultive et l'on enseigne l'amour du Roi et de la Patrie, un regard chaleureux pour l'état de soldat et pour la civilité chrétienne [...][25]. » En ce qui concernait les Juifs, ceux qui assumaient la politique du personnel au sein de l'armée pouvaient se référer à leur absence de « civilité chrétienne ». Défaut que l'on prêtait également aux sociaux-démocrates, tenus à l'écart du corps des officiers prussiens. On leur reprochait en outre de manquer d'« amour pour le roi et la patrie ». Les officiers prussiens ne voulaient rien avoir à faire avec des « sans-patrie ». Comme ils redoutaient que les idées socialistes ne s'infiltrent dans les casernes elles-mêmes par le biais des conscrits, ils développèrent tout un système de méthodes de surveillance[26].

Les préjugés antisémites jouaient sans aucun doute un rôle primordial dans le rejet affiché par les officiers prussiens à l'égard des citoyens de confession juive. On trouvait diverses variantes de ce genre de préjugés chez les cadres dirigeants de l'armée issus de la noblesse, mais aussi chez les officiers de réserve issus de la haute et moyenne bourgeoisie. L'historien américain Werner T. Angress a résumé ces différences en ces termes : « L'antisémitisme des premiers* reposait sur un sentiment largement répandu et, par tradition, profondément enraciné dans les classes dirigeantes allemandes, l'aversion à l'égard d'une minorité religieuse que l'on considérait comme un corps étranger au sein de l'État autoritaire chrétien, minorité à laquelle on n'attribuait pas d'égalité de droits au sein de la société, que l'on classait politiquement pour partie dans l'opposition démocratique, pour partie dans l'opposition "subversive", et à laquelle on ne prêtait pas de grandes capacités dans le domaine militaire. Cette attitude envers les Juifs était particulièrement affirmée en Prusse, l'État qui comptait en Allemagne le plus grand nombre d'habitants juifs. »

---

* Les nobles (*NdA*).

Cet antisémitisme « conventionnel » des classes dirigeantes reposait « largement sur la morgue traditionnelle des ordres et, à quelques exceptions près, n'impliquait pas de haine aveugle et fanatique des Juifs ». Il arrivait que des officiers nobles épousent des femmes juives fortunées. De ce point de vue aussi, les officiers de réserve bourgeois se conformaient à la règle du corps féodal des officiers. L'historien Werner T. Angress juge cependant nécessaire d'établir une distinction entre l'antisémitisme que l'on rencontrait au sein de l'élite noble de l'armée et celui des officiers de réserve bourgeois : « À la veille de la guerre, ceux-ci appartenaient à une génération qui avait grandi à la fin du siècle passé, dans la haute et moyenne bourgeoisie, et qui avait été saisie et politiquement formée par l'esprit du nationalisme extrême et du mouvement antisémite de cette époque. Les officiers de réserve étaient aussi beaucoup plus vulnérables que leurs supérieurs des classes plus élevées à l'attrait de l'antisémitisme racial national-populiste moderne, propagé par les partis antisémites vers le début du siècle [...][27]. »

En d'autres termes : on rencontrait dans le corps des officiers prussiens un antisémitisme conventionnel et plutôt modéré, mais aussi une variante plus radicale : l'antisémitisme moderne, fondé sur l'idéologie raciale qui serait élevée, quelques décennies plus tard, sous le nazisme, au rang d'idéologie d'État.

Reste à souligner le fait que la situation en Bavière et en Saxe était au moins partiellement différente de celle de la Prusse. Dans l'Armée royale bavaroise et dans l'Armée royale de Saxe, les Juifs pouvaient tout de même, jusqu'au début du XXe siècle, devenir officiers de réserve, et aussi, dans quelques cas, officiers d'active. Cette situation incita un nombre non négligeable de familles juives à quitter Berlin, capitale de la Prusse et du Reich, et à aller s'installer dans les États en question pour procurer à leurs fils la possibilité d'acquérir une patente d'officier de réserve, document tellement convoité dans la société militarisée de cette époque[28].

Comment fonctionnait, dans la pratique, ce système qui excluait les Juifs du corps des officiers prussiens ? Le point décisif est qu'aucun ordre central n'était nécessaire pour atteindre l'objectif désiré. Le système des choix d'officiers dans les différents régiments (droit de cooptation) garantissait au contraire que les candidats juifs aux postes d'officier ou d'officier de réserve n'auraient aucune chance[29].

Autant dire que l'antisémitisme était une constante au sein du corps des officiers prussiens. Au cours d'un débat sur la question juive, le 10 février 1920, le ministre de la Guerre prussien, le général de corps d'armée Josias von Heeringen, admit ouvertement qu'il existait une certaine aversion à l'idée de promouvoir comme officiers de réserve les volontaires juifs faisant un service d'un an. Cette aversion était justifiée, affirma-t-il, écartant ainsi la suspicion de préjugés antisémites au sein du corps des officiers, par le fait « que le bas peuple pense souvent qu'un Juif n'aura pas l'autorité qui revient à un supérieur, et qu'il faut tenir compte de cette conception[30] ».

Ce qui vient d'être dit n'est nullement contradictoire avec le fait que le Verband deutscher Juden (« Union des Juifs allemands ») ait constaté en 1911, dans un texte consacré à la « confession juive comme obstacle sous-jacent à la promotion au titre d'officier de réserve prussien », que vingt-six fils de parents juifs avaient tout de même été nommés officiers de réserve dans l'armée prussienne[31]. Ces hommes étaient en effet d'anciens juifs convertis au christianisme afin de faciliter leur assimilation. En dépit des aversions répandues à l'égard du judaïsme, le corps des officiers prussiens ne refusait plus de laisser des Juifs accéder aux postes d'officiers de réserve s'ils étaient baptisés. Ce fait confirme qu'avant la

Première Guerre mondiale, on définissait le plus souvent les Juifs selon des critères confessionnels, et non raciaux. L'antisémitisme racial radical des nationalistes bourgeois n'était pas encore déterminant.

Le recensement des Juifs de 1916

Au cours des années 1914 à 1918, environ 500 000 citoyens juifs vivaient en Allemagne. Quelque 100 000 d'entre eux servirent sous les drapeaux – comme hommes de troupe, sous-officiers et, pour une très faible part, officiers et médecins militaires. Douze mille soldats juifs allemands sont morts pendant la Première Guerre mondiale[32]. Trente-cinq mille soldats juifs ont été décorés, y compris de la plus grande distinction existante, le « Pour le Mérite »[33]. Cela signifie que la fraction juive de la population allemande supporta le poids de la guerre au même titre que les autres. Beaucoup des soldats juifs allemands de la Première Guerre mondiale étaient des volontaires. Ils tenaient tout particulièrement à montrer qu'ils étaient des patriotes allemands afin d'encourager l'intégration de la partie juive de la population dans la société allemande et l'égalité des droits pour les personnes de confession juive[34]. Les propos d'un lieutenant d'aviation juif pratiquant, Josef Zürndorfer, résument fort bien cette attitude : « Je suis allé au combat en tant qu'Allemand, afin de protéger ma patrie menacée. Mais aussi en tant que juif, afin d'obtenir la pleine égalité de droits pour mes coreligionnaires[35]. »

Éprouvant le même sentiment, Ludwig Frank, un Juif allemand de Mannheim qui joua un rôle important en tant que député social-démocrate au Reichstag, se porta ostensiblement volontaire au service militaire actif en 1914[36]. Il perdit la vie dès sa première intervention sur le front. L'Allemagne fédérale rendit hommage à son engagement dès le début de la Première Guerre mondiale en donnant dans les années 1950 son nom à une caserne de Mannheim.

Lorsque le Kaiser Guillaume II proclama au début de la guerre, en 1914, qu'à l'heure du péril il ne connaissait plus de partis, mais juste des Allemands, les Juifs se sentirent eux aussi intégrés à la nation allemande. Ils rejoignirent les rangs exactement au même titre que leurs compatriotes, et la presse juive prit des intonations tout aussi nationalistes que les autres journaux. L'antisémitisme semble effectivement avoir régressé dans l'armée germano-prussienne au cours des premiers mois de la guerre. Cela s'explique d'abord par l'euphorie nationale qui régnait à cette époque, mais aussi par le fait que l'armée en guerre avait désormais besoin de millions d'hommes et que l'on ne voulait se passer d'aucun groupe de la population, qu'il s'agisse des Juifs ou des autres. Mais cette source de « paix civile » se tarit dès l'automne 1914 lorsque la presse de droite – notamment celle des pangermanistes et du Reichshammerbund[37] – reprit son agitation antisémite. Un autre élément inquiéta toutefois plus encore les Juifs : « des signes évidents du fait que l'antisémitisme se manifestait de plus en plus fortement dans l'armée, et singulièrement dans le corps des officiers, où les officiers de réserve donnaient le ton[38] ».

Au total, les Juifs ne purent que constater que les efforts exceptionnels déployés pour faire la preuve, en temps de guerre, qu'ils étaient de bons Allemands, n'avaient pas été partout récompensés comme ils auraient dû l'être. Dans l'armée proprement dite, l'inégalité de traitement se poursuivit, dans la mesure où l'on continua à oublier les soldats juifs lors des promotions[39]. La propagande antisémite ciblée des nationalistes radicaux contaminait en outre des catégories de plus en plus larges de la population. L'affirmation – dépourvue de tout fondement – selon laquelle les Juifs ne se battaient pas sur le front, qu'ils étaient des « lâches », des

« tire-au-flanc » et des « profiteurs de guerre » se propagea au moment où les succès militaires se firent rares et où des problèmes économiques et politiques apparurent à l'intérieur du pays en guerre. La propagande antisémite permettait de faire oublier ces évolutions négatives : elle faisait diversion et utilisait le Juif comme un bouc émissaire.

C'est dans ce contexte que le ministère prussien de la Guerre lança, à l'automne 1916, son tristement fameux « recensement des Juifs ». Le 11 octobre 1916, le ministre de la Guerre, le général Wild von Hohenborn, décida qu'il fallait opérer un décompte statistique des soldats de confession juive au sein des unités de l'armée allemande[40]. Le décret spécifiait certes que cette mesure n'avait aucune intention discriminatoire. Mais, même à l'époque, personne n'accorda le moindre crédit à cette affirmation et l'on ne tarda pas à discerner le fond antisémite qui sous-tendait cette étude. Les Juifs y virent, à fort juste titre, une diffamation. L'*Israelisches Familienblatt* la commenta en ces termes : « Du côté officiel, on admet ouvertement que les campagnes d'agitation haineuse sont la cause et le prétexte de ces statistiques sur les Juifs. Cette mesure est en soi une concession à l'antisémitisme, que celui-ci saura fort bien exploiter. Raison pour laquelle la Bavière n'a pas, quant à elle, décidé de mener des enquêtes confessionnelles semblables à celles de la Prusse[41]. »

Le résultat du recensement des Juifs ne produisit pas les résultats qu'avaient attendus les antisémites et qu'ils avaient espérés pour la suite de leur propagande. Le ministère prussien de la Guerre choisit donc tout simplement de ne pas publier ces chiffres, pourtant réclamés par plusieurs députés au Reichstag. Le recensement créa une scission entre soldats juifs et non juifs au sein de l'armée prussienne. Aux soldats allemands qui n'avaient pas encore été touchés par l'agitation antisémite, il inspira enfin à l'égard de leurs camarades juifs une attitude qui allait de l'attentisme à la prise de distance.

Après la guerre, le sociologue Franz Oppenheimer[42] travailla sur le recensement des Juifs. Il publia ses résultats en 1922 dans une brochure intitulée *Les Statistiques sur les Juifs au ministère prussien de la Guerre*. Selon ces chiffres, les Juifs étaient en proportion aussi nombreux que les non-Juifs à combattre sur le front. Il put par la suite réfuter empiriquement tout le discours sur la lâcheté des Juifs et leur goût pour les « planques ». Mais, à cette date, le recensement des Juifs de 1916 avait depuis longtemps produit son effet politique.

Ludendorff, Bauer, Tirpitz, Gebsattel, Keim et autres

Au sein de la 3e direction suprême de l'armée de terre (OHL), sous la direction du général feld-maréchal Paul von Hindenburg, Erich Ludendorff était général quartier-maître et le lieutenant-colonel Max Bauer lui servait de conseiller politique. Il était en outre officier de liaison entre la direction suprême de l'armée de terre et le gouvernement du Reich, et correspondant des pangermanistes d'extrême droite au sein de l'OHL. Ludendorff et Bauer étaient des antisémites convaincus. Ils considéraient les Juifs comme des tire-au-flanc et des profiteurs de guerre, même si le recensement de 1916 avait produit de tout autres résultats – qu'ils connaissaient bien entendu.

Au cours de l'été 1918, Bauer utilisait encore dans ses campagnes d'agitation les arguments qui avaient incité, en 1916, le ministère prussien de la Guerre à ordonner le recensement des Juifs. Dans un mémoire qui fut présenté au Kaiser, au Kronprinz et au général Ludendorff, Bauer affirmait que l'énergie de l'armée de terre commençait à « s'effriter ». Cela tenait entre autres, selon lui, à l'ambiance de l'arrière, qui contaminait peu à peu l'armée, au souci que les soldats se faisaient pour leurs proches, au manque d'assistance aux blessés de guerre – et aux Juifs. « Une immense rage se fait enfin entendre contre les Juifs, et à juste titre. Quand on se trouve à Berlin, quand on visite les offices de ravitaillement ou quand on parcourt la Tauentzienstrasse, on pourrait tout à fait se croire à Jérusalem. Mais devant, sur le front, on ne voit pratiquement pas un Juif. Il suffit d'avoir un peu de jugeote pour être indigné par la faible part que prennent les Juifs à la guerre, mais rien n'y fait, il est impossible de s'en prendre aux Juifs, c'est-à-dire au capital, qui tient pour sa part la presse et le parlement[43]. »

Dans le tableau antisémite de l'ennemi qu'en brossait cet officier d'extrême droite, les Juifs n'étaient donc pas seulement de honteux planqués, mais aussi un groupe exerçant une forte influence sur la politique intérieure. Ainsi s'explique le fait que Bauer n'ait pas utilisé d'arguments rationnels contre les libéraux de gauche et les sociaux-démocrates – parce qu'ils défendaient l'idée d'une paix négociée –, mais ait lancé contre eux une propagande hostile en les traitant de défenseurs de « l'esprit libéral juif et de l'internationale des copains[44] ».

Le colonel Max Bauer était loin d'être le seul, dans le milieu militaire, à défendre ce point de vue idéologique. Le lieutenant-colonel Hans Helfritz, chef d'état-major d'un corps d'armée, voyait lui aussi les libéraux à travers le prisme de l'antisémitisme. Au chef du service de presse du Reich, le directeur ministériel Erhard E. Deutelmoser, il écrivit que la *Frankfurter Zeitung*, avec ses « attaques juives et haineuses contre tous ceux qui ne partage[ai]ent pas les mêmes opinions pacifistes et indignes », avait un effet de « désagrégation ». Il exigeait que ces articles soient « totalement éliminés de la presse[45] ». Ici, on le voit, ce sont les journalistes prônant une politique censée permettre une paix négociée que l'on qualifiait de Juifs pacifistes, d'êtres indignes et de facteurs de désagrégation ; le mot « éliminer » [*ausmerzen*] était déjà prononcé.

Pour l'officier Bauer – qui réfléchissait selon les catégories politiques de la droite nationaliste –, la situation politique intérieure de l'Allemagne en 1918 se présentait ainsi : d'un côté, les fidèles idéalistes allemands, notamment en Prusse, qui continuaient à vouloir obtenir une paix fondée sur la victoire ; de l'autre, les faibles, partisans de l'idée d'une paix négociée, « avachis comme de vieilles femmes ». Pour Bauer, ceux-là constituaient en quelque sorte l'ennemi intérieur. Dans cette perspective, les éléments qui faisaient planer une menace sur la suite de la guerre étaient nombreux : les partis majoritaires du Reichstag – c'est-à-dire le parti social-démocrate d'Allemagne, le parti du Zentrum, et le Fortschrittliche Volkspartei (« Parti populaire progressiste ») libéral de gauche, les fauteurs de grève, les syndicats, ainsi que les « parlementaires et agitateurs obstinés ou criminels ». Selon lui, « la propagation du mode de pensée *juif* (car celui-ci domine effectivement la sociale-démocratie et les milieux du *Berliner Tageblatt*, de la *Frankfurter Zeitung*, etc.) aura un effet délétère[46] ». On peut aussi discerner ici la fonction de la propagande antisémite : étaient désignés comme « juifs » ou dominés par le « mode de pensée juif » toutes les forces économiques, partis politiques et organisations qui se trouvaient en quelque sorte « sur l'autre rive » en matière de politique intérieure. Il s'agissait donc d'une image de l'ennemi floue, focalisée sur le préjugé antisémite, qui ne se limitait cependant pas à un combat contre les Juifs, mais pouvait devenir l'instrument de n'importe quel autre groupe. En d'autres termes, depuis 1917-1918, les principaux militaires favorables à la poursuite de la guerre utilisaient l'antisémitisme comme instrument de manipulation.

Ludendorff et Bauer comptaient vraisemblablement au nombre des inventeurs, et en tout cas des bénéficiaires, de la légende du coup de poignard dans le dos, qui leur permit de s'exonérer de toute responsabilité dans la guerre en général, et plus particulièrement dans sa prolongation et dans la défaite militaire : « Ce sont les piliers du Reich, l'armée, la bureaucratie, l'industrie, les Églises et les universités qui, s'appuyant sur la presse, les sermons, les procès manipulés et l'historiographie, notamment officielle, ont construit cette légende pour faire oublier leur propre responsabilité dans la guerre et la défaite militaire, et pour la faire porter sur ces Juifs et sociaux-démocrates[47]. » La légende du coup de poignard dans le dos avait une orientation intrinsèquement antisémite. Qu'il s'agisse des prétendus « planqués », des ouvriers en grève dans l'industrie des munitions ou des hommes politiques socialistes, tous étaient désignés comme « juifs » ou « d'inspiration juive ». C'est dans l'atmosphère de ces milieux que naquit le slogan antisémite propagé en 1918 : « On voit partout leur sourire oblique, sauf dans les tranchées[48] ! »

Ludendorff et Bauer croyaient à l'existence d'une conspiration juive internationale animant des mouvements subversifs dans différents pays – notamment dans la Russie de 1917 et, désormais, dans l'Allemagne de 1918[49]. En 1919, Ludendorff parla du « marécage de la pensée défaitiste internationale-pacifiste » du judaïsme et du Vatican, un marais qu'il fallait assécher parce que ceux-ci détruisaient l'héritage racial des Allemands, leur caractère national[50].

On ne relève guère de différences de fond entre cette image antisémite et celle qu'avait Hitler. Cela n'a donc rien d'un hasard si le fameux général de la Première Guerre mondiale Erich Ludendorff s'allia en 1923 avec

Hitler pour mener le putsch contre la République, s'il se fit investir comme candidat du parti nazi, le NSDAP, au Reichstag et s'il y fut effectivement élu sous cette étiquette en 1924. Dans son livre publié en 1923, *Kriegführung und Politik* (« La Gestion de la guerre et la Politique »), l'antisémite déclaré qu'était Ludendorff réclama que l'Allemagne soit « *judenrein** » avant la guerre suivante[51]. Il anticipait ainsi la politique menée par Hitler entre 1933 et 1939. Dans les années 1930, ses textes sur la guerre totale auraient leur place dans le patrimoine intellectuel du NSDAP et de la plupart des membres de la direction de la Reichswehr[52].

Le Deutsche Vaterlandspartei (« Parti patriotique allemand ») ou DVLP, fondé en 1917 par le politicien pangermaniste Wolfgang Kapp, devait constituer un « réceptacle » pour tous les courants politiques partisans d'une paix fondée sur la victoire et de garantir la position dominante des catégories de la noblesse et de la grande bourgeoisie face à la montée de la classe ouvrière[53]. Le premier président de ce parti préfasciste fut un officier de marine, le contre-amiral Erich von Tirpitz, jusqu'en mars 1916 secrétaire d'État au bureau de la Marine du Reich, un homme vénéré par toute la droite nationaliste et dont la marine allemande avait aussi fait son idole. Kapp tenta plusieurs fois de porter Tirpitz au poste de chancelier d'une dictature militaire[54], et la plupart des membres de l'armée l'auraient salué comme l'« homme fort » s'il avait assumé ce type de rôle politique.

Des relations étroites existaient entre le Vaterlandspartei et la 3e direction suprême de l'armée de terre. Les anciens officiers furent nombreux à adhérer au parti – une démarche qui était, on le sait, interdite aux officiers

* « Épurée des juifs », « déjuivée » (*NdT*).

d'active. Alors que Tirpitz semblait prendre ses distances avec l'antisémitisme[55], Ludendorff et Bauer, nous l'avons montré plus haut, étaient des antisémites déclarés. Au sein de l'Alldeutscher Verband (« Union pangermaniste »), l'antisémitisme fut utilisé comme moyen de combat politique au plus tard à partir du mois d'octobre 1918. D'anciens officiers y tinrent un rôle de premier plan. L'un d'entre eux était le baron Konstantin von Gebsattel, général de cavalerie en retraite, président délégué de l'Alldeutscher Verband depuis 1915 et président du Deutschvölkischer Schutz- und Trutzbund (« Union de défense et d'offensive nationale-populaire allemande ») après la Première Guerre mondiale. Face à la défaite militaire de l'Allemagne, il réclama, lors d'une réunion de son organisation, que l'on utilise « la situation pour lancer une campagne tonitruante contre le judaïsme, et pour faire des Juifs les paratonnerres [*sic*[*]] de toute l'injustice ». Un autre général à la retraite, l'influent rédacteur en chef du *Militär-Wochenblatt*, August Keim, soutenait cette opinion : « Si nous perdons la guerre, c'est uniquement parce que le peuple allemand est pris de vertige à cause des Juifs, qu'il est empoisonné et ne sait pas où le mène sa course [...][56]. » Pour les pangermanistes, la « question juive » apparut alors comme le moyen le plus efficace de trouver dans les masses la base indispensable à ce mouvement censé servir de « réceptacle ».

L'ennemi en « bolchevique juif », 1918-1919

Dans certains cercles d'officiers, le slogan de « bolchevisme juif » était déjà répandu au cours de la révolution

---

* *NdT.*

allemande de novembre 1918[57], même si l'on considère généralement – à tort – qu'il s'agit d'une image inventée par la propagande nationaliste des années 1940. Un officier de la marine de guerre impériale, le capitaine de frégate Bogislaw von Selchow, nota les lignes suivantes le 11 novembre 1918 dans son Journal : « Le matin je me suis rendu au bureau de la Marine du Reich, sur lequel flottait le drapeau rouge. Devant, un bolchevique juif en civil montait la garde avec une carabine. Tout était comme dans un rêve [...][58]. » Cette sentinelle était vraisemblablement un membre de la Volksmarinedivicsion (« Division de la marine populaire ») berlinoise, c'est-à-dire d'une formation révolutionnaire politiquement liée aux Unabhängige Sozialdemokraten (« Sociaux-démocrates indépendants ») ou au groupe Spartakus d'extrême gauche. Mais ce genre de nuances politiques n'intéressait pas un homme comme Selchow. Pour lui, tout ce qui était révolutionnaire relevait du « bolchevisme », un terme à ses yeux équivalent au mot « juif ». Hitler reprit ultérieurement à son compte cette équivalence entre « Juifs » et « bolcheviques ». Cette image était sans doute fondée sur l'idée – inspirée par un état d'esprit fondamentalement antisémite – que les révolutionnaires allemands ne pouvaient qu'être juifs, tout comme les bolcheviques russes. Bref, dès cette époque, le Juif était un bolchevique, et réciproquement.

Ce mode de pensée a joué un certain rôle. Il montre en effet que la formule de « bolchevisme judaïque[59] » qui, après l'attaque contre l'Union soviétique, le 22 juin 1941, a été utilisée aussi bien contre les permanents du parti communiste de l'Union soviétique que contre les Juifs russes, n'a pas été inventée par Hitler ou Goebbels, mais circulait déjà depuis 1918 dans les milieux d'officiers d'extrême droite. Dans le journal de l'officier de marine von Selchow, on trouve aussi les échos d'un antisémitisme « éliminationniste », par exemple dans cette mention du 15 novembre 1918, où l'on peut lire : « Nous sommes passés devant toutes sortes de racaille urbaine. Juifs et déserteurs, ce ramassis qui n'est que caniveau, dans le sens le plus vulgaire du mot, domine désormais l'Allemagne. Mais le tour des Juifs viendra lui aussi, et ce jour-là, malheur à eux[60] ! »

Ce furent de jeunes officiers de la marine de guerre impériale qui, le 15 janvier 1919, assassinèrent à Berlin les deux leaders charismatiques de la gauche radicale allemande, Rosa Luxemburg et Karl Liebknecht. À ce complot d'officiers dirigé par le capitaine Waldemar Pabst, attaché au quartier général, participèrent l'enseigne de vaisseau Hermann W. Souchon – un neveu de l'amiral Souchon, gouverneur de Kiel –, le lieutenant de vaisseau Horst von Pflugk-Harttung, le capitaine Heinz von Pflugk-Harttung, le lieutenant en retraite Kurt Vogel ; on y trouvait également les enseignes de vaisseau Bruno Schulze, Heinrich Stiege, Ulrich von Ritgen, ainsi que le lieutenant de vaisseau Wilhelm Canaris[61]. Ces officiers appartenaient à la brigade de marine Ehrhardt, elle-même placée sous les ordres de la division des tirailleurs de la cavalerie de la garde (GKSD), dirigée par le général de division Heinrich von Hoffmann. Les officiers se chargèrent des assassinats et les juges les couvrirent[62]. Pour la droite nationaliste, l'engagement des deux leaders spartakistes contre la guerre était « une preuve supplémentaire de l'existence d'une conjuration judéo-bolchevique. Peu importait que ces deux athées aient été entourés d'une équipe majoritairement non juive, ou que la majorité des Juifs aient été horrifiés par leurs idées révolutionnaires[63] ».

L'ordre fut donné par le capitaine Waldemar Pabst, premier officier d'état-major général de la division des tirailleurs de la cavalerie de la garde : « Je les ai fait exécuter tous les deux », se vanta ultérieurement le « petit Napoléon ». Pabst, militaire d'extrême droite et manipulateur sans scrupules, se retrouva au cours des années suivantes partout où l'on préparait et où l'on tentait un coup d'État militaire contre la République. Au cours du putsch Kapp-Lüttwitz de 1920, il joua un rôle aussi important que le général von Lüttwitz, le colonel Max Bauer et le capitaine Hermann Ehrhardt, alors que Ludendorff gardait une attitude plutôt attentiste et restait à l'arrière-plan.

Lorsque le journaliste et homme politique juif Leo Jogiches, rédacteur en chef du journal communiste *Rote Fahne*, dénonça dans son édition du 12 février 1919 le lieutenant de vaisseau Pflugk-Harttung et ses accompagnateurs comme les assassins de Karl Liebknecht, le lieutenant Vogel comme le meurtrier de Rosa Luxemburg et le capitaine Pabst comme instigateur de ces crimes – ce qui, en dépit de toutes les tentatives de maquillage menées par les autorités judiciaires et militaires, approchait étonnamment de la réalité les faits –, il fut arrêté par la police en mars 1919, placé en garde à vue et « abattu pendant une tentative de fuite », selon la version officielle, par un brigadier de la police criminelle[64].

Au mois de janvier 1918, à Munich, un officier, le comte Arco Valley, assassina en pleine rue le ministre-président juif Kurt Eisner (USPD). En mai 1919, au cours d'une opération violente que l'on ressentit comme un « épilogue à la guerre », des soldats de la Reichswehr écrasèrent la République munichoise des Conseils, assassinant à cette occasion cent soixante et une personnes[65]. C'est dans ce milieu de la Reichswehr qu'un soldat de première classe ayant participé à la guerre mondiale, Adolf Hitler, commença en 1919 sa carrière politique, comme orateur militant contre le « bolchevisme juif[66] ».

De la difficulté de lutter contre l'antisémitisme dans la Reichswehr

À l'époque de la révolution de Novembre en Allemagne, on trouvait cependant quelques partisans de l'intégration des soldats juifs. Le colonel Walther Reinhardt, un homme originaire du Wurtemberg et qui reprit fin 1918 les fonctions de ministre prussien de la Guerre, militait en faveur d'une « pleine garantie de droits, y compris dans le domaine de la nomination des officiers[67] », ce qui, compte tenu des réserves des officiers prussiens que nous avons évoquées, requérait un certain courage. Il anticipait ainsi la règle qui entrerait en vigueur en 1919 avec la Constitution de Weimar.

Après la dissolution du ministère prussien de la Guerre, le général Reinhardt, fidèle à la République, occupa dans un premier temps le poste de chef de la direction de l'armée, puis devint commandant d'une brigade de formation interarmes près de Berlin. Devant cette troupe au sein de laquelle régnait une ambiance non seulement nationaliste, mais aussi fortement antisémite, il tint à Pâques de l'année 1921 un discours d'adieux dans lequel il prit clairement position en faveur des Juifs : « Mais quand un Juif allemand se sent sincèrement l'un des nôtres et combat avec nous, il faut le reconnaître et le respecter. L'esprit du mammonisme, de la cupidité, mérite le mépris, nous devons le rejeter chez les juifs comme chez les chrétiens ; mais, avant tout, nous ne devons pas laisser notre soif de jouissance ou notre légèreté d'esprit faire de nous des valets de l'argent, et par là même, souvent, des valets des Juifs. Ce type d'antisémitisme défensif mérite des louanges ; il ne s'affirme pas dans les actes haineux à l'encontre des Juifs, mais dans la discipline que l'on s'impose à soi-même [...][68]. » À une époque où un autre officier pouvait qualifier publiquement l'État de Weimar de « République des Juifs » et parler de « haute cour de merde »[69] sans avoir à craindre d'être jeté hors de la Reichswehr, il fallait sans doute déjà un certain courage pour énoncer un refus de l'antisémitisme en des termes aussi clairs que le fit Reinhardt.

Conformément à l'article 3 de la Constitution de la République de Weimar, les couleurs noir-rouge-or devinrent celles de l'État allemand. Les pères de la Constitution renouaient ainsi avec les traditions du mouvement démocratique du XIXe siècle, et notamment avec la révolution de 1848-1849. Un nombre non négligeable d'officiers et de sous-officiers de la Reichswehr provisoire, qui s'étaient battus pendant la guerre sous les couleurs prussiennes, le noir-blanc-rouge (couleurs qui étaient devenues celles du IIe Reich en 1871), ressentirent cette innovation comme l'expression d'un manque de sentiment national. Ils exprimèrent leur déplaisir en ridiculisant le symbole démocratique qu'était le noir-rouge-or, et en mêlant à leurs moqueries des slogans antisémites. Dans bien des mess d'officiers, on plaisantait sur les nouvelles couleurs « noir-rouge-moutarde » et sur le nouveau blason du Reich – un aigle noir sur fond d'or, qualifié de « vautour de la faillite[70] ». Fin août 1919, des officiers de la garnison de Pinneberg, dans le Holstein, placés sous la responsabilité d'un colonel d'extrême droite le baron Leopold von Ledebur, commandant du régiment, qualifièrent le drapeau du Reich d'« étendard juif noir-rouge-or ». Le journal social-démocrate *Vorwärts*, qui rendit compte de cet incident, relata par ailleurs que les soldats qui ne suivaient pas la ligne droitière de l'unité étaient peu à peu chassés du régiment de Pinneberg[71].

Le ministre social-démocrate de la Reichswehr, Gustav Noske, était informé du fait que l'on avait déjà assez souvent relevé des « menées antisémites » au sein de la troupe. Il avait dû l'admettre dès le mois de juillet 1919, devant l'Assemblée nationale allemande, à laquelle il avait été contraint d'exprimer ses vifs regrets – lesquels étaient tout à fait crédibles[72]. Noske ordonna donc, en termes secs, d'« informer tous les responsables d'unité qu'ils ont, dans toutes circonstances, le devoir de lutter avec toute leur énergie contre la propagande antisémite et l'incitation au pogrom au sein de la troupe ». En accord avec le président de l'Unabhängige Sozialdemokratische Partei (« Parti social-démocrate indépendant », USPD), Hugo Haase, Noske estima que l'agitation antisémite au sein de la Reichswehr était « extraordinairement dangereuse » et promit d'« intervenir » à chaque fois qu'il aurait les moyens de le faire.

Mais un mois plus tard, en août 1919, on constata déjà que l'instruction du ministre de la Reichswehr n'avait en rien permis d'endiguer les déclarations antisémites des officiers de la Reichswehr. On révéla alors publiquement que le commandant de la 15e brigade berlinoise de la Reichswehr, le colonel Wilhelm Reinhardt – un ancien chef des corps-francs, un homme autoritaire qu'il ne faut pas confondre avec le ministre prussien de la Guerre, le colonel Walther Reinhardt –, avait une nouvelle fois calomnié le drapeau de la République en le qualifiant de « drapeau des Juifs », avait traité le ministre des Finances de la République, Matthias Erzberger, de « fripouille », le gouvernement de « bande de canailles », et avait mis à pied des soldats aux opinions républicaines[73]. Une fois de plus, un officier supérieur de la Reichswehr présentait ainsi une image complexe de l'ennemi politique intérieur dans laquelle des éléments antisémites et antirépublicains se mêlaient imperceptiblement. Là encore, le parallèle avec la formule de « bolchevisme juif », lancée ultérieurement par la propagande nationale-socialiste, saute aux yeux. Le colonel Wilhelm Reinhardt fit une carrière typique pour un homme défendant les opinions politiques qui étaient les siennes. Il adhéra au NSDAP, devint SS-Gruppenführer – l'équivalent d'un général de division dans les grades de l'armée allemande – et accéda, au sein de la Wehrmacht, au rang élevé de général d'infanterie.

À l'époque, lorsqu'un courageux soldat républicain, s'exprimant au nom de l'« Union des sous-officiers et hommes de troupe hors d'activité », révéla au public les propos d'extrême droite et anticonstitutionnels du colonel Reinhardt, Noske ne trouva pas l'énergie suffisante pour écarter cet officier de la Reichswehr. C'est alors l'ancien ministre-président du Reich, Philipp Scheidemann (SPD), qui tint un discours très remarqué lors d'une grande réunion, à Kassel, devant plus de 10 000 auditeurs. Il lança un avertissement : la propagande monarchiste se multipliait dans les casernes et l'on y utilisait de nouveau l'antisémitisme, l'instrument le plus commode de l'agitation réactionnaire[74]. Le discours de Scheidemann suggérait que dans la première année de la République, ce n'était pas le gouvernement du Reich, mais l'armée qui tenait en main le pouvoir politique réel. Dans un autre discours que l'on qualifierait ultérieurement d'« historique », tenu devant l'Assemblée nationale, Scheidemann lança, le 7 octobre 1919, au gouvernement : « L'ennemi est à droite[75] ! » Cette mise en garde, qui n'était que trop justifiée, serait reprise de manière spectaculaire en 1922 par le chancelier Joseph Wirth, après l'assassinat du ministre des Affaires étrangères du Reich Walther Rathenau. Il va de soi que le meurtre de Scheidemann, en juin 1922, fut d'abord la réponse que des officiers prêts à utiliser la violence apportaient à ces discours de l'automne 1919.

Les desperados antisémites de l'entre-deux-guerres

La propagande nationaliste menée par l'extrême droite contre les Juifs, les pacifistes et les sociaux-démocrates n'influença pas seulement la pensée politique des officiers revenant de guerre. Elle incita aussi certains d'entre eux à se livrer à des actes de violence contre les représentants notoires de la gauche politique. La violence d'extrême droite, au cours des premières années de la République de Weimar, fut essentiellement le fait d'officiers d'active ou d'anciens officiers[76].

La série d'attentats commis entre 1919 et 1922 fut perpétrée par des officiers subalternes qui ressentaient la guerre comme une déchéance sociale : désormais, l'armée aux millions de soldats était dissoute et ils avaient du mal à retrouver un travail dans la vie civile. Ces hommes qui auraient préféré rester actifs dans l'armée, même après la fin du conflit, entrèrent en 1919 dans les corps-francs que l'on venait de créer, espérant être admis dans la Reichswehr, l'armée que la République s'apprêtait à constituer. Comme celle-ci, pour respecter les clauses du traité de Versailles signé le 28 juin 1919, ne pouvait dépasser le nombre de 100 000 hommes pour l'armée de terre et 15 000 pour la marine, le gouvernement dut dissoudre d'office plusieurs unités.

Deux de ces unités, qui s'étaient déjà fait remarquer à l'époque de la révolution pour leurs actions contre-révolutionnaires, les brigades de marine Ehrhardt et Loewenfeld, participèrent activement, au mois de mars 1920, au putsch Kapp-Lüttwitz, avec pour objectif d'empêcher une dissolution de l'armée déjà décidée. La manœuvre ayant échoué, le commandant de l'une des deux brigades, le capitaine de frégate Hermann Ehrhardt, forma avec des membres de sa troupe une unité clandestine armée portant le nom d'« Organisation Consul » (OC). Celle-ci devint une organisation terroriste d'extrême droiteextrême droite. Dans les années 1921-1922, les officiers et les soldats de l'OC commirent un grand nombre de meurtres politiques. Le statisticien Emil Julius Gumbel en arriva dès 1924 à la conviction que l'OC se livrait à des opérations d'assassinat systématique : « Il n'y a sans doute pas un seul assassinat politique de ces dernières années en Allemagne auquel l'organisation C n'ait participé directement ou indirectement[77]. » De fait, la recherche historique récente a pu prouver que les attentats perpétrés contre Matthias Erzberger, Philipp Scheidemann et Walther Rathenau avaient été planifiés, dirigés et exécutés par des officiers de l'ancienne brigade de marine Ehrhardt[78]. Les motivations antisémites jouèrent un rôle décisif dans ces meurtres (nous y reviendrons).

Ernst von Salomon, vétéran des corps-francs, prétend que l'OC était « un conglomérat informel d'anciens soldats et officiers de la brigade de marine, qui [...] continuaient à entretenir de bons rapports de camaraderie et qui, poussés par un sentiment d'attachement personnel à leur ancien "chef" [...], accomplissaient occasionnellement des missions qui leur étaient dictées par la "centrale" du capitaine à Munich[79] ». En réalité, l'OC était une organisation militaire clandestine obéissant aux principes militaires de l'ordre et de l'obéissance, et respectant un secret rigoureux. Le « Consul », Hermann Ehrhardt, disposait d'un aide de camp et d'un état-major. Son adjoint était un lieutenant de vaisseau répondant au nom d'Alfred Hoffmann. D'autres anciens officiers de marine, placés sous l'autorité des deux commandants, avaient des compétences et des pouvoirs précisément décrits. Contrairement à ce qui se passait dans l'armée régulière, les commandos d'assassins étaient constitués par tirage au sort ; les traîtres éventuels étaient exécutés. Le caractère paramilitaire de l'Organisation Consul fut du reste confirmé sous le national-socialisme par la Wehrmacht, qui comptabilisa toutes les années passées au sein de l'OC dans le calcul du temps de service militaire[80]. L'OC se donna dès l'été 1921 un programme résolument antisémite. L'organisation secrète, y lisait-on, ouvrait ses portes à tout « Allemand ayant l'esprit national », mais les « Juifs » et autres « membres de races étrangères » en étaient exclus[81]. La charte exprimait aussi la menace d'assassinat : « Les traîtres encourent le tribunal de la Sainte-Vehme ! » Les adversaires désignés étaient la Constitution de Weimar, la sociale-démocratie et le judaïsme.

En règle générale, dans les livres d'histoire, ces desperados qui, après la Première Guerre mondiale, affrontèrent la République de Weimar par la violence terroriste sont présentés comme des nationalistes populistes ou des extrémistes de droite[82]. Ils étaient certainement les deux à la fois. Il ne faut cependant pas négliger un autre fait, plus important du point de vue de l'histoire sociale : ces activistes d'extrême droiteextrême droite étaient en général ou bien d'anciens militaires de carrière, ou bien des hommes que le milieu militaire avait si profondément marqués que même en temps de paix ils ne voulaient plus s'en éloigner. Ils pensaient selon des schémas de force et de violence, classaient le monde en amis et en ennemis, et agissaient avec les instruments dont ils avaient appris à se servir pendant la guerre, les armes à feu et les grenades. Mentalement, ils restaient en guerre, même après l'armistice et le traité de paix. Dans ce qu'ils appelaient l'« après-guerre », l'important, pour eux, n'était plus l'ennemi extérieur, mais l'adversaire politique intérieur. Les Juifs, les pacifistes et les socialistes devinrent alors les boucs émissaires pour tous les maux de l'époque. La seule chose qu'aient crainte ces desperados, c'était une paix consolidée dans laquelle ils ne pourraient plus exercer leur artisanat de la violence. Ils combattaient donc la République et espéraient l'avènement d'une dictature militaire qui appliquerait à la société civile les lois – si faciles à comprendre – de la vie militaire.

La série d'assassinats que commirent des officiers d'active ou d'anciens officiers au début des années 1920 contre des adversaires politiques – Juifs, hommes ou femmes de gauche, républicains, pacifistes – ne peut qu'être considérée comme un avant-goût de la manière dont on traiterait les adversaires politiques sous le nazisme.

L'engrenage des assassinats

Après l'écrasement de la République munichoise des Conseils par les troupes gouvernementales, sous les ordres du ministre de la Reichswehr Gustav Noske (SPD), en mai 1919, le milieu politique se calma à peu près, après avoir été agité, six mois durant, par des confrontations proches de la guerre civile. Mais, le 8 octobre 1919, l'opinion publique fut secouée par un nouvel attentat, commis contre l'un des politiciens les plus en vue de la République, le président du Parti social-démocrate indépendant d'Allemagne (USPD), Hugo Haase. Entre 1914 et 1917, celui-ci avait partagé avec Friedrich Ebert la présidence du SPD, prenant la succession du légendaire président du parti, August Bebel. L'organe de l'USPD, *Die Freiheit*, établit le lien avec les assassinats antérieurs d'hommes politiques de gauche : « Le président de notre parti, le camarade Haase, a été blessé par un homme de plusieurs coups de feu, alors qu'il s'apprêtait à tenir son grand réquisitoire contre la politique criminelle menée par le gouvernement à l'Est et contre les actes de violence des gardes de Noske […]. Les centrales meurtrières des militaristes ont fait tuer Luxemburg et Liebknecht, Eisner, Dorrenbach, Landauer, Jogiches et beaucoup d'autres dans les villes du pays[83]. »

En réalité, les coups de pistolet dont avait été victime Hugo Haase et qui allaient le mener à la mort quelques mois plus tard avaient été tirés par un individu isolé, un ouvrier du cuir français, Voss, décrit comme un « monomaniaque aux capacités limitées » et un « idiot »[84], qui n'avait apparemment aucun contact avec les officiers d'extrême droite et prêts au meurtre issus de la brigade de marine Ehrhardt.

Gustav Noske, ministre de la Reichswehr, que les socialistes indépendants traitèrent souvent de « molosse » en raison de sa collaboration avec les corps-francs et les officiers antirépublicains, rendit hommage à Hugo Haase dans ses Mémoires en le présentant comme un homme remarquable ; à cette occasion, il évoqua aussi le rapport – en principe bon – entre les sociaux-démocrates et les Juifs : « Personne, sans doute, n'aura totalement sondé son caractère. On ne peut vraisemblablement le comprendre qu'en partant de son judaïsme. Haase était un homme d'une grande honnêteté, un homme bon. La pureté de ses actes politiques ne peut être mise en cause. Il croyait sincèrement servir le peuple allemand et, au-delà, l'humanité entière. Je n'ai pratiquement pas connu un seul Juif – et j'en ai connu un bon nombre – qui n'ait pas souffert du déclassement social qu'on lui faisait subir. Certains étaient manifestement d'une sensibilité d'écorché vif lorsqu'on parlait du judaïsme. Le déclassement transforme certaines personnes en pessimistes ou en contempteurs du genre humain ; à beaucoup d'autres, il inspire la haine. Sur le plan politique, nombre d'entre eux sont venus à la sociale-démocratie, où l'antisémitisme s'exprimait très rarement à voix haute mais n'était pas totalement absent sous le manteau[85]. »

Dès le début 1920, Matthias Erzberger, ministre des Finances du Reich, avait été grièvement blessé au cours d'un attentat commis contre lui par un aspirant de 20 ans, Oltwig von Hirschfeld[86]. Quelques mois plus tard, en mai 1920, un homme resté anonyme lançait une grenade sur ce politicien, membre éminent du Zentrum, lors d'une réunion électorale à Esslingen, dans le Wurtemberg[87]. Erzberger ne survécut pas au troisième attentat, qui eut lieu le 26 août 1921. Deux hommes l'abattirent d'une série de coups de revolver lors d'une promenade qu'il faisait près du site du Kniebis, dans la Forêt Noire, en compagnie de Karl Diez, député du Zentrum.

Les assassins étaient deux anciens officiers : le lieutenant de vaisseau Heinrich Tillessen et son camarade Heinrich Schulz, ayant servi dans la brigade de marine Ehrhardt. L'ordre de commettre l'attentat leur avait été donné par un autre officier de marine, l'ancien lieutenant de vaisseau Manfred von Killinger, qui avait été, dans cette même brigade, le chef de la « compagnie d'assaut Killinger[88] ». Le capitaine Ehrhardt avait approuvé l'ordre.

Erzberger devait mourir parce qu'il avait soutenu la résolution de paix de 1917 puis, en novembre 1918, à la demande du gouvernement du Reich, avait signé l'armistice à Compiègne. Les extrémistes de droite lui reprochaient également d'avoir plaidé en faveur de l'acceptation du traité de Versailles et d'un accord avec les puissances victorieuses. Cet homme politique était considéré comme un symbole de cette République de Weimar que les extrémistes de droite haïssaient. L'opposition nationaliste fit subir à Erzberger une campagne d'agitation en bonne et due forme, au cours de laquelle le politicien national-allemand Karl Helfferich se distingua particulièrement avec son slogan « Fichez Erzberger dehors[89] ! ». Fait caractéristique, le catholique qu'était

Erzberger fut traité de marionnette des Juifs, la politique qu'il menait constituant un « crime » aux yeux de ses assassins[90]. On vit ainsi, une fois de plus, ce que pouvait provoquer une pensée qui ne fixait aucune limite à la caractérisation de l'ennemi.

L'officier de marine antisémite Manfred von Killinger[91], personnage dominant de l'OC, qui avait ordonné l'assassinat d'Erzberger, suivit une carrière typique[92]. Issu des combattants d'extrême droite des corps-francs, son chemin le mena en 1927 au NSDAP, puis à la SA, à la « présidence » de la Saxe jusqu'en 1935, puis à représenter le Reich à San Francisco et en Roumanie. Dans un premier temps, il fut membre de la brigade de marine Ehrhardt, avec rang de lieutenant de vaisseau. Peu après l'échec du putsch Kapp-Lüttwitz, à partir de juillet 1920, il forma l'Union des anciens soldats d'assaut, des hommes qui « devraient se mettre à disposition en cas d'extrême urgence[93] ». Cet officier de marine était en outre membre de l'Ordre germanique, une autre organisation secrète fondée en 1912 et à laquelle appartenaient également les assassins d'Erzberger. Pour adhérer à l'Ordre germanique, organisation raciste, il fallait certifier, par le biais d'une « attestation du sang », que « le sang aryen était le seul à couler dans ses veines et que, parmi ses parents et ancêtres, ainsi que ceux de sa femme, ne se trouvait aucun membre des races colorées ou hébraïques ». Cet ordre secret se donnait par ailleurs pour objectif « de retrouver et de consolider la position dominante des Germains sur les autres races humaines[94] ». On l'aura compris, nous avons affaire ici à un précurseur direct de la politique raciale nationale-socialiste qui s'imposa, entre autres, en 1934 à travers la « clause d'aryanité » appliquée à la Reichswehr.

Le leader ouvrier social-démocrate Philipp Scheidemann, qui avait été en 1919 le Premier ministre-président de la République et avait exercé, après avoir démissionné de son poste de chef du gouvernement, les fonctions de maire de Kassel, se trouvait lui aussi sur la liste noire des militaires d'extrême droite pour avoir dénoncé à plusieurs reprises les tendances antirépublicaines et antisémites dans les casernes. Scheidemann devait être empoisonné à l'acide prussique, le 4 juin 1922, à Kassel[95]. Un heureux hasard lui permit d'en sortir sain et sauf.

Ce nouvel attentat contre un homme politique de premier plan fut commis par deux anciens combattants, Hans Hustert et Karl Oehlschläger. Ces deux nationalistes populistes firent connaissance en 1919, au sein de l'Oberschlesischer Selbstschutz (« Autodéfense de Haute-Silésie »), avant de rejoindre la Compagnie d'assaut Killinger. Ils entrèrent ensuite à l'Organisation Consul, et c'est cette société secrète qui leur donna l'ordre de tuer Scheidemann. Les nationalistes considéraient comme l'incarnation de la République de Weimar honnie cet homme politique social-démocrate qui avait démissionné de ses fonctions au milieu de l'année 1919 pour protester contre la dureté des conditions imposées par le traité de Versailles. Devant le tribunal, les auteurs de cette tentative d'assassinat justifièrent leur acte en se référant à un pamphlet du collaborateur de Ludendorff, le colonel Max Bauer[96]. Les motifs spécifiquement antisémites ne jouent certes pas de rôle dans ce cas, mais Scheidemann s'intégrait parfaitement à cette catégorie des « criminels de Novembre » dans laquelle les nationalistes d'extrême droite regroupaient indistinctement sociaux-démocrates, Juifs et communistes.

Walther Rathenau, autre politicien de premier plan dans la République de Weimar, serait la prochaine victime célèbre de ces desperados. Rathenau, grand bourgeois juif, écrivain et industriel, s'était hissé au sommet de l'État pendant la guerre en devenant directeur du bureau des Matières premières de guerre. Au cours de la seconde moitié du conflit, ses prouesses remarquables dans l'approvisionnement en matériaux stratégiques lui valurent d'être reconnu, y compris au sein des milieux conservateurs, « comme le sauveur de la patrie et l'inspirateur, au même titre que Hindenburg, d'un état-major général chargé de l'intendance[97] ». Après la guerre, on lui confia dans un premier temps le portefeuille de ministre de la Reconstruction ; il fut ensuite promu ministre des Affaires étrangères du Reich.

Sa politique d'entente et d'équilibre avec les puissances alliées sorties victorieuses de la guerre mondiale valut à ce politicien – qui était, au fond, conservateur – d'être qualifié par les nationalistes allemands de « politicien d'exécution* » ; il devint de plus en plus la cible de leur propagande haineuse. Pour reprendre l'image éloquente d'Arnold Brecht, juriste de droit public et à l'époque secrétaire permanent au ministère de l'Intérieur du Reich, Rathenau devint en 1921 le représentant des « Allemands de Weimar », et ainsi la bête noire des « Allemands de Potsdam »[98]. Au cours de sa déposition devant la commission d'enquête du Reichstag, l'ex-général Ludendorff, antisémite notoire, dénonça un lien entre Rathenau et le légendaire « coup de poignard dans le dos ». Cette diabolisation aurait de lourdes conséquences. Quelques auteurs considèrent Ludendorff comme le principal responsable, sur le plan moral, de l'assassinat ultérieur du ministre des Affaires étrangères[99]. En mai 1921, la *Neue Preussische Zeitung* dénonça Rathenau comme un Juif hostile au Reich qui avait poussé l'Allemagne vers l'abîme[100]. Le temps où les nationalistes allemands – c'est-à-dire aussi bien les nationaux-populistes que les nationaux-allemands – considéraient que les prouesses accomplies par Rathenau

* C'est-à-dire d'exécutant du traité de Versailles (*NdT*).

au cours de la guerre compensaient son origine juive était révolu. Il figurait désormais sur la liste des hommes à abattre.

Rathenau lui-même n'a jamais compris pourquoi la droite nationaliste vouait une telle haine à un homme comme lui, doté de pareilles capacités et ayant acquis de tels mérites militaires. Lorsqu'il posa la question à son ami politique Hellmut von Gerlach, un journaliste pacifiste, celui-ci lui fit cette réponse très caractéristique : « C'est exclusivement parce que vous êtes juif et que vous menez avec succès la politique extérieure de l'Allemagne. Vous êtes la réfutation vivante de la théorie antisémite qui veut que le judaïsme soit nocif pour l'Allemagne[101]. » John Weiss, l'historien américain de l'antisémitisme allemand et autrichien, interprète lui aussi la haine suscitée par Rathenau comme un effet de la caractérisation hostile et profondément enracinée que l'on faisait du Juif. Dans son livre publié en 1996, Le Long Chemin vers l'Holocauste, il écrit que cet homme politique juif n'avait rien pu faire « pour se protéger contre la rage de l'extrême droite. [...] Les pangermanistes le haïssaient parce qu'il attaquait les profiteurs de guerre sans les qualifier de Juifs, comme il était de rigueur, et ils écumaient de fureur lorsqu'il exigeait de fortes taxes sur les héritages et un impôt élevé sur les revenus pour payer les réparations. Ludendorff se joignit au chœur des calomniateurs et désigna Rathenau comme un traître juif et un défaitiste[102] ».

Jeune homme, Rathenau avait eu tout autant de mal que d'autres Juifs à réussir dans l'armée prussienne. Il servit comme engagé volontaire pour un an dans un régiment prussien. Mais, on s'en doute, il ne fut même pas promu officier de réserve[103]. En 1921, Rathenau raconta à un officier anglais à quel point la vie qu'il menait était dangereuse : « Dans certaines parties de mon pays, des compagnies défilent en scandant : "Abattez

Rathenau / Dieu maudit ce Juif, ce salaud[104] !” » Effectivement, ce slogan assassin était chanté depuis avril 1921 au sein du corps-franc de Haute-Silésie[105].

L’organe de presse de l’ancienne brigade de marine Ehrhardt, *Der Wiking*, publia en février 1922, à l’occasion de la nomination de Rathenau au poste de ministre des Affaires étrangères, un article anonyme dans lequel on qualifiait la République de « communauté de synagogue » et la question juive de « question cardinale » de toute la politique intérieure et extérieure allemande. L’article s’achevait sur cette conclusion : « Aussi sûr qu’un Dieu allemand vit dans le ciel, il est certain que nous allons déchirer le filet où nous a enfermés le judaïsme et que nous allons détruire d’un seul coup le joug juif sous lequel ploie aujourd’hui un peuple de 60 millions de personnes. Le chemin qui mène à la libération recherchée, on le trouvera l’heure venue, et peu importera alors si nous faisons voler beaucoup de copeaux lorsque nous passerons le rabot[106]. » Les actes ne tarderaient pas à succéder aux paroles.

Le 24 juin 1922, d’anciens militaires prussiens devenus par la suite officiers des corps-francs assassinèrent Walther Rathenau. Ils utilisèrent un pistolet-mitrailleur provenant des arsenaux de l’armée et une grenade à main ovoïde[107]. Les assassins étaient les anciens officiers de marine Erwin Kern, fils d’un directeur d’administration de Breslau, qui n’avait été congédié de la marine qu’en 1921, et Hermann Fischer, fils d’un professeur et artiste peintre de Dresde – deux fils de bonne famille bourgeoise. Tous deux étaient membres de diverses organisations de droite, entre autres du Deutschvölkisches Schutz- und Trutzbund et de la brigade Ehrhardt[108]. Ils obéissaient à un ordre d’un homme de l’OC, Karl Tillessen, lui-même lieutenant de vaisseau limogé de la marine et futur officier de la SS. Son frère était l’assassin d’Erzberger, Heinrich Tillessen. Karl Tillessen, quant à lui, avait reçu d'Ehrhardt en personne l'ordre d'assassiner le ministre Rathenau[109].

Une déclaration confuse que Kern fit la veille de l'attentat donne des informations sur les motifs des assassins : « L'élimination de Rathenau doit inciter la gauche à frapper, afin que les partis nationaux prennent les commandes ; par ailleurs, le ministre est un partisan du bolchevisme rampant ; c'est l'un des trois cents sages de Sion, et il a poursuivi à ce titre les objectifs du judaïsme international, il a marié sa sœur au communiste russe Karl Radek et extorqué par des menaces sous ultimatum sa nomination à la tête des Affaires étrangères[110]. » Là encore, différents mots d'ordre s'agloméraient pour former un tableau complexe où se mêlaient Juifs, gens de gauche, communistes russes et bolcheviques. Les slogans antisémites y jouaient donc un rôle, tout autant qu'une stratégie de provocation censée provoquer un coup de force contre la République.

Le procureur général du Reich résuma ultérieurement en ces termes les motifs des auteurs de l'attentat : les assassins de Rathenau avaient selon lui « commis leur crime par antisémitisme fanatique, persuadés [...] que seule l'élimination violente d'un membre éminent de ce gouvernement dont la politique leur semblait funeste permettrait un soulèvement de la classe ouvrière et, après l'écrasement [...] de celle-ci, la mise en place d'un gouvernement d'extrême droite[111] ». On pouvait imaginer Ludendorff ou Erhardt dans le rôle d'un dictateur militaire. Et, pour les nationalistes en uniforme, une dictature de ce type correspondait plus aux traditions du militarisme germano-prussien que la République de Weimar, attachée à la démocratie et à la paix.

En l'« honneur » des assassins de Rathenau, Erwin Kern et Hermann Fischer, le Führer du Travail du Reich Konstantin Hierl – lui-même ancien officier de l'état-major général et dirigeant des corps-francs – donna sous le nazisme les noms de ces hommes aux départements du Service du travail du Reich (Reichsarbeitsdienst, RAD) à Bad Schmiedeberg et Doberschütz[112]. L'État de Hitler donnait ainsi ses lettres de noblesse à la tradition du meurtre politique, tout en légitimant sa propre violence contre des adversaires politiques et contre des minorités auxquels on donnait, pour des raisons liées au racisme, le statut d'ennemis.

Un peu moins de deux semaines après l'assassinat de Rathenau, qui provoqua des manifestations massives des républicains, la promulgation d'une « loi de Défense de la République » et l'interdiction des associations antisémites, une autre personnalité juive allemande fut victime d'un attentat d'extrême droite. Maximilan Harden[113] s'était affirmé comme un adversaire de la guerre dans son œuvre littéraire, politique et journalistique. Comme il avait défendu l'idée de paix mondiale du président américain Woodrow Wilson, l'extrême droite le considérait comme un traître à la patrie.

Les auteurs de l'attentat, Paul Ankermann, Albert Grenz et Herbert Weichardt, gravitaient autour de ces unions militaires d'extrême droite où dominaient les attitudes ethnicistes et antisémites. Ankermann était chef de corps dans le Jungmannenbund (« Union des jeunes guerriers »). Il avait fait la connaissance de Grenz et de Weichardt à Oldenburg, au sein du groupe local du Stahlhelm (le « Casque d'acier »), l'association des anciens soldats du front. Grenz, un libraire, était secrétaire local du Deutschvölkisches Schutz- und Trutzbund, un groupuscule antisémite ; il était membre du Stahlhelm, du Nationalverband Deutscher Soldaten (« Union nationale des soldats allemands ») et du Deutscher Herold (« Le Héraut allemand »)[114]. Ankermann déclara devant le tribunal que Harden était « un nuisible d'une nature particulière », et ce « en raison de ses écrits et de son changement d'opinion ethnique [...]. Nous avons été particulièrement indignés que ce Juif ose s'en prendre à tout ». Grenz se considérait en quelque sorte comme l'organe d'exécution d'un grand nombre d'antisémites allemands, il expliqua au tribunal : « J'assume mon acte [...]. Il y a peut-être 2 % du peuple allemand derrière la partie adverse. Mais 50 % de ce peuple marche derrière moi[115]. »

La « clause d'aryanité » de l'union des anciens combattants du front

Fondée en 1919, l'association de soldats « Stahlhelm » devint un réceptacle de vétérans du front de la guerre 1914-1918, des hommes conservateurs et nationalistes. Au milieu des années 1920, le Stahlhelm comptait quelque 300 000 membres, un nombre qui monta à 500 000 en 1930, si l'on y intègre les rangs du Jungstahlhelm (« Jeune Stahlhelm »)[116]. Ces gens ne se considéraient pas comme des zélateurs d'extrême droite, mais comme des hommes allemands courageux qui défendaient les vertus militaires prussiennes et ne pouvaient donc s'accommoder ni du renoncement, imposé par « Versailles », à une politique allemande de puissance, ni de la République démocratique et « antimilitaire » de Weimar. Leurs ennemis étaient la « bannière noir-rouge-or » – un groupe fidèle à la République –, le judaïsme et l'Église catholique « ultramontaine ».

L'expérience des tranchées joua un rôle dans la phase initiale de l'histoire du Stahlhelm dans la mesure où chaque soldat ayant combattu sur le front, quelles qu'aient été son origine, sa classe ou sa confession, pouvait devenir membre de cette union d'anciens combattants. Raison pour laquelle quelques anciens soldats juifs du front y adhérèrent aussi, bien que le Reichsbund jüdischer Frontsoldate (« Union des anciens soldats du front juifs ») – lui aussi créé en 1919 – ait fourni une alternative au Stahlhelm.

« Mais, bientôt, un nombre croissant de membres se mirent à exprimer cet antisémitisme politique, culturel et économique qui n'avait certes guère de points communs avec le racisme des nationaux-socialistes mais était justement fort répandu au sein de la bourgeoisie allemande[117]. » En tout cas, la « question juive » fut pour la première fois inscrite officiellement à l'ordre du jour à l'occasion de la journée des Vétérans. Il y eut un débat très agité. Une partie des délégués voulurent écarter ce point de l'ordre du jour sous prétexte qu'il n'avait aucun caractère d'actualité pour le Stahlhelm. Une autre estimait au contraire qu'il s'agissait d'une « question brûlante ». Le leader national du Stahlhelm, Franz Seldte, tenta de trouver un juste milieu en proposant une déclaration selon laquelle tous les membres n'étaient « ni Juifs, ni non Juifs, mais membres du Stahlhelm ». La querelle dura plusieurs heures sans que l'on trouve une solution.

Deux ans plus tard, les antisémites de cette union des vétérans du front revinrent à la charge. Ils voulaient obtenir l'adoption d'une « clause d'aryanité » afin de pouvoir tenir les Juifs à distance du Stahlhelm ou de pouvoir les en écarter. Le principal porte-parole des antisémites était le général en retraite Georg Ludwig Maercker qui, avec son Freiwilliges Landesjägerkorps (« Corps des fantassins volontaires »), avait encore, quelques années plus tôt, sur ordre du ministre social-démocrate de la Reichswehr, protégé l'Assemblée nationale siégeant à Weimar, et dont le moins que l'on puisse dire est qu'il ne s'était pas distingué comme un ennemi ouvert de la République. Après son renvoi de la Reichswehr, il avait adhéré au Stahlhelm et – conformément à son grade militaire – en était immédiatement devenu responsable régional pour la Saxe. La formule proposée par

Maercker était la suivante : « Les Juifs ne peuvent être admis au Stahlhelm. » Il fut soutenu par le lieutenant-colonel en retraite Theodor Duesterberg, deuxième chef national du mouvement et adjoint de Seldte. Lors d'une assemblée générale des chefs de région du Stahlhelm, en mars 1924, Seldte n'eut d'autre choix que d'accepter la « clause d'aryanité », qui fut alors intégrée à la charte du Stahlhelm. Les rares membres juifs quittèrent alors peu à peu cette association qui, disait-on, s'efforçait d'éliminer les « influences de races étrangères ». On trouvait entre autres dans ce cadre des appels au boycott des commerçants juifs[118]. L'exclusion des Juifs de la plus grande et la plus influente association d'anciens combattants du front, dès 1924, doit être considérée comme un signe avant-coureur de la « clause d'aryanité » introduite dix ans plus tard, pour la Reichswehr, par le ministre de la Guerre Werner von Blomberg. On avait ainsi préparé le terrain.

Celui qui fut l'adjoint et, pendant de longues années, le rival de Theodor Duesterberg défendait au sein de la direction nationale du Stahlhelm une idéologie clairement populiste. Comme nous l'avons mentionné, il soutint Maercker lors de l'introduction de la « clause d'aryanité » et professa ouvertement, par la suite, son antisémitisme. Il fut donc bien évidemment durement frappé lorsqu'on sut, en 1932, d'abord à l'intérieur du mouvement, qu'il était lui-même d'origine juive. Il s'avéra que son grand-père, un médecin juif, s'était converti en 1918 à la foi chrétienne. « Son grand-père tout comme son père avaient été de fidèles sujets de la Prusse, et avaient eu droit aux honneurs militaires et civils. Leur petit-fils avait donc toutes les raisons d'être fier d'eux. Malgré tout, cette découverte lui causa un choc brutal. À deux doigts de la dépression, il présenta immédiatement sa démission à la direction nationale du mouvement[119].

Quelques dirigeants du Stahlhelm tentèrent alors de maintenir leur deuxième secrétaire national à son poste. D'autres craignirent de révéler aux nombreux membres antisémites du mouvement la vérité sur ce « descendant de Juifs » qu'était Duesterberg. Celui-ci repassa à l'offensive en diffusant quatre conditions dont chacun devait vérifier qu'il les remplissait personnellement avant de le critiquer pour son origine :

> « 1. Présentation d'un extrait certifié de registre paroissial des ancêtres paternels et maternels, jusqu'aux arrière-grands-parents inclus, qui devrait aussi faire apparaître les ancêtres d'autre sang étranger, par exemple polonais, italien, français, tchèque, etc.
>
> 2. Déclaration sur l'honneur que l'intéressé n'est en relation ni d'affaires, ni de parenté, ou autres liens d'ordre psychologique, avec les Juifs, qu'il ne détient pas d'argent juif, n'a ni patients, ni clients juifs, n'a pas de Juifs dans sa belle-famille et n'est apparenté à aucun Juif, y compris par le biais de ses enfants.
>
> 3. Preuve, attestée par un document officiel, de la mesure dans laquelle ses ancêtres ont participé aux guerres de Libération et d'Unification, et dans quel camp.
>
> 4. S'il a lui-même participé à la Guerre mondiale, sur le front, derrière les lignes ou à l'arrière, et à quel poste[120]. »

Dès que l'origine juive de Duesterberg eut été rendue publique, les nationaux-socialistes lancèrent contre lui une campagne de diffamation[121] dans laquelle se distinguèrent tout particulièrement le directeur de la Propagande du Reich, Joseph Goebbels, et l'expert agricole du parti, R. Walther Darré. Duesterberg provoqua Darré en duel aux pistolets, ce que le politicien du NSDAP refusa en raison de l'« origine de sang juif » [*sic*] de son adversaire. Un jury d'honneur se réunit en revanche au sein de l'association des anciens officiers du régiment d'artillerie de campagne von Scharnhorst à laquelle appartenait Darré. On s'en doute, Duesterberg dut baisser pavillon. L'anecdote montre comment l'antisémitisme avait gangrené les cercles d'officiers. Une fois Darré nommé en 1933 ministre de l'Agriculture au sein du « gouvernement national » de Hitler, l'Offiziersverein jugea qu'il n'était pas acceptable de le blâmer. Le maréchal-président Hindenburg et le ministre de la Reichswehr, Werner von Blomberg, intervinrent même pour demander à Duesterberg d'abandonner tout espoir de réparation. Trois mois plus tard, il quittait le Stahlhelm.

Pas de Juifs dans la Reichswehr

Entre 1920 et 1926, Hans von Seeckt fut l'homme fort de la Reichswehr. Il maintint les forces armées de la République à bonne distance de son environnement social et politique et tenta de les modeler à son idée, en clair sur les traditions militaires de la Prusse. Cela impliquait qu'en dépit de toutes les restrictions imposées par le traité de Versailles, il faudrait mener une politique nationale répondant aux besoins de l'armée. C'était pour lui la seule manière dont, l'heure venue, l'Allemagne retrouverait un rang de grande puissance européenne.

Seeckt partageait ces conceptions avec le Parti populaire national-allemand (DNVP), héritier du Deutsche Vaterlandspartei (« Parti patriotique allemand ») d'avant guerre. Dans l'orbite du DNVP gravitaient plusieurs associations dont les mots d'ordre n'étaient pas seulement antidémocratiques et nationalistes, mais aussi nationaux-populistes et extrémistes. L'antisémitisme était une tradition chez les conservateurs à l'ancienne[122]. Les nationaux-populistes d'extrême droite pratiquaient, eux, un antisémitisme racial semblable à celui que propagerait ultérieurement le NSDAP.

Il est possible qu'un homme comme Seeckt se soit senti à son aise dans ces schémas de pensée. À preuve, cette lettre du 19 mai 1919 à son épouse, elle-même juive, où il évoque le ministre-président de la Prusse, Paul Hirsch, un social-démocrate qui a pris ses fonctions peu auparavant : « [...] en soi il n'est pas si mauvais, et c'est un vieux parlementaire. Il me semble totalement inadéquat pour occuper cette fonction, surtout en tant que Juif, pas seulement parce que cela a en soi un effet irritant, mais parce que le talent juif repose strictement sur le côté de la critique, c'est-à-dire du négatif, et ne peut jamais contribuer à la construction de l'État. Ce n'est pas bon [...][123]. » En tout état de cause, sa fonction à la tête de l'armée de terre lui permettait soit de fermer les oreilles aux propos antisémites, soit de les encourager de manière indirecte.

Les idées fondamentales des théories raciales nationales-socialistes furent mises en œuvre peu à peu dans la Reichswehr à partir de 1934. Ce ne fut pas le fruit d'un ordre particulier de Hitler. Là encore, c'est le ministre de la Reichswehr, Werner von Blomberg, qui en prit l'initiative, tout comme il avait eu l'idée d'ordonner le port du signe de la NSDAP, la croix gammée, sur les manches des uniformes des membres de la Reichswehr, ce qui constituait pour le moins un changement d'attitude[124]. Sous la République de Weimar, en effet, la Reichswehr, se considérant comme « au-dessus des partis », s'était tenue à distance des mouvements politiques et avait cultivé une idée abstraite de l'État ; elle accepta le NSDAP comme l'incarnation pratiquement idéale de l'idée d'État fort national-socialiste.

Le 7 avril 1933, le gouvernement Hitler promulgua ce qu'on appela la Loi pour la reconstitution du corps des fonctionnaires, qui donnait des bases légales à la mise à l'écart du service public de ceux des fonctionnaires qui n'obtenaient pas l'agrément du gouvernement national-socialiste. Elle concerna avant tout les démocrates convaincus et les représentants de la République de Weimar, mais aussi des Juifs. Le 3e paragraphe de la loi en question précisait : « Les fonctionnaires qui ne sont pas d'origine aryenne seront mis à la retraite[125]. » Cette loi ne mentionnait à aucun moment les soldats de la Reichswehr. Le ministre de la Reichswehr décida cependant de l'appliquer dans son secteur. Devançant des ordres qui n'avaient pas encore été donnés, il décida, dans un décret du 28 février 1934, l'application de l'esprit de cette « clause d'aryanité » aux officiers, premiers maîtres, sous-officiers et hommes de troupe de la Reichswehr[126]. Blomberg ordonna aux gradés chargés de la discipline de « vérifier l'origine aryenne » de leurs subordonnés. Lorsqu'il n'était pas possible de rassembler les documents nécessaires, certains gradés, désignés dans le décret, devaient décider si « l'origine aryenne pouvait être reconnue en fonction des documents existants ». Dans le cas contraire, ces soldats ne « pouvaient pas être maintenus dans la Wehrmacht », et la procédure conduisant à leur renvoi devait être mise en œuvre sans délai. N'étaient exclus de cette mesure que les membres « non aryens » de la Reichswehr ayant combattu sur le front pendant la guerre de 1914-1918, ou encore ceux dont le père ou un fils étaient morts au combat pendant la guerre mondiale.

La mise en œuvre du paragraphe sur l'aryanité au sein de la Reichswehr fut lourde de conséquences. Car elle impliquait l'introduction, volontaire ou obligatoire, de l'idéologie raciale nationale-socialiste dans l'organisation militaire. Dans le même temps, cette mesure permettait au ministre de la Reichswehr d'intervenir dans ce qui était jusqu'alors la chasse gardée de la direction des Affaires militaires : la gestion du personnel. Jusqu'alors, les commandants de régiment se chargeaient de ces questions. C'est ainsi qu'à l'époque du Kaiser, en l'absence de toute loi sur cette question ou même d'instructions « venues d'en haut », les membres de certains groupes n'étaient tout simplement pas admis dans le corps des officiers – par exemple, on n'y laissait entrer ni les Juifs, ni les sociaux-démocrates, ni les membres de sectes religieuses. Au cours des années de Weimar, la Reichswehr avait emprunté les mêmes voies informelles pour contourner les principes d'égalité proclamés par la Constitution républicaine du Reich et tenir les candidats juifs à distance du corps des officiers. Mais, une année après la remise du pouvoir à Hitler, l'antisémitisme prenait pour la première fois la forme d'un décret militaire.

Quels motifs avaient incité von Blomberg à prendre cette mesure raciste ? L'historien de l'armée Klaus-Jürgen Müller relate qu'au sein du NSDAP et de ses organisations on avait exprimé en 1933 des doutes sur la « pureté raciale » du corps des officiers de la Reichswehr. Il en conclut qu'en prenant cette mesure, Blomberg avait voulu parer cette critique et – dans une phase où l'armée était en concurrence avec la SA pour le monopole de la force armée dans le Reich – démontrer la fiabilité politique et idéologique de la Reichswehr. Sous cet angle, l'application à cette dernière de la clause d'aryanité avait aussi constitué, selon lui, « un acte s'inscrivant dans le cadre d'une lutte politique pour le pouvoir[127] ». Cette interprétation essentiellement politique ne répond cependant pas à une question : la Reichswehr dut-elle beaucoup se forcer pour mettre en œuvre cette mesure antisémite, ou cela ne lui posa-t-il aucun problème ? En d'autres termes : à quel point avait-elle pour sa part une attitude antisémite ? Accepta-t-elle dès lors le racisme comme principe ethnique de l'État national-socialiste, bien avant que les « lois de Nuremberg » n'entrent en vigueur, en 1935 ?

En ce qui concerne la mise en œuvre du décret Blomberg, on peut constater qu'au sein de la Reichswehr les officiers supérieurs se plièrent aux ordres du ministre. Ils se firent présenter des attestations généalogiques, les vérifièrent et décidèrent ensuite qui devait être considéré comme « non aryen » et par conséquent quitter les forces armées. Au cours de cette épuration antisémite, qui ne prit que quelques semaines, au moins soixante-dix officiers, sous-officiers et hommes de troupe furent écartés de la Reichswehr. Pour éviter les malentendus, soulignons qu'il ne s'agissait pas d'hommes de confession juive nés de parents juifs. On n'en trouvait de toute façon aucun dans le corps des officiers de la Reichswehr, comme le constata une fois encore explicitement le ministère de la Reichswehr en octobre 1933[128]. Au contraire, et pour la première fois, on appliqua officiellement dans le domaine de l'armée allemande la définition raciste du Juif qui caractérisait l'idéologie nationale-socialiste. Cela signifiait qu'on s'en prenait à des officiers et des soldats considérés comme « non aryens » selon les critères nationaux-socialistes parce qu'ils avaient des ascendants juifs à la première ou à la deuxième génération. Dans cette définition biologique, peu importait de savoir si les hommes en question étaient ou non de confession juive, s'ils s'étaient – eux-mêmes, leurs parents ou leurs grands-parents – convertis à une autre foi.

L'examen des documents de l'époque permet de conclure que furent congédiés : de l'armée de terre, sept officiers, huit aspirants officiers, treize sous-officiers et vingt-huit hommes de troupe ; de la marine, trois officiers, quatre aspirants, trois sous-officiers et quatre hommes de troupe, soit un total de soixante-dix soldats[129]. L'objectif d'une Reichswehr « *judenfrei* », « épurée des Juifs », ne fut cependant pas atteint avec cette unique opération de limogeage : on continua par la suite à congédier des soldats « non aryens » et plusieurs purges furent encore ordonnées et menées – notamment après la réintroduction du service militaire universel.

Bien que ces premières mesures d'épuration antisémite au sein de la Reichswehr aient constitué une ingérence massive dans une gestion du personnel traditionnellement autonome, et une atteinte aux valeurs élevées de la camaraderie et de l'esprit de corps militaire, aucune tempête d'indignation ne se leva. Les réactions furent variables mais, en règle générale, cette décision fut accueillie avec obéissance, et aussi, parfois, avec approbation[130]. Quelques gradés exprimèrent leurs regrets aux personnes concernées et tentèrent de leur permettre de rester. Mais ils n'élevèrent pas d'objections de principe contre cette mesure d'exclusion raciale. Cela vaut aussi pour le patron de l'armée de terre, le général baron Werner von Fritzsch, et pour celui de la marine, l'amiral Erich Raeder. Cette retenue permet globalement de conclure que les officiers de la Reichswehr ou bien acceptaient cette forme d'antisémitisme[131], ou bien ne jugeaient pas opportun de s'y opposer dans les conditions qui étaient celles de l'État national-socialiste en formation. On a souligné à juste titre qu'à cette date – c'est-à-dire dans la phase précoce de la collaboration entre le Wehrmacht et le NSDAP – le chemin qui allait mener à la Shoah n'était pas encore clairement visible, et que l'armée ne pouvait pas, en se fondant sur ses propres échelles de valeur, se positionner contre Hitler, y compris sur la question de l'antisémitisme[132].

Les objections du colonel Erich von Manstein

Il est d'autant plus remarquable qu'en 1934 au moins un officier – en l'état actuel de nos connaissances – ait émis une protestation de principe contre la mise en place de la clause d'aryanité au sein de la Reichswehr. Il s'agissait d'Erich von Manstein, à l'époque colonel à l'état-major général. Quelques semaines après le décret raciste de Blomberg, il publia un mémoire intitulé *Réflexions sur l'application complémentaire de la clause d'aryanité à la Wehrmacht*[133] et le transmit à quelques-uns de ses supérieurs, dont les généraux Ludwig Beck, Walther von Fritzsch, et à Werner von Blomberg, ministre de la Reichswehr. Manstein justifia en premier lieu son opposition en affirmant qu'il nuisait à l'autonomie de la gestion militaire du personnel et remettait ainsi en question l'exclusivité sociale du corps des officiers. Celle-ci lui paraissait légitimée par la singularité de la profession de soldat, qui s'exprimait aussi dans la vision spécifiquement militaire de l'action et de l'honneur. De ce point de vue, argumentait Manstein à propos des soldats d'origine juive, il n'était pas correct de sacrifier et d'exclure des gens totalement innocents. Cela constituait une rupture de l'esprit de camaraderie et de fidélité. L'argumentation de Manstein se situait donc dans la tradition de l'« esprit de corps ».

Reste que même dans les textes où Manstein exprime son opposition, on ne trouve pas, du moins sous une forme claire, une confrontation de principe avec l'idéologie raciale de l'antisémitisme. D'un côté, il exprimait l'incompréhension que lui inspirait le fait que l'on ait tout d'un coup cessé de considérer comme des Allemands des gens qui « avaient fait la preuve de leur état d'esprit aryen », ce que beaucoup d'autres n'avaient pas fait « en dépit de leur grand-mère aryenne ». De l'autre côté, utilisant une tournure qui rompait avec ce principe même, Manstein déclarait qu'il était bien entendu normal que « toute l'armée approuve l'idée de la race et ne tolère personne à l'avenir qui n'y corresponde pas ou qui la contrecarre[134] ».

En se référant à ce principe et à la polémique de Manstein contre les « Juifs et demi-Juifs », ainsi que contre les « fonctionnaires du livret du parti », l'historien K.-J. Müller estime qu'il s'agit moins de racisme explicite que de « préjugés populaires », de « codes irréfléchis désignant ce "système de Weimar" que l'on rejetait », bref l'expression d'une aversion générale contre les « éléments de gauche » et les « représentants du système »[135]. Müller suppose donc qu'un officier comme Manstein avait établi une distinction essentielle entre l'antisémitisme populaire et le rejet du « noir-rouge-or ». Mais ce qui caractérise les images nationalistes de l'adversaire et de l'ennemi, c'est le flou qu'elles entretiennent.

Il faut aussi tenir compte d'un autre facteur. Erich von Manstein était le dixième enfant d'Eberhard et Helene von Lewinski, adopté par son oncle. C'est ainsi qu'Erich prit son nouveau patronyme avec l'autorisation du roi de Prusse. Or la famille Lewinski avait un « arrière-arrière-aïeul Levi[136] ». Ce contexte biographique pourrait l'avoir motivé à prendre position contre la politique antisémite au sein de la Reichswehr. Manstein rejetait l'antisémitisme moderne, national-socialiste, qui pourrait peut-être un jour le mettre lui-même en péril.

On ne s'est pas demandé jusqu'ici dans quelle mesure la connaissance du fait qu'il avait des ancêtres juifs pourrait avoir influencé la pensée et l'action du futur feld-maréchal von Manstein – bien connu pour ses talents de stratège parmi les généraux de la Wehrmacht. Compte tenu de l'évolution ultérieure – la pratique de la guerre d'extermination entre 1941 et 1944 –, il faut cependant d'ores et déjà noter que les images de l'ennemi développées au cours de la guerre ne correspondaient pas à une « théorie pure », mais résultaient d'un conglomérat de préjugés populaires. Entre l'antisémitisme traditionnel et ses formes modernes, il existait non seulement des analogies mais des passerelles qui ont permis, plus tard, l'amalgame entre différents préjugés et images de l'ennemi. Justement, en 1941, le général de corps d'armée von Manstein a utilisé la formule de « bolchevisme juif[137] ».

Revenons aux ancêtres juifs de Manstein. Ce dernier en informa un petit groupe d'officiers de son état-major (le commandement en chef du groupe d'armées Centre)[138], peut-être après que son officier d'ordonnance, le lieutenant Alexander Stahlberg, lui eut révélé que son arrière-grand-père, Wilhelm Moritz Heckscher – ministre de la Justice au XIXe siècle et corédacteur de la Constitution allemande de 1848 –, était juif lui aussi, et qu'il se « sentait lié au destin des Juifs, non seulement par le principe, mais aussi d'une manière tout à fait personnelle[139] ».

Pendant la guerre contre l'Union soviétique, Manstein ne cessa de recevoir des informations précises sur l'assassinat des Juifs par le groupe d'intervention D de la SS, qui était attribué à sa 11e armée[140]. On ignore quelles réactions de fond ces communiqués ont suscitées chez lui. On ne connaît que les superficielles : il s'est tu, ou bien a déclaré que les informations sur la dimension des meurtres n'étaient pas crédibles[141]. Sachant parfaitement quels massacres on était en train de commettre, et pensant comprendre la terrible erreur de commandement commise par Hitler[142], il respecta toutefois la vieille devise : « Les feld-maréchaux prussiens ne se mutinent pas[143]. » Ses considérations sur le statut du soldat, et notamment sur l'exigence d'absolue loyauté qui s'imposait à un officier prussien à l'égard du pouvoir légal de l'État, ne l'ont pas conduit à s'engager dans une action de résistance, même face à des crimes massifs[144]. Il a vraisemblablement refoulé avec obstination le fait qu'il avait lui-même des ancêtres juifs.

La loi de Défense de 1935

Après 1933, dans les colonnes du *Militär-Wochenblatt*, on publia de nouveau les affirmations diffamatoires selon lesquelles les Juifs avaient trop peu versé de leur sang au cours de la Première Guerre mondiale : plusieurs articles étaient intitulés « Soldat et régénération de la race[145] ». Le président des Anciens Combattants juifs, le Dr Leo Löwenstein, capitaine de réserve, avait pourtant tenté de contrer ces calomnies, en 1932, dans son livre *Die jüdischen Gefallenen* (« Les Juifs morts au combat »). Ses chiffres étaient étayés par une enquête minutieuse. Mais les antisémites qui sévissaient au sein de la Reichswehr se souciaient peu des faits : la seule chose qui comptait était d'entretenir leurs préjugés racistes et de populariser au sein des forces armées la version radicale de la théorie raciale, telle qu'elle avait été propagée par le NSDAP. Au cours de la première année de l'État national-socialiste, on radicalisa l'antisémitisme latent du corps des officiers allemands, de telle sorte que la Reichswehr se sépara de ceux de ses camarades dont elle avait pu établir l'origine juive. La seule exception – provisoire – concerna les soldats juifs qui avaient combattu sur le front pendant la Première Guerre mondiale et obtenu en conséquence des distinctions militaires. Les traditions de l'État militaire germano-prussien, au sein duquel les officiers pouvaient revendiquer une position privilégiée et un prestige social particulier, entrèrent alors en rivalité avec les nouvelles idéologies racistes, en particulier l'idée d'un corps ethnique aryen et « racialement pur ».

Ce ne sont donc pas les « lois de Nuremberg », promulguées seulement en 1935, et les mesures qu'elles prévoyaient contre les Juifs qui ont incité la direction de la Reichswehr à prendre, dans ce contexte, des mesures spécifiques applicables à l'armée. Cette direction agit au contraire de son propre chef. La restauration du service militaire obligatoire et universel – qui violait le traité de Versailles – et la rapide montée en puissance que cette mesure imposait dans le domaine du personnel comme dans celui du matériel déclenchèrent un nouveau type de processus d'exclusion antisémite.

La loi de Défense (*Wehrgesetz*) du 21 mai 1935 provoqua en Allemagne une immense mutation sociale[146]. Sur la base de cette loi, en effet, on arracha au cours des dix années suivantes quelque dix-huit millions d'hommes à la vie civile et au travail, afin de les enrôler de force dans la Wehrmacht. Du point de vue du régime national-socialiste et de la direction de la Wehrmacht, c'était aussi une manière de reposer les questions raciales que l'on n'avait pu résoudre que provisoirement en 1934 avec la clause d'aryanité, pour une Reichswehr dont le personnel était encore peu nombreux à l'époque. Au sein de la « Wehrmacht », puisque c'était le nom que portait désormais la Reichswehr aux termes de cette loi, seules les personnes d'origine « aryenne » devaient accomplir le « service de défense actif » et donc être autorisées à s'engager dans une carrière militaire. L'article en question, le paragraphe 15 de la loi de Défense, précisait également : « Seules les personnes d'origine aryenne peuvent occuper des postes de gradés dans la Wehrmacht[147]. » On affirmait par ailleurs – et cela concernait sans doute avant tout les combattants juifs envoyés au front pendant la Première Guerre mondiale : « Les exceptions éventuelles et leur ampleur seront déterminées par une commission de vérification, selon des directives établies par le ministère de l'Intérieur, en accord avec le ministre de la Guerre. » Les règles de mariage établies par le général von Fritsch et que nous avons exposées plus haut prirent alors force de loi : « Il est interdit aux membres de la Wehrmacht et aux permissionnaires, lorsqu'ils sont d'origine aryenne, de se marier avec des personnes d'origine non aryenne. Les infractions à cette règle auront pour conséquence la perte de tout grade militaire élevé. » On se demanda aussi si les « non-Aryens » devaient être appelés à faire leur service militaire en temps de guerre, et l'on renvoya cette question à un « règlement spécial ».

Dans un décret séparé et intitulé « Pensée raciale et sélection des chefs », daté du 13 mai 1936, Hitler, en tant que commandant suprême de la Wehrmacht, exigea une fois de plus que la sélection des chefs au sein de l'armée s'inspire, quelles que soient les prescriptions légales, de la pensée raciale[148]. Le corps des officiers devait être constitué de « personnes de sang purement allemand ou apparenté ». Pour la Wehrmacht, cela entraînait une obligation de « choisir selon des points de vue raciaux extrêmement précis » ses soldats de carrière, et donc ses chefs et sous-chefs, afin de « maintenir, en tant qu'éducateur officiant à l'école militaire du peuple, une sélection de la meilleure entité ethnique allemande ». Hitler chargea le chef du haut commandement de la Wehrmacht d'uniformiser l'application de cette directive.

En juin 1936, la loi de Défense fut adaptée à la loi sur les citoyens du Reich[149] du 15 septembre 1935, qui liait la citoyenneté au respect de critères raciaux : « Ne peut être citoyen du Reich que le ressortissant de sang allemand ou apparenté prouvant par son comportement qu'il a la volonté et la capacité de servir fidèlement le peuple et le Reich allemands. » La nouvelle version du paragraphe 15 de la loi de Défense stipulait désormais : « 1) Un Juif ne peut accomplir le service militaire actif. 2) Les métis juifs ne peuvent occuper de postes de gradés dans la Wehrmacht. 3) Le service armé des Juifs en temps de guerre demeure soumis à une règle spécifique[150]. » Selon cette règle, les « métis juifs de 1er et 2e degrés » devaient donc faire leur service militaire, mais sans perspective de pouvoir monter en grade.

Les « demi-Juifs » et « quart-Juifs »

L'intention politique de Hitler et de la direction de la Wehrmacht était parfaitement claire : il ne fallait pas laisser les Juifs entrer dans l'armée allemande. Mais la mise en œuvre de ce principe atteignit rapidement ses limites. Dès le début de la politique d'exclusion, il y eut, en particulier pour les anciens combattants au front, des règles d'exception qui allaient se révéler difficiles à mettre en œuvre dans la pratique. Dans la Wehrmacht circulaient des listes ou des tableaux dans lesquels on chiffrait en pourcentage la part de « sang allemand » en chaque individu. Ces données devaient aider à déterminer qui, selon la définition nationale-socialiste, était « Juif plein » (avec trois ou quatre grands-parents juifs), « demi-Juif » (avec deux grands-parents juifs) ou « quart-Juif » (avec un seul grand-parent juif).

On ne sait pas encore grand-chose sur la pratique de cette exclusion des soldats soumis au service militaire et ayant des ascendants juifs. Les « demi-Juifs » purent servir dans la Wehrmacht, y compris comme volontaires, mais sans pouvoir devenir officiers, et cela jusqu'en 1944. Ensuite, on décida leur exclusion, mais la situation militaire empêcha sa mise en œuvre concrète[151]. En 1940, le haut commandement de la Wehrmacht publia sur ordre de Hitler un nouveau décret confidentiel consacré au « traitement des métis juifs dans la Wehrmacht[152] ». Ce texte prévoyait le renvoi des « demi-Juifs » de la Wehrmacht et leur reversement dans la « 2e réserve », avec la mention « ne pas utiliser ». Deux années plus tard, le 25 septembre 1942, l'OKW ordonna le renvoi des « métis à 50 % ». En octobre 1944, le service du personnel de l'armée de terre décida, sur ordre de Hitler, de congédier de la Wehrmacht les officiers qui avaient dans un premier temps été déclarés « de sang allemand » ou « métis du 1er degré[153] ».

Les règles d'exception appelèrent une fois encore une décision du Führer. Hitler se réserva explicitement le droit de déclarer « de sang allemand » des soldats ayant une origine juive, c'est-à-dire de les « aryaniser » par décision personnelle, et examina ainsi un nombre non négligeable de demandes d'aryanisation déposées par des soldats de la Wehrmacht. Il tenait en quelque sorte le rôle d'un biologiste racial amateur, et aurait pris ses décisions en se fondant sur des points de vue aussi arbitraires que la couleur des cheveux et l'expression du visage. Ces demandes étaient traitées par l'aide de camp militaire de Hitler, le commandant et futur général de division Gerhard Engel, qui faisait partie du haut commandement de la Wehrmacht, aidé par d'autres aides de camp[154]. On estime qu'environ 10 000 demandes de ce type ont été déposées, et que plusieurs centaines d'entre elles ont reçu une réponse positive[155]. L'une des curiosités fut le fait que lorsqu'un « métis » juif était tué sur le front, Hitler le faisait déclarer « de sang allemand » à titre posthume, en signe de reconnaissance. On dit que Göring aurait affirmé : « C'est moi qui décide qui est aryen ! » À côté de la discrimination et de l'exclusion raciales systématiques, il existait donc, dans l'État de non-droit national-socialiste, dans ce domaine aussi une sphère d'arbitraire.

Les « déclarations d'appartenance au sang allemand » et les autres « aryanisations » arbitraires étaient des exceptions. Il arriva en revanche beaucoup plus souvent que des soldats ayant des ascendants juifs falsifient leurs papiers ou dissimulent certains documents d'état civil pour que personne n'en soit informé. Au total, ces dissimulations et les exceptions firent qu'un certain nombre de soldats d'origine juive – le nombre précis n'est pas encore connu – purent servir dans la Wehrmacht. L'historien américain Brian Rigg estime qu'entre 2 000 et 3 000 « Juifs pleins » et entre 150 000 et 200 000 « demi- » et « quart-Juifs » servaient dans la Wehrmacht – en règle générale sans s'être fait connaître comme tels. La plupart étaient des soldats soumis au service militaire obligatoire. Mais des centaines d'officiers, dont une vingtaine de généraux, auraient été des métis juifs. Une partie d'entre eux restèrent aussi dans la Wehrmacht pendant la Seconde Guerre mondiale[156]. Ces soldats d'origine juive y accomplirent leur service militaire, bien que la plupart d'entre eux aient été informés non seulement des assassinats de Juifs, mais aussi, parfois, du destin réservé à leur propre famille.

D'un côté, le régime national-socialiste fit assassiner des millions de Juifs. De l'autre, il ne put et ne voulut manifestement pas empêcher que quelques Juifs et un assez grand nombre de « métis » juifs servent dans la Wehrmacht et que quelques-uns d'entre eux – contrairement à ce que prévoyaient la loi de Défense de 1935 et les lois raciales de Nuremberg – accèdent même à des grades élevés d'officiers. L'un d'eux, Erhard Milch[157], un officier de la Luftwaffe, qui bénéficiait de la protection personnelle de Hermann Göring, parvint même à devenir feld-maréchal.

Comment expliquer cette situation ? Il ne fait aucun doute que l'antisémitisme de principe de l'État national-socialiste valait aussi et précisément dans la Wehrmacht et s'exprimait dans des lois et des instructions spécifiques. Mais, dans la pratique, il fut impossible de mettre en œuvre l'exclusion des Juifs et des « métis » juifs d'une manière aussi systématique que le jugeait nécessaire la direction politique et militaire.

Premièrement, l'origine juive des personnes concernées, qu'elle soit complète ou partielle, ne pouvait pas être établie sans le moindre doute dans la totalité des cas. Deuxièmement, un nombre non négligeable de ces hommes concernés par les lois raciales tentèrent de maquiller leur identité – lorsque l'État national-socialiste voulut lui donner une définition raciale. En troisième lieu, l'État national-socialiste et, avec lui, la Wehrmacht pratiquaient des distinctions entre Juifs « pleins », « demi-juifs » et « quart-Juifs ». En quatrième lieu, il existait aussi dans la Wehrmacht certains gradés qui couvrirent leurs subordonnés d'origine juive et agirent pour qu'ils puissent rester dans l'armée. Cinquièmement, Hitler, on l'a vu, décida d'« aryaniser » certains soldats d'origine juive.

Ce n'est donc pas à la Wehrmacht que revient le mérite d'avoir laissé un certain nombre de soldats d'origine juive servir dans ses rangs. Cela ne tient pas, par exemple, au manque de radicalisme dont aurait fait preuve la Wehrmacht dans la mise en œuvre des mesures antisémites. C'est au contraire le résultat de l'impossibilité concrète de mettre un terme, par une césure rapide, à un long processus d'assimilation et d'agrégation. L'assimilation des Juifs avait beaucoup progressé, notamment depuis le siècle précédent. On trouvait en Allemagne plusieurs dizaines de milliers de couples mixtes d'où étaient issus plus de 100 000 enfants qui se retrouvèrent après 1933 en âge de servir leur drapeau et entrèrent donc dans la Wehrmacht. Même des mesures racistes brutales ne purent totalement inverser ce processus.

À cela s'ajouta une situation issue des traditions de l'État militaire allemand. Les hommes allemands de confession juive qui avaient combattu sur le front au cours de la guerre de 1914-1918 étaient temporairement devenus, compte tenu de leurs états de service, des membres reconnus de la société allemande. Aux yeux de quelques officiers de la Wehrmacht, ils demeuraient pour cette raison, même dans le contexte d'un antisémitisme prescrit par l'État, des camarades que l'on ne pouvait pas simplement traiter comme des civils juifs. C'est ce même état d'esprit qui avait encore incité le président du Reich, l'ancien feld-maréchal Paul von Hindenburg, à faire adresser en 1933 un mot de salutation au Reichsbund jüdischer Frontsoldaten, l'« Union des soldats juifs du front ». Suivant son exemple, quelques officiers de la Wehrmacht continuèrent, même pendant la guerre, à faire une distinction entre « Juifs normaux » et anciens combattants juifs.

Comment le général von Fritsch s'imaginait l'ennemi

L'attitude du baron et lieutenant-colonel Werner von Fritsch pourrait être typique d'un grand nombre d'officiers de la Reichswehr dans les années 1920. En 1924, dans une lettre à son camarade von Stülpnagel, cet officier expliquait qu'il appelait de ses vœux une dictature du général de corps d'armée Hans von Seeckt. Il ne voulait en aucun cas, expliquait-il, qu'un « quelconque salaud noir-rouge-or » forme le gouvernement. Puis il s'en prenait à la gauche politique, à la « propagande des journaux juifs », et finissait par formuler une image de l'ennemi aussi bêtement généralisatrice que dangereuse : « Car, au bout du compte, Ebert, les pacifistes, les Juifs, les démocrates, les noir-rouge-or et les Français sont tous de la même espèce, celle des gens qui veulent la destruction de l'Allemagne. Il peut y avoir de petites différences, mais à la fin des fins tout cela revient au même [...][158]. »

Fritsch mettait ainsi dans le même sac tous les mouvements politiques de l'époque de Weimar qui contredisaient ses propres conceptions d'un État militaire autoritaire, et faisait preuve d'une extrême déloyauté envers cette République à laquelle il avait prêté serment. Le social-démocrate Friedrich Ebert était président du

Reich et commandant suprême de la Reichswehr ; quant au noir, rouge et or, c'étaient les couleurs de la République. Fritsch attaquait dans le même élan pacifiste Juifs et démocrates, considérés comme les responsables des maux politiques de l'époque : la guerre perdue – perdue parce que l'arrière avait donné un coup de poignard dans le dos du front combattant –, le « traité infamant » de Versailles et la République haïe de Weimar. Il leur prêtait la volonté de « détruire l'Allemagne ». Comment procéderait-on avec ces hommes politiques et avec les membres de ces communautés politiques et religieuses une fois que l'on disposerait du pouvoir politique ?

En 1935, Fritsch fut nommé commandant en chef de l'armée de terre. Avant cette date, il s'était par exemple occupé d'exclure les Juifs par le biais des dispositions s'appliquant aux mariages des officiers du Reich. Le 31 décembre 1934, il fit part à ses subordonnés de sa conception – ce qui, dans la pratique de la vie militaire, revenait à leur donner un ordre : il devait, leur expliqua-t-il, « aller de soi que l'officier » ne cherche « son épouse que dans les catégories aryennes de la population »[159].

La clause d'aryanité de 1934 provoqua manifestement, dans la vie quotidienne de la troupe au sein de la Reichswehr et de la future Wehrmacht, des supputations sur l'origine des soldats. En tout cas, le commandant en chef de l'armée de terre (de 1935 à février 1937) se sentit obligé d'intervenir contre ces conséquences de la législation raciste qui nuisaient à l'esprit de corps. Il donna donc cet ordre : « De l'esprit de camaraderie qui caractérise le corps des officiers, j'attends qu'il s'abstienne de toute supposition ou de toute propagation de rumeurs sur l'origine non aryenne d'un camarade ou de son épouse. Établir le fait qu'un subalterne a une origine de sang non allemand représente une procédure que les commandants doivent mener de manière rigoureusement confidentielle. Tout échange de courriers sur l'origine non aryenne d'un officier doit être placé sous le sceau du secret[160]. »

Fritsch voulait empêcher le désordre de s'installer dans le corps des officiers de la Wehrmacht. Cela ne l'empêchait pas d'être lui-même l'un de ces antisémites endurcis qui attendaient de l'État hitlérien un combat conséquent contre les Juifs. Une lettre privée de Fritsch, en date du 11 décembre 1938, constitue un document capital : « Peu après la guerre, j'ai acquis la conviction qu'il faut remporter trois batailles si l'on veut que l'Allemagne retrouve sa puissance. 1) La bataille contre la classe ouvrière. Celle-là, Hitler l'a menée et l'a gagnée. 2) Contre l'Église catholique, ou pour mieux dire contre l'ultramontanisme. 3) Contre les Juifs. Nous sommes encore au cœur de ces combats. Et le combat contre les Juifs est le plus difficile. J'espère que l'on est partout conscient de la difficulté de cette lutte[161]. » Le général von Fritsch, un homme aux opinions conservatrices et nationalistes, approuvait incontestablement l'État national-socialiste. Il acceptait aussi totalement la dictature de Hitler. Dans ce contexte, on peut douter que son antisémitisme affirmé puisse être interprété comme un signe d'« ingénuité politique », comme le fait l'historien K.-J. Müller[162]. Au mois de décembre 1938, les Juifs avaient déjà été largement privés de leurs droits. Le pogrom de la « Nuit de Cristal », dans la nuit du 9 au 10 novembre de la même année, avait déjà coûté la vie à des dizaines de Juifs. Fritsch croyait savoir que ce n'était que le début et que le véritable « combat contre les Juifs » restait encore à livrer.

L'endoctrinement : l'antisémitisme dans l'éducation de la Wehrmacht

En 1939, les commandants en chef de l'armée de terre, de la marine et de l'armée de l'air convinrent qu'il fallait « accorder à l'avenir plus d'attention à l'enseignement portant sur l'idéologie nationale-socialiste et l'objectif de la politique nationale ». Ils décidèrent donc de mettre en place des manuels respectant cet esprit pour l'instruction des membres de la Wehrmacht. Ils étaient destinés aux « commandants de compagnies et autres chefs, officiers de recrutement et chefs de section » et devaient servir de « supports pour traiter ce sujet ». À partir de 1939, ces manuels de formation furent distribués dans tous les postes de l'armée afin d'« obtenir une ligne aussi uniforme que possible, au sein de la Wehrmacht, dans le domaine de l'éducation et de la formation à l'idéologie nationale-socialiste et à l'objectif de la politique nationale[163] ».

Dans le numéro 5 des « cahiers de formation », fut publié un long article consacré au « Juif dans l'histoire allemande », rédigé par un certain Dr C.A. Hoberg[164]. Les éléments essentiels de ce texte pouvaient faire l'objet d'un enseignement politique dans toutes les unités de la Wehrmacht ; on peut donc considérer que ce texte constitue un document essentiel sur l'endoctrinement antisémite spécifique à l'armée allemande à cette époque. Du point de vue formel, il s'agit d'un traité écrit dans un langage compréhensible, utilisant l'argumentation historique, et dans lequel on présente la vision nationale-socialiste de la « question juive » sous forme de programme. Sur le fond, nous avons affaire à une entreprise de calomnie systématique des Juifs, qui dessinait déjà les lignes de la future « guerre idéologique[165] ».

L'article en question commence par une affirmation : « Le Juif n'a pris aucune part dans la grandeur admirable et unique de l'histoire allemande[166]. » Pour le démontrer, il reprend, en se référant au recensement des Juifs de 1916, les vieux soupçons antisémites selon lesquels les Juifs se seraient « planqués » pour échapper au front et auraient poursuivi leurs manigances quelque part sur la « deuxième ligne », tandis qu'un nombre non négligeable d'entre eux faisaient des profits plus que juteux au sein des « sociétés de guerre ». Il reprend ensuite la légende du coup de poignard dans le dos : « Les pires étaient les agitateurs et subversifs juifs qui sapaient à l'arrière la volonté politique de résistance du peuple, tandis que les soldats se vidaient de leur sang sur le front[167]. » Le texte intitulé « J'accuse », que le pacifiste Richard Grelling[168] avait consacré à la question de la responsabilité de la guerre, avait selon lui causé autant de dommages à l'Allemagne qu'une bataille perdue. Au cours de la révolution de novembre 1918, l'« agitation juive » avait atteint son objectif : partout en Allemagne, des Juifs s'étaient selon lui installés à la tête de l'État. Les Juifs Hugo Haase et Otto Landsberg au gouvernement désigné par les députés, Paul Hirsch dans les fonctions de ministre-président de la Prusse. En Bavière, Kurt Eisner, « à la tête d'une horde juive (Levien, Leviné, Toller, Axelrod, etc.) », avait proclamé le régime communiste des Conseils. En Autriche, affirmait-il, il y avait eu une collaboration entre Julius Deutsch, le secrétaire d'État Viktor Adler et les « autres Juifs de parti rouges ». Au sein du premier cabinet parlementaire du Reich allemand, on comptait selon lui cinq « non-Aryens » : Hugo Preuss, le créateur de la Constitution du Reich de Weimar, Otto Landsberg, Bernhard Dernburg, Georg Gothein et Eugen Schiffer. Le ministre juif des Finances, (1923-1929), Rudolf Hilferding avait lui aussi été très remarqué. Quant au ministre juif des Affaires étrangères, Walther Rathenau, il avait selon l'auteur de ce texte lancé la « funeste politique d'exécution à l'égard des puissances occidentales ». Il avait conclu en 1922 avec la Russie bolchevique le traité d'amitié de Rapallo, mais avait été abattu la même année « sous les balles d'hommes accomplissant une vengeance dont on ne peut nier le bien-fondé intrinsèque[169] ». Dans l'après-guerre, poursuivait-il, les « Juifs de parti rouges » avaient trahi les ouvriers, de la même manière que les Juifs libéraux de l'argent avaient jadis trahi l'empereur.

On amalgamait tous ces éléments pour assembler la chimère d'un règne des Juifs : « Les compagnons de race des deux camps se rejoignirent et régentèrent le peuple allemand[170]. » L'« invasion juive de l'après-guerre », écrivait-il, n'avait « pas seulement amoindri la santé économique, la créativité intellectuelle, l'indépendance politique du peuple allemand » ; elle avait aussi et bien plus menacé l'« existence biologique » de ce peuple. Car, alors que jusque-là les mariages mixtes germano-juifs étaient une exception, près d'un quart des « Juifs de religion » avaient épousé dans les années 1920 un partenaire de sang allemand – ce que l'auteur considérait comme une « souillure du sang allemand[171] ». Car, disait-il, le sang juif n'était pas seulement étranger et donc nocif, mais aussi de moindre valeur ; il produisait des maladies mentales, une infériorité morale et de la criminalité. La propagande juive avait selon lui été particulièrement nocive dans tous les domaines de la culture. Pour expliquer le chemin qu'il était indispensable d'emprunter pour passer de l'antijudaïsme chrétien à l'antisémitisme racial moderne, l'auteur de l'OKW expliquait que la religion avait cessé d'être un critère de distinction à l'instant où, au XIXe siècle, on avait recensé un grand nombre de juifs baptisés. Désormais, écrivait-il, seule l'origine, la race, pouvait indiquer qui était juif et qui ne l'était pas.

Suivait la présentation du programme du NSDAP, où l'on pouvait lire cette phrase : « Aucun Juif ne peut donc être *Volksgenosse** », d'où l'on déduisait cette perspective d'avenir pour l'armée allemande : « Le national-socialisme ne veut pas isoler en son sein et conserver le

---

* Membre de la « communauté du peuple », c'est-à-dire la communauté « ethnique » allemande (*NdT*).

peuple juif, comme l'a fait l'ancien Reich, il ne peut pas non plus l'admettre dans le peuple allemand comme on a voulu le faire au XIXe siècle, il doit au contraire l'éliminer du périmètre de la vie allemande, la seule mesure qui convienne pour un corps étranger, un parasite et un agent pathogène[172]. » À cette date, en 1939, affirme le texte, Adolf Hitler était déjà parvenu à tracer une ligne de séparation entre la population allemande et la population juive. Mais ce n'était pas suffisant. Le « combat défensif » contre le judaïsme continuerait même lorsque le dernier Juif aurait quitté l'Allemagne. Il resterait encore à cette date deux grandes et importantes missions : « 1) L'éradication de tous les effets de l'influence juive, notamment dans l'économie et dans la vie de l'esprit. 2) Le combat contre le judaïsme mondial, qui tente de dresser tous les peuples du monde contre l'Allemagne[173]. »

Ce modèle d'enseignement du problème juif aux hommes de la Wehrmacht s'achève sur des formules d'idéologie raciale qui justifient les futurs combats contre les Juifs : « Nous combattons le judaïsme mondial de la manière dont on doit combattre un parasite venimeux ; en l'affrontant, nous ne nous en prenons pas seulement à un ennemi de notre peuple, mais à un fléau pour tous les peuples. Le combat contre le judaïsme est un combat moral pour la pureté et la santé d'une entité ethnique voulue par Dieu et pour un ordre mondial nouveau et plus juste[174]. »

En affirmant que les Juifs devaient être combattus « comme des parasites venimeux », c'est-à-dire être détruits, on ouvrait une perspective très concrète aux soldats de la Wehrmacht qui bénéficiaient de cette formation idéologique dispensée par leurs supérieurs militaires. Sachant quelle formation antisémite était dispensée au sein de la Wehrmacht, on peut revenir encore une fois sur le titre de ces cahiers de formation :

« [...] pour l'enseignement de l'idéologie nationale-socialiste et de l'objectif de la politique nationale ». Il s'agissait sans doute de cette harmonie entre nationalisme et national-socialisme à laquelle au moins les officiers de la Wehrmacht d'un certain âge accordaient de l'importance. Comme ces cahiers de formation étaient édités par l'OKW et que l'on soulignait dans l'introduction l'initiative commune des commandants en chef des trois armes pour former les soldats dans l'esprit du national-socialisme, personne ne protesta contre cet endoctrinement antisémite. En tout cas, on n'en a aucun témoignage. Le point notable est que le corps des officiers de la Wehrmacht a aussi accepté cette occurrence agressive de l'antisémitisme, et qu'il l'a même approuvée et défendue.

Dès l'année 1939, en leur proposant une caractérisation outrancière de l'ennemi antisémite, on prépara donc des millions de soldats aux formes possibles d'une guerre future, qui n'avait rien à voir avec le combat contre des forces hostiles. Il existe une relation directe entre cette illustration de l'endoctrinement raciste et les instructions données par les plus hautes instances militaires, au cours du printemps et de l'été 1941, qui ordonnèrent à l'armée allemande à l'Est de mener une guerre d'idéologie raciale où il ne serait effectivement pas seulement question de la victoire sur l'Armée rouge de l'Union soviétique, mais aussi de l'extermination de catégories formées par de nombreux non-combattants qu'une combinaison de critères racistes et politiques transformait en ennemis. Entre les deux se déroula une phase d'accoutumance : la guerre contre la Pologne, en 1939-1940, au cours de laquelle les soldats découvrirent pour la première fois comment on pouvait associer la guerre et les massacres de civils sous la bannière d'un prétendu combat ethnique, c'est-à-dire d'une guerre d'extermination motivée par l'idéologie raciale.

3

La Wehrmacht et l'assassinat des Juifs

Chaîne de commandement et propagande au sein de la Wehrmacht

L'alliance entre les généraux et Hitler

Au printemps 1941, Hitler profita de plusieurs occasions[1] pour faire comprendre ses intentions à des généraux et à des commandants d'unités de l'armée de terre : la confrontation qui s'annonçait avec la Russie serait une « pure guerre idéologique ». Il entendait par là aussi bien une guerre raciale qu'une guerre d'extermination. Dans le même temps, Hitler exigea des généraux qu'ils reconnaissent en lui non seulement le commandant en chef de la Wehrmacht, mais aussi le « chef idéologique suprême[2] ».

Dans le cadre de ces préparatifs internes de la guerre raciale et idéologique d'extermination, une date et un événement jouent un rôle clef : ils marquent la conclusion définitive de l'alliance idéologique entre Hitler et le corps des généraux de la Wehrmacht. Il s'agit du discours secret tenu par Hitler à la chancellerie du Reich, le 30 mars 1941[3], deux mois et demi avant l'attaque contre l'Union soviétique. Hitler s'y exprima devant quelque 250 généraux qui, un peu plus tard, allaient commander l'armée de l'Est – composée de trois millions de soldats allemands – au cours de l'opération « Barberousse ». Étaient présents les commandants de groupes d'armées, de flottes aériennes, d'armées, de groupes blindés et de corps d'aviateurs, ainsi que leurs chefs aux états-majors. Il ne s'agissait pas d'un personnel spécialement choisi pour la guerre à l'Est et idéologiquement fiable, mais de « généraux tout à fait ordinaires », pour reprendre en la modifiant légèrement la formulation de l'historien américain Christopher Browning[4].

Au cours d'un discours de près de deux heures et demie, Hitler répéta en toute franchise les conceptions qu'il tirait de son idéologie raciale et ses intentions exterminatrices. Il qualifia le bolchevisme de « système criminel asocial » et parla d'un « combat d'extermination » dans lequel il n'était pas question de « conserver l'ennemi », mais où le but était l'« extermination des commissaires bolcheviques et de l'intelligentsia communiste ». La Wehrmacht devait selon lui abandonner, dans cette guerre, le « point de vue de la camaraderie entre soldats » qui avait jusque-là été le sien. Citons-le mot pour mot : « Ce combat sera très différent du combat à l'Ouest. À l'Est, c'est la dureté qui sera source de douceur pour l'avenir. » Des notes que prit le chef de l'état-major de l'armée de terre, le général de corps d'armée Franz Halder[5], sur le discours de Hitler, il ne ressort pas que celui-ci ait aussi mentionné les Juifs. Mais nous pouvons penser que ce fut le cas. Car, dans la propagande publiée par le régime national-socialiste à partir du 22 juin 1941, les termes de « bolchevisme juif » étaient constamment utilisés pour caractériser l'ennemi.

Si l'on veut porter un jugement historique sur la Wehrmacht, la question qui suit est décisive : comment réagirent les généraux rassemblés à la chancellerie du Reich lorsque Hitler exigea d'eux qu'ils mènent une guerre dont n'importe qui pouvait comprendre, sans le moindre doute, qu'elle était parfaitement incompatible avec les règles en vigueur du droit international et avec le code d'honneur militaire traditionnel ?

Après la guerre, au cours du procès intenté à Nuremberg contre le haut commandement de la Wehrmacht, dit « procès OKW », les juges militaires américains retinrent le fait que le discours de Hitler « semblait avoir suscité une certaine émotion parmi les personnes présentes, qui comprirent naturellement que cet ordre était cruel, criminel et non civilisé. Lorsque Hitler eut terminé son discours et se fut retiré dans ses appartements, les chefs de l'armée protestèrent ; ils dirent que l'extermination prévue par Hitler violerait leurs principes de soldats et saperait la discipline. Brauchitsch* les approuva et promit de faire connaître leur opinion à Hitler et à l'OKW. Il tenta aussi d'obtenir par le biais de Keitel** une modification des plans, mais ce fut en pure perte[6] ».

Les recherches plus minutieuses menées ultérieurement par les historiens de l'armée ont cependant montré qu'on ne doit pas accorder une importance particulière à ces protestations. L'historien Walther Uhlig, qui a pu examiner dès les années 1960 la totalité des documents disponibles à l'époque et les a confrontés aux déclarations faites après guerre par les généraux de la Wehrmacht, est arrivé à un résultat qui n'est guère surprenant : les auteurs des dépositions en question se souciaient surtout de se justifier et, selon lui, quand on se soucie de la vérité historique, mieux vaut ne pas se fonder sur ces documents[7].

Les études ultérieures ont confirmé cette analyse. En réalité, il n'y a pas eu d'objection commune et décisive

---

* Le commandant en chef de l'armée de terre *(NdA)*.

** Le chef de l'OKW *(NdA)*.

des généraux, tout au plus des manifestations de mauvaise humeur isolées et dont la somme n'a produit aucun effet[8]. En revanche, les intentions de Hitler ont ensuite été converties « selon les règles » en instructions spécifiques émises par l'OKW et l'OKH. C'est ainsi que fut donnée cette série d'ordres que l'on qualifia ultérieurement, et à juste titre, de « criminels[9] ».

Au bout du compte, au printemps 1941, les officiers de la direction de la Wehrmacht et de l'armée de terre reprirent « largement à leur compte les intentions de Hitler[10] » et, avec elles, l'image de la Russie formée par l'idéologie raciale. Les protestations isolées, par exemple contre l'« ordre des commissaires* », ne modifièrent plus désormais la direction qui avait été prise.

Les « ordres criminels »

Comme l'avait voulu Hitler, des négociations eurent lieu dès les mois qui précédèrent l'attaque contre l'Union soviétique, le 22 juin 1941.

Elles impliquèrent la SS, représentée par le chef de la Sicherheitspolizei et du SD, le SS-Obergruppenführer Reinhard Heydrich, et l'armée, représentée par le général Eduard Wagner. Il s'agissait de définir les compétences et les règles de collaboration entre l'armée de terre et les Einsatzgruppen de la SS dans la future guerre contre l'Union soviétique. Cet accord fut transmis à la troupe le 28 avril 1941, c'est-à-dire un mois après le discours de Hitler devant les généraux de l'armée de l'Est – sous la forme d'un ordre secret du haut commandement de l'armée de terre à la troupe[11]. Il était intitulé : « Règles de l'engagement de la Police de sécurité et du SD au sein des unités de l'armée de terre[12] ».

* L'ordre d'exécuter les commissaires politiques civils opérant au sein de l'armée soviétique (*NdT*).

Dans le détail, il fut convenu que, pour mettre en œuvre « des missions particulières de police de sûreté », on engagerait dans le secteur d'opérations de l'armée de terre ce que l'on appelait des *Sonderkommandos* (« commandos spéciaux ») de la Sicherheitspolizei (« Police de sécurité », SP). Après les expériences qui avaient été faites en Pologne, tous les participants savaient naturellement que les « missions particulières » en question concernaient l'exécution de certains groupes ennemis. Dans l'ordre émis par Brauchitsch et rédigé selon le vocabulaire crypté habituel, les groupes d'intervention et les commandos d'intervention du SD devaient « prendre sous leur propre responsabilité des mesures exécutives à l'égard de la population civile[13] ». On fixa avec précision la forme que devrait prendre la collaboration entre la Wehrmacht et les organes de la SS « dans le secteur arrière de l'armée », c'est-à-dire dans une bande de terrain située à l'arrière du front et d'une profondeur variable. On lisait, à propos de la délimitation des compétences : « Les commandos spéciaux de la SP et du SD accomplissent leur mission sous leur propre responsabilité. Ils sont subordonnés aux armées en ce qui concerne leur progression, leur approvisionnement et leur hébergement. » Le commandant militaire avait donc toujours le pouvoir de donner des instructions aux organes de la SS. Ceux-ci étaient tenus de collaborer avec l'officier de renseignement des unités de la Wehrmacht avec lesquelles ils avançaient.

Peu avant que les trois millions de soldats de l'armée de l'Est allemande ne se lancent à l'attaque, on leur transmit un ordre central du haut commandement de la Wehrmacht, ordre qui se révélerait essentiel pour la manière dont la guerre serait menée. Il était intitulé « Directives pour le comportement de la troupe en Russie[14] ». On y désignait le bolchevisme comme l'« ennemi mortel du peuple national-socialiste allemand ». Le combat engagé contre lui exigeait une « intervention sans égards et énergique » et l'« élimination complète de toute résistance active ou passive ». Dans cet ordre, les Juifs étaient déjà désignés de manière explicite comme un groupe ennemi. On y lit que le combat est orienté contre les agitateurs bolcheviques, les francs-tireurs, les saboteurs et les Juifs[15]. Ces caractérisations de l'ennemi restaient toutefois d'une imprécision volontaire. Le message que l'on voulait faire passer était le suivant : tout ce qui est lié au bolchevisme et aux Juifs doit être combattu et « éliminé ». En ce qui concernait le « traitement » des commissaires politiques de l'Armée rouge, qui furent en quelque sorte présentés aux soldats allemands comme l'incarnation de cet ennemi baptisé « bolchevisme juif », l'« ordre des commissaires » émis par l'OKW prévoyait qu'ils soient immédiatement passés par les armes. Franz Halder, chef de l'état-major général de l'armée de terre, porta une responsabilité déterminante dans la formulation de cet ordre[16].

Un autre ordre que nous qualifions aujourd'hui de « criminel » réglait les questions de juridiction : c'était une sorte de mode d'emploi du traitement brutal qu'il fallait appliquer à la population civile. Ses formulations étaient telles que les officiers, qui en connaissaient le texte complet, ne pouvaient le comprendre que comme une carte blanche autorisant n'importe quel acte de violence contre les civils du pays ennemi. Par souci de la discipline de la troupe, le contenu des ordres en question ne fut transmis qu'en substance et progressivement aux simples soldats. Chacun finit par comprendre le message : ici, manifestement, tout m'est permis, les tribunaux militaires allemands ne me demanderont pas de rendre des comptes.

Ordres et discours racistes :
Hoepner, Manstein, Reichenau

Les « ordres criminels » émis par l'OKW et l'OKH ne sont pas les seuls à avoir étayé la thèse de la coopération entre Hitler et la direction de la Wehrmacht. Ceux donnés par les commandants d'unité engagés dans la guerre à l'Est vont dans le même sens ; on y trouve des argumentations idéologiques, parfois longues, ce qui est totalement atypique pour ce genre de moyen de communication. S'y ajoutent des discours ouvertement racistes tenus par des chefs militaires devant les officiers placés sous leurs ordres et destinés à les préparer, du point de vue idéologique et mental, à la guerre de Russie. Quand on lit par exemple les discours et les ordres du général de corps d'armée Erich Hoepner, du général feld-maréchal Walther von Reichenau ou du général de corps d'armée Erich von Manstein en 1941, on ne peut s'empêcher de penser que ces textes n'étaient que l'écho direct du discours tenu par Hitler le 30 mars.

Le général de corps d'armée Erich Hoepner était le commandant du 4e groupe de blindés. Au début du mois de mai 1941, il informa ses officiers de la manière dont on prévoyait que seraient menés les combats. Son texte, transmis par écrit, était une parfaite illustration de cette pensée fondée sur la caractérisation de l'ennemi et où différents éléments de propagande étaient assemblés en un mélange explosif. On lit dans l'ordre de Hoepner, à propos du programme d'extermination militaire imminent : « Dans sa conception et dans son exécution, toute opération de combat doit être guidée par la volonté de détruire l'ennemi entièrement et sans pitié. On sera en particulier sans merci pour les piliers du système russo-bolchevique actuel[17]. »

Le général de corps d'armée Erich von Manstein était en 1941 commandant en chef de la 11e armée, engagée dans la section Sud du front de l'Est ; lui aussi joua le rôle d'un chef d'unité et retransmit, sur le ton du commandement, aux soldats qui lui avaient été confiés l'idéologie antisémite agressive du national-socialisme[18]. Dans son ordre à l'armée daté du 20 novembre 1941, qui devait être communiqué aux régiments et aux bataillons et atteignit donc au moins tous les officiers subalternes, on pouvait lire : « Il faut éliminer une fois pour toutes le système judéo-bolchevique. Il ne doit plus jamais pouvoir intervenir dans notre espace vital européen. » Le soldat allemand s'engageait aussi dans ce combat, écrivait-il, « comme vecteur d'une idée ethnique et vengeur de toutes les cruautés qui lui ont été infligées, à lui et au peuple allemand ». L'allusion, peu claire, renvoie sans doute au double traumatisme de novembre 1918, l'armistice et la révolution. Quant aux meurtres perpétrés par les Einsatzgruppen de la SS, il ajoutait : « Le soldat doit avoir de la compréhension pour la nécessité de faire payer durement sa faute au judaïsme, le vecteur intellectuel de la terreur bolchevique. Cette action est aussi nécessaire pour étouffer dans l'œuf tous les soulèvements, qui sont le plus souvent déclenchés par des Juifs[19]. »

« Un certain nombre de points n'étant pas encore établis » à propos du comportement de la troupe à l'égard du système bolchevique, le commandant du groupe d'armées Sud, engagé dans le cadre de la 6e armée, le feld-maréchal Walther von Reichenau, jugea nécessaire de promulguer un nouvel ordre qui fixait le niveau de la violence autorisée et souhaitée. Ce texte, distribué à toutes les compagnies, employait une argumentation racialiste et se focalisait sur l'objectif d'extermination : « Le but essentiel de la campagne contre le système judéo-bolchevique est l'écrasement complet des moyens de pouvoir et l'éradication de l'influence asiatique dans le cercle culturel européen. Cela implique, y compris pour la troupe, des missions qui vont au-delà de l'attitude unilatérale traditionnellement assignée au soldat. Le soldat, dans la zone Est, n'est pas seulement un combattant respectant les règles de l'art de la guerre, mais aussi le vecteur d'une implacable volonté ethnique et le vengeur de toutes les bestialités qui ont été infligées à l'ethnie [*Volkstum*] allemande et apparentée. » L'ordre évoquait ensuite les exécutions de masse perpétrées par les Einsatzgruppen : « C'est la raison pour laquelle le soldat doit avoir une compréhension totale de la nécessité de l'expiation dure, mais juste, infligée au sous-homme juif. Elle vise par ailleurs à étouffer dans l'œuf les soulèvements dans le dos de la Wehrmacht, mouvements qui – l'expérience le montre – ont toujours été lancés par les Juifs. » Reichenau concluait son ordre avec un appel – volontairement imprécis – à la poursuite de la guerre d'anéantissement. La mission du soldat allemand, écrivait-il, était d'« éradiquer impitoyablement la perfidie et la cruauté des espèces étrangères, et par là même de sécuriser l'existence de la Wehrmacht allemande en Russie[20] ». Reichenau, un national-socialiste convaincu, avait donc observé, ou été informé du fait que tous les officiers et soldats du groupe d'armées Sud n'approuvaient pas, loin de là, les assassinats de Juifs. Entre autres, le lieutenant à l'état-major Helmuth Grosscurth avait émis une protestation, en août 1941, à propos du massacre de Juifs de Bjelaja Zerkov[21], et l'on peut supposer que quelques officiers de la Wehrmacht s'étaient aussi exprimés en termes critiques, voire avec indignation, sur les exécutions de masse perpétrées à Babi Yar, près de Kiev, les 29 et 30 septembre 1941[22]. L'ordre de Reichenau en date du 10 octobre 1941 constituait donc une réaction au comportement de la troupe pendant ces opérations de mise à mort. Au moment du massacre de Babi Yar, Reichenau détenait le pouvoir exécutif à Kiev. Son ordre fut du reste repris par le feld-maréchal Gerd von Rundstedt (commandant en chef du groupe d'armées Sud), approuvé par le commandant en chef de l'armée de terre, le feld-maréchal Walther von Brauchitsch, et lui valut pour finir les compliments de Hitler en personne.

La propagande raciste de la Wehrmacht à l'intention des « sans-grade »

Ces messages arrivèrent-ils aussi jusqu'aux « petits » et aux « sans-grade » en uniforme ? Et en quoi ceux-ci croyaient-ils ? En tant que citoyens de l'État national-socialiste, les membres de la Wehrmacht recevaient quotidiennement depuis les années 1930 leur part d'endoctrinement par la propagande. Avec le début de la guerre en Russie, le langage de cette dernière à l'égard des Juifs prit des traits de plus en plus agressifs. On parlait désormais de l'« ennemi juif mondial » qu'il fallait « anéantir » ou « exterminer [*vernichten*] ». À plusieurs reprises, Hitler répéta son affirmation absurde selon laquelle les Juifs étaient les instigateurs de la guerre contre le Reich. La propagande se mit aussi à justifier en termes racistes, et donc à amplifier, le sentiment de supériorité qui existait de toute façon depuis longtemps en Allemagne à l'égard des peuples slaves de l'Est[23].

Il y avait un autre moyen d'exercer une influence sur les simples soldats de la Wehrmacht : la propagande militaire conçue au sein du haut commandement de la Wehrmacht, dans le service WPr (Wehrmachtpropavganda). Son directeur était le général de brigade Hasso von Wedel, qui avait mis en place depuis 1939 le groupe de propagande de la Wehrmacht au sein de l'OKW et qui en resta le chef jusqu'à la fin de la guerre. Contrairement à ce qu'affirment d'autres légendes – essentiellement diffusées par von Wedel lui-même après la guerre –, les responsables de l'OKW ne firent que véhiculer les clichés antijuifs, antibolcheviques et antislaves, ainsi que les catégories de la guerre d'extermination, pour que même les « sans-grade » au sein de l'armée puissent en être imprégnés. L'exemple qui suit a été emprunté aux *Mitteilungen für die Truppe* (« Informations pour la troupe »), un bulletin publié par la Wehrmachtspropaganda et dont le contenu devait être porté à la connaissance des soldats par des lectures publique au sein des compagnies. Sitôt après l'attaque de l'Union soviétique, on pouvait lire le message suivant : « Il s'agit d'éliminer [*auslöschen*] la sous-humanité rouge incarnée par les détenteurs du pouvoir à Moscou. Le monde verra cette mission accomplie intégralement[24]. » Apparemment, ces quelques phrases recèlent pratiquement tout ce que l'on pouvait transmettre de la propagande nationale-socialiste à l'« homme de troupe » pendant la guerre de Russie : antibolchevisme, racisme, volonté d'extermination.

À considérer l'ensemble des numéros des *Mitteilungen für die Truppe* publiés pendant la guerre germano-soviétique[25], on constate que la propagande antibolchevique est omniprésente, tout comme l'antisémitisme. On explique sans le moindre voile aux soldats que cette guerre est un « combat au caractère raciste destiné à débarrasser l'Europe de ses Juifs [*judenrein machen*][26] ». Elle était dirigée contre le « système bolchevique-juif de Staline », mais pas contre les « peuples de l'Union soviétique »[27]. Pas question en revanche de se livrer à des attaques racistes contre les peuples de l'Est – surtout après 1942 : on préférait utiliser à cette fin des moyens plus discrets. Les propagandistes de la Wehrmacht faisaient ainsi comprendre aux soldats allemands qu'ils étaient membres d'un « peuple de seigneurs[28] », tout en s'efforçant d'atténuer un peu la notion de « race des seigneurs » et de l'identifier à une conception exemplaire du devoir à accomplir[29].

Cela étant dit, ces caractérisations de l'ennemi et ces préjugés ne débouchèrent pas directement sur cette guerre d'extermination fondée sur l'idéologie raciale qui commença le 22 juin 1941. L'intention des ordres militaires cités n'en est pas moins claire : il fallait au moins faire en sorte que les soldats tolèrent les opérations de mises à mort systématiques réalisées par la SS. Il fallait en outre les inciter à faire preuve d'une extrême dureté au combat et inhiber les scrupules et les sentiments de culpabilité qu'ils étaient susceptibles d'éprouver dans le cadre de la guerre d'extermination fondée sur l'idéologie raciale. La fonction de l'endoctrinement raciste était donc avant tout de créer, par une dégradation et une déshumanisation continuelles des futures victimes, une distance psychique qui faciliterait leur mise à mort.

Le choix de la Pologne

La chronologie des événements amène à constater que les meurtres de Juifs ne commencèrent pas du tout dans le sillage de la guerre contre l'Union soviétique, mais dès 1939-1940 en Pologne. Dans ce pays, Hitler ne fit pas seulement expérimenter la *Blitzkrieg*, mais aussi l'extermination de groupes d'ennemis définis par l'idéologie raciale[30] – une sorte de préparation à la guerre d'extermination que l'on prévoyait de mener contre l'Union soviétique. Ironie de l'histoire, Staline, lui aussi, fit assassiner des Polonais. Plus de 4 000 officiers polonais furent abattus au début 1940 à Katyn, près de Smolensk, par les services secrets russes[31] dans une opération qui répétait manifestement la « décapitation » de l'Armée rouge soviétique au cours des purges de 1937-1938.

Avant même l'attaque allemande contre la Pologne, la Wehrmacht et le chef du SD, Heydrich, étaient convenus d'opérer après la conquête militaire de la Pologne environ 30 000 arrestations, en se fondant sur les listes de personnes recherchées préparées par le SD. Le 7 septembre 1939, Heydrich évoqua l'assassinat de la classe dirigeante polonaise, composée de la noblesse, du clergé et des Juifs. Quatre semaines plus tard, Hitler donna l'ordre de « tuer tous les représentants de l'intelligentsia juive[32] ». Conformément à un accord passé entre la direction de l'armée de terre et la Sicherheitspolizei de la SS, il revenait aux Einsatzgruppen de « combattre tous les éléments hostiles au Reich et à l'Allemagne en territoire ennemi, à l'arrière des troupes combattantes[33] ». Le chef d'état-major de l'armée de terre, le général Franz Halder, connaissait les intentions exterminatrices des nationaux-socialistes en Pologne[34].

Après la conquête militaire de la Pologne, la puissance occupante allemande pratiqua la politique d'élimination qui avait été planifiée ; les Einsatzgruppen de la SS se chargèrent des assassinats proprement dits – c'est-à-dire de la liquidation de l'intelligentsia polonaise, à laquelle appartenaient beaucoup de Juifs. Comme le relate le général Blaskowitz, l'assassinat des Juifs eut lieu « au vu et au su de tous[35] », et donc aussi sous les yeux des membres de la Wehrmacht. Contrairement à une supposition régulièrement émise, ce n'est donc pas en Union soviétique mais en Pologne qu'ont débuté la politique allemande d'élimination et de mise en esclavage[36], le mépris de la dignité humaine et du droit international.

Il est vrai qu'en Pologne la Wehrmacht ne participait pas encore directement à la liquidation de groupes entiers de la population ; mais elle ne respectait pas non plus les principes d'une politique d'occupation conforme aux normes du droit international. La Wehrmacht aurait pu intervenir contre les massacres perpétrés par les unités de la SS, puisque les unités de police actives dans le secteur des opérations militaires étaient placées sous sa juridiction[37]. Or tel ne fut pas le cas. On est donc tenté de tirer cette conclusion : « En tant qu'institution, c'est en Pologne, déjà, que la Wehrmacht perdit le droit de considérer qu'elle n'était pas impliquée dans les crimes de l'État hitlérien[38]. »

Dans quelques cas isolés, des officiers de la Wehrmacht manifestèrent leur désaccord. Le commandant de la 8e armée et futur commandant en chef de la zone Est, le général de corps d'armée Blaskowitz[39], déjà mentionné, protesta à plusieurs reprises auprès de Berlin contre les opérations de liquidation menées par les Einsatzgruppen de la SS entrés dans le pays avec l'armée allemande[40]. Son argumentation semblait cependant moins reposer sur des principes moraux que sur des considérations tactiques et pragmatiques. L'« abattage [*Abschlachten*] » de 10 000 Juifs et Polonais était selon lui inefficace, et nocif, en raison des effets qu'il produisait sur la discipline de la troupe[41]. Lorsque le commandant en chef de l'armée de terre, von Brauchitsch, ne tint aucun compte de ces protestations, ni Blaskowitz ni d'autres généraux ne passèrent dans l'opposition ouverte, aucun ne démissionna de manière spectaculaire : ils s'adaptèrent. Par la suite, les objections qu'il avait formulées valurent à Blaskowitz de tomber en disgrâce auprès de Hitler. Il n'eut plus de promotions jusqu'à la fin de la guerre, mais on continua à l'employer. Inculpé au procès de l'OKW à Nuremberg, Blaskowitz mit fin à ses jours en 1948.

Le général feld-maréchal Georg von Küchler protesta lui aussi contre les opérations meurtrières en Pologne, ce qui lui valut d'être démis de ses fonctions de chef de l'armée[42]. Les autres commandants et officiers supérieurs de la Wehrmacht suivirent en Pologne le principe recommandé par l'OKW, qui consistait à se tenir à l'écart des « mesures de politique raciale », c'est-à-dire des massacres. Le lieutenant Helmuth Stieff, qui servait à Berlin comme chef du groupe III du service opérationnel à l'état-major général, reconnut le 21 novembre 1939 – dans une lettre à son épouse – qu'il était informé de la liquidation massive de l'élite intellectuelle polonaise : « J'ai honte d'être un Allemand ! La minorité qui souille le nom d'Allemand par ses meurtres, ses pillages et ses passages à tabac fera le malheur du peuple allemand tout entier si nous ne mettons pas bientôt un terme à son activité [...][43]. » Et il ajoutait : « L'imagination la plus fertile alimentant une propagande d'atrocités est bien pauvre face aux crimes qu'une bande organisée d'assassins, de brigands et de pillards commet là-bas avec, dit-on, la complaisance des plus hautes autorités[44]. » Plus tard, Stieff compterait au nombre des hommes de la résistance à Hitler impliqués dans l'attentat du 20 juillet 1944.

Le précédent serbe

L'historien viennois Walther Manoschek a pu montrer, après avoir minutieusement étudié les sources militaires, que la Wehrmacht a développé en 1941-1942 en Serbie un modèle régional de « solution de la question juive et tzigane[45] ». Sa principale découverte a éveillé un intérêt considérable et justifié : avant même le début de la guerre contre l'Union soviétique, la direction de la Wehrmacht avait donné son accord de principe à la politique nationale-socialiste à l'égard des Juifs. Début avril 1941, le chef de l'état-major général de l'armée de terre, Franz Halder, et le général quartier-maître Eduard Wagner établirent une directive concernant l'engagement de la Sicherheitspolizei et du SD pendant l'opération « Marita ». Celle-ci contenait une définition de l'ennemi qui aurait de lourdes conséquences : en Serbie, devaient être considérés comme ennemis, outre les « émigrés, saboteurs et terroristes », les « communistes » et les « Juifs »[46].

Sur le théâtre des opérations, en Serbie, la Wehrmacht ne créa pas seulement les conditions politiques et logistiques de l'assassinat des Juifs ; elle en planifia elle-même l'extermination, en assura la mise en œuvre et la camoufla en « exécutions d'otages ». À partir de l'automne 1941, elle exécuta des milliers de Juifs, dans une sorte d'obéissance excessive et préventive, sans instructions explicites venues d'« en haut », c'est-à-dire – au moins en ce qui concernait les mobiles – du général responsable, Franz Böhme.

En Serbie aussi, un groupe de propagande de la Wehrmacht était actif. Ses proclamations, où l'on souligne la supériorité du « peuple des seigneurs » allemand face aux Serbes slaves, montrent de manière exemplaire « à quel point l'idéologie raciale nationale-socialiste était aussi ancrée dans la Wehrmacht[47] ». Dans ce contexte, simples soldats et officiers subalternes étaient disposés à exécuter sans scrupules les ordres de mise à mort des Juifs. Dans les lettres qu'ils envoyaient chez eux, ils racontaient franchement les massacres et joignaient – en dépit de la stricte interdiction – des photos des exécutions et pendaisons de masse[48]. Selon Manoschek, la troupe assimilait tout naturellement les Juifs aux communistes. Cela prouve que, sur ce point, la propagande avait atteint son objectif et que l'on pouvait désormais utiliser concrètement cet état d'esprit pour mener les opérations d'extermination. En l'espace d'un an, la pratique des commandants de la Wehrmacht en Serbie déboucha sur l'élimination de tous les Juifs, sans que les commandos de la SS aient eu à apporter leur aide à la Wehrmacht.

Le « modèle » Kaunas

Lors de l'assassinat des Juifs à Kaunas (Kovno), la capitale de la Lituanie, les unités de la Wehrmacht et les commandos de la SS pratiquèrent en 1941 une division du travail que l'on retrouverait souvent par la suite. L'historien Helmut Krausnick a présenté ces événements en détail dans son livre sur la « troupe de la guerre idéologique[49] ». Les meurtres de Juifs à Kaunas ont commencé trois jours après le début de la guerre à l'Est. Lorsque les unités avancées du groupe d'armées Nord occupèrent la capitale lituanienne, elles furent immédiatement suivies par un commando d'éclaireurs de l'Einsatzgruppe A, sous la direction de son chef de groupe, le SS-Brigadeführer Franz Stahlecker. Heydrich avait donné à l'Einsatzgruppe A l'instruction d'inciter la population lituanienne locale à pratiquer des pogroms – en apparence spontanés – de Juifs. Ce fut le cas dès la nuit du 25 au 26 juin. Selon un récit de Stahlecker, on assassina cette nuit-là plus de 1 500 Juifs, on incendia ou l'on détruisit plusieurs synagogues, et l'on réduisit en cendres un quartier d'habitation juif d'une soixantaine de maisons[50].

La réaction des officiers de la Wehrmacht qui se trouvaient à Kaunas fut « l'un des chapitres les plus honteux de l'histoire de l'armée allemande ». Krausnick ajoute : « L'un des devoirs les plus élémentaires d'une armée d'occupation était tout de même d'assurer un minimum d'ordre public après son entrée dans une grande ville, y compris dans les premiers jours, et d'assurer, par principe, la protection de – toute – la population. Ce qui se passa à l'époque à Kaunas défia les normes traditionnelles d'une occupation par l'armée allemande ; selon le témoignage d'un ancien officier d'état-major du groupe d'armées Nord, l'expression concrète de cette attitude fut la chose la plus abominable qu'il ait vécue au cours des deux guerres mondiales. Au vu et au su de tous, dans les rues et sur les places de la ville, les Juifs regroupés furent abattus par les "partisans" lituaniens[51] ; près d'une station d'essence, comme le rapportent deux témoins oculaires, ils furent exécutés par centaines, chacun son tour. Ce dernier épisode se produisit à 200 mètres seulement du quartier général de la direction de la XVIe armée, sous les yeux d'une foule importante, dont d'innombrables soldats allemands en uniforme, comme l'illustrent de manière repoussante les photographies qui en ont été conservées[52]. »

Ernst Klee, Willi Dressen et Volker Riess ont publié quelques-unes de ces photos[53] et y ont joint plusieurs témoignages oculaires de membres de la Wehrmacht : celui d'un colonel, celui d'un première classe d'une compagnie de boulangerie, celui d'un adjudant-chef et celui d'un infirmier. Selon ces récits, les soldats allemands assistèrent à ces assassinats publics, mais sans jamais intervenir, y compris au cours des jours suivants, lorsque ces tueries concernèrent des milliers de personnes supplémentaires. On a du mal à expliquer ce comportement. Les commandos de la SS qui mirent en scène et exécutèrent ces massacres ne devaient-ils pas s'attendre à ce que des officiers de la Wehrmacht empêchent ces meurtres épouvantables ? Selon Krausnick il n'existait pas seulement un accord entre le commandant de la 16e armée, le général de corps d'armée Ernst Busch, un fidèle de Hitler, et Stahlecker, le chef de l'Einsatzgruppe A, mais aussi des ordres militaires stricts, transmis oralement, de ne pas participer à ces massacres déguisés en « opérations d'auto-épuration[54] ».

Lorsque le commandant du secteur arrière Nord de l'armée de terre, le général Franz von Roques, fut averti des massacres de Kaunas, il se rendit sur place, puis auprès de son supérieur, le feld-maréchal Ritter von Leeb, dont les fonctions comprenaient l'exercice du pouvoir exécutif dans les parties conquises de la Lituanie. Celui-ci prit connaissance des récriminations de Roques et lui répondit qu'il ne pouvait rien faire contre ces mesures, et que la seule attitude possible était de ne pas s'en mêler. Leeb et Roques discutèrent par ailleurs sur le point de savoir s'il ne valait pas mieux stériliser les Juifs de sexe masculin. Deux généraux de haut rang dans la Wehrmacht débattaient donc de la stérilisation de millions de personnes innocentes, en guise d'alternative plus humaine, si l'on peut dire, aux projets de mise à mort massive que l'on commençait déjà à mettre en œuvre[55] !

Début juillet 1941, le premier aide de camp de Hitler, le colonel Rudolf Schmundt, se trouvait lui aussi au quartier général du groupe d'armées Nord à Kaunas. Lorsqu'il fut informé des pogroms « spontanés » perpétrés contre les Juifs et des liquidations opérées par l'Einsatzkommando 3, Schmundt répondit, faisant manifestement office de porte-parole de Hitler, qu'« il ne fallait pas importuner le soldat avec ces questions politiques ; il s'agissait d'un indispensable "nettoyage de zone[56]" ».

Les officiers de la Wehrmacht en Lituanie occupée, ainsi que leurs supérieurs, étaient informés, voire spectateurs, des massacres, mais ils ne firent rien, couvrant ainsi les commandos de la SS et leurs auxiliaires lituaniens. Ce précédent ouvrit la voie.

Bjelaja Zerkov : le massacre d'enfants du mois d'août 1941

Bjelaja Zerkov se trouve à proximité de la capitale ukrainienne, Kiev. Quelques semaines à peine après l'attaque allemande, les conquérants allemands y assassinèrent quatre-vingt-dix enfants juifs. Les responsables en étaient des officiers des Einsatzgruppen du SD et de la Wehrmacht. Ce qui s'est produit à Bjelaja Zerkov est une preuve supplémentaire que l'assassinat des Juifs russes débuta dès les premiers mois du conflit germano-soviétique, et ce partout où la guerre menée par la

Wehrmacht en avait créé les conditions politiques. Les événements de Bjelaja Zerkov montrent en outre combien la Wehrmacht collabora étroitement avec les Einsatzgruppen de la SS.

Ce qui distingue ce massacre d'enfants de nombreuses opérations d'extermination comparables en Pologne et en Union soviétique, c'est que nous disposons d'informations plus précises à son sujet que sur d'autres cas. Nous le devons en premier lieu à un officier de la Wehrmacht, qui intervint courageusement à l'époque des faits sans pouvoir cependant empêcher l'assassinat des enfants juifs. Le lieutenant-colonel Helmuth Grosscurth ne survécut pas à la guerre : fait prisonnier par les Soviétiques, il mourut en captivité en avril 1943. Mais il parvint à mettre en sécurité sept documents importants relatant ce qui s'était produit à Bjelaja Zerkov entre le 20 et le 22 août 1941. Ces documents ont été publiés dès 1970[57] puis commentés à de multiples reprises par les spécialistes[58]. Mais, pour que le grand public prenne connaissance de l'assassinat des enfants de Bjelaja Zerkov, il a fallu qu'il soit évoqué dans l'exposition très controversée de 1995, « Guerre d'extermination. Les crimes de la Wehrmacht, 1941-1945 ».

Que s'est-il donc passé, dans le détail ? « À Bjelaja Zerkov, à la mi-août, la Kommandantur locale ordonna l'enregistrement des Juifs. La Geheime Feldpolizei [police secrète de campagne] remit les adultes au Sonderkommando 4a, qui les fit fusiller par une section de la Waffen-SS. Quatre-vingt-dix enfants restèrent sous surveillance, dans un bâtiment situé en dehors de la ville. Le 20 août, deux aumôniers de la 295e division d'infanterie attirèrent l'attention du lieutenant-colonel Grosscurth sur la situation pitoyable de ces enfants qui attendaient leur exécution depuis des jours, sans nourriture, enfermés dans l'édifice. Grosscurth put obtenir du commandant de la police un ajournement de l'exécution en exigeant une décision de la 6e armée, dont ils dépendaient. Son commandant, von Reichenau, répondit en ces termes : "Immédiatement après avoir reçu par téléphone la demande de la division, et après en avoir discuté avec le Standartenführer Blobel [chef du Sonderkommando 4a], j'ai annulé la mise en œuvre de l'exécution, dont l'ordre n'était pas conforme aux règles. J'ai ordonné que, le 21 août au matin, Blobel et le représentant de l'AOK [commandant en chef de l'armée] se rendent à Bialacerkiew pour vérifier ce qu'il en était. Sur le fond, j'ai décidé que l'opération, une fois commencée, devait être menée à son terme selon les règles." La direction de l'armée prononça ainsi l'arrêt de mort de quatre-vingt-dix enfants. Ils furent exécutés le lendemain, comme prévu[59]. »

On le voit, quantité de membres de la Wehrmacht et de la SS furent impliqués dans le massacre[60]. La Kommandantur locale de Bjelaja Zerkov, qui avait été installée après l'avancée de la 6e armée dans ce secteur, était un service dépendant de la Wehrmacht. C'est cette Kommandantur qui ordonna l'enregistrement des Juifs à Bjelaja Zerkov, à la mi-juillet. La Geheime Feldpolizei, autre unité dépendant de la Wehrmacht, rassembla les Juifs qui venaient se faire enregistrer à la Kommandantur dans un bâtiment situé en dehors de la ville, et les y remit à un officier SS du Sonderkommando 4a, l'une des formations qui assassinaient systématiquement les hommes, les femmes et les enfants juifs dans les territoires occupés par la Wehrmacht. Le chef du Sonderkommando fit exécuter les Juifs qui lui avaient été confiés par les membres d'une section de la Waffen-SS. Au cours des jours suivants, plusieurs centaines d'autres hommes et femmes juifs de Bjelaja Zerkov furent raflés et assassinés. Dans les deux cas, la Kommandantur de campagne et la Kommandantur locale collaborèrent étroitement avec la SS.

Les simples soldats de la Wehrmacht entendirent les sanglots des enfants que l'on avait regroupés dans une école après avoir assassiné leurs parents. Les « troufions » attirèrent l'attention de deux aumôniers sur le sort des enfants en exprimant le « très vif mécontentement » que leur inspirait cette situation[61]. Les prêtres allèrent vérifier la situation par eux-mêmes, puis chercher le secours du lieutenant-colonel Grosscurth, chef de l'état-major de la 295e division d'infanterie, qui stationnait justement à Bjelaja Zerkov. Lorsque l'officier d'état-major se rendit dans le bâtiment où végétaient ces quatre-vingt-dix enfants en larmes, il rencontra un Oberscharführer de la SS. Celui-ci l'informa que les parents des enfants avaient déjà été exécutés et que les enfants allaient être « éliminés [*beseitigt*] » à leur tour. Grosscurth se rendit alors auprès du commandant de la place. Celui-ci était lui aussi un officier de la Wehrmacht – plus précisément, un lieutenant-colonel de l'armée de terre. Le commandant de la place lui expliqua que les renseignements fournis par le SS-Oberscharführer étaient corrects. Celui-ci accomplissait sa mission après en avoir informé le commandant de la place. Grosscurth, qui voulait dans un premier temps empêcher l'assassinat des enfants, téléphona dans ce but à un officier d'état-major du groupe d'armées Sud. Celui-ci lui indiqua que c'était le commandement de la 6e armée qui était responsable. L'officier responsable du renseignement de cet état-major lui promit d'obtenir d'ici le soir une décision de Reichenau. Des délibérations eurent alors lieu à l'état-major de la 6e armée. Reichenau appela au téléphone le Standartenführer Blobel, et ordonna à celui-ci de se rendre « sur place » avec un officier de l'état-major de l'armée. Sur le fond, il décida que les quatre-vingt-dix enfants devraient être assassinés. Grosscurth en fut informé le lendemain. Au cours d'un entretien auquel participèrent plusieurs officiers de la Wehrmacht et de la SS, on lui reprocha d'avoir retardé inutilement l'« élimination » des enfants. Cette « couvée » devait être « éradiquée », comme l'expliqua à plusieurs reprises Riedel, le commandant de la place[62].

Outre parmi les soldats, officiers, prêtres et membres de la SS que nous avons cités, la nouvelle de cette opération meurtrière avait certainement circulé parmi tous les soldats allemands stationnés à Bjelaja Zerkov. On peut en outre constater à quel point les différents états-majors, les Kommandantur de la Wehrmacht et les commandos meurtriers de la SS engagés dans cette région collaboraient déjà à cette époque – deux mois environ après le début de la guerre contre l'Union soviétique. À travers la personne de Reichenau, la 6e armée se rendit dès le mois d'août 1941 « consciemment complice du génocide », sans qu'il ait existé un ordre spécifique de Hitler stipulant que la Wehrmacht devait participer à l'assassinat des hommes, femmes et enfants juifs[63].

L'assassinat des enfants de Bjelaja Zerkov ne fut pas un événement isolé ni un acte excessif explicable par des conditions spécifiques. L'assassinat des Juifs en Ukraine se faisait au contraire systématiquement, et depuis plusieurs semaines, avec le « soutien énergique » de la 6e armée[64]. Fin juin-début juillet, 1 500 hommes juifs avaient été assassinés dans la ville de Luck, dans l'ouest de l'Ukraine. Idem à Tarnopol *via* le Sonderkommando 4b[65] avec la participation de membres de la Wehrmacht. À Shitomir, le Sonderkommando 4a pendit en public deux victimes et fusilla des centaines d'hommes juifs[66]. Ici et ailleurs, de nombreux spectateurs assistèrent aux massacres. S'il n'avait pu compter que sur ses propres forces, le Sonderkommando 4a – fort de soixante-dix hommes, il constituait une unité de l'Einsatzgruppe C – aurait été totalement incapable d'assassiner des milliers de personnes.

Le principal responsable de l'assassinat des quatre-vingt-dix enfants de Bjelaja Zerkov, le feld-maréchal von

Reichenau, se vit contraint, à l'automne 1941, de rappeler une fois de plus les lois de la guerre d'extermination à sa troupe, où des résistances se manifestaient visiblement encore. L'ordre était explicite : « L'objectif essentiel de la campagne contre le système judéo-bolchevique est l'écrasement complet des moyens de pouvoir et l'éradication de l'influence asiatique dans le cercle culturel européen. Cela engendre aussi, pour la troupe, des missions qui dépassent le cadre unilatéral et traditionnel de l'activité du soldat. Dans la zone Est, le soldat n'est pas seulement un combattant respectant les règles de l'art de la guerre, mais aussi le vecteur d'une idée ethnique implacable [...][67]. »

Grosscurth, cet officier de l'armée allemande qui était encore incapable de s'imaginer, au mois d'août 1941, que la Wehrmacht doive aussi couvrir et soutenir l'assassinat d'enfants juifs sans défense, comprit alors ce que signifiait concrètement un texte dans lequel le commandant de la 6e armée parlait d'« implacable idée ethnique » et d'« éradication ». À la fin de la première année de la guerre contre l'Union soviétique, Grosscurth adressa à son frère une lettre dans laquelle il donnait son point de vue sur Reichenau et ses semblables : « On ne peut plus qu'éprouver le plus profond mépris à l'égard des responsables. Les choses étant ce qu'elles sont, l'Allemagne court à sa perte, cela ne fait plus le moindre doute à mes yeux. » Mais l'opinion de cet officier et son action courageuse restèrent un cas exceptionnel : « Il fut l'un des très rares officiers de la Wehrmacht allemande à avoir interrompu, en menaçant de faire usage de la force, une opération d'assassinat menée par les Einsatzgruppen – et si son intervention échoua finalement, ce ne fut pas sa faute[68]. » La machinerie d'extermination allemande dans la guerre à l'Est avait trouvé très rapidement son principe dynamique et on ne pouvait plus l'arrêter de l'intérieur.

Le massacre de Babi Yar

Ce fut la plus grande opération d'assassinat perpétrée, sous la responsabilité de la Wehrmacht, pendant la guerre contre l'Union soviétique. De la même manière que le mot « Auschwitz » symbolise la mise à mort industrialisée des Juifs par le gaz – et, dans un sens plus large, l'assassinat des Juifs européens en général –, « Babi Yar » est en quelque sorte un synonyme des exécutions de masse commises par des troupes mobiles de la SS en 1941-1943. Au cours de cette phase, les groupes d'intervention du SD tuaient encore leurs victimes à l'aide d'armes à feu et coopéraient étroitement avec la Wehrmacht.

Il n'existe curieusement sur ce massacre aucune enquête ou exposé de grande ampleur signé d'une plume allemande. Le volumineux recueil du sociologue Erhard Roy Wiehn constitue, de l'aveu même de l'auteur, un « aperçu fragmentaire des prémices des massacres de septembre 1941, de ce massacre lui-même et de ses conséquences[69] ».

Le XXIXe corps d'armée, placé sous les ordres de la 6e armée du feld-maréchal Reichenau, prit la capitale ukrainienne le 19 septembre 1941 et la soumit au droit d'occupation. Un commando d'éclaireurs du Sonderkommando 4a de l'Einsatzgruppe C, fort d'une cinquantaine d'hommes, arriva à Kiev en même temps que ces troupes, bientôt rejoint par l'état-major du groupe C. Dans le même temps, le général de brigade Kurt Eberhard[70] prenait le commandement de la ville.

On se souvient que Reichenau et Paul Blobel, le patron du Sonderkommando 4a, avaient déjà œuvré ensemble à des assassinats de Juifs pendant tout juillet et août[71]. À en croire l'officier de liaison de Blobel, Knud Callsen, son chef entretenait à cette époque des contacts personnels étroits avec Reichenau[72]. Non seulement partageaient-ils une vision commune de la guerre raciale, mais l'assassinat des enfants de Bjelaja Zerkov un mois plus tôt avait montré qu'en pratique aussi Reichenau suivait une logique d'extermination. D'ailleurs, après les événements que nous allons raconter, l'Einsatzgruppe C se félicita de sa collaboration efficace avec la Wehrmacht : « L'Einsatzgruppe est parvenu, dès le premier jour, à établir une entente tout à fait remarquable avec l'ensemble des postes de la Wehrmacht. Ainsi, l'Einsatzgruppe, dès le début de son engagement, n'a jamais eu à rester dans le secteur arrière de la progression de l'armée de terre, la Wehrmacht demandant au contraire constamment que les Einsatzkommandos évoluent aussi loin que possible à l'avant[73]. » En bref, Reichenau et Otto Rasch, le chef de l'Einsatzgruppe C, n'avaient pas de mots assez aimables l'un pour l'autre[74].

À l'époque de l'attaque allemande, en 1941, Kiev abritait environ 930 000 habitants ; les Ukrainiens constituaient une minorité relative, les Russes représentaient à peu près un quart de la population et le nombre de Juifs s'élevait à environ 220 000. Deux tiers d'entre eux parvinrent à fuir vers l'Est avant l'assaut de la Wehrmacht, de telle sorte que – selon les estimations allemandes – il en restait encore environ 50 000 dans la capitale ukrainienne après l'occupation allemande[75]. Il faut en outre se rappeler que les hommes juifs, lorsqu'ils étaient jeunes et en bonne santé, avaient été enrôlés dans l'Armée rouge[76]. Il restait donc avant tout des hommes d'un certain âge, des femmes et des enfants. Lorsque la Wehrmacht fit son entrée à Kiev, la population montra des sentiments mitigés : il y eut des salutations joyeuses, mais aussi des marques de rejet et d'hostilité. En tout état de cause, la mise en œuvre de la politique d'occupation s'avéra bien plus difficile que les commandants de la Wehrmacht ne l'escomptaient.

Entre le 24 et le 28 septembre, de violentes explosions secouèrent le centre-ville de Kiev ; elles visaient divers bâtiments utilisés par la Wehrmacht et firent plusieurs centaines de victimes. Aussitôt, il s'agit de trouver des coupables[77]. Dès le 26 septembre 1941, une réunion entre les principaux responsables des forces d'occupation se tint dans les locaux de service du commandant de la ville, le général de brigade Kurt Eberhard, dans ce que l'on appelait le Castelet du tsar. Nous en connaissons les attendus notamment grâce au témoignage de Gerhard Schirmer[78], officier de liaison du XXIXe corps d'armée. Au cours de cette discussion, les officiers de la SS et de la Wehrmacht prirent la décision de tuer une bonne partie des Juifs de Kiev, ce qui était consigné de manière euphémistique par l'expression « mesures de représailles » figurant dans des documents de la SS. En outre, « les Juifs de la ville devraient se rassembler pour ce que l'on appellerait une évacuation[79] ». Compte tenu de la politique d'extermination déjà en cours, les responsables pouvaient se sentir parfaitement couverts dans la mise en œuvre de ce projet par le plus haut représentant de la Wehrmacht à Kiev, von Reichenau[80]. De surcroît, rien n'exclut que, lors des préparatifs, des discussions directes aient eu lieu entre Blobel et Reichenau.

Le SS-Obersturmführer August Häfner assista à cet entretien et à d'autres du même ordre. Il expliqua ultérieurement la division du travail qui y avait été convenue entre la SS et la Wehrmacht : « Le sale travail était pour nous. Je me rappelle toujours qu'à Kiev, le général Eberhard a dit : "C'est à vous de tirer[81] !" » Mais le général n'avait rien à objecter aux projets d'assassinats proprement dits, au contraire, il accéléra encore leur mise en œuvre à titre de représailles aux incendies volontaires, comme il ressort d'un rapport de la SS envoyé à Berlin : « Wehrmacht salue mesures et demande procédure radicale[82]. » Pour les officiers allemands, les incendies n'étaient qu'un prétexte à la mise en œuvre des assassinats prévus, dont ceux des Juifs de Kiev. Le terme de « représailles » devait donner l'impression d'une nécessité militaire et légitimer ainsi l'opération aux yeux des soldats[83].

C'est le Sonderkommando 4a de Blobel qui fut chargé de mener l'opération. Il comportait des membres de la Sicherheitspolizei et du Sicherheitsdienst (le plus souvent d'anciens policiers de la Gestapo et de la police criminelle), ainsi qu'une compagnie d'un bataillon de Waffen-SS et deux commandos du bataillon de police Sud[84]. À titre de renfort, on leur adjoignit deux autres bataillons de police et des unités de la police auxiliaire ukrainienne.

L'opération d'extermination fut préparée le 28 septembre 1941 : on afficha alors dans la ville une annonce, rédigée en russe, en ukrainien et en allemand, appelant la population juive à se rassembler sur une place donnée le 29 septembre à 8 heures[85]. Ceux qui ne répondraient pas à cet appel seraient punis de mort. Le texte des affiches avait été conçu par des membres de la compagnie de propagande 637 puis imprimé sur les presses de la 6e armée.

Le lendemain matin, il y avait 30 000 Juifs au moins rassemblés près des cimetières de Kiev. Le nombre surprit les responsables de la SS et de la Wehrmacht. La plupart des Juifs croyaient – comme le relatèrent, d'une même voix, plusieurs survivants – à l'annonce faite oralement par les Allemands : ils devaient être évacués et « installés à l'extérieur ». Ils avaient ignoré les avertissements de quelques vieillards qui leur avaient dit : « Les enfants, nous allons à la mort, préparez-vous[86] ! » Une femme qui ne croyait pas à la fable du « transfert » ne trouva pas d'autre issue que de s'empoisonner, elle-même et ses enfants ; une jeune fille se jeta par la fenêtre de l'Opéra de Kiev. Mais la plupart de ceux qui restèrent estimaient sans doute que les Allemands mettraient les Juifs dans un train et les transporteraient ailleurs sur le territoire soviétique. La manœuvre allemande avait en bonne partie réussi[87].

Au lieu de train, les soldats de la Wehrmacht, dirigés par Eberhard, ordonnèrent aux Juifs de se diriger à pied vers la zone de la ville où se situait le cimetière juif et qui incluait la fosse de Babi Yar[88]. Le lieu d'exécution proprement dit était entouré de barbelés. Des membres du Sonderkommando 4a et de la police ukrainienne constituaient le personnel de garde. Arrivés devant le terrain, les Juifs durent se défaire de leurs objets de valeur et de leurs vêtements, puis se diriger vers la ravine où ils étaient exécutés. Selon les rapports officiels de l'Einsatzgruppe C, en deux jours, 33 771 Juifs furent assassinés[89].

L'un des membres de l'Einsatzkommando, Kurt Werner, a raconté dans le détail ce qui s'était passé : « [...] C'était une zone sablonneuse. La ravine avait environ 10 mètres de profondeur sur à peu près 400 mètres de longueur, 80 mètres de largeur en haut, une dizaine en bas. Juste après mon arrivée sur le site de l'exécution, j'ai dû, avec mes camarades, me rendre en bas de cette cuvette. Il n'a pas fallu attendre longtemps pour qu'on nous amène les premiers Juifs au-dessus de la pente de la ravine. Les Juifs devaient se coucher contre le bord de la cuvette, le visage contre le sol. Dans la cuvette se trouvaient trois groupes de tireurs, comportant chacun une douzaine d'hommes. Dans le même temps, on amenait constamment, d'en haut, de nouveaux Juifs vers ces pelotons d'exécution. Les Juifs qui suivaient devaient se coucher sur les cadavres de ceux qu'on avait exécutés auparavant. Les tireurs se tenaient à chaque fois derrière les Juifs et les tuaient d'un coup de feu dans la nuque. Je me rappelle encore aujourd'hui dans quel effroi se trouvaient les Juifs au moment où, en haut, au bord de la fosse, ils pouvaient y voir pour la première fois les cadavres, en dessous d'eux. Beaucoup de Juifs hurlaient de terreur. On ne peut pas s'imaginer quelle énergie nerveuse cela exigeait de mener ce sale boulot, en bas. [...] Ce jour-là, l'ensemble de l'exécution a sans doute duré jusqu'à 5 ou 6 heures (17 ou 18 heures) [...][90]. »

Il est prouvé que des soldats du génie de la Wehrmacht ont participé à la dissimulation du massacre[91]. Car, bien entendu, les criminels s'appliquèrent à effacer les traces de leur forfait[92]. Agissant sur ordre de l'État, ils invoquèrent les consignes de leurs supérieurs. Le maquillage de ces assassinats avait plusieurs buts. D'une part, s'ils avaient été connus, il aurait été plus difficile de préparer et de mettre en œuvre d'autres massacres. D'autre part, il s'agissait d'éviter que les informations sur les assassinats de Juifs à Kiev soient utilisées par la propagande de guerre adverse pour alimenter la dénonciation morale des occupants auprès de la population de leur propre pays et de l'opinion publique internationale.

Une semaine après le massacre de Babi Yar, la SS constatait que le secret avait *grosso modo* été préservé : « L'opération elle-même s'est déroulée sans frictions. Il n'y a pas eu d'incidents. La "mesure de transfert" a rencontré le plein assentiment de la population. Le fait que les Juifs ont en réalité été liquidés ne s'est pratiquement pas su jusqu'ici, mais, si nous en croyons les expériences précédentes, cela n'aurait de toute façon guère suscité de désapprobation. La Wehrmacht a également approuvé les mesures qui ont été mises en œuvre[93]. »

L'unique type de document dans lequel on ne maquilla pas les faits, mais où l'on en donna au contraire un compte rendu précis, était tenu rigoureusement secret : il s'agissait des communiqués envoyés sous forme de messages radio cryptés par les Einsatzgruppen au Reichssicherheitshauptamt (« Office central de la sécurité du Reich », RSHA) à Berlin. Le RSHA les rassemblait et, sous le titre « Ereignismeldungen UdSSR » (« Communiqués des événements en URSS »), les rendait accessibles à un cercle très restreint de cadres dirigeants. On le sait aujourd'hui, les messages radio des groupes d'intervention purent toutefois être captés et décodés par les services secrets britanniques dès 1941. Le groupe d'intervention C s'y vantait de l'extraordinaire efficacité de ses commandos, qui avaient réussi à exécuter systématiquement, en deux jours seulement, près de 34 000 Juifs, se flattant d'ailleurs devant ses supérieurs de la précision de sa comptabilité. Le Sonderkommando 4a et l'Einsatzgruppe C tinrent ainsi une documentation précise du massacre de Babi Yar.

La complicité de la Wehrmacht, et le fait qu'elle était au courant de l'opération, n'apparaît en revanche pratiquement pas dans ses propres dossiers. Comment expliquer ce constat ? D'une part, on n'a conservé qu'un petit nombre de dossiers des unités et des postes de la Wehrmacht présents à Kiev à l'automne 1941. Le journal de guerre de la Kommandantur de la ville de Kiev, qui serait particulièrement précieux pour une reconstitution des événements, n'a pu être retrouvé à ce jour. Mais même les dossiers que l'on a conservés présentent des lacunes frappantes. Dans ceux de la 6e armée et du XXIXe corps d'armée, par exemple, il manque justement les rapports des officiers chargés de l'espionnage et du contre-espionnage sur les journées décisives de la fin septembre et du début octobre 1941.

Si nous tentons d'interpréter le silence des dossiers de la Wehrmacht sur le massacre de Babi Yar, nous sommes forcés de considérer que les traces de complicité ou de connaissance des faits ont été systématiquement effacées. Cette dissimulation a commencé le jour même de l'événement, s'est prolongée bien au-delà de la fin de la guerre et a encore des conséquences de nos jours[94]. Il y a forcément eu, entre les officiers des unités de la Wehrmacht stationnées à Kiev, un accord tacite pour ne laisser dans les dossiers, dans toute la mesure du possible, aucune indication sur une participation à ce crime de masse, afin de ne pas entacher la réputation de la Wehrmacht. L'indication fournie par le général Eberhard à la SS : « C'est à vous de tirer ! » est la clef de l'opération de dissimulation qui commença sur place et dès le début.

Mais un dossier que l'administration militaire avait classé à part donne des indications précieuses. Il s'agit du rapport rédigé par le conseiller d'administration de guerre de la 454e division de sécurité, von Froreich[95]. Il prouve que, pour un membre de la Wehrmacht présent à Kiev, il n'était pas difficile d'être parfaitement informé sur les faits essentiels. Le 1er octobre 1941, Froreich rencontra plusieurs militaires, entre autres des officiers de la Kommandantur de campagne 195. Il consigna ce qu'il y entendit : « On avait demandé aux Juifs de la ville de se retrouver dans un endroit déterminé, afin de faire l'objet d'un recensement statistique et d'être logés dans un camp. Il s'en présenta environ 34 000, femmes et enfants compris. Tous furent tués après avoir été forcés de se débarrasser de leurs objets de valeur et de leurs vêtements, ce qui prit plusieurs jours[96]. » En l'état actuel de nos connaissances, cette note est le seul témoignage écrit d'un membre de la Wehrmacht sur le massacre de Babi Yar. Ce fonctionnaire – vraisemblablement un juriste, bref, un « civil déguisé » – ne s'y connaissait-il pas suffisamment en commentaire militaire lorsqu'il coucha sur le papier ce qu'il avait entendu pendant sa tournée de service, fin septembre 1941 ? Les informations de Froreich se propagèrent en tout cas à la vitesse de l'éclair dans d'autres unités de la Wehrmacht – ce à quoi l'on pouvait s'attendre, compte tenu de la monstruosité de ces exécutions de masse.

Dès les premières journées d'octobre, plusieurs journalistes internationaux vinrent enquêter à Kiev. Plus tard dans le mois, la nouvelle était connue à Paris, parmi les officiers du commandement militaire allemand en France. Un officier muté du front de l'Est à Paris avait transmis des informations précises sur les exécutions en masse[97]. Et même le professeur Victor Klemperer, qui vivait à Dresde, reçut au début 1942 des informations sur les terribles événements qui s'étaient déroulés dans les faubourgs de Kiev. Un soldat de première classe, chauffeur auprès d'une unité de la police engagée à l'Est, avait relaté ce qui suit à Eva, l'épouse de Klemperer : « Épouvantables massacres de Juifs à Kiev. Enfants en bas âge, la tête fracassée contre le mur, hommes, femmes, adolescents abattus par milliers à la mitrailleuse, un monticule que l'on fait sauter, les corps enterrés sous la terre qui explose[98]. » Les récits concernant des exécutions de masse comme Babi Yar se multiplièrent à la vitesse du vent, notamment par le biais des permissionnaires et des mutés[99].

En 1943, après la défaite de Stalingrad, lorsqu'on commença à entrevoir la possibilité que la Wehrmacht soit peu à peu refoulée par l'Armée rouge, Berlin décida d'éliminer entièrement les preuves des crimes de masse. Au cours de l'été 1943, Himmler ordonna à Blobel d'effacer avant l'arrivée attendue de l'Armée rouge toutes les traces dans les parties occupées de l'Union soviétique. Blobel revint ainsi à Babi Yar avec le Sonderkommando 1005, spécialement constitué dans ce but. Ce commando comprenait plus de 300 prisonniers réquisitionnés dans un camp de concentration. Sous la surveillance de SS allemands, ils « déterrèrent » les cadavres – il y en avait, dit-on, entre 40 000 et 45 000 – et les firent brûler sur des bûchers composés de traverses de chemin de fer imbibées d'essence. Au bout de quatre semaines d'un travail classé « affaire secrète du Reich », on ne trouvait plus aucune trace des charniers. Il ne restait plus qu'à éliminer les personnes informées, c'est-à-dire les membres du commando chargé de l'exhumation. Les prisonniers devinèrent ce qui les attendait et tentèrent de fuir. Trois cents d'entre eux environ furent alors abattus, mais quelques-uns parvinrent à s'échapper et portèrent témoignage, après la guerre, des crémations auxquelles ils avaient assisté[100].

Les officiers de la Wehrmacht, soucieux de leur image, ont sans doute d'emblée veillé à ce qu'aucune information concernant le massacre de Babi Yar ne figure dans les journaux de guerre. Une occasion de « nettoyer » systématiquement les dossiers des unités et commandos concernés de la Wehrmacht se présenta en outre après la guerre. À cette date, les dossiers de la Wehrmacht confisqués par l'armée américaine ne servirent pas seulement à préparer l'acte d'accusation pour le procès des criminels de guerre à Nuremberg. On les rendit aussi accessibles aux officiers allemands prisonniers de guerre qui étaient employés au sein de l'Historical Division de l'armée américaine afin de rédiger des études sur la manière dont la Wehrmacht avait affronté l'Armée rouge. Le baron Leo Geyr von Schweppenburg, ancien général, a confirmé qu'il avait été tout à fait possible, dans ce cadre, « de faire disparaître tel ou tel document à charge qui aurait pu être utilisé au procès de Nuremberg. Selon lui, cela s'était même fait avec l'aide des Américains[101] ».

Parmi les accusés au procès des criminels de guerre à Nuremberg figurait le chef du Sonderkommando 4a, Paul Blobel. Il avait jadis fait des études universitaires et exercé la profession d'architecte indépendant. C'était donc l'un de ces intellectuels de la SS que Himmler utilisait de préférence comme chefs des Einsatzgruppen et des Einsatzkommandos – ils ne provenaient en aucun cas « des marges ou du tréfonds de la société allemande, mais plutôt de son centre et de son segment supérieur[102] ». Le tribunal militaire américain se montra impressionné par les biographies des meurtriers de masse de la SS : « Les accusés ne sont pas des sauvages incultes, incapables d'apprécier les valeurs supérieures de l'existence et de la vie. Chacun des hommes assis sur le banc des accusés a joui de l'avantage que constitue une formation élevée. Huit d'entre eux sont juristes, un autre professeur d'université, l'un d'eux est dentiste, un autre expert en art. L'un de ces hommes a été chanteur d'opéra jusqu'à son intervention en Russie. Un autre descend de Franz Schubert. C'est l'un des aspects remarquables de ce procès : la description d'atrocités monstrueuses s'est constamment tissée des titres universitaires des personnes désignées comme coupables[103]. » Quant aux meurtriers, ils se retranchèrent derrière les « ordres venus d'en haut », la situation de légitime défense, leur devoir de soldat. Les sentiments de culpabilité, de honte ou de remords leur étaient étrangers. Il faut pourtant bien comprendre qu'on se tromperait en pensant qu'ils ont perpétré les assassinats de Juifs à contrecœur : « La haine contre les Juifs était grande, c'était de la vengeance, et puis on voulait de l'argent et de l'or[104]. »

Le tribunal militaire reconnut Blobel coupable des chefs d'accusation I (crimes contre l'humanité), II (non-respect des lois et des usages de la guerre) et III (appartenance aux organisations criminelles de la SS et du SD) et le condamna à la mort par pendaison[105]. Blobel passa les années suivantes à la prison de Landsberg. Lui aussi introduisit un recours en grâce. Mais le haut commissaire McCloy estima que le dossier Blobel était l'un des rares cas dans lesquels, de son point de vue, « aucune grâce ne pouvait être accordée » et où il était donc impossible de commuer la peine de mort[106]. Ces cas étaient, outre celui de Blobel, ceux des SS-Führer Werner Braune, Erich Naumann et Otto Ohlendorf. Dans le cas de Blobel, John McCloy publia une nouvelle fois le résumé de ses crimes pour justifier sa décision de ne pas revenir sur la peine de mort : « Le tribunal militaire de Nuremberg l'a déclaré coupable d'avoir ordonné la mise à mort de 60 000 personnes, y compris les 33 000 Juifs assassinés lors des deux jours du tristement fameux massacre de Kiev, en septembre 1941, et l'a condamné à mort[107]. » Blobel fut pendu le 8 juin 1951 à Landsberg, avec les trois autres chefs de groupes d'intervention.

Dans les années 1960, la Zentrale Stelle der Landesjustizverwaltungen (« Office central des administrations des tribunaux de grande instance ») à Ludwigsburg ouvrit une vaste enquête préliminaire contre onze autres membres du Sonderkommando 4a. Au cours de ce que l'on a appelé le procès Callsen, devant le tribunal de grande instance de Darmstadt, huit des accusés furent déclarés, selon le verdict du 29 novembre 1968, coupables d'« assistance en réunion à un meurtre commis en réunion contre 33 771 personnes[108] », et condamnés à de longues peines de détention.

Le feld-maréchal von Reichenau avait perdu la vie dès 1942 à la suite d'une attaque cérébrale. Le général Eberhard mourut en 1948 à Stuttgart. Mais les autres officiers de la Wehrmacht, qui avaient participé, dans une fonction ou une autre, à la préparation, à la mise en œuvre ou à la dissimulation du massacre de Babi Yar, n'eurent pas non plus à répondre de leurs actes devant le tribunal. Les dessous de ce scandale ne sont toujours pas élucidés.

On peut toutefois déjà y discerner deux motifs, l'un politique, l'autre juridique. Le politique était lié au fait que l'on avait mis en place en Allemagne fédérale, en 1955, une nouvelle organisation militaire dont le personnel dirigeant était intégralement composé d'anciens officiers de la Wehrmacht. On ne voulait pas que de nouveaux procès contre des criminels de guerre gênent la mise en place de la Bundeswehr. Sur le plan juridique, un lobby d'anciens nationaux-socialistes, auquel appartenaient quelques députés au Bundestag et dont les relations allaient jusqu'au sein du ministère fédéral de la Justice, trouva un moyen de protéger les criminels nazis en utilisant l'instrument juridique de la prescription et certaines interprétations des accusations d'assassinat et de complicité d'assassinat[109]. Ce fut, provisoirement, la dernière étape dans le long processus d'effacement de presque toutes les traces qui auraient pu contribuer à une explication historique plus précise du crime de guerre allemand de Babi Yar.

La Wehrmacht et la SS dans la guerre de Russie

On sait depuis longtemps quels furent les effets pratiques de l'accord de coopération entre la Wehrmacht et la SS. Le fameux historien de la guerre mondiale Andreas Hillgruber les a décrits dès 1984 : « La collaboration de l'armée de terre et des Einsatzgruppen dans l'action contre les Juifs prit une forme concrète : immédiatement après l'entrée dans les localités occupées, les commandants de l'armée ordonnaient le repérage et l'enregistrement des Juifs à leur domicile. On l'annonçait à l'aide d'affiches en grand format, si bien que la Sicherheitspolizei et le SD n'avaient guère de mal à s'emparer d'eux, pour autant que des individus ou des groupes de Juifs – une fois qu'ils avaient été informés du destin qui les attendait – ne se réfugiaient pas dans les forêts ou dans une autre "clandestinité" [...]. Tout comme pour les Einsatzgruppen dans le secteur arrière de l'armée et de l'infanterie, il revenait aux Höhere SS- und Polizeiführer (HSSPF), dans les territoires soviétiques confiés à l'administration civile allemande, de pratiquer la mise à mort systématique des Juifs – entre autres missions[110]. »

La division des tâches entre la Wehrmacht et la SS se prolongea, sur le principe, pendant toute la guerre ; en pratique, leur collaboration devint de plus en plus étroite. Dans le cadre de la guerre d'extermination – qu'Omer Bartov a étudiée de manière exemplaire[111] – où l'on employa des moyens barbares, les membres de la SS et de la Wehrmacht considéraient que la ligne de séparation institutionnelle était plutôt artificielle. On le mesure dans le récit du général de division Hans Leykauf, chargé des missions d'équipement en Ukraine occupée[112]. Le 2 décembre 1941, dans un rapport à ses supérieurs de l'OKW, il faisait le point sur ce qu'il avait vécu en relation avec l'« organisation de la question juive en Ukraine » au cours du semestre précédent. Sur l'exécution programmée des Juifs par des formations de la police chargée de l'ordre, il tint les propos suivants : « Elle se déroulait de manière tout à fait publique, faisait appel à la milice ukrainienne, mais aussi, fréquemment hélas, à la participation volontaire de membres de la Wehrmacht[113]. » Leykauf connaissait aussi l'ampleur des assassinats de Juifs : « Compte tenu du caractère massif des exécutions, l'opération est plus gigantesque qu'aucune des mesures appliquées jusqu'ici en Union soviétique. Au total, ce sont environ 150 000 à 200 000 Juifs qui pourraient [avoir été] exécutés dans la partie de l'Ukraine relevant du commandement du Reich [...][114]. »

Le spécialiste de l'intendance militaire qu'était Leykauf se plaignait ensuite que cette « solution de la question juive » passant par le meurtre signifiait certes l'« élimination de bouches inutiles », mais présentait aussi des inconvénients sur le plan économique. Dans une formule qui associait étroitement la Wehrmacht et les formations de la SS, il écrivit à son supérieur : « Si nous abattons les Juifs, si nous laissons mourir les prisonniers de guerre, si nous livrons une partie considérable de la population des grandes villes à la famine et si la faim nous fait aussi perdre l'an prochain une partie de la population rurale, une question reste sans réponse : qui doit au juste, ici, produire les biens économiques[115]. » L'assassinat des Juifs en Ukraine fut certes perpétré en majorité par les Einsatzgruppen et par les unités de police de la SS, mais on aura noté que l'officier de la Wehrmacht qu'était Leykauf utilisait cependant – à juste titre – la première personne du pluriel : « nous », conquérants et occupants allemands, Wehrmacht et SS, sommes responsables des assassinats de Juifs, de l'agonie massive des prisonniers de guerre et de la mort par famine d'innombrables civils ukrainiens.

Lorsque Raul Hilberg s'exprima sur la question de « la Wehrmacht et l'extermination des Juifs », lui non plus n'insista pas sur quelques cas spectaculaires, mais sur le fait que la Wehrmacht avait aussi participé, « comme n'importe quel autre appareil de pouvoir sous le IIIe Reich, au processus de l'extermination des Juifs [...]. L'implication de la Wehrmacht dans l'extermination des Juifs européens s'est déroulée au cœur des événements liés à la guerre et souvent au nom de la guerre. Il fut facile de stigmatiser collectivement les Juifs, présentés comme des adversaires du IIIe Reich et comme un péril pour l'armée de terre[116] ».

La guerre contre les partisans servit elle aussi largement de prétexte à l'assassinat des Juifs. Dans deux études de cas sur l'occupation allemande en Biélorussie, l'historien Hannes Heer a décrypté ce qui se dissimulait derrière une formulation utilisée à l'époque, le « nettoyage en rase campagne » : l'assassinat de Juifs avec la participation active de la Wehrmacht[117]. En octobre et novembre 1941, les premiers grands massacres dans un ghetto eurent ainsi lieu sous les ordres du général de brigade von Bechtolsheim, commandant de la Wehrmacht pour le Commissariat général de Ruthénie blanche (la Biélorussie, dont la capitale était Minsk).

Dans le secteur arrière de l'armée de terre, ce que l'on a appelé les divisions de sécurisation de l'armée de terre ont, sous prétexte de lutte contre les partisans, assassiné d'innombrables civils et incendié des localités russes, ce que l'on camouflait dans les documents de la Wehrmacht sous l'intitulé de « destruction des nids de partisans, des camps de partisans, des bunkers de partisans[118] ». Il est vrai que Staline, le 3 juillet 1941, avait appelé à « déclencher la guerre des partisans » derrière les lignes allemandes[119], mais le mouvement des partisans ne put se déployer pleinement qu'avec un retard considérable – à partir de 1943. Ce qui se déroula réellement au cours de la première phase de l'occupation, en 1941-1942, sous le couvert de lutte contre les partisans, apparaît notamment dans les communiqués des commandants de la Wehrmacht. On peut y lire que, dans ces prétendus combats contre les partisans, ce sont en règle générale cent « partisans » russes qui perdaient la vie pour chaque soldat allemand mort. Face à cette disproportion, qui exige une explication, Heer emploie l'expression imagée de « lutte contre les partisans sans partisans[120] ».

Le principal groupe de victimes fut en l'occurrence la population juive, ce que la formule « Juif = partisan » dissimulait à peine. Les journaux de guerre des divisions d'infanterie qui y furent engagées en apportent les preuves. Raul Hilberg le confirme quant à lui en ces termes : « Les* soupçonner d'aider les partisans était presque déjà devenu un automatisme, notamment en “rase campagne”. Même les prisonniers de guerre russes faits au sein de l'Armée rouge, des hommes sans aucune

* Les Juifs *(NdA)*.

défense, étaient transmis sans le moindre problème à la SS et à la police pour "traitement spécial[121]". »

Les critiques de l'exposition « Guerre d'extermination. Les crimes de la Wehrmacht de 1941 à 1944 » se sont offusqués de la formule « un combat contre les partisans sans partisans » et, en s'appuyant sur celle-ci, ont remis en doute, d'une manière générale, l'idée que la Wehrmacht avait mené, sous le couvert de lutte contre les partisans, une guerre contraire au droit international visant la population civile biélorusse – puisque c'est d'elle qu'il est question ici. Par la suite, cette thématique a donc fait l'objet de nouvelles recherches détaillées, notamment au regard des termes des Règles de la guerre terrestre de La Haye (RGT). La commission d'experts a conclu qu'il ne fait aucun doute que la direction allemande, avec l'approbation de la hiérarchie de la Wehrmacht, avait « décidé, plusieurs mois déjà avant l'attaque, qu'il ne faudrait tenir compte en aucune manière du droit international, y compris des RGT[122] ».

La décimation de la population russe fut elle aussi programmée avant l'attaque contre l'Union soviétique. Pour pouvoir imposer cet objectif au sein de la Wehrmacht, on chercha des justifications défendables. Sur ce point, les mêmes experts ont tiré la conclusion suivante : « L'exploitation des ressources alimentaires soviétiques, dont la Wehrmacht a participé à la planification et dans laquelle elle porte une part de responsabilité, a entraîné la mort par famine de "plusieurs millions" de citoyens soviétiques. [...] Compte tenu des conséquences prévisibles de cette politique, la direction de la Wehrmacht et celle de l'armée de terre ne s'attendaient pas seulement à l'émergence d'un mouvement de partisans communistes, mais aussi à des émeutes de la faim au sein de la population. Le "décret sur la juridiction de guerre" du 13 mai 1941 en tenait compte en autorisant globalement les exécutions. On ne devait pas seulement exécuter des partisans répondant à la définition des RGT, mais aussi des “éléments suspects” et des “agresseurs” de toute nature – en sachant que la direction de l’armée de terre considérait déjà la simple distribution de tracts et le refus d’obéir aux ordres allemands comme des “agressions[123]”. »

On comprend, dans ce contexte, pourquoi la Wehrmacht mena dès l’année 1941 une « guerre des partisans », bien qu’à cette date ces derniers n’aient encore présenté aucune espèce de risque sérieux. La démarche allemande sema l’angoisse et la terreur, et provoqua un mouvement de fuite vers les forêts des soldats de l’Armée rouge dont les unités avaient été dispersées, mais pas la création d’un mouvement de partisans organisé. Les gens qui, poussés par la politique de famine allemande, battaient la campagne à la recherche de vivres, étaient exécutés comme « vagabonds », d’autres en tant qu’« auxiliaires des partisans ». Sur l’ampleur de ces exécutions, la commission constate que, dans le secteur arrière de l’armée de terre, entre juin 1941 et mai 1942, ce sont 80 000 partisans et « partisans présumés » qui ont été liquidés, alors que l’armée allemande enregistrait 1 094 pertes[124]. Cette disproportion justifie tout à fait que l’on parle d’une guerre violant le droit international, dirigée contre la population civile – en l’occurrence, la population biélorusse. Cela étant dit, il faut constater que les soldats allemands avaient souvent le sentiment subjectif d’être menacés par des partisans. Citons encore une fois l’avis de la commission sur ce point : « Avant la guerre contre l’Union soviétique, la direction allemande a attisé, de manière tout à fait consciente, la peur des partisans, notamment parce que cela semblait constituer une garantie d’exécution radicale des mesures réclamées. Hitler lui-même avait déclaré, en comité restreint, que la guerre des partisans avait "aussi ses avantages" : "elle nous donne la possibilité d'éliminer ce qui nous barre le chemin[125]". »

Pourquoi a-t-on mis autant de temps pour comprendre ces liens ? Un courant critique de la recherche sur l'armée et l'histoire contemporaine a d'abord découvert que les instances dirigeantes de la Wehrmacht – notamment l'OKW et l'OKH – ont publié avant l'attaque contre l'Union soviétique une série d'ordres criminels dans lesquels on livrait – entre autres groupes d'ennemis – les Juifs à l'extermination. La recherche a d'autre part pu prouver qu'il existait, au plus haut niveau, des accords sur une coopération entre la SS et la Wehrmacht au terme desquels l'armée devait créer les conditions nécessaires à la mise en œuvre du travail d'extermination de la SS, à laquelle elle devait en outre apporter son soutien logistique. Des études spécifiques ont montré que les opérations meurtrières des organes de la SS, loin d'être restées secrètes, s'étaient déroulées au vu et au su de tous – au moins en 1941-1942. Les soldats de la Wehrmacht en furent spectateurs, badauds, photographes, parfois aussi tireurs et assassins. Un travail habile de distorsion et d'instrumentalisation des termes militaires courants permit aux commandants régionaux de la Wehrmacht de transformer les membres de la troupe en acteurs de la Shoah. En Serbie, les « exécutions d'otages » étaient en réalité des assassinats de Juifs ; en Biélorussie et ailleurs, la « lutte contre les bandes » et le « combat contre les partisans » avaient le même objectif. Certes, la pratique de l'assassinat fonctionnait de manière tout à fait différente dans les différentes régions mais, partout, la Wehrmacht apporta sa collaboration active.

L'antisémitisme, une obligation de service

L'antisémitisme prôné par le pouvoir et la politique d'extermination des Juifs européens menée par le régime ne suscitèrent pratiquement aucune opposition sérieuse et d'envergure parmi les officiers de la Wehrmacht, y compris lorsque la pratique des assassinats par les Einsatzgruppen de la SS fut connue de tous et fut devenue un objet de discussions fréquentes entre officiers des différentes unités, ce qui est attesté dans le cas du groupe d'armées Centre[126]. Bien entendu, il a fallu attendre le 20 juillet 1944 pour savoir que quelques officiers issus de ce groupe d'armées, motivés par les assassinats de Juifs, avaient choisi la voie de la résistance. Leurs réflexions ne peuvent donc pas non plus avoir incité le haut commandement de la Wehrmacht, en octobre 1942, à élever un antisémitisme radical au rang d'obligation de service pour les militaires.

Quelques cas isolés et peu spectaculaires firent comprendre à la direction de la Wehrmacht que l'attitude antisémite de certains de ses officiers laissait encore à désirer[127]. Un commandant de régiment engagé sur le front de l'Est avait par exemple échangé pendant des années des lettres d'anniversaire avec un Juif, ancien condisciple et ami de jeunesse. Il avait même tenté, une fois, de faire transmettre à son ami juif une lettre sans mention d'expéditeur par le biais d'un officier placé sous ses ordres qui partait en permission. Un autre officier s'était montré à plusieurs reprises, dans une ville allemande, avec un Juif qui « avait certes été officier pendant la [Première] Guerre mondiale, mais était désormais caractérisé comme Juif, y compris extérieurement, par le port de l'étoile jaune ». À une époque où la pratique de l'extermination battait déjà son plein, la direction de la Wehrmacht, qui ne jurait que par Hitler, estima qu'elle ne pouvait pas même accepter des cas aussi anodins que ceux-là. Les comportements que nous venons de décrire valurent aux deux officiers en question d'être limogés de l'armée.

Le chef du bureau du personnel de l'armée de terre, Rudolf Schmundt, à l'époque colonel et futur général d'infanterie, évoqua ces deux cas dans son service et les prit comme prétexte pour « rappeler une fois encore sans ambiguïté la position de l'officier à l'égard du judaïsme ». Le 31 octobre 1943, il publia une directive interne dans laquelle il exigeait des officiers une attitude clairement antisémite :

« Chaque officier doit être imprégné de l'idée que c'est en premier lieu l'influence du judaïsme qui conteste au peuple allemand son droit à l'espace vital et à sa reconnaissance dans le monde, et qui force pour la deuxième fois notre peuple à s'imposer, au prix du sang des meilleurs de ses fils, face à un monde peuplé d'ennemis. L'officier doit donc adopter sur la question juive une attitude sans ambiguïté et sans la moindre compromission. Il n'existe pas de différence entre les Juifs prétendument honnêtes et les autres. On ne peut pas plus tenir compte des relations, de quelque nature que ce soit, remontant à une époque où la connaissance du péril engendré par le judaïsme n'était pas encore entrée dans le patrimoine général du peuple allemand. Il ne peut donc exister aucune espèce de lien, aussi informel soit-il, entre un officier et un membre de la race juive. Le rude combat mené actuellement contre l'ennemi judéo-bolchevique mondial montre avec une singulière clarté le véritable visage du judaïsme. L'officier doit donc, par conviction personnelle, rejeter le judaïsme et toute relation avec lui. Quiconque fait un écart à cette attitude sans compromis adopte un comportement intolérable. Les officiers subalternes doivent être formés de manière adéquate[128]. »

Schmundt comptait, avec les généraux von Blomberg, Keitel, Jodl, Reichenau et Bergdorf, au nombre des nationalistes convaincus dans le corps des officiers généraux de l'armée de terre. Depuis le début 1939, il était employé à l'OKW comme premier aide de camp de la Wehrmacht auprès de Hitler. À partir du 1er octobre 1942, il occupa en outre l'influente position de chef du personnel de l'armée de terre. On décrit Schmundt comme l'« instrument docile de Hitler[129] ». Sa directive exprimait la vision d'un combattant idéologique imprégné de racisme. Selon ce texte, tout officier qui s'éloignait de la position de l'antisémitisme radical, de quelque manière que ce soit, commettait une faute de service. Le terme « intolérable » indiquait sans ambiguïté qu'un officier qui se rendait coupable d'un comportement semblable aux deux cas cités ci-dessus pouvait être relevé de ses fonctions et limogé.

Le mythe d'une marine « innocente »

Après la Seconde Guerre mondiale, la marine de guerre allemande est parvenue, plus efficacement encore que l'armée de terre, à se laver de tout soupçon de responsabilité dans la Shoah. En réalité, des unités de la marine participèrent elles aussi aux assassinats de Juifs[130] et des officiers de marine de premier plan eurent une attitude clairement antisémite.

Le commandant en chef de la marine de guerre, le grand amiral Erich Raeder, revendiqua le mérite d'avoir placé la marine, avant même le 30 janvier 1933, sur une ligne nationale-socialiste[131]. Selon une déposition faite en 1945 par le chef de l'armée de l'air de l'Atlantique, le général d'aviation Ulrich Kessler, Raeder défendait une position résolument antisémite. Dès le premier semestre 1933, il aurait affirmé à Kessler qu'il ne devait pas considérer les Juifs avec « indifférence », mais les « haïr »[132].

Le successeur de Raeder, le contre-amiral Karl Dönitz, était « un nazi exemplaire et un antisémite convaincu[133] ». C'est notamment pour cette raison que Hitler en fit, ultérieurement, son successeur potentiel. Dans un discours diffusé à la radio pour la journée de commémoration des héros, le 12 mars 1944, il parla du « poison désagrégateur du judaïsme[134] ». Dans un autre discours de 1944, l'amiral déclara : « Je préférerais bouffer de la terre plutôt que de voir mes petits-enfants éduqués et empoisonnés par l'esprit et la saleté juifs[135]. » À sa décharge, Dönitz fit valoir ultérieurement qu'il avait continué à employer quelques officiers de marine – par exemple le capitaine de corvette Schmidt di Simoni – qui tombaient sous le coup des Lois de Nuremberg, et leur avait ainsi évité le camp de concentration[136].

La critique des officiers de la Wehrmacht contre le manque d'antisémitisme des Italiens

Entre 1941 et 1943, des conflits notables éclatèrent entre officiers allemands et italiens, ceux-ci n'étant pas disposés à prêter main forte à l'antisémitisme meurtrier des Allemands. Il est vrai qu'on avait aussi promulgué en 1938 en Italie des lois raciales qui faisaient des habitants juifs de ce pays des citoyens de deuxième classe ; mais elles furent atténuées par l'humanité dont firent preuve de larges parties de la population italienne. Personne, en Italie, ne songeait à éliminer physiquement les Juifs[137]. En tout cas, les officiers des forces armées italiennes rejetaient totalement les idées raciales des Allemands, et exerçaient une résistance active contre la persécution des Juifs[138].

Dans les parties de la Yougoslavie et de la Grèce occupées par l'Italie, les relations avec les Juifs créèrent ainsi des conflits insurmontables. Alors que les Allemands lancèrent la persécution des Juifs immédiatement après l'invasion de la Grèce par la Wehrmacht, en avril 1941 – les déportations ne commencèrent qu'en mars 1943 –, les Italiens prirent des mesures pour protéger les Juifs. À Salonique, par exemple, le consulat général italien accorda largement aux Juifs locaux la citoyenneté italienne, les sauvant ainsi des griffes de l'allié allemand[139]. Dans la ville de Tripoli, en Libye, des membres de la Wehrmacht constatèrent avec répugnance début 1942 que des employés d'administration italiens protégeaient les quelque 16 000 habitants juifs et les laissaient librement vaquer à leurs activités professionnelles. Quelques fonctionnaires italiens estimèrent que les Juifs libyens étaient en soi des « types honnêtes ». Lorsqu'ils firent comprendre, par leur comportement, qu'ils ne faisaient aucune différence entre les Italiens et les Juifs, ils se heurtèrent à la totale incompréhension des Allemands[140]. Les officiers de la Wehrmacht firent pression sur leurs alliés italiens pour qu'ils empêchent la fuite des Juifs grecs dans la zone d'occupation italienne et qu'ils introduisent – sur le modèle allemand – l'obligation de porter l'étoile jaune. Là encore, ils se heurtèrent à un refus des Italiens[141].

Début 1943, le commandant de la Wehrmacht pour la zone Sud-Est, le général de corps d'armée Alexander Löhr, commandant en chef des forces italiennes en Grèce (d'avril 1941 à mai 1943), tenta de convaincre le général de corps d'armée Carlo Gesolo de traiter les Juifs grecs selon le modèle allemand. Le général italien refusa[142]. Löhr critiqua alors la politique italienne, qu'il qualifia de politique faiblarde visant à se faire bien voir : « Manifestement, leur compassion humaine, leur manque de dureté et leur trop grande propension à négocier étaient à ses yeux des qualités qui empêchaient les Italiens de devenir un véritable peuple de seigneurs[143]. »

Dans la partie croate de la Yougoslavie occupée, les habitants juifs cherchèrent et trouvèrent une protection auprès des forces armées italiennes. Lorsque le gouvernement allemand réclama qu'on lui livre les Juifs, le gouvernement italien en fit une affaire d'honneur et refusa. Le général de division allemand Edmund Glaise von Horstenau informa en août 1941 Berlin que les Juifs bénéficiaient même d'un traitement de faveur dans les territoires occupés par l'Italie. À Dubrovnik, des officiers italiens allèrent jusqu'à se montrer en compagnie de femmes juives ; d'une manière générale, ils n'avaient aucune gêne à entretenir des relations avec les Juifs. Selon la rumeur, ils avaient fait sortir environ cinq cents Juifs de Sarajevo pour les acheminer vers Dubrovnik et leur avaient remis de faux passeports[144].

Le chef d'état-major de la division d'infanterie italienne « Murge », stationnée à Mostar, refusa d'intervenir contre les Juifs censés mener dans la ville une activité séditieuse ; il expliqua que les mesures spécifiques contre les citoyens juifs étaient incompatibles avec l'honneur de l'armée italienne[145].

Agacés par le comportement bienveillant des officiers italiens, les généraux Löhr et von Horstenau rencontrèrent en octobre 1942, à Zagreb, le SA-Obergruppenführer Siegfried Kasche, puis ils prirent contact avec Hitler et exprimèrent de sérieuses récriminations contre les autorités militaires italiennes locales. On lisait dans leur compte rendu : « La mise en œuvre des lois sur les Juifs dans l'État croate est bloquée par les postes italiens dans la mesure où dans la zone côtière, notamment à Mostar, Dubrovnik et Crikvenika, de nombreux Juifs sont placés sous protection militaire italienne, tandis que d'autres sont acheminés, après avoir franchi la frontière, vers la Dalmatie italienne et l'Italie. Les Juifs trouvent ainsi une aide qui leur permet de continuer à travailler contre l'État, et donc contre nos buts de guerre communs[146]. »

Un peu plus tard, le 13 décembre 1942, le ministre de la Propagande, Goebbels, résuma en ces termes dans son *Journal* les différences fondamentales entre Italiens et Allemands en ce qui concernait les opinions et le comportement envers les personnes de confession juive : « D'une manière générale, les Italiens font preuve d'une extrême mollesse dans le traitement de la question juive. Ils prennent les Juifs sous leur protection, aussi bien à Tunis qu'en France occupée, et ne tolèrent pas qu'on les utilise pour le travail ou qu'on les force à porter l'étoile jaune. On peut voir ici une fois de plus que le fascisme n'ose pas vraiment aller en profondeur, qu'il reste à la surface des problèmes les plus importants. D'une manière générale, la question juive nous donne énormément de mal. Partout les Juifs trouvent encore des auxiliaires, y compris chez nos alliés, preuve du fait qu'ils continuent à jouer un rôle significatif, même dans le camp de l'Axe[147]. »

Reste à souligner que les troupes de la Wehrmacht, sous le commandement des généraux Böhme, Horstenau et Löhr, originaires d'Autriche, assassinèrent systématiquement les Juifs serbes de sexe masculin dans la Serbie voisine à partir de l'été 1941 – sans que des Italiens ne les en empêchent en aucune manière. Ils le firent d'abord de leur propre chef. À partir de la fin 1941, ce furent les unités de la SS qui assassinèrent les femmes et les enfants de Serbie[148].

Les officiers de la Wehrmacht réagirent à l'attitude rétive des Italiens non seulement par l'incompréhension et la mauvaise humeur, mais aussi par une haine croissante. Celle-ci se déchaînerait ensuite très concrètement contre les soldats italiens lorsque l'Italie serait sortie de la guerre, à l'automne. Les Italiens devinrent à leur tour des êtres inférieurs pour des officiers qui se considéraient comme des « seigneurs ». Aussi furent-ils traités d'une manière qui, en ce qui concerne le mépris de l'être humain, n'avait presque rien à envier à celle que l'on réservait aux Juifs ou aux prisonniers de guerre de l'Armée rouge. Entre la sortie de guerre de l'Italie en 1943 et la fin de la guerre en 1945, quelque 46 000 Italiens furent tués par les Allemands, dont de nombreux soldats, et environ 7 000 Juifs italiens[149].

4

Généraux et premières classes

Une élite fascinée par la guerre

Lorsqu'on tente de comprendre, au-delà de ce qui a été dit jusqu'ici, pourquoi il a existé entre Hitler et l'élite militaire allemande une identité partielle mais non négligeable des centres d'intérêt et des conceptions, il est utile de se pencher sur les idées que les uns et les autres se faisaient du rôle de la guerre et de la violence. Hitler et les chefs nationaux-socialistes, d'un côté, les représentants de l'élite militaire germano-prussienne, de l'autre, étaient tous captifs de la croyance selon laquelle les grandes questions politiques seraient toujours, au bout du compte, résolues par la guerre et la violence. On peut, sur ce point, parler d'un socle commun de convictions militaristes. Dans cette idéologie, la défense du pays jouait dans le meilleur des cas le rôle d'une affirmation protectrice à bon compte. En réalité, l'expansion par la guerre était tout naturellement intégrée à cette pensée, et le but de guerre – grande puissance allemande, puissance hégémonique européenne, « Reich germanique panallemand », ou même puissance mondiale – était, dans le contexte de ce type de pensée belliciste, jaugé à l'aune exclusive de la faisabilité militaire.

On peut objecter que la pensée guerrière fait en quelque sorte partie de l'esprit professionnel des militaires et qu'elle n'a donc rien d'étonnant. À cet argument, il faudrait répondre que la Wehrmacht, au cours de la Seconde Guerre mondiale, s'est révélée être le « grand porteur de malheur[1] » pour les peuples de l'Europe, ne serait-ce qu'en raison de ses guerres agressives et de ses campagnes de conquête. Compte tenu de leur modèle de pensée forgé par l'Histoire, les militaires ne pouvaient pas exercer une critique fondamentale de la politique de conquête hitlérienne, tout au plus – ce qui se produisit du reste assez souvent – une critique de spécialistes militaires contre les temps de préparation insuffisants accordés pour certains projets de campagne.

Dans le domaine de la politique étrangère, la réflexion des officiers prussiens était imprégnée du dogme selon lequel les confrontations guerrières entre les États représentaient à la fois une habitude historique et une pratique normale. Alternativement ou simultanément, on invoquait Dieu, l'Histoire et la nature à l'appui de ce point de vue. L'armée devait se préparer à soutenir de temps en temps des conflits militaires, sans se poser beaucoup de questions sur la distinction politique entre l'attaque et la défense.

L'action menée en politique intérieure et extérieure suivait ce principe : dès lors que les forces qui soutenaient le IIe Reich souhaitaient que l'État prenne la forme d'un État militaire dont le but était la victoire, l'État germano-prussien était tenté de ne pas laisser la politique extérieure aux civils et aux diplomates. Cela passait notamment par le biais de points de situation rédigés à dessein d'empêcher les solutions pacifiques des conflits et d'encourager les solutions militaires. L'Allemagne atteignit le sommet de cette ingérence directe à l'époque de la 3e direction suprême de l'armée (OHL), sous l'égide de Hindenburg et de Ludendorff (1916-1918).

Comme les militaires reprirent eux-mêmes, dans cette phase, les principaux leviers du pouvoir, on a parlé, à fort juste titre, d'une dictature militaire, forme la plus extrême qu'ait atteinte, à cette date, le militarisme germano-prussien.

L'élément central de tout l'édifice intellectuel militariste était le rôle positif de la violence dans l'Histoire, idée dont les adeptes ne se recrutèrent d'ailleurs pas uniquement chez les nationalistes, mais aussi chez Marx, Engels et d'autres représentants du premier mouvement ouvrier en Allemagne[2]. Bismarck avait jadis caractérisé ce modèle de pensée en employant l'expression « sang et fer ». Le pédagogue pacifiste Friedrich Wilhelm Foerster utilisait pour définir cet univers intellectuel centré sur un État fort et militariste le terme très exact de « foi en l'épée[3] », qui rencontra un grand écho dans le mouvement pacifiste de l'époque. Foerster parlait aussi de l'« esprit de violence prussien », de « folie militariste et nationaliste », de « vice de guerre », de « mode de pensée militariste » et de l'« adulation générale de la puissance »[4] répandue en Allemagne, un trait qu'il considérait comme une sorte de maladie nationale. Foerster, mais aussi le baron Paul von Schoenaich, Franz Carl Endres et d'autres officiers pacifistes considéraient que le militarisme était avant tout « une question liée à l'état intellectuel[5] » du pays.

Nous avons effectivement affaire ici au noyau idéologique du militarisme germano-prussien. Sa continuité, en dépit des alternances des formes politiques, est aussi frappante qu'effrayante. Il suffit pour s'en convaincre de lire, par exemple, les déclarations faites par le feld-maréchal prussien Helmuth von Moltke en 1875, les propos tenus en 1875 par le général, homme politique et « républicain de raison » qu'était Wilhelm Groener, les thèses du chef de la direction de l'armée de terre au sein de la Reichswehr, sous la République de Weimar, le général Hans von Seeckt, en 1919, ou encore celles défendues en 1938 par le général de corps d'armée Ludwig Beck, pourtant relativement critique à l'égard de Hitler.

« La paix est un rêve, et même pas un beau rêve »

Le comte Helmuth von Moltke (1800-1891), général feld-maréchal, exerça de 1858 à 1888 les fonctions de chef de l'état-major de l'armée prussienne. Dans ce rôle, il dirigea avec succès, pour le compte des Prussiens, les guerres d'unification du Reich. En 1880, dans une lettre au professeur de droit politique Johann Kaspar Bluntschli, Moltke décrivit la place qui revenait selon lui à la guerre dans le monde. Il le fit en une phrase qu'on a souvent citée depuis et qui a fini par devenir proverbiale : « La paix est un rêve, et même pas un beau rêve ; la guerre est un maillon de l'ordre mondial de Dieu. En elle se déploient les plus nobles vertus de l'être humain, le courage et le renoncement, le respect du devoir et l'esprit du sacrifice au prix de sa vie. Sans la guerre, le monde s'enliserait dans le matérialisme[6]. »

Moltke avait sans doute une pensée plus diverse et plus flexible que d'autres généraux prussiens, et sa culture étendue en faisait peut-être un phénomène à part dans ce milieu. Il n'en reste pas moins que sa vision de la guerre, considérée comme un élément de l'ordre divin mondial, était une idée répandue parmi les officiers de son époque. Dans la même lettre, Moltke parlait aussi d'une guerre totale qu'il faudrait mener avec les moyens de son temps, et que l'on présenterait ainsi comme un « combat pour l'existence[7] ».

D'autres pouvaient donc tranquillement faire le rêve de la paix. Eux, les officiers, habitués à ce qu'ils considéraient eux-mêmes comme une pensée de « realpolitik » fondée sur les catégories du pouvoir et de la guerre, vivaient dans un univers intellectuel fondamentalement différent. Il était « beau » dans la mesure où les officiers pouvaient y gagner honneur, gloire et prestige, alors que la paix leur refusait ces avantages statutaires.

C'est dans le contexte d'une telle compréhension de la « realpolitik » qu'il faut interpréter l'attitude moqueuse des politiciens de l'État fort, sous l'ère wilhelmienne, à l'égard des pacifistes. Ils considéraient le pacifisme comme un mélange « de bêtise, de lâcheté et de trahison de la patrie[8] ». Dans le meilleur des cas, les pacifistes étaient pour eux des idéalistes coupés des réalités de ce monde. Mais ils risquaient de devenir de dangereux délirants s'ils se proposaient, avec leurs idées absurdes, de remettre en question et d'affaiblir l'État national fort, et avec lui le fondement idéologique et matériel de l'existence du corps des officiers.

L'idéologie du chef d'état-major était généralement partagée par les soldats du IIe Reich. C'est ce dont témoignent par exemple les considérations auxquelles se livrait à l'époque l'étudiant et lieutenant de réserve August Mackensen, le futur feld-maréchal prussien. Lorsqu'on l'interrogeait sur les causes de la guerre, il avait une réponse d'une simplicité désarmante : « Tant que les gamins se rosseront, les peuples se battront eux aussi[9]. » On peut également considérer comme tout à fait typique de l'époque un passage d'une lettre que Mackensen écrivit à sa mère quelques années après la guerre franco-allemande de 1870-1871. Il lui révélait qu'il espérait « secrètement » ne pas voir s'ouvrir à nouveau une période de cinquante années de paix, et qu'il lui soit au contraire encore une fois donné de voir « fleurir cette belle époque ». Comme beaucoup de ses contemporains, il pensait que la guerre purifiait les êtres humains et les préservait de l'amollissement, raison pour laquelle il fallait la considérer comme une nécessité d'un point de vue « moral »[10].

La « pensée virile » de von Seeckt

En 1920, le général Hans von Seeckt fut nommé à la tête de la Reichswehr, avec le titre officiel de « chef de la direction de l'armée de terre ». Il en demeura la tête politique et militaire jusqu'à son limogeage en 1926. Après la mort de Friedrich Ebert, il envisagea en 1925 de présenter sa candidature à la présidence du Reich, mais ne voulut pas concourir à ce poste contre Paul von Hindenburg, feld-maréchal de la Première Guerre mondiale et légendaire héros de guerre.

Au cours de la première phase de la République de Weimar, von Seeckt s'adressa aux officiers d'état-major de la Reichswehr provisoire[11]. Il voulait leur expliquer sa vision des événements de l'époque et les missions futures qui en résultaient pour l'élite militaire. Le texte commence par quelques remarques sceptiques sur le traité de Versailles, la Société des Nations et son objectif, « mener à la paix internationale par le désarmement général » : « Ma formation historique personnelle, écrit Seeckt, m'empêche de voir plus qu'un rêve dans l'idée de la paix éternelle – même en donnant à celle-ci le titre de "beau rêve", pour reprendre l'expression de Moltke. » Lui, Seeckt, ne voulait en tout cas pas miser sur la protection de la Société des Nations et donc sur l'aide de tiers. Dans l'ère nouvelle, deux dictons allemands gardaient au contraire toute leur validité : « Agis par toi-même » et « Sans défense-sans honneur ».

Il était certes impossible de contourner les restrictions que le traité de Versailles imposait dans le domaine de l'armement, mais – c'était l'argumentation utilisée par le général dans la droite ligne de la « foi en l'épée » – aucun traité de paix ne pouvait selon lui interdire la « pensée virile » et la « préparation à la défense » intellectuelle. Si nous citons mot pour mot le passage suivant, c'est qu'il célèbre en quelque sorte comme un pilier de l'État le guerrier qui a compris que la paix était un danger : « Jamais l'officier allemand, et tout particulièrement l'officier d'état-major général, n'a été un soudard, un aventurier ou un va-t-en-guerre. Et il n'a pas à l'être non plus aujourd'hui ; mais le souvenir des grands actes guerriers des armes allemandes doit rester vivant en lui. Son devoir sacré est de l'entretenir dans son esprit et au sein du peuple. Alors, ni lui ni, avec lui, le peuple ne sombreront dans des rêveries amollissantes autour de la paix : ils resteront conscients que seule la valeur intrinsèque de l'homme et de la Nation compte lorsqu'il s'agit de la décision capitale. Si le destin appelle de nouveau le peuple allemand aux armes – et ce jour reviendra inéluctablement –, il ne doit pas trouver un peuple de faiblards, mais un peuple d'hommes qui saisissent avec énergie une arme dont ils seront vite devenus familiers. Peu importe la forme de cette arme, pourvu qu'elle soit tenue par des mains d'acier et un cœur de fer. Faisons tout ce que nous pouvons pour que ce jour futur trouve l'un et l'autre, travaillons inlassablement à rendre notre esprit, notre corps et ceux de nos compagnons du peuple capables de se défendre. » Chaque officier d'état-major général avait selon lui le devoir de faire de la Reichswehr « non seulement un pilier fiable de l'État, mais aussi une école d'éducateurs et de meneurs du peuple. Au-delà du cadre de l'armée, il sèmera la graine de la pensée virile dans tous les milieux[12] ».

Bref, il s'agissait de polémiquer contre les « rêveries amollissantes autour de la paix », que seul pouvait produire un « peuple de faiblards ». De prendre conscience de sa propre force militaire : seule celle-ci compterait dans la guerre de l'avenir, envoyée par le destin. Et l'officier d'état-major général devait être un éducateur et un guide (*Führer*) de la nation.

C'est Seeckt qui utilisa la contrainte de réduire le personnel de la Reichswehr pour améliorer les performances du militaire de carrière. Sa troupe d'élite était très largement composée des descendants les plus intelligents des familles d'officiers nobles. Juifs, communistes, sociaux-démocrates et autres démocrates déterminés n'avaient pas leur place au sein de la Reichswehr de la République[13]. Après tout, rien n'aurait garanti qu'ils s'adonnent sans réserve à la « foi en l'épée » traditionnelle. En 1923, Seeckt, dans un mémoire adressé au chancelier du Reich, Joseph Wirth, et à d'autres politiciens allemands de premier plan[14], se plaignit donc du fait que le peuple allemand, « dans sa majorité socialiste », répugnait à soutenir une politique active « qui d[eva]it forcément compter avec les possibilités de guerre ». Le stupide slogan « plus jamais la guerre » rencontrait encore, selon lui, un assez large écho. Ce dont on avait besoin, au contraire, c'était (que l'on note bien les mots) un guide politique [*ein politischer Führer*] que le peuple, en dépit de son besoin profond et explicable de paix, suivrait dans le futur « combat pour son existence[15] ». Concrètement, Seeckt réclamait une politique antifrançaise et antipolonaise active, et une coopération militaire avec la Russie.

Au cours de l'ère Seeckt, on contourna de multiples manières les conditions fixées pour la paix, afin de préparer la construction de l'armée de l'avenir. Le chef de la direction de l'armée de terre ne s'arrêtait nullement, en l'espèce, aux exigences de la défense nationale. Il pensait plutôt – dans la tradition des objectifs wilhelmiens – selon des catégories liées à une nouvelle tentative de conquête du pouvoir mondial, tentative qu'il appelait de ses vœux. Il s'exprima sur ce point, en 1925, avec une belle franchise : « Il faut que nous prenions le pouvoir, dès que nous l'aurons, nous récupérerons tout naturellement ce que nous avons perdu[16]. » Le point remarquable, dans cette définition des objectifs, est sa motivation purement politicienne, qui avait déjà marqué la politique de Bismarck et celle du ministre prussien de la Guerre, le comte Albrecht von Roon, au cours de la phase de fondation du Reich[17].

« Se battre pour exister »

Le général wurtembergeois Wilhelm Groener (1867-1939) fut l'un des militaires les plus intelligents du IIe Reich impérial et de la République de Weimar, un homme capable d'une pensée politique nuancée. En 1918, il succéda à Ludendorff comme premier général quartier-maître à la 3e direction suprême de l'armée de terre (OHL), sous les ordres de Hindenburg. Au début de la révolution allemande de Novembre, il déclara au président du gouvernement des délégués du peuple, Friedrich Ebert, que l'OHL était disposée à apporter sa coopération. Celui-ci demanda à Groener d'organiser la démobilisation de plusieurs millions d'hommes[18]. Depuis lors, une relation personnelle s'était établie entre le leader social-démocrate et ce général qui savait faire preuve de souplesse. Groener servit la République de Weimar comme ministre des Transports (1920-1923) et pour finir, en 1928-1932, comme ministre de la Reichswehr[19], portefeuille qu'il cumula, en 1931-1932, avec celui de ministre de l'Intérieur. C'était l'un des modérés parmi les officiers de sa génération. On dit qu'il aurait été proche du Parti démocratique allemand libéral (Deutsche Demokratische Partei, DDP). En ce qui concerne les traditions de l'idéologie de la guerre, il faut lui aussi le considérer comme un partisan de la foi en l'épée, et donc de la continuité militariste.

En 1919, la première année de la République, les protestations massives des adversaires de la guerre et des pacifistes au sein de la population allemande incitèrent Groener à mettre en garde les plus hauts représentants de l'État contre une évolution qui lui paraissait dangereuse.

Il présenta sa vision du monde en ces termes[20] à Friedrich Ebert, qui avait entre-temps été élu président du Reich : « Nous ne devons jamais succomber à l'illusion que les idéologues pacifistes se font à eux-mêmes, comme si la répression de tout esprit national et guerrier pouvait être obtenue dans une nation reposant sur la paix éternelle et la félicité humaine. [...] Seul le combat *durable* pour la vie renforce et endurcit les forces intellectuelles et morales qui constituent l'unique moteur de l'ascension d'un peuple. Quand un peuple transgresse cette loi naturelle, il est intérieurement malade et voué au déclin. Ce sont de faux prophètes, ceux qui recommandent au peuple de renoncer à l'endurcissement et à l'utilisation même des forces physiques dans le combat pour l'existence. » Au cours des années de paix qui suivraient, recommandait le général au président du Reich, l'Allemagne devrait se présenter comme « un grand peuple qui ne *veut* pas décliner, qui tient bon dans sa volonté de se battre pour exister, et qui aborde ce combat contre les peuples de la Terre avec l'amplitude et les moyens dont il dispose de manière rationnelle, en fonction de l'état de sa force ».

On reconnaît le modèle d'argumentation du darwinisme social : il existe une loi naturelle du combat éternel pour l'existence, raison pour laquelle le maintien en éveil de l'esprit guerrier et un armement préparatoire en vue de la guerre sont les principales missions de la conduite de l'État. La préservation de la paix est une illusion entretenue par les idéologues pacifistes. Quand on s'y adonne, on provoque le déclin de son propre peuple. Sans aucune intention politique – mais sans doute pour faire apparaître la proximité de cette idéologie conservatrice et nationaliste fondée sur la guerre avec le biologisme d'extrême droite –, ajoutons que la parenté essentielle de cette argumentation avec celle de Hitler saute aux yeux. Dans ce que l'on a appelé son « Deuxième Livre », en

1928, Hitler écrivait que la politique était « en vérité la mise en œuvre du combat d'un peuple pour l'existence » et que, dans tous les cas, la vie était « un éternel engagement ». La mission constante de la politique n'était donc pas tant selon lui « la préparation limitée à la guerre que le façonnage et la formation sans limite » d'un peuple en vue de la guerre[21]. Dans un cas comme dans l'autre, nous retrouvons le modèle social-darwiniste du combat éternel des peuples pour la vie, combat qui passerait par des formes guerrières et auquel on ne pourrait se dérober qu'au risque du déclin de son propre peuple.

« Nous ne pouvons pas abolir la guerre »

Le général Ludwig Beck (1880-1944) était un officier typique de son époque dans la mesure où il n'espérait pas seulement que les plans de réarmement de Hitler déboucheraient sur une « restauration de l'égalité des droits du Reich allemand en matière militaire », mais bien sur des droits plus élevés reconnus au Reich. Entre 1935 et 1938, il fut chef de l'état-major général de l'armée de terre. Lorsqu'il comprit que Hitler avait l'intention d'utiliser aussi ce nouvel armement dans des guerres d'agression, il tenta de provoquer un changement de cap en rédigeant des mémoires où il soulignait le manque de préparation de l'armée. N'ayant pu imposer ses vues, il quitta son poste au cours de l'été 1938. Il joua par la suite un rôle dominant dans le mouvement de résistance à l'origine de l'attentat du 20 juillet 1944. Il était prévu qu'il prenne les fonctions de chef de l'État en cas de réussite de l'opération.

Si nous citons Beck ici, c'est pour rappeler que l'idéologie traditionnelle de la guerre, la « foi en l'épée » germano-prussienne, dominait aussi la réflexion de ce général. À la fin des années 1930, Beck écrivit : « L'ultime recours, dans les relations mutuelles entre les

États, demeurera aussi, à l'avenir, leur puissance armée. » Sans préjudice du pacte Briand-Kellog de 1928, qui ancra dans le droit international une condamnation de la guerre, au moins de la guerre d'agression, poursuivait-il, chaque État est « par principe en droit de faire usage de l'épée ». Car la guerre, affirmait-il en établissant une continuité avec Moltke, était désormais « un maillon de l'ordre mondial de Dieu », et il était donc absurde de se casser la tête à chercher des moyens de s'en débarrasser : « Nous ne pouvons pas abolir la guerre. Toute réflexion sur l'imperfection des hommes, imperfection voulue par Dieu, ne peut qu'aboutir, à chaque fois, à ce résultat[22]. »

Quelles que soient les divergences qui les séparaient, il ne fait aucun doute que les penseurs dominants de l'armée germano-prussienne étaient marqués par un modèle idéologique rémanent. On doit partir du principe que l'officier moyen de cette époque méprisait lui aussi le pacifisme, le considérant comme faible, décadent, voire maladif ou incitant à la trahison, ce qui revenait à le criminaliser[23]. L'officier réfléchissait selon des catégories comme la force, la virilité, le courage, le réalisme, la fidélité au roi et l'esprit guerrier. Il vivait dans le sentiment d'appartenir à une classe particulière qui occupait un rang élevé dans la société.

Hitler et les généraux

Lorsqu'on parle de « la Wehrmacht » et que l'on pense aux rapports de force au sein de son organisation générale, on a avant tout à l'esprit l'appareil de direction militaire responsable. Il ne fait aucun doute que la tête de la machinerie militaire – c'est-à-dire les officiers supérieurs exerçant des commandements en chef et les commandants d'unités – a été la première responsable de la mise en œuvre, sous forme d'ordres militaires, de la guerre d'extermination motivée par l'idéologie raciale voulue par Hitler. En revanche, la responsabilité des millions de soldats allemands qui, pour une partie considérable d'entre eux, furent enrôlés contre leur gré et furent informés de ces crimes au cours de la guerre, lorsqu'ils n'en devinrent pas les complices, est incomparablement moins importante.

Mais quelle forme prit l'influence militaire et politique de l'élite de l'armée dans les rapports de force existant à l'intérieur du système national-socialiste ? Il faut dans un premier temps rappeler ici que, si le gouvernement national-socialiste avait, après 1933, persécuté ses adversaires politiques, mis au pas la quasi-totalité des organisations politiques et sociales, et les avait donc privées de tout pouvoir, il choyait en revanche la Wehrmacht, la renforçait par un puissant réarmement en matériel et en hommes et que Hitler, de surcroît, l'avait proclamée « deuxième pilier » de l'État national-socialiste. Si l'on compare cette évolution avec les relations politico-militaires sous la République de Weimar, Hitler était pour les militaires l'incarnation de cette restauration de l'État national fort à laquelle ils aspiraient depuis si longtemps. Pour eux, cette évolution débouchait sur une forte revalorisation de leur prestige social et de leurs possibilités de carrière.

Une première étape essentielle dans la collaboration entre la direction de l'armée et le nouveau gouvernement national-socialiste eut lieu dès le 3 février 1933, c'est-à-dire quelques jours après la nomination de Hitler au poste de chancelier du Reich. Pour la première fois, le nouveau chef du gouvernement participa, dans l'appartement berlinois du chef de la direction de l'armée de terre, le général d'infanterie baron Kurt von Hammerstein-Equord, à une réunion secrète avec les commandants en chef de la Reichswehr et de la

Reichsmarine[24]. Dans un discours de deux heures et demie, Hitler exposa son nouveau cap. La crise actuelle, expliqua-t-il, ne pouvait être surmontée définitivement que par « la conquête d'un nouvel espace vital à l'Est et sa germanisation complète ». La première condition en était l'« inversion complète » de la situation politique intérieure : « Direction de l'État autoritaire extrêmement rigide, élimination de la tumeur cancéreuse de la démocratie, [...] éradication complète du marxisme. » Le nouveau chef du gouvernement regroupait toutes les autres conditions de sa politique de conquête sous la rubrique de la « reconstitution de la capacité de défense », c'est-à-dire le « renforcement de la volonté de défense » de la population « par tous les moyens », la lutte contre le pacifisme, le réarmement, le cantonnement de la SA à des missions politiques, la non-ingérence de la Wehrmacht dans le combat intérieur.

Hitler annonça donc en termes dépourvus de toute ambiguïté son programme, qui visait à construire un État autoritaire et à opérer une militarisation fondamentale de l'État, de l'économie et de la société ; il parla même de son objectif, la conquête de l'« espace vital ». Dans le cercle des généraux et des amiraux, on fut séduit par « la forte volonté et l'élan idéal » dans le discours de Hitler[25].

Le programme hitlérien de « remise en état de défense » de toute la nation correspondait aux conceptions, répandues dans la Reichswehr, sur le caractère totalitaire que prendrait la guerre du futur[26]. Le nouveau ministre de la Reichswehr, Werner von Blomberg, parlait donc certainement au nom des commandants lorsqu'il déclara, ce 3 février 1933, que le cabinet Hitler était la « réalisation de ce que beaucoup d'hommes, parmi les meilleurs, s'étaient efforcés d'obtenir depuis des années », parce qu'il constituait le préalable à la « mise en état de défense du peuple, au sens large »[27]. Il existait donc une concordance entre les intérêts du gouvernement national-socialiste et ceux de la Wehrmacht. Cela vaut aussi pour la perspective à plus long terme d'une guerre. Les officiers ne pouvaient pas douter que le réarmement annoncé par Hitler servirait non pas à renforcer, plus qu'on ne l'avait fait jusque-là, la défense du pays – ce qui aurait déjà été, en soi, une violation du traité de Versailles –, mais à préparer un vaste programme de conquête.

Entre Hitler et la direction de la Reichswehr existait dès cette date précoce un accord sur une politique visant à militariser la société allemande, condition indispensable à de futures guerres d'agression. Le fait que Hitler n'ait cessé de souligner qu'il se sentait lié à des traditions qu'incarnait le feld-maréchal Paul von Hindenburg joua un rôle non négligeable dans la consolidation de cette alliance. Le 21 mars 1933, date de la « journée de Potsdam[28] », le première classe de la Première Guerre mondiale Adolf Hitler s'inclina, dans un geste symbolique bien calculé, sous les yeux des soldats de la Reichswehr, devant le vieux feld-maréchal, vêtu de son uniforme, orné de ses décorations et coiffé d'un casque à pointe. Cette scène produisit certainement une impression durable sur les militaristes d'obédience prussienne et conservatrice, mais aussi sur les élites allemandes issues de l'industrie, de la noblesse, de l'armée, de la justice et de la bureaucratie en général[29].

Après la mort de Hindenburg, en 1934, Hitler assuma aussi, au moins d'un point de vue formel, le rôle de « commandant suprême de la Wehrmacht ». À l'instigation de la direction de la Reichswehr, tous les militaires prêtèrent alors serment à la personne de Hitler. Ce serment peut ne pas avoir joué un grand rôle pour les simples soldats. Mais, pour les officiers de carrière qui avaient pris jusqu'en 1918 le monarque et chef de guerre suprême comme point de repère central, le fait de prêter serment au « Führer et chancelier du Reich » Adolf Hitler semblait s'inscrire dans cette tradition. En tout cas, le serment prêté par les généraux à Hitler pendant la Seconde Guerre mondiale joua un rôle essentiel, notamment lorsque fut envisagée par certains une résistance militaire.

Les ouvrages consacrés à la Wehrmacht parlent beaucoup de la méfiance qu'inspiraient à Hitler des généraux prussiens le plus souvent issus de la noblesse, ainsi que diverses crises survenues parmi les généraux. De fait, Hitler fut loin d'être toujours assuré du soutien des généraux de la Wehrmacht, et se méfia d'eux jusqu'au dernier moment. Ceux-ci exprimèrent aussi à plusieurs reprises des objections, relevant de la pure technique militaire, au cap radical que Hitler avait donné à la guerre – ce fut par exemple le cas du général de corps d'armée Ludwig Beck en 1938. Dans la phase de planification de la guerre contre la France, on entendit aussi des objections de cette nature. Mais, lorsque la *Blitzkrieg* contre la France fut malgré tout déclenchée, selon les desiderata de Hitler, et s'acheva sur un triomphe militaire, les critiques se turent. À partir de cette date, les généraux acceptèrent plus clairement encore qu'ils ne l'avaient fait jusqu'alors la primauté de la direction politique de Hitler. Le succès militaire était particulièrement à même de les convaincre. À quelques exceptions près, les généraux de la Wehrmacht ne trouvèrent rien à redire non plus au type de guerre radicale, violant le droit international, que Hitler exigea d'eux.

On a souvent surévalué, après 1945, le poids de ce que l'on a appelé les crises des généraux. De fait, il y a eu de multiples révocations, mutations et transferts dans ce que l'on a appelé la « réserve du Führer », y compris bien entendu contre la volonté des personnes concernées. La mauvaise humeur déclenchée par ces mesures ne prit cependant jamais les dimensions d'une crise de régime. Seul l'attentat contre Hitler, le 20 juillet 1944, eut le caractère d'une opération politique contre le régime du dictateur[30]. Au total, les rapports entre Hitler et les généraux de la Wehrmacht – pour ceux qui ne participèrent pas à la tentative de renversement du régime – étaient marqués par une approbation et une soumission crédules, non par les conflits, et encore moins par des divergences d'opinion fondamentales et touchant au caractère de la guerre menée par le régime[31].

Le parallélisme des intérêts politiques, les analogies dans la conception de la guerre comme moyen de la politique – y compris d'une politique d'agression, de conquête et d'extermination – avaient rapidement créé un consensus fondamental entre la direction de la Wehrmacht et Hitler. En prêtant serment au « Führer et commandant suprême de la Wehrmacht », les militaires de carrière se voyaient placés dans la tradition germano-prussienne de l'obéissance inconditionnelle à l'ordre militaire. Les victoires des années 1939-1940, que la propagande nationale-socialiste justifia par le génie de chef de guerre dont Hitler avait fait preuve, affaiblirent encore l'autonomie de l'élite militaire, réduisirent son poids en politique intérieure et l'attachèrent encore plus étroitement à la direction nationale-socialiste du Reich.

Avec un tel consensus, on peut s'étonner que Hitler se soit aussi constamment servi de la corruption matérielle pour s'attacher les dirigeants de la Wehrmacht. Ce n'est pas lui qui a inventé les dotations comme moyen de direction ; le roi de Prusse Frédéric II ou Napoléon y avaient déjà eu recours[32]. L'objectif était toujours le même : attacher étroitement les généraux à leurs gouvernants en leur offrant des cadeaux de grande valeur. À l'occasion de victoires militaires, mais aussi d'anniversaires, Hitler offrait de l'argent, des terres, des œuvres d'art, des biens exonérés d'impôt mais offerts avec l'argent public. Il est vrai que des hommes politiques, comme Robert Ley et Joachim von Ribbentrop, ou encore les collaborateurs de l'architecte Albert Speer reçurent des dotations de ce genre[33], mais elles étaient en règle générale destinées aux feld-maréchaux et aux généraux. Dès 1935, le feld-maréchal modèle qu'était le très vieil August von Mackensen reçut, en remerciement pour les services qu'il avait rendus au régime national-socialiste, un manoir entouré de 1 250 hectares de terres et servi par 200 personnes. Les feld-maréchaux Gerd von Rundstedt, Erhard Milch et Hans-Günther von Kluge reçurent 250 000 Reichsmarks, le général de corps d'armée Heinrich von Kleist obtint même 480 000 marks, et le grand amiral Erich Raeder ainsi que le général de la Luftwaffe Hugo Sperrle reçurent respectivement des tableaux pour une valeur de 38 000 et 90 000 marks. Le feld-maréchal Wilhelm Keitel prit même dans ce domaine quelques initiatives personnelles qui lui valurent de recevoir, outre une dotation de 250 000 Reichsmarks, une propriété forestière et foncière de 730 000 Reichsmarks, cadeau de Hitler prélevé sur les fonds de l'État[34]. Le fait que des membres du corps des généraux se soient volontairement laissés récompenser et corrompre par des dotations demeura « largement inconnu » de l'opinion publique allemande pendant la guerre.

Même dans la phase finale des opérations, alors qu'on pouvait prévoir depuis longtemps que l'Allemagne ne pourrait plus en sortir victorieuse, et qu'en l'espace de quelques mois les effets du conflit tuèrent plus de personnes qu'au cours des quatre années précédentes, les généraux de la Wehrmacht ne se démarquèrent pas de leur commandant en chef[35]. Ils lui restèrent soumis parce qu'ils lui étaient enchaînés, et ils laissèrent les soldats qui leur avaient été confiés continuer à se battre jusqu'à la capitulation sans conditions, le 8 mai 1945.

« Monsieur Tout-le-monde » en uniforme

Envoyant aux quatre vents les articles du traité de Versailles, Hitler réintroduisit le service militaire universel en 1935[36]. Il pouvait être certain de l'approbation de tous les partisans d'une politique nationaliste fondée sur la force. Leur credo était le suivant : la guerre qu'il faudrait bien faire, à un moment ou à un autre, si l'on voulait rétablir la puissance mondiale de l'Allemagne, supposait la réintroduction du service militaire. Car c'est uniquement si le gouvernement disposait de cet instrument que la « communauté du peuple » allemande deviendrait capable de s'engager dans la guerre dans sa totalité et au plus haut degré possible. On retrouve du reste cette idée essentielle dès les tout premiers propos politiques de Hitler[37]. Elle n'a jamais été amendée.

Lorsque Hitler, quelques jours après avoir été nommé chancelier du Reich, vint informer les représentants de la Reichswehr qu'il comptait « renforcer la volonté de défense par tous les moyens », il ne faisait aucun doute que cela incluait la réintroduction du service militaire universel[38]. Il était clair aussi que cette mesure ne serait qu'une étape sur la voie qui mènerait aux objectifs d'agression ouvertement évoqués par Hitler – la « conquête d'un nouvel espace vital à l'Est et sa germanisation sans ménagements ». Cela signifiait que le réservoir d'hommes susceptibles d'être concernés par le service militaire devrait être utilisé de manière ciblée et programmée pour construire une armée de guerre offensive. Au cours des deux années suivantes, le gouvernement national-socialiste et la direction militaire de la Reichswehr installèrent, dans la plus grande harmonie, les conditions politiques et les structures militaires permettant la réintroduction du service militaire universel dans les meilleurs délais[39], mesure qui fut ensuite mise en œuvre avec la « loi pour la construction de la Wehrmacht » du 16 mars 1935[40].

Nous ne pouvons nous attarder ici sur les réactions à l'étranger[41]. Nous étudierons en revanche la justification idéologique que le premier propagandiste du régime national-socialiste, Adolf Hitler lui-même, présenta à l'opinion publique. Dans son interminable déclaration « au peuple allemand[42] », agrémentée d'une infinité de données chiffrées et garnie de nouvelles protestations de pacifisme[43], Hitler reprit pour l'essentiel les arguments révisionnistes bien connus, c'est-à-dire des considérations relevant de la politique étrangère, et ajouta que les mesures prises rétabliraient « l'honneur, la dignité et la sécurité » du Reich allemand. Dans un « discours aux soldats » tenu pendant le congrès du NSDAP en 1935, Hitler poussa encore plus loin l'élévation idéologique du service armé, en affirmant, contre la vérité, que le service armé n'avait jamais été pour le peuple allemand un « service contraint », mais au contraire un « très grand honneur ». Il suggérait en termes rhétoriques – et ce point est remarquable lorsqu'on étudie le mythe du service militaire démocratique obligatoire – que « dans tous les siècles » les hommes allemands avaient « volontairement accompli » ce service, et qu'ils avaient été « fiers de cette prestation »[44].

Face à de telles affirmations, on se demande instinctivement pourquoi, dans ce cas, on avait introduit par la voie légale un service militaire obligatoire. Le sens de cette propagande sur l'obligation de servir sous les armes était clair : quand on refusait le service militaire obligatoire, on devait être stigmatisé comme un pacifiste sans honneur ou comme un traître à son peuple, et relégué en marge de la société. On le sait, il n'y avait pas sous le nazisme de droit à l'objection de conscience, et donc aucune possibilité d'échapper légalement au service armé.

Quand on l'essayait tout de même, ce qui fut par exemple le cas du pacifiste évangélique Hermann Stöhr, secrétaire principal de la branche allemande de l'Union internationale pour la réconciliation, on était condamné à mort par le tribunal de guerre du Reich et exécuté. Sous le nazisme, ce tribunal condamna à mort quelque 300 objecteurs de conscience[45]. La plupart étaient des Témoins de Jéhovah[46]. En tant que membres de cette communauté religieuse, ils refusèrent tous le service armé, tout en sachant qu'ils encouraient la peine de mort.

Il était courant, sous le nazisme, de rehausser par l'idéologie le service militaire obligatoire. Il faut concevoir cette attitude comme une stratégie de militarisation de la société. L'une des organisations qui se consacrèrent avec une ardeur toute particulière à la propagation de ces credo idéologiques était la Société allemande pour la politique de défense et les sciences de défense[47].

Pendant la Seconde Guerre mondiale, quelque 20 millions d'hommes (c'est-à-dire à peu près la moitié du nombre total des citoyens masculins) ont été enrôlés pour le service militaire[48]. Si l'on part de l'idée – il est difficile d'établir des chiffres précis – qu'un à deux millions de soldats environ étaient des volontaires, il en résulte que quelque 18 ou 19 millions de membres de la Wehrmacht firent leur service militaire au titre du service *obligatoire*. La Wehrmacht était donc une armée de conscrits, avec une proportion relativement faible de militaires de carrière et autres volontaires.

Plus encore que la formation en caserne et son système fondé sur l'ordre et l'obéissance, c'est la guerre elle-même qui contribuerait à éliminer les inhibitions naturelles susceptibles d'empêcher les conscrits de tuer. À cela s'ajouta le fait que les prétentions absolutistes du système de domination militaire et l'existence d'ordres criminels – surtout dans le contexte des charges physiques et psychiques que représentait la guerre – provoquèrent, chez de nombreux soldats soumis au service obligatoire, une perte dramatique de la capacité individuelle d'assumer leur responsabilité et de comprendre leur faute, ainsi que des déformations du sens de l'humanité et du droit. La « communauté du peuple » allemande militarisée – modelée sur la base du système que constituait le service militaire obligatoire et universel – perdit au cours de cette guerre, dans des proportions effrayantes, toute l'« orientation humaine[49] » dont on avait cru, jusqu'alors, qu'elle constituait le statut d'une société cultivée et industrielle.

Il est presque superflu de le souligner : la Wehrmacht des années 1935 à 1945 n'avait rien gardé des idéaux défendus par les partisans du service militaire obligatoire démocratique du XIXe et du début du XXe siècle. Les suppositions optimistes des progressistes, pour qui des citoyens soldats soumis au service obligatoire pourraient constituer une garantie de préservation de la paix, étaient, dans les circonstances données, parfaitement irréalistes. La réalité de la « communauté du peuple » allemande était totalement différente. Le cours de la bataille de Stalingrad en fut un parfait symbole : cette communauté ethnique se montrait agressive envers le monde extérieur et suffisamment efficace pour mener sa guerre jusqu'au bord de la lointaine Volga ; mais, à l'intérieur, elle était littéralement paralysée par une discipline militaire qui dominait toute pensée rationnelle[50]. « Soldats et citoyens furent relégués au rang de simple matériau, et ne le furent jamais avec une telle brutalité qu'à l'époque nationale-socialiste, lorsque le service militaire obligatoire et la démocratie étaient deux antipodes[51]. »

Vers la fin de la Seconde Guerre mondiale, il y aurait eu au sein de la Wehrmacht des centaines de milliers de cas de désertion, d'abandons d'unité et de « démoralisation de la force de défense[52] ». Pourtant, il y a peu de chances que cela conduise à invalider la thèse selon laquelle la « communauté du peuple » nationale-socialiste, totalement militarisée, et dont la partie armée était pour l'essentiel constituée de conscrits dociles, a résisté globalement « jusqu'à la fin amère » et, contrairement à ce qui s'était passé en 1918, ne s'est pas révoltée. En 1944 et 1945, il n'y a pas eu de révolution des conscrits.

Ce que les hommes politiques, notamment anglais, avaient redouté après la fin de la Première Guerre mondiale, et qu'ils avaient voulu empêcher, était donc finalement arrivé. C'est la raison pour laquelle les puissances victorieuses de la Seconde Guerre mondiale ne délibérèrent plus en 1945, à Potsdam, comme elles l'avaient encore fait en 1919 à Versailles, pour savoir si l'Allemagne devrait à l'avenir entretenir une armée de conscription ou une armée professionnelle. Elles choisirent une solution beaucoup plus conséquente et radicale : « un désarmement et une démilitarisation complets[53] » de l'Allemagne.

Si l'on met à part la brève phase de la révolution de novembre 1918, au cours de laquelle les soldats conscrits de la marine impériale jouèrent le rôle de sémaphores politiques des transformations révolutionnaires – justifiant ainsi pour la première fois les craintes des militaires de carrière antidémocratiques, mais aussi les espoirs des démocrates révolutionnaires –, on ne trouve nulle part la moindre trace indiquant que le service obligatoire a eu un effet positif pour la démocratie, et *a fortiori* allant dans le sens du pacifisme. À l'époque de l'État-nation allemand, c'est au contraire, couramment, la prise en compte militariste de la conscription qui s'est imposée.

Les forces armées étaient toujours « forgées d'en haut » par l'armée de métier, et non « d'en bas » par les conscrits, qui se trouvaient à l'extrémité inférieure de la chaîne de commandement et n'avaient rien à dire, si ce n'est pour attester de leur obéissance. Les espoirs démocratiques, qui allaient dans une autre direction et qu'avait jadis nourris rien moins que Friedrich Engels, s'étaient toujours révélés illusoires. De fait, le service militaire obligatoire et universel fut toujours, au XIXe et au XXe siècle – au moins jusqu'en 1945 –, un instrument de recrutement forcé des soldats, dont la direction politique et militaire pouvait faire et faisait effectivement ce qu'elle voulait.

Les objecteurs de conscience :
les Témoins de Jéhovah

Les seuls hommes appartenant à un groupe constitué et ayant refusé le service militaire sous l'État hitlérien, en dépit de toutes les pressions, étaient les membres de la communauté religieuse des Témoins de Jéhovah. L'État national-socialiste fit preuve envers cette minorité religieuse d'une dureté que l'on a peine à concevoir aujourd'hui. La communauté des « Chercheurs sérieux sur la Bible (Témoins de Jéhovah) » ne comptait en 1933 qu'entre 20 000 et 30 000 membres. En tant qu'organisation, elle fut interdite dès le mois de juin 1933 ; 10 000 de ses membres environ se retrouvèrent un temps en prison et en camp de concentration[54]. Pourquoi, se demande-t-on, l'État national-socialiste ne put-il se contenter d'ignorer le petit groupe des Témoins de Jéhovah et de les tolérer par indifférence ? En réalité, l'État hitlérien les traita comme des ennemis politiques influents. Les Témoins de Jéhovah, pour leur part, ne se définissaient pas du tout comme des individus politiques. Ils se concevaient avant tout comme des chrétiens pratiquants qui tentaient de garder une distance avec leur environnement politique. Mais leur conception d'un royaume réel de Dieu sur Terre qui finirait par abolir toutes les structures du pouvoir terrestre était une source de conflit suffisante. Elle contredisait en effet les exigences d'obéissance de l'État totalitaire.

Les Témoins de Jéhovah affichaient en outre un comportement ouvertement rétif. On peut, sur le fond et par l'effet qu'elle produisait, considérer qu'il s'agissait d'une attitude politique. Dans leurs textes, les Témoins qualifiaient le IIIe Reich de « règne du Diable » et Hitler d'« Antéchrist ». Ils refusaient de prononcer la formule de salutation nationale-socialiste – « Heil Hitler ! » – et continuaient à utiliser les formules civiles habituelles – « bonjour », « au revoir » –, ce qui ne manquait pas de courage dans le contexte de l'époque. Un autre fait pesa encore bien plus lourd : ils refusèrent constamment de prêter serment à Hitler dans son rôle de commandant en chef de la Wehrmacht. Du point de vue de l'État national-socialiste, ces comportements constituaient des signes de déloyauté, considérés comme une déclaration de guerre à l'État national-socialiste. Et la SS tout comme les fonctionnaires de la Gestapo classèrent effectivement dès les années 1930 les Témoins de Jéhovah dans la catégorie des ennemis de l'État[55].

La situation s'aggrava avec la réintroduction du service militaire obligatoire en 1935. Désormais, chaque homme d'une classe d'âge donnée, sans exception, devait aller faire son service. À partir du début de la guerre, en 1939, les Témoins de Jéhovah se virent enfin confrontés au plus grand défi possible : ou bien ils se pliaient à ce que l'on appelait les nécessités de la guerre, c'est-à-dire aux exigences de l'État militaire national-socialiste, et abjuraient leurs convictions. Ou bien ils y restaient fidèles et refusaient le service militaire. Mais, en agissant ainsi, ils allaient vers une mort certaine. On sait encore trop peu aujourd'hui qu'environ 250 Témoins de Jéhovah allemands et autrichiens ont été condamnés à mort par le tribunal de guerre du Reich pour refus du service militaire et exécutés – en règle générale par la guillotine[56]. Comme l'a établi celui qui fut pendant de longues années l'évêque de l'Église régionale luthérienne de Hanovre, Hans Lilje, en 1947, les Témoins de Jéhovah peuvent « revendiquer d'avoir été les seuls objecteurs de conscience à avoir existé en grand nombre sous le IIIe Reich, et à l'avoir fait qui plus est ouvertement et au nom de leur conscience[57] ». De fait, la communauté des Témoins de Jéhovah fut le seul groupe qui prôna et pratiqua l'objection de conscience sous le nazisme. Cette cohésion de groupe joua un rôle non négligeable, notamment en termes de soutien moral.

Les objecteurs issus des Églises catholiques et protestantes ne pouvaient en revanche compter sur un appui de ce type. Cela explique qu'il n'y ait eu qu'un très faible nombre d'objecteurs de conscience évangéliques et catholiques sous le nazisme. On ne connaît que douze objecteurs catholiques et quatre objecteurs évangéliques. Le paysan catholique Franz Jägerstätter[58], de Sankt-Radegund, à proximité de Braunau am Inn, qui refusait la guerre de Hitler pour des motifs religieux et politiques, mourut sous la guillotine sans que l'autorité religieuse ait fait quoi que ce soit pour le protéger. Le Dr Hermann Stöhr[59], pacifiste évangélique qui avait été en 1933 secrétaire général de l'Alliance internationale pour la réconciliation, bénéficia tout aussi peu de la protection des responsables des Églises protestantes lorsqu'il invoqua sa foi chrétienne pour refuser de faire son service militaire. Le tribunal de guerre du Reich le condamna à mort dès le printemps 1940 et ne tarda pas à exécuter le verdict. Même après 1945, les objecteurs de conscience catholiques et protestants ne furent pas réhabilités après coup par leurs Églises, mais restèrent isolés dans la mémoire collective. La justice de l'après-guerre adopta le même comportement. Il fallut par exemple attendre 1997 pour que le verdict de mort prononcé contre Franz Jägerstätter soit formellement annulé[60].

Il est une question qui revient sans cesse en débat : les Témoins de Jéhovah étaient-ils véritablement pacifistes ? Faut-il les distinguer des pacifistes animés par des motivations politiques ? Dans un premier temps, on est forcé de reconnaître que ces derniers ne choisirent pas ouvertement, dans la plupart des cas, le refus du service militaire. Quelques personnalités de ce courant comprirent le danger très tôt et émigrèrent. D'autres – par exemple Carl von Ossietzky – furent arrêtés et torturés en camp de concentration. Pendant la guerre, les membres des organisations pacifistes interdites cherchèrent dans l'appareil militaire des niches qui semblaient leur offrir la possibilité d'échapper aux opérations de guerre proprement dites. Ces situations méritent d'être mentionnées pour deux raisons. D'abord pour donner au comportement des Témoins de Jéhovah le statut exceptionnel qui lui revient : eux seuls refusèrent ouvertement et ostensiblement d'accomplir un service militaire. Ensuite, pour faire comprendre qu'on se tromperait en intégrant sans réserve dans l'histoire du mouvement pacifiste les Témoins de Jéhovah qui refusèrent de servir sous les drapeaux. Même s'ils avaient des motivations diverses, les pacifistes se concevaient toujours comme un mouvement explicitement politique, alors que les Témoins de Jéhovah n'avaient « pas, ou du moins pas en premier lieu, de motivations politique ou pacifiste[61] ».

D'où provenaient alors l'hostilité, la dureté et la brutalité impitoyable dont fit preuve la justice militaire de l'État national-socialiste à l'égard des Témoins de Jéhovah qui refusaient le service militaire ? Au bout du compte, les quelques centaines de membres enrôlés dans l'armée ne jouaient qu'un rôle quantitatif tout à fait marginal face à une Wehrmacht qui regroupa au total vingt millions d'hommes ! Pourquoi les juges militaires jugèrent-ils que ces hommes étaient dangereux au point que l'on n'hésite pas à leur prendre la vie – même s'ils le firent manifestement, dans quelques cas, avec des scrupules ?

Quand on se penche sur cette question, il faut élargir la perspective et comprendre que l'État national-socialiste poursuivit avec la même dureté d'autres personnes en résistance, par exemple les déserteurs et ceux que l'on appelait les « démoralisateurs de la force de défense ». Tous les militaires et civils qui participèrent directement ou indirectement au mouvement de résistance du 20 juillet 1944 furent eux aussi exécutés. Cela signifie que l'État national-socialiste était un État militaire totalitaire qui ne tolérait aucune divergence. Il donnait du service militaire une définition rehaussée par l'idéologie, celle d'un « service honorifique rendu au peuple allemand[62] », indiquant ainsi que personne n'était en droit de se dérober aux exigences de cet État. Fait caractéristique, l'État national-socialiste n'utilisait pas non plus le concept d'objection de conscience aujourd'hui courant – notamment parce qu'un article la mentionne dans le catalogue des droits fondamentaux inscrits dans la Constitution allemande –, mais évaluait cette attitude, du point de vue linguistique et juridique, comme une « démoralisation de la force de défense », ce qui désignait une intervention active contre la « communauté populaire » nationale-socialiste. À partir du début de la guerre, la « démoralisation de la force de défense » pouvait être sanctionnée par la peine de mort[63].

La sévérité de l'État national-socialiste contre les Témoins de Jéhovah tient d'une part à cet univers intellectuel totalitaire et militariste. Mais, d'un autre côté, l'État national-socialiste redoutait aussi – ce qui est assez surprenant – les « effets propagandistes » des « criminels obstinés de la persuasion », c'est-à-dire leur capacité à faire du prosélytisme[64].

Déserteurs et « démoralisateurs de la force de défense »

Nous ignorons précisément combien de membres de la Wehrmacht ont déserté au cours de la Seconde Guerre mondiale. Dans la phase de l'effondrement militaire, en 1944-1945, ils ont peut-être été plusieurs centaines de milliers, mais la désagrégation d'unités entières au cours des mois précédant la capitulation n'a plus guère été consignée dans des sources écrites. Nous sommes mieux informés sur une réalité accablante : au cours de la guerre, les tribunaux militaires prononcèrent au total plus de 30 000 condamnations à mort contre des soldats de la Wehrmacht[65]. Plus de 22 000 déserteurs furent condamnés à mort et 15 000 verdicts effectivement exécutés[66].

Ce tribut du sang montre une fois de plus que la justice militaire de l'État national-socialiste faisait preuve de la plus grande dureté concevable contre ceux qui tentaient d'échapper à la guerre d'une manière ou d'une autre. Il n'existe pas d'exemple, dans l'Histoire et dans le monde, d'une justice de terreur se livrant à de tels excès meurtriers contre son propre peuple[67]. Dans les démocraties anglo-saxonnes, une seule condamnation à mort a été exécutée pour désertion, celle du soldat américain Eddi D. Slowik, de Detroit[68]. Alors que le cas de cet homme est devenu célèbre, l'opinion publique américaine n'a même pas pris connaissance du sort réservé aux déserteurs de la Wehrmacht.

La persécution des déserteurs et des prétendus « démoralisateurs de la force de défense » sous le nazisme ne peut être comprise correctement qu'en la mettant en relation avec les expériences de la Première Guerre mondiale[69], ou plus précisément avec l'interprétation belliciste et nationaliste que l'on a faite de cette guerre dans les années 1920. Face à une transfiguration pratiquement mythologique du « soldat du front », on y trouvait l'image négative du « planqué », du lâche, du déserteur – présenté comme un être inférieur. Le principe formulé par Hitler dans *Mein Kampf* se rattachait à cette image : « Le déserteur doit savoir que sa désertion entraîne justement ce à quoi il veut échapper. Sur le front, on peut mourir ; en tant que déserteur, on est certain de mourir[70]. »

Tout comme la psychiatrie militaire[71], la justice de la Wehrmacht – à quelques exceptions près[72] – se mit entièrement au service des objectifs nationaux-socialistes. Elle ne prit pas seulement au pied de la lettre le principe de Hitler, mais en rajouta de son propre chef. Il ne fallait pas qu'on puisse lui reprocher une fois encore une trop grande mansuétude, comme l'avaient fait les nationalistes radicaux après 1918, dans le contexte de la légende du « coup de poignard dans le dos ». Les tribunaux militaires nationaux-socialistes ne perdirent donc pas beaucoup de temps, pendant la Seconde Guerre mondiale, à examiner les motivations des différents accusés : l'essentiel était de propager la peur et la terreur en prononçant des peines exemplaires et d'agir pour ranimer l'envie déclinante – surtout dans la seconde moitié du conflit – de continuer la guerre[73].

Au fond, nous en savons encore peu sur les motivations des déserteurs de la Wehrmacht[74]. Car les tribunaux de guerre ne s'intéressaient pratiquement pas à cette question. Les déserteurs accusés, pour leur part, ne pouvaient naturellement pas présenter devant les tribunaux militaires de motifs politiques ou moraux s'ils ne voulaient pas se livrer eux-mêmes à la mort. Enfin, les nombreux soldats assassinés ne peuvent plus s'exprimer. On ne peut pas considérer non plus qu'ils aient tous eu les mêmes motifs de tenter d'échapper à la machine de guerre nationale-socialiste. Ces motivations étaient sans doute très variées : recherche d'avantages personnels ;

scrupules moraux et répugnance envers la manière dont l'Allemagne faisait la guerre et devant les pratiques d'extermination de cette époque ; épuisement nerveux dû à des épreuves insupportables ; découverte – qui se propagea fin 1944-1945 – du fait que la guerre était perdue pour l'Allemagne ; compréhension du caractère inique du régime national-socialiste et de la nécessité de mener une résistance politique – jusqu'à la conviction, présente ici et là, que le combat contre le régime de Hitler devait aussi être mené au service des adversaires de l'Allemagne dans la guerre.

Il faut se figurer le déserteur de la Wehrmacht comme un homme déchiré par des sentiments contradictoires, entre loyauté et dégoût, qui cherchait des issues et ne voulait pas être considéré comme un complice. Du point de vue de l'histoire sociale, le déserteur était un « monsieur Tout-le-monde » en uniforme qui exprimait son refus au moyen des faibles possibilités que lui avait laissées la « communauté du peuple » militarisée de l'époque nationale-socialiste. Après la fin de la guerre, en 1945, il a encore fallu plus de cinquante ans avant que s'installe, dans l'opinion publique allemande, l'idée qu'il fallait réévaluer la désertion sous le nazisme, par exemple en considérant que, compte tenu de la dimension criminelle de cette guerre, « toute forme de refus était un acte respectable répondant à un impératif moral[75] ».

Le terme de « démoralisation de la force de défense* » ne recouvre ni un sabotage actif de la production d'armement, ni l'appel actif à boycotter le service militaire, ou d'autres actions analogues que l'on pourrait déjà considérer comme des actes de résistance systématique. En

* Le terme allemand est « *Zersetzung* », « démoralisation », mais aussi « dissolution », « désagrégation » (*NdT*).

règle générale, ce chef d'inculpation concernait au contraire des propos tenus en public par des citoyens allemands, déjà considérés comme des actes de résistance systématique. Quand on exprimait par exemple ses doutes sur la « victoire finale », quand on faisait des jeux de mots critiques sur le Führer ou quand on réfléchissait à voix haute sur le sens de cette guerre, on était très rapidement accusé de démoraliser la force de défense[76]. Apparemment, il ne manquait pas de dénonciateurs dans la « communauté du peuple »[77]. Ce qui, dans les États démocratiques, relevait du droit à la libre expression de ses opinions, dans cet État national-socialiste focalisé sur la guerre, tant du point de vue idéologique que du point de vue concret, pouvait être considéré comme un crime digne de la peine de mort.

Comment juger l'ampleur de la désertion et des cas de « démoralisation de la force de défense » pendant la Seconde Guerre mondiale ? L'ancien général de la Wehrmacht Günther Blumentritt s'est indirectement penché sur le problème en 1947, lorsqu'il lui a fallu répondre à cette question posée par des officiers américains : « Pourquoi le soldat allemand, dans une situation désespérée, a-t-il combattu jusqu'à la fin de la guerre de 1939-1945[78] ? » Blumentritt n'avait manifestement pas encore compris que l'on pouvait aussi voir dans la désertion une forme de résistance du citoyen ordinaire. Dans sa description de la situation à la fin de la guerre, il expliqua au contraire que la Wehrmacht avait tenu bon, même dans une situation désespérée, ce dont on pouvait être fier. Il y voyait la preuve que les Allemands avaient compris les leçons de 1918 : tandis qu'en 1918 « la révolution était en marche », la population allemande s'était tenue en 1945 en rangs serrés « contre le bolchevisme » ; on n'avait pas vu de drapeaux rouges, pas d'« indiscipline », pas de haine des classes, pas de peuple scindé en partis, mais une « communauté rassemblant dans l'urgence *toutes* les personnes concernées ». Les soldats allemands, ajoutait-il, avaient tenu bon, dans des conditions très difficiles, ne s'étaient pas mutinés et avaient au contraire accompli leur devoir.

Une observation critique de la phase finale de la guerre force à constater que l'ancien général n'avait, pour le moins, pas donné une description erronée de l'évolution générale. Seule la capitulation sans conditions de la Wehrmacht mit un terme au pouvoir national-socialiste et à la Seconde Guerre mondiale. Les « autres soldats[79] » qui refusèrent d'une manière ou d'une autre les guerres de Hitler ne furent au bout du compte que des grains de sable broyés par les rouages de la machine de guerre. Leur refus individuel occupa certes la justice militaire, les prisons de la Wehrmacht et les bataillons disciplinaires. Mais il ne joua aucun rôle politique majeur. Ce qui met d'autant plus en relief le courage qu'eurent les déserteurs qui nagèrent à contre-courant. Des décennies après la guerre, la grande majorité des soldats obéissants continuaient encore à refuser toute reconnaissance à ceux qui ne l'avaient pas été. Exiger plus des membres de la majorité serait revenu à mettre en cause de manière problématique leur propre comportement, uniquement guidé par l'obéissance militaire et le sens de devoir.

Les effets de la propagande de guerre sur « monsieur Tout-le-monde »

L'image de la Russie façonnée par la propagande nationale-socialiste reposait – nous l'avons expliqué – moins sur des connaissances concernant le pays et les gens que sur des stéréotypes et des préjugés négatifs. Cette caractérisation était relativement simple à transmettre dans la mesure où seuls de rares Allemands avaient visité la, ou *a fortiori* travaillé en, Russie. Les formules de propagande remplacèrent les vides que cette méconnaissance avait laissés dans les esprits. Dans le contexte des projets lancés par Hitler, cette réduction des connaissances sur la Russie à quelques clichés présentait un avantage : les destinataires de la propagande antibolchevique et antislave ne devaient pas être incités à réfléchir de manière nuancée sur les Russes et leur pays. Il s'agissait au contraire de les encourager à combattre les Russes et à conquérir les terres situées à l'Est. La propagande contribuait à éliminer autant que possible les inhibitions susceptibles d'empêcher les soldats de tuer, à atténuer les scrupules concernant la légitimité de cette guerre et à augmenter le sentiment de sa propre valeur. En tant que propagande de combat, elle était simultanément dirigée contre l'Armée rouge[80] et la guerre d'extermination[81] en montra l'efficacité effroyable contre les « sous-hommes contaminés par le bolchevisme ».

Reste à savoir si la confrontation de cette image avec la réalité – c'est-à-dire la rencontre individuelle de la population civile allemande avec les femmes et les hommes russes soumis au travail obligatoire en Allemagne, le contact entre les soldats allemands et les paysans ou travailleurs russes en Union soviétique, ainsi que les impressions qu'ils eurent des paysages et de la culture russes – fit perdre de leur crédibilité aux formules de propagande. Le fait qu'ils le voient de leurs propres yeux transforma-t-il progressivement la caricature de l'ennemi en une image réelle ? La propagande nationale-socialiste fut-elle même contrainte de changer de stratégie ? Quelles transformations peut-on relever dans l'image de la Russie véhiculée par la propagande nationale-socialiste ?

Dans son livre *La Guerre de Hitler et les Allemands,* Marlies G. Steinert a exploité les rapports du SD et d'autres documents d'époque concernant l'étude de l'opinion, où l'on avait consigné des informations sur « l'ambiance et l'attitude » de la population allemande pendant la Seconde Guerre mondiale. Les résultats de ses recherches sont surprenants. Ils suggèrent en effet qu'après quelques succès initiaux la propagande menée par les nazis contre les Russes ou contre les Soviétiques ne cessa en réalité de perdre en efficacité : « Arrosée pendant des années par la propagande antibolchevique, la masse des Allemands porta cependant un jugement plutôt positif sur cet accord*, la peur d'une guerre sur deux fronts et d'un assaut venu de l'Est étant plus profonde que l'aversion idéologique entretenue par la propagande. Bismarck demeura le modèle de l'homme d'État dont Hitler commençait alors à se rapprocher. Seul l'argument du caractère inévitable de la confrontation entre bolchevisme et nationalisme, et le recours à des peurs ataviques, pouvait rendre acceptable la rupture de l'accord et les attaques contre l'URSS. L'image du "sous-homme" asiatique fut donc martelée sans répit dans l'esprit de la population.

« Dès l'hiver 1941-1942, des fissures commencèrent toutefois à apparaître dans cette caricature construite de toutes pièces, et des doutes s'insinuèrent quant à son authenticité. Quand on combattait avec tant d'acharnement en faveur de sa patrie et d'un système politique, quand on était en mesure de mettre en action un tel potentiel d'armement, on n'agissait pas uniquement sous le knout des commissaires et l'on ne pouvait pas être totalement primitif. Mais la véritable rupture dans cette caractérisation de l'ennemi soigneusement construite fut le contact quotidien avec le travailleur venu de l'Est, qui se révéla intelligent, doué pour la technique et sympathique. Le stéréotype collectif et l'expérience politique

* Le pacte de 1939 entre Hitler et Staline (*NdA*).

divergeaient de plus en plus et, en dépit de tous les efforts de propagande officiels, la crainte du bolchevisme diminuait, notamment parmi les ouvriers et les gens simples, tandis que l'on avait de plus en plus d'admiration pour les immenses réalisations de l'adversaire oriental. On commença à comprendre que seul l'*establishment* – ancien et nouveau – avait à redouter pour son existence, mais pas la masse du peuple laborieux.

« Le comportement de l'Armée rouge sur le sol allemand confirma cependant de manière douloureuse les pires invectives de Goebbels sur le comportement des "hordes asiatiques". Le sentiment d'angoisse face à la sauvagerie de l'Est, qui commençait à diminuer à la fin de la guerre, combiné à l'idée d'entrer sous un système de contrainte bolchevique à côté duquel le national-socialisme semblait pratiquement bénin, resurgit alors plus fortement que jamais. Les masses désespérées de réfugiés qui devaient désormais payer pour la germanomanie et les atrocités allemandes devinrent le vecteur de cette crainte. Même dans l'après-guerre, elles furent, avec les effets d'une dictature totalitaire renouvelée en Allemagne de l'Est, le plus puissant moteur de l'anticommunisme qui se propageait rapidement en Allemagne de l'Ouest[82]. »

À en croire cet auteur, la propagande nationale-socialiste avait donc fini par échouer sur la réalité. L'image antirusse et antibolchevique que l'on avait dessinée de l'ennemi n'aurait donc pas survécu à la confrontation avec la réalité vécue ? La bonne question est plutôt celle-ci : dans quelle mesure les stéréotypes antibolcheviques que la propagande nationale-socialiste avait fait entrer de force pendant des années dans la tête des gens restèrent-ils tout de même un élément fixe de l'image que les Allemands avaient du monde, notamment les soldats de la Wehrmacht engagés à l'Est ? Des lettres envoyées, via la poste aux armées, par de simples soldats de l'armée de l'Est[83], on peut déduire que le vécu personnel a aussi pu agir dans le sens d'une confirmation des clichés dessinés par la propagande.

Un exemple, qui ne peut certes pas s'appliquer à l'ensemble des hommes de troupe et des sous-officiers de la Wehrmacht[84], montre ce que la propagande nationale-socialiste a provoqué dans certains esprits : le 31 janvier 1943, le lendemain du jour où Göring prononça son « oraison funèbre anticipée[85] » sur la chute de la 6e armée à Stalingrad, le premier maître M., membre d'une section de formation des sous-officiers de la marine à Eckenförde, consignait dans une lettre privée les considérations suivantes sur le bolchevisme :

« Le discours qu'a tenu hier notre Maréchal du Reich nous a montré à tous en termes poignants que si le bolchevisme l'emportait, nous perdrions tout ce qui rend, à nos yeux d'Allemands, notre vie digne d'être vécue. Nous avons en revanche encore des millions de soldats en réserve qui sont prêts à tout. C'est vrai, il n'est pas nécessaire que je vous l'écrive. Vous le savez aussi bien que moi. Mais peut-on écrire autre chose lorsque nos pensées vont jour et nuit à nos camarades héroïques sur le front de l'Est, lorsque nos frères à Stalingrad meurent joyeusement pour que survivent la patrie et ce que nous aimons ? Il est difficile, pour un soldat, d'être en garnison lorsque, à l'avant, chaque camarade donne le meilleur de lui-même. Je crois cependant aussi que la grande décision ne tardera pas dans ce combat et que chacun va devoir faire ses preuves au poste qu'il occupe. J'ai moi-même eu l'occasion de voir ces hordes déshumanisées et je peux imaginer ce qu'il arriverait à notre belle patrie si le bolchevique pouvait submerger ces sillons sacrés [...][86]. »

La lettre écrite par le sous-officier W.F. à son épouse est encore plus instructive. Sous le coup du tristement fameux discours tenu par Goebbels le 18 février 1943 sur la guerre totale[87], il s'y livrait à des réflexions sur le bolchevisme. Cette lettre montre que tous les éléments de l'idéologie antibolchevique étaient bien « arrivés » dans la tête de ce soldat et qu'il comptait au nombre des membres de la Wehrmacht persuadés de la nécessité de la guerre d'extermination contre l'Union soviétique :

« Il est vrai que depuis hier soir nous avons entendu le grand discours de Goebbels. On peut sans doute dire à ce propos qu'aucun de ses discours n'a encore été aussi entraînant et stimulant que celui d'hier. Nous connaissons depuis des années déjà le péril bolchevique. Mais c'est seulement cet hiver que nous avons vu concrètement à quel point il est dangereux. [...] Nous ne pouvons plus avoir aujourd'hui aucune espèce d'égard humain. La guerre a atteint son plus haut niveau, elle est devenue implacable. C'est le bolchevique, instrument de Juda, qui nous a plongés dans cette situation de contrainte. Si nous ne pouvions pas nous ressaisir pour y faire face, ce serait notre chute. Mais, parce que nous avons compris ce danger diabolique, ce n'est justement plus un danger, juste la découverte du fait que nous devons répliquer par les mêmes moyens, et même nous montrer peut-être encore plus cruels, parce que nous sommes tout de même animés par la sainte conviction que telle est la volonté de Dieu. Nous devons faire pour un moment abstraction de notre conception élevée de la valeur de la vie humaine, non pas parce que nous le voulons, mais parce que nous y sommes contraints. Nous estimons que notre vie et plus élevée et plus précieuse pour la culture humaine que celle des hordes asiatiques. C'est indiscutablement une découverte dure et amère, mais c'est une nécessité de la nature. Tout ce qui irait dans le sens contraire nous porterait tort et n'aurait pas seulement pour conséquence ce que tu m'écris, toi, mon épouse, dans ta lettre. Les travaux forcés en Sibérie ou ailleurs seraient encore l'hypothèse la plus favorable.

« On conserverait alors sa vie misérable. Il serait encore plus vraisemblable que l'on perde sa vie. La meilleure chose serait encore de mettre un terme à ses jours. Mais nous ne le voulons absolument pas, nous n'y pensons pas un instant, nous voulons au contraire nous battre, nous battre jusqu'au dernier souffle, jusqu'à la victoire de la justice divine. C'est notre volonté immuable et imperturbable.

« Nous croyons à notre bonne cause : être les combattants et les martyrs de la survie de l'Occident. Nous avons une foi inconditionnelle dans la force de notre Führer, nous croyons qu'il a été destiné, par un être supérieur, à modeler les destins des peuples. C'est la raison pour laquelle nous croyons aussi à notre victoire, qui doit forcément arriver, par une nécessité de la nature ! À moins qu'il ne soit dans la volonté de Dieu de faire disparaître l'humanité. Mais nous en sommes d'autant plus convaincus que nous savons que Dieu n'est pas un personnage, mais la nature.

« La nature est Dieu. Nous connaissons une entité supérieure dans la nature, Dieu. Il a créé la vie, il a créé la mort, il a créé l'immortalité. La nature était et reste éternelle, et elle demeurera pour l'éternité. Le bolchevisme est contre-nature, il intervient par la force dans l'évolution naturelle de l'humanité, il veut la placer sur des rails qui ne mènent qu'au chaos, à la destruction. Mais celui qui pèche contre la nature, contre Dieu, sera anéanti […][88]. »

L'analyse des éventuelles interactions entre la caractérisation de l'ennemi et sa propre perception oblige à tenir compte de la situation particulière dans laquelle s'accomplissaient de telles transformations des consciences. Leur vecteur était la guerre, dont les dangers quotidiens exigeaient en permanence qu'on leur trouve un sens ; la propagande nationale-socialiste les proposait sous la forme de l'idéologie antibolchevique, antisémite et antislave. Contrairement aux formules racistes qui faisaient du Russe ou du Slave des sous-hommes de moindre valeur qui avaient relativement moins d'importance, l'idéologie tournée contre le bolchevisme ne pouvait, ne fût-ce qu'en raison de son abstraction, être falsifiée par des opinions personnelles. On peut expliquer ainsi que les caractérisations antirusses de l'ennemi, sous leur forme antibolchevique, aient survécu à la césure de la fin de la guerre, en 1945, et aient continué pendant des décennies à agir dans la nouvelle configuration du conflit Est-Ouest.

Le destin des « troupiers »

Les soldats de la troupe représentaient plus de 90 % des forces armées de l'État national-socialiste. Contrairement à ce qui s'est passé dans les pays anglo-saxons, la science historique en Allemagne ne s'est préoccupée que très tardivement des simples « troupiers » de la Seconde Guerre mondiale. Cela vaut particulièrement pour le gros des simples soldats, c'est-à-dire ceux qui « ne se remarquaient pas » à l'intérieur du pays et s'intégraient docilement dans la machine militaire.

Dans les dossiers de la Wehrmacht, le « troupier » n'existe en règle générale que sous forme anonyme, élément sans nom de listes de pertes et de communiqués sur les effectifs. Dans les journaux de guerre officiels des unités et bataillons de la Wehrmacht, les simples soldats ne sont, le plus souvent, pas mentionnés. Cela vaut aussi pour les « histoires de régiment » rédigées après la guerre. Le combat et la souffrance ordinaires restaient anonymes et n'étaient pas consignés dans les journaux et les comptes rendus rédigés par les officiers. Cela explique aussi que les Archives d'histoire militaire ne détiennent que peu de documents sur les soldats de la troupe, soit à peine 1 % du total aux Bundesarchiv-Militärarchiv (« Archives militaires fédérales ») de Fribourg.

De la même manière, l'histoire sociale s'est focalisée sur un groupe minuscule – comparé à l'ensemble de l'armée : les généraux, les amiraux et leurs seconds, les officiers d'état-major général et d'amirauté[89]. Cette perspective d'« en haut » masque divers intérêts : d'une part, selon les tenants d'une « histoire de l'état-major », l'expérience de l'histoire de la guerre sur la doctrine de direction militaire peut être utilisée au profit de la pratique actuelle et future (« utilité pratique ») ; d'autre part, la description du rôle joué par l'élite militaire se prête à alimenter le prestige social de la classe professionnelle que constituent les soldats. La revendication programmatique de Manfred Messerschmidt, pour lequel l'histoire militaire de la Seconde Guerre mondiale doit être écrite comme une « histoire de la société dans la guerre[90] », est encore loin d'avoir été satisfaite comme il le faudrait.

Mais quelques bonnes raisons expliquent aussi que l'intérêt des historiens continue à se focaliser principalement sur l'élite militaire. La première concerne la structure du système de pouvoir militaire : plus encore que dans d'autres domaines de la société – que l'on songe à l'industrie, aux Églises, aux institutions culturelles ou aux partis politiques –, la direction suprême constitue dans l'armée le facteur absolument déterminant des événements. Nulle part ailleurs la hiérarchie n'est aussi affirmée, nulle part la prise de décision depuis le haut, ou plus précisément la mise en œuvre de la volonté de la direction par le biais de l'ordre et de la demande d'obéissance qui l'accompagne, ne constitue à ce point le principe fonctionnel absolument dominant. Cela signifie que, lorsqu'on veut comprendre le cours des mouvements dans une organisation militaire, on peut largement se contenter d'étudier les structures de pensée de l'élite militaire, les jugements qu'elle porte sur la situation, les ordres qu'elle émet, ou encore l'image historique qu'elle donne d'elle-même. Dans ce système et dans les modèles de pensée qui en sont le pendant, les soldats n'étaient que des organes d'exécution et, au bout du compte, les rouages d'une machine.

Le second argument renvoie à un défi historiographique et politique : si les historiens militaires critiques de l'Allemagne fédérale ont justement focalisé leurs recherches, depuis les années 1960, sur le rôle de la direction de la Wehrmacht dans l'État national-socialiste et dans la Seconde Guerre mondiale, leur préoccupation majeure était de corriger une image historique unilatérale et apologétique qui avait été dessinée au cours des années précédentes – comme cela s'était déjà passé une fois dans les années 1920[91] – par le biais de mémoires d'officiers, de romans de guerre militaristes, mais aussi, dans une certaine mesure, par le biais des millions de « journaux de troupiers »[92] et autres représentations populaires de la guerre. Face à ce corpus de textes, l'histoire militaire devait dessiner sur la base des sources désormais disponibles une image de la réalité rendant justice à la vérité historique[93].

Quelques chiffres permettent de prendre la mesure de ce déficit quantitatif et des conséquences qu'il a eues sur l'interprétation historique. Sous le IIIe Reich, la Wehrmacht était composée d'environ dix-huit millions d'hommes[94] ; les services de planification du personnel prévoyaient que 3 % environ de tous les soldats devraient être des officiers. Mais, en raison de la forte mortalité des jeunes officiers occupant les grades de lieutenant à capitaine – c'est-à-dire d'officiers qui furent engagés sur le front –, ce taux ne fut jamais atteint. L'élite militaire au sens strict – c'est-à-dire les généraux, les amiraux et leurs seconds – composait tout au plus le dixième de ces 3 % d'officiers, c'est-à-dire moins de 0,3 % de l'armée. Jusqu'à une date récente, l'histoire militaire ne s'est pratiquement pas occupée des 99,7 % de la Wehrmacht composés d'hommes de troupe, de sous-officiers et d'officiers subalternes[95].

En règle générale, on considère que le monument au Soldat inconnu a mis un terme à l'histoire de ses souffrances. Sauf qu'en Allemagne on n'a érigé aucun mémorial national ni après la Première, ni après la Seconde Guerre mondiale. Seules de nombreuses municipalités se sont chargées de cette tâche[96]. On songe rarement au fait que le traitement globalisant et la plongée dans l'anonymat qui accompagnent ce symbole – lequel part sans doute d'une bonne intention – pourraient aussi être une forme de négligence. Dans la recherche sur les victimes du national-socialisme, on a donc demandé à juste titre que l'on fasse la lumière sur les destins individuels, tant il est vrai que le soldat ordinaire s'est souvent trouvé dans le double rôle de coupable et de victime. Ce « souvenir des héros » ne peut toutefois pas remplacer le traitement historiographique du destin de l'« homme ordinaire » en uniforme. Nous ne servons la vérité concrète sur la guerre qu'à l'instant où nous rendons au Soldat inconnu son visage, son nom et son histoire. Ce qui signifie aussi qu'une histoire militaire d'« en bas » ne remplace pas celle d'« en haut », mais peut contribuer à une nouvelle synthèse permettant de discerner la situation d'ensemble, y compris ses zones d'ombre.

La vie quotidienne des soldats du front de Hitler pendant la guerre

Stephen G. Fritz, professeur d'histoire à l'East Tennessee State University, a publié en 1995 un livre dont le titre était en allemand : *Frontsoldaten*[97] (« Soldats du front »). Il désignait les soldats envoyés sur le front par

Hitler au cours de la Seconde Guerre mondiale. On y découvre le portrait détaillé de ce personnage contradictoire qu'était le « troupier » allemand et une perspective originale sur la guerre de la Wehrmacht « du point de vue du soldat ordinaire » : « Mon but était de donner la parole aux soldats allemands moyens […] : d'écouter leurs mots, de voir la guerre avec leurs yeux, et de me rapprocher ainsi de la réalité des combats, telle que l'ont vécue les hommes qui se trouvaient dans les bunkers et dans les tranchées[98]. » L'auteur a exploré des milliers de lettres de la poste aux armées, de journaux, de Mémoires et de récits oraux de soldats allemands engagés sur le front au cours de la Seconde Guerre mondiale, et les a livrés presque bruts, privilégiant la perception des combattants, même quand celle-ci était dérangeante, à une analyse plus ramassée.

À la lecture de ces lettres, on a souvent l'impression que beaucoup de ces « fantassins » n'étaient absolument pas en mesure d'appréhender en termes adéquats les opérations militaires qui se déroulaient autour d'eux, c'est-à-dire de décrire conformément à la réalité ces événements chaotiques, à la frontière entre la vie et la mort, qui secouaient les nerfs et les corps[99]. Rien à voir avec une quelconque incapacité intellectuelle ou une volonté de ménager les destinataires des lettres de guerre que l'on ne voulait pas inquiéter. Beaucoup de simples soldats restaient tout simplement muets face à l'effroyable réalité d'une bataille. Elle se présentait à eux comme un enfer à peine descriptible. Pourtant, les soldats, relativement peu nombreux, qui tenaient un journal en dépit des interdictions et qui tentaient de chercher des mots dépassant le domaine du trivial, nous permettent aujourd'hui de reconstituer l'expérience de la guerre sur le front dans toutes ses dimensions pertinentes : « Les guerres sont une sale affaire, note Fritz, mais l'histoire des troupiers montre que tous ceux qui font la guerre ne sont pas forcés d'être des sales types[100]. »

L'image que beaucoup de soldats de la Wehrmacht donnaient d'eux-mêmes en affirmant être restés « corrects » en dépit de la mort et de la destruction remplit les récits rétrospectifs entrepris après 1945. Un homme de troupe se considérait comme correct lorsqu'il ne laissait pas tomber ses camarades, dont lui-même dépendait en accomplissant, comme les autres, son devoir au cœur d'un flot de confusion, d'angoisse, de souffrance et d'effroi. Ne pas fuir le danger et être fier d'être prêt au sacrifice[101], tels étaient les leitmotive. La correction concernait donc en premier lieu l'attitude à l'égard de la guerre et les relations internes au sein du petit groupe dans lequel un soldat se battait et tentait de survivre. La relation avec l'extérieur pouvait en l'espèce tout à fait être « sans loi », dépourvue de toute dimension humaine, et prendre les formes de l'extermination sans frein que décrivent aussi vigoureusement et fidèlement que possible les lettres en provenance des théâtres d'opérations à l'Est[102]. On exécutait prisonniers de guerre et partisans, transfuges, commissaires politiques et Juifs ; on détruisait des villages entiers après avoir tué leurs habitants, « en ayant toujours conscience de remplir en bons soldats notre rude devoir[103] ». Après la guerre, l'un de ces fantassins reconnut : « J'avais repris à mon compte sans réserve l'idée brutale que nous agissions comme il le fallait[104]. »

Fritz en conclut qu'« il existait au sein de la troupe, en Russie, un accord tellement frappant avec la conception qu'avait le régime national-socialiste sur l'ennemi bolchevique et le traitement à lui appliquer, que beaucoup de soldats participèrent volontairement aux opérations meurtrières[105] ». Plus encore : un nombre surprenant d'hommes de troupe avaient adopté l'ensemble de l'idéologie nationale-socialiste. Ces soldats ne combattaient pas seulement parce que la machinerie de terreur qui animait la guerre ne leur laissait pas d'autre choix, mais parce qu'ils étaient persuadés de la justesse des objectifs de guerre tels que les leur présentaient les milieux politiques et les interprétations métaphysiques que leur proposait la propagande nationale-socialiste.

Dans le chapitre intitulé « La tentative de transformer le monde », l'auteur montre dans quelle proportion la plupart des hommes de troupe allemands croyaient qu'ils n'avaient pas seulement pour mission de défendre l'Allemagne et l'Europe contre le bolchevisme, mais aussi celle de transformer le monde par la force pour l'adapter à l'idée nationale-socialiste de la « communauté du peuple » et à l'idéologie raciale nazie. Après la guerre, le souvenir des risques mortels que l'on avait courus et des privations de toutes sortes que l'on avait subies se mêla à une conscience défaillante ou refoulée de l'iniquité à laquelle on avait participé, pour donner le jour à l'idée que le soldat du front n'avait pas été un criminel, mais une victime. L'« amère vérité » était pourtant qu'ils avaient été les instruments de Hitler, et qu'ils avaient été animés par l'idéalisme.

De son côté, l'ethnologue Hans Joachim Schröder a fait raconter leur vie aux participants de la Seconde Guerre mondiale[106]. Personne n'avait encore jamais rassemblé, classé systématiquement et assorti de commentaires scientifiques autant de récits d'hommes de troupe. Malheureusement, les personnes interrogées avaient en général du mal à parler spontanément et ouvertement de ces événements vécus pendant la guerre ; leurs propos étaient encore plus secs lorsqu'il s'agissait d'évoquer la mise à mort d'êtres humains, les « atrocités » et les crimes de guerre. Le bilan tiré par Schröder est que « presque tous les témoins cités jusqu'ici » ne parlaient « qu'à contrecœur ou en hésitant, sous une forme ouverte et concrète, des terreurs de la guerre »[107]. On touche ici aux limites de l'exercice oral : « Les données collectées ouvrent de nouvelles portes, pas encore suffisamment exploitées dans ce contexte, sur le phénomène fondamental de la peur ; mais, dans le même temps, elles ne donnent que de maigres informations sur les actes monstrueux et les crimes qui ont fait de la Seconde Guerre mondiale la guerre la plus abominable de l'histoire de l'humanité[108]. »

Le pathos de la chute et la volonté de survivre au cours de la phase finale de la guerre

« Être ou ne pas être ! », « Victoire finale ou disparition ! » « Vaincre ou mourir ! » – tels étaient les mots d'ordre jusqu'au-boutistes avec lesquels la propagande nationale-socialiste décrivait en 1944-1945 les perspectives d'avenir du peuple allemand. Au lieu de considérer cette logorrhée de la disparition* à l'aune lucide de la réalité, les commandants de la Wehrmacht firent au contraire en sorte que ce combat prétendument « héroïque » qui menait à l'abîme soit effectivement livré.

Pour les Allemands, les quatre derniers mois de la Seconde Guerre mondiale ne furent pas une étape de la guerre semblable à n'importe quelle autre : ce fut la plus meurtrière et la plus destructrice. Après le débarquement des Alliés en Normandie, au cours de l'été 1944, les Américains et les Britanniques intensifièrent leur guerre aérienne contre les villes allemandes[109], sans se limiter à des objectifs militaires mais en bombardant en tapis les secteurs d'habitation. Ces attaques de terreur

---

* Le terme allemand est « *Untergang* » et désigne en premier lieu le naufrage d'un navire. Par extension, il signifie aussi la « chute », et plus largement la « disparition », traduction que nous avons le plus souvent utilisée ici (*NdT*).

contre la population civile avaient pour but de briser le moral de guerre des Allemands. Les villes étaient réduites en cendres les unes après les autres. En 1945, Anglais et Américains poursuivirent cette stratégie en ciblant la ville de Dresde – où s'étaient amassés près d'un million de réfugiés –, les 13 et 14 février puis à nouveau le 17 avril ; Würzburg, le 16 mars ; Potsdam, le symbole du militarisme germano-prussien, le 14 avril. La capitale du Reich, Berlin, subissait désormais elle aussi des bombardements quasi quotidiens[110]. Des centaines de milliers de civils moururent sous les bombes.

Au cours des dix mois qui séparent la percée en Normandie et l'offensive soviétique en juillet 1944 de la capitulation de la Wehrmacht, le 8 mai 1945, on compta plus de victimes qu'au cours des cinq années de guerre précédentes. Dans la phase finale, ce sont à peu près 300 000 à 400 000 Allemands qui perdirent la vie chaque mois – soldats et civils[111]. Sur les quelque 5,3 millions de soldats de la Wehrmacht tués au cours de la Seconde Guerre mondiale, la moitié environ périt entre juillet 1944 et mai 1945. Le fait que les opérations militaires se soient de plus en plus déroulées à l'intérieur des frontières du Reich allemand contribua bien sûr à ce phénomène. Dans le même temps, les combats au sol devinrent de plus en plus durs. Soldats et population civile étaient désormais rattrapés par cette violence guerrière que la Wehrmacht avait déchaînée depuis 1939 par ses agressions criminelles contre les États voisins européens.

Pour la plupart des personnes capables de réfléchir, il était clair, toutefois, que cette guerre ne pourrait plus s'achever sur une victoire. Mais pourquoi alors continua-t-on à la mener ? Pourquoi Hitler n'y a-t-il pas mis un terme plus tôt ? Pourquoi la direction de la Wehrmacht n'a-t-elle pas – à l'instar du 3e commandement suprême de l'armée de terre dirigé par Hindenburg et Ludendorff, à l'automne 1918 – incité, voire forcé le gouvernement à ouvrir des négociations de cessez-le-feu ? Pourquoi les dix millions et quelque de soldats qui accomplissaient en 1944 au sein de la Wehrmacht un service militaire extraordinairement dangereux n'ont-ils pas exercé une pression suffisante pour qu'un terme soit mis à la guerre ? Pourquoi enfin la population civile allemande n'a-t-elle pas protesté contre la prolongation de la guerre par la grève, ou même la révolution comme en 1918 ? On ne cesse de poser des questions de ce type, sans réponse convaincante jusqu'ici.

Extérieurement, la direction politique et militaire de l'Allemagne continua à afficher sa confiance au cours de ces derniers trimestres de guerre. Elle tenta de susciter l'impression qu'une victoire militaire de l'Allemagne était toujours dans le domaine du possible[112]. Compte tenu de la crise militaire que même la propagande ne pouvait nier, cette dernière cessa toutefois à partir de l'été 1944 de parler d'une victoire prochaine, mais renvoya les gens à un avenir lointain pour lequel elle faisait miroiter la « victoire finale ». Joseph Goebbels ne cessait d'annoncer l'utilisation imminente d'« armes miracles ». Ces armes, disait-il, permettraient de tourner la page. Hitler et ses fidèles espéraient en outre l'effondrement de la coalition formée pour la guerre par les Alliés.

On ne cessa de marteler dans l'esprit de la population allemande, au cours de cette dernière phase de la guerre, qu'elle devait être prête à mener une « résistance fanatique ». Conformément à la devise « la force par la peur », la propagande nationale-socialiste brossait un tableau aussi dramatique que possible des risques que les Allemands étaient censés courir en cas de défaite militaire. Elle affirmait que les puissances ennemies voulaient « éliminer » le peuple allemand – une affirmation dans laquelle il n'est pas difficile de discerner une projection sur les Alliés de la politique de guerre et d'extermination que l'Allemagne avait elle-même menée. Sur la base d'un scénario d'avenir aussi dramatisé, la propagande pouvait annoncer que les Allemands, dans cette situation, n'avaient qu'une seule alternative : « la victoire ou la disparition ». Elle ne pouvait et ne voulait pas désigner une autre voie pour mettre un terme à la guerre, par exemple une capitulation avant l'heure.

Conformément à cette attitude obstinée, la « guerre totale » que Goebbels avait proclamée dès février 1943, après la défaite de Stalingrad, devint de plus en plus une réalité. Le régime força alors les personnes âgées et les adolescents, et même les femmes et les enfants, à accomplir « volontairement » un service militaire ou d'auxiliaires de l'armée. La militarisation de la « communauté du peuple » nationale-socialiste atteignit alors son apogée.

Dans le même temps, la conduite de la guerre proprement dite devint de plus en plus radicale et brutale. Les chefs politiques et militaires du régime national-socialiste utilisèrent tous les moyens disponibles et brisèrent toutes les résistances pour imposer la poursuite de la guerre contre une force ennemie supérieure. On appela les Allemands à combattre l'ennemi entré dans le Reich « partout, sans fléchir, de manière implacable », « jusqu'à leur dernier souffle » et « jusqu'à la dernière cartouche ». Le chef de la chancellerie du NSDAP, le Reichsleiter Martin Bormann, bras droit de Hitler, lança le slogan : « Vaincre ou mourir[113] ! »

Cette terreur destinée à faire « tenir » la population n'empêcha pas l'apparition, çà et là, de phénomènes de désagrégation[114]. Ils ne devinrent cependant pas des points de cristallisation d'un mouvement d'opposition politique qui aurait pu rechercher et obtenir par la force un arrêt rapide de la guerre. Comme les leaders nationaux-socialistes et les généraux de la Wehrmacht vivaient depuis longtemps dans la crainte que l'on puisse revenir, dans certaines circonstances, à un mouvement révolutionnaire opposé à la guerre du type de celui de 1918, ils firent tout pour étouffer dans l'œuf les moindres mouvements déviant de la ligne.

Les derniers mois de la guerre ne furent ainsi qu'une vaste débauche de violence au cours de laquelle la « guerre du peuple » proclamée par la propagande nationale-socialiste dégénéra de manière aveugle. Rien ne pouvait-il arrêter cette fureur déchaînée ? En fait, la machinerie de guerre allemande s'arrêta seulement au moment où le territoire du Reich fut totalement occupé par les troupes alliées et où une Wehrmacht vaincue dut signer la capitulation sans conditions.

Il faut rappeler une fois encore le point de vue exprimé en 1947 par l'ancien général de la Wehrmacht Günther Blumentritt. À la question « pourquoi le soldat allemand, dans une situation désespérée, a-t-il combattu jusqu'à la fin de la guerre 1939-1945[115] ? », il répondit en se référant à 1918 : le fait qu'ils aient tenu bon jusqu'à la capitulation sans conditions était une preuve que les Allemands avaient tiré les leçons de 1918. Alors qu'à l'époque « la révolution s'était mise en marche », la population allemande, en 1945, s'était tenue soudée « contre le bolchevisme ». Blumentritt ne laissait aucun doute sur le fait qu'il avait été sommé de montrer jusqu'à la fin son obéissance envers Hitler.

On a beaucoup de mal aujourd'hui à comprendre ce schéma de pensée. Ce qui frappe, c'est que les objectifs politiques pour lesquels l'Allemagne avait fait la guerre ne jouaient pas de rôle significatif dans cette argumentation. Les millions d'hommes morts au cours du conflit et les immenses destructions n'incitèrent pas plus à une réflexion critique sur soi-même. Blumentritt plaçait au contraire au centre de ses conceptions un idéal militaire qui lui semblait avoir été mis en œuvre en 1945 comme jamais auparavant : l'Allemagne se présentait comme une communauté populaire cohérente et guerrière qui suivait presque dans les moindres détails des schémas d'organisation militaire et qui garantissait, même dans une situation sans issue, une résistance disciplinée aux épreuves. Pour l'ancien général de la Wehrmacht, le chemin menant à la capitulation sans conditions n'était de toute évidence pas une fin politiquement et moralement condamnable, mais un épisode honorable au cours duquel le plus fort avait le dessus sur le plus faible. Blumentritt avait manifestement moins de mal à accepter la défaite totale que les conditions, objectivement bien plus favorables pour l'Allemagne, dans lesquelles s'était achevée la guerre de 1918-1919. Comment peut-on expliquer cette étrange manière de voir les choses ?

Le mythe d'une disparition dans l'honneur joua un rôle dès la fin de la Première Guerre mondiale. Lorsque des informations concernant la conclusion imminente d'un cessez-le-feu commencèrent à filtrer, apparut au sein de la direction de la marine allemande l'idée de lancer la flotte de haute mer pour un « dernier voyage » contre l'ennemi anglais[116]. Compte tenu du rapport de forces militaires, cette opération n'aurait pu s'achever que sur une défaite complète, c'est-à-dire le naufrage des navires et de leurs équipages. D'influents officiers de carrière de la marine de guerre impériale vivaient à l'époque dans l'idée qu'une telle « disparition honorable » était plus souhaitable qu'une simple acceptation du cessez-le-feu. On le sait, ce sont les simples marins de la flotte de haute mer qui empêchèrent finalement cette entreprise suicidaire. Sur les cinq grands navires de combat qui avaient été prévus pour cette folle équipée et sur lesquels se trouvaient plus de 5 000 hommes d'équipage, une mutinerie éclata les 29 et 30 octobre 1918. Les matelots refusèrent solidairement d'obéir, mirent le feu aux salles des machines des navires, sauvant ainsi de nombreuses vies. Ces hommes, le plus souvent ouvriers qualifiés dans le civil, ne manifestèrent aucune compréhension à l'égard de ces officiers supérieurs qui estimaient devoir mettre en scène une mort sacrificielle en l'honneur de Mars, le dieu de la guerre[117]. Cela dit, la marine de guerre ne renonça nullement à l'idée d'une « disparition honorable », mais chercha et trouva une occasion de l'imposer. Le 21 juin 1919, le grand amiral Ludwig von Reuter donna à ses soldats l'ordre de saborder eux-mêmes les navires de la flotte de haute mer allemande, consignée dans le port britannique de Scapa Flow[118]. L'ordre fut exécuté. Les navires coulèrent, mais les équipages survécurent.

Au cours de l'été 1919, la plupart des hommes politiques allemands s'étaient indignés des dures conditions de paix imposées par les puissances victorieuses. Une camarilla d'officiers tint alors un « conseil de guerre » et se demanda si l'Allemagne devait rompre le cessez-le-feu signé à Compiègne le 9 novembre 1918 et reprendre les opérations militaires[119]. Le vice-amiral Adolf von Trotha, qui avait été à l'automne 1918 l'un des principaux instigateurs de l'idée d'une sortie vers la mort de la flotte de haute mer, fit de nouveau entendre sa voix : « La marine veut que l'honneur soit sauf[120]. » Le plus célèbre des chefs de guerre allemands, le feld-maréchal Hindenburg, s'immisça à la même époque dans les affaires politiques en présentant une proposition analogue. Dans un télégramme adressé au ministre social-démocrate de la Reichswehr Gustav Noske, le 17 juin 1919, il fournit dans un premier temps une sobre analyse militaire de la situation. Elle concluait à l'impossibilité de reprendre avec succès les opérations de combat et suggérait en conséquence que l'on signe le traité de paix. Hindenburg fit pourtant savoir à l'homme politique qu'était Noske : « [...] mais moi, en tant que soldat, je ne peux que préférer la disparition honorable à une paix honteuse[121]. » Les motifs liés à la propagande jouèrent certainement aussi un rôle dans ce phénomène. Le feld-maréchal avait refusé, quelques mois plus tôt, de se rendre lui-même à Compiègne et voulait, en se référant au mythe militaire d'une « disparition honorable », se rappeler au souvenir des nationalistes, pour lesquels les concepts militaristes de l'honneur étaient plus importants que l'étude lucide des possibilités politiques. Comme cela avait déjà été le cas auparavant à Compiègne, c'étaient les politiciens qui devaient assumer la culpabilité à Versailles. Le télégramme de Hindenburg constituait dans cette mesure une incitation à fuir la réalité.

Au cours de la phase finale de la Seconde Guerre mondiale, les mythes de la chute de 1918-1919 étaient sans doute restés bien vifs dans la mémoire de certains soldats assez âgés de la Wehrmacht. Les soldats et les civils plus jeunes se rappelaient toutefois quelque chose d'autre : les tonalités héroïques avec lesquelles la propagande nationale-socialiste, quelque deux années plus tôt, avait accompagné la défaite écrasante de la 6e armée dans la cuvette encerclée de Stalingrad. À l'époque, la notion de « disparition » et les mythes dont elle était chargée avaient joué un grand rôle. Il ne fait aucun doute que Hitler, Göring et Goebbels associaient effectivement à ce terme l'image d'un navire qui coulait et dont l'équipage était malgré lui condamné à la mort par noyade. Ils attendaient que les soldats de la 6e armée se battent « jusqu'au dernier homme » et « jusqu'à la dernière cartouche » avant de mourir[122]. Puisqu'ils ne pouvaient pas vaincre, ils ne devaient mener aucune tentative de sortie risquée, et devaient encore moins capituler et devenir prisonniers des Soviétiques. « Disparaître » – que ce soit par la main de l'ennemi, par la faim, le froid ou le suicide : voilà le « destin » que les chefs nazis jugeaient héroïque. Ils entreprirent donc de dissimuler à la population allemande la réalité atroce de la mort massive des troupes allemandes à Stalingrad, et de la transfigurer en un mythe héroïque[123].

En élevant le désastre militaire de Stalingrad au rang de sacrifice à dimension historique, la propagande entrait dans un monde illusoire, abstrait, éminent, et censé être de plus grande valeur[124]. Usant de termes quasi religieux, comme « frisson sacré », « respect », « toute-puissance », « providence » et « croyance », Hitler, Göring et Goebbels pratiquèrent dès cette époque une stratégie systématique de déréalisation[125]. On peut la faire apparaître de manière très éloquente dans un discours prononcé par Göring le 30 janvier 1943, quelques jours avant la capitulation définitive du reste de la 6e armée à Stalingrad.

Les soldats encore en vie à Stalingrad virent dans ce discours « leur propre oraison funèbre ». Göring y rappelait deux événements historiques que l'on avait depuis longtemps transformés en mythes et que beaucoup d'Allemands de cette époque connaissaient sans doute pour les avoir étudiés en classe. L'une de ces histoires se déroulait dans l'Antiquité grecque. En 480 av. J.-C., une troupe de 300 Spartiates, dirigée par leur chef Leonidas, s'était fait massacrer par les Athéniens au défilé des Thermopyles, se sacrifiant ainsi au service d'un but de guerre supérieur. Göring présentait ce « sacrifice héroïque » des Spartiates comme un exemple de « suprême esprit du soldat »[126]. Il rappela par ailleurs « un puissant chant héroïque racontant une épopée sans pareille » de l'histoire allemande, le « combat des Nibelungen » : « Eux aussi se trouvaient dans un endroit plein de feu et de braise, ils assouvissaient leur soif avec leur propre sang, mais ils se battirent jusqu'au dernier[127]. »

Sachant imminente la « disparition corps et biens » des restes de la 6e armée, Hitler promut le plus gradé des officiers pris dans la cuvette de Stalingrad, le général de corps d'armée Friedrich von Paulus, au rang de feld-maréchal, et lui rendit publiquement hommage en parlant de lui comme du « défenseur héroïque de Stalingrad[128] ». Il annonça cette promotion dans l'espoir que Paulus se suiciderait ensuite et donnerait ainsi à d'autres officiers l'exemple de ce que la direction nationale-socialiste attendait des généraux d'une armée allemande vaincue. Les généraux allemands enfermés dans cet étau n'avaient cependant aucune intention de respecter au péril de leur vie la maxime « la victoire ou la disparition ». Hitler fut hors de lui lorsqu'il apprit que, quelques heures avant sa promotion, Paulus s'était laissé capturer avec de nombreux généraux et officiers d'état-major[129].

Lors d'un entretien avec Goebbels, il confirma encore une fois son principe fondamental : on ne « nous » entendra jamais, annonça-t-il, « prononcer le mot de conciliation ou de capitulation »[130]. Pour le ministre de la Propagande, Goebbels, le fait que les généraux de Stalingrad n'aient pas mis eux-mêmes fin à leurs jours et se soient retrouvés prisonniers de guerre avait « sévèrement ébranlé le prestige de l'armée de terre[131] ». Il redoutait que l'idée de mettre un terme à la guerre par la capitulation ne puisse désormais faire école au sein de la Wehrmacht.

Les nationaux-socialistes au pouvoir et la direction de la Wehrmacht purent donc, en 1944-1945, s'appuyer sur ce test que représentait Stalingrad. À la question de savoir s'ils considéraient réellement que la « victoire finale » était à leur portée, on peut répondre, en ce qui concerne Hitler, qu'il était bien informé, au cours des différentes phases de la guerre, des rapports de force réels entre les camps – et en particulier des principales données de l'économie de guerre. Pour reprendre les mots de l'historien militaire Bernd Wegner, il disposait d'une « image de la guerre moderne et complexe, replacée dans ses contextes sociaux globaux[132] ». Depuis Stalingrad, au plus tard, il savait que l'Allemagne ne pourrait plus gagner cette guerre.

Mais on ne devait pas exprimer cette idée en public. Lorsqu'on n'avait pas perdu tout son bon sens, ce qui était le cas de la plupart des « gens ordinaires », et lorsqu'on était capable de se faire, à partir des indices auxquels on pouvait avoir accès, une idée à peu près réaliste de l'impasse où se trouvait l'Allemagne dans cette guerre, en un mot, lorsqu'on avait une réflexion « normale », au sens traditionnel du terme, on était proprement criminalisé et considéré comme un « démoralisateur de la force de défense » passible de mort.

Les NS-Führungsoffiziere (NSFO ou « officiers de direction nationaux-socialistes »), institués par ordre de Keitel le 6 février 1944, devaient eux aussi contribuer à ce que l'on n'abandonne nulle part la ligne politique de la résistance à tout prix. Fin 1944, 623 hommes occupant cette fonction à titre principal étaient délégués auprès des autorités de commandement, du haut de la hiérarchie jusqu'à l'échelon des divisions. La plupart d'entre eux étaient membres du NSDAP. S'y ajoutaient quelque 47 000 NSFO exerçant cette fonction à titre secondaire. Le chef de l'état-major de la direction nationale-socialiste au sein du commandement en chef de l'armée de terre, le général Ritter von Hengl, considérait que la mission de ces officiers politiques était d'inculquer à ces soldats « la haine et une volonté d'extermination sans limite[133] ».

Compte tenu de la contradiction manifeste entre l'impasse militaire où se trouvait l'Allemagne et cette politique radicale visant à tenir bon quoi qu'il arrive, on peut se poser la question : l'intention du régime national-socialiste était-elle réellement de mener la nation belligérante à la « victoire finale » ? Si elle peignit la perspective d'une défaite dans des couleurs aussi effroyables, était-ce pour mobiliser toutes les énergies afin de « tenir bon » ? Ou bien les directions politique et militaire de l'État national-socialiste envisageaient-elles aussi d'autres possibilités ? Dans son étude sur la théorie de la violence de Georges Sorel, le philosophe Hans Barth explique que le sens du « mythe héroïque » est de « préparer les hommes à la catastrophe, mais pas à la supporter comme des créatures en souffrance : à la provoquer en tant que combattants[134] ». Sous cet angle, la politique de résistance menée en 1944-1945 se présente sous un autre jour que celui suggéré par la propagande du régime sur la « victoire finale ». On comprend alors le double fond de la politique de guerre allemande depuis l'été 1944. D'un côté, elle s'efforçait d'obtenir une victoire militaire ; de l'autre, et dans le même temps, elle accomplissait un grand œuvre dont son propre peuple serait la victime. Hitler et ses sbires étaient manifestement prêts à mettre en scène ce « naufrage » comme la catastrophe réelle dont avaient jadis rêvé l'amiral Trotha et le feld-maréchal Hindenburg. Il s'agissait pour eux, d'une certaine manière, de répéter l'expérience de Stalingrad dans une plus grande dimension : la nation allemande devait disparaître les armes à la main.

C'est la raison pour laquelle Hitler déclara le 19 mars 1945 à son ministre de l'Armement, Albert Speer : « Si la guerre est perdue, le peuple allemand est perdu lui aussi. Il est inutile de se préoccuper des conditions qui sont nécessaires à la survie la plus élémentaire du peuple. Au contraire, il est préférable de détruire même ces choses-là. Car le peuple s'est révélé le plus faible et l'avenir appartient exclusivement au peuple de l'Est qui s'est montré le plus fort. Ceux qui resteront après ce combat, ce seront les médiocres, car les bons sont tombés[135]. » Hitler développait donc, à partir de la thèse darwiniste-sociale du droit du plus fort, le mythe de la disparition héroïque des vaincus.

Un autre motif, plus trivial, incitait Hitler à mener ainsi cette politique de résistance jusqu'au naufrage. Principal responsable de la guerre et des crimes de masse perpétrés par les Allemands, il savait qu'il ne survivrait pas à une défaite militaire. Hitler l'avait compris à une date précoce. Le 16 juin 1941, il confia sa conviction à Goebbels, dans un entretien en tête à tête : « Nous avons de toute façon commis tant de méfaits que nous sommes forcés de vaincre : dans le cas contraire, tout notre peuple serait effacé, nous les premiers, avec tout ce qui nous est cher[136]. » Cela signifie que, du point de vue de Hitler, ce régime n'avait d'autre alternative que la victoire ou la disparition. Dans cette mesure, toute prolongation de la guerre était une prolongation de sa propre existence. Beaucoup de leaders nationaux-socialistes et quelques généraux de la Wehrmacht partageaient ce point de vue. Un nombre non négligeable d'entre eux se suicidèrent après la capitulation[137], choisissant ainsi la forme de leur disparition.

On le sait, les généraux et les officiers d'état-major de la Wehrmacht ne se sont pas opposés à cette politique, mais l'ont au contraire exécutée docilement[138]. Pour reprendre les termes de l'historien Heinrich Schwendemann, leurs ordres étaient inspirés, dans la phase finale de la guerre, par une « stratégie de la destruction de soi[139] ». Ce qui était présenté à l'extérieur comme une « défense » du Reich était en réalité la préparation de sa destruction. En suivant l'« ordre à la Néron » donné par Hitler le 19 mars 1945, la Wehrmacht poursuivit sur son propre territoire la politique de la « terre brûlée » qu'elle avait pratiquée auparavant sur celui de l'Union soviétique. Comment expliquer ce comportement ? Pourquoi les généraux ont-ils eux aussi suivi le chemin vers la catastrophe ?

Depuis un certain temps déjà, la pensée rationnelle des professionnels de l'armée était obstruée par un refus de voir la réalité sociale, économique et politique, ce qui s'exprimait en particulier dans l'analyse insuffisante des potentiels économiques et dans l'insistance avec laquelle on soulignait le génie des chefs de guerre. À l'appui de cette thèse, le rapport quotidien de la Wehrmacht, le journal de guerre du commandement en chef de la Wehrmacht[140] et les *Nachrichten des Oberkommandos der Wehrmacht* (« Nouvelles du commandement en chef de la Wehrmacht »)[141] publiées pour l'instruction de la troupe, ou encore les *Mitteilungen für die Truppe* (« Communiqués destinés à la troupe »)[142] fournissent des témoignages éloquents. Le fait que les généraux de la Wehrmacht, sur le fond, ne se soient pas comportés d'une autre manière que la direction nationale-socialiste tient à la relation étroite qui existait entre les représentants de ces deux principaux « piliers » du système national-socialiste. Ils étaient captifs d'idéologies guerrières inhumaines et avaient commis de telles fautes en les mettant en œuvre que, même dans une situation militaire visiblement désespérée, ils n'étaient plus capables de revenir à une action politique rationnelle. Comme le rapporte Keitel, l'homme qui prônait que l'on « remplisse son devoir jusqu'à la disparition », les généraux Schörner et Wenck auraient même encore tenté, en avril 1945, de réconforter Hitler en lui laissant espérer une amélioration de la situation militaire[143].

Il est difficile de dire si, et dans quelle mesure, ce pathos du naufrage dont on faisait désormais la propagande se diffusa aussi dans la population civile, parmi les officiers situés en dessous du niveau de direction le plus élevé et dans la masse des simples soldats. Les rapports sur l'opinion établis à peu près jusqu'au milieu de 1944 par le Sicherheitsdienst de la SS montrent que, depuis la bataille de Stalingrad, il n'existait plus d'euphorie de la victoire au sein de la population allemande. Le potentiel d'enthousiasme qu'étaient susceptibles de mobiliser l'idéologie de la race des seigneurs et les campagnes victorieuses de la Wehrmacht était déjà largement entamé à cette date. L'ambiance n'était certes pas clairement hostile au régime national-socialiste et à la guerre, mais on constatait tout de même une sorte de retour à la réalité.

Les lettres de la poste aux armées montrent que les soldats avaient des attitudes totalement différentes. Les enquêtes sur le moral effectuées par le service de propagande de la Wehrmacht à Berlin, Hambourg et Nuremberg ne permettent pas de discerner que les Allemands, au cours de cette phase de la guerre, se soient laissés guider par un quelconque goût de la disparition collective. Elles donnent au contraire l'impression que les gens réfléchissaient et agissaient avec réalisme. Au pathos du naufrage, ils opposaient une volonté de survie affirmée[144]. Cela dit, le militarisme radicalisé paralysa toute approche qui aurait permis de mettre « par le bas » un terme à la guerre.

5

La légende de la Wehrmacht « propre »

Pendant des décennies après 1945, il fut de bon ton d'opposer les exactions des SS à la conduite « propre » de la Wehrmacht. Conçue et diffusée dès la phase finale de la guerre par le haut-commandement, cette légende allait devenir ce qui fut peut-être le plus grand succès de la Wehrmacht quant à son image de marque. Il a fallu un demi-siècle pour que cette image se lézarde et que la recherche scientifique commence à traiter cette étonnante histoire[1].

L'historien Norbert Frei a consacré une étude minutieuse à la « politique du passé » pour la période allant jusqu'en 1955 dans son ouvrage *Vergangenheitspolitik. Die Anfänge der Bundesrepublik und die NS-Vergangenheit* (Munich, 1996). Ulrich Herbert et Olaf Froehler montrent dans un recueil d'essais qui mérite la lecture et porte le titre *Zweierlei Bewältigung Vier Beiträge über den Umgang mit der NS-Vergangenheit in den beiden deutschen Staaten* (Hambourg, 1992) (« Deux types de traitement ») à quel point le traitement du passé nazi, et notamment celui de l'histoire de la Shoah, a été différent dans les deux États allemands. Dans un inventaire commenté des livres consacrés à cette question, « L'assassinat des Juifs et la guerre à l'Est », Gerd

R. Ueberschär montre que l'étude de l'aspect peut-être le plus problématique de l'histoire de la Wehrmacht, c'est-à-dire sa participation à la Shoah, n'en est encore qu'à ses débuts (*cf.* « Der Mord an den Juden und der Ostkrieg. Zum Forschungsstand über den Holocaust », *in* Heiner Lichtenstein et Otto R. Romberg (éd.), *Täter – Opfer – Folgen. Der Holocaust in Geschichte und Gegenwart*, Bonn, 1995, p. 49-81).

Dans un aperçu centré sur l'histoire des idées, Klaus Naumann, collaborateur de l'Institut für Sozialforschung de Hambourg, a tenté de faire comprendre la perception du lien entre la Wehrmacht et la guerre d'extermination entre 1945 et 1995. D'après lui, le rôle de la première dans la réalisation de la seconde aurait fabriqué un tabou pour les deux, dont la légende serait en quelque sorte la marque (voir l'article de Klaus Naumann, « Nachkrieg. Vernichtungskrieg, Wehrmacht und Militär in der deutschen Wahrnehmung nach 1945 », *Mittelweg 36*, 3/1997, p. 11-25, et sa contribution antérieure « Wenn ein Tabu bricht. Die Wehrmachtausstellung in der Bundesrepublik », *Mittelweg 36*, 1/1996, p. 11 *sq.*).

La genèse de la légende

Les soldats de la Wehrmacht connaissaient-ils généralement, pendant le conflit, la manière criminelle dont on conduisait la guerre à l'Est, ainsi que l'extermination des Juifs ? Pour pouvoir apporter une réponse à cette question, il est nécessaire de se rappeler quelques singularités de cet appareil de pouvoir qu'était la Wehrmacht, par exemple le respect du secret militaire et la pénurie organisée et systématique des informations.

Le principe en vigueur était que le soldat, en tant qu'individu, ne devait savoir de la situation militaire que ce qui était nécessaire à l'exécution immédiate de sa mission. Le simple soldat ne devait surtout pas avoir une pensée autonome et inscrite dans de plus larges contextes. Il devait obéir aux ordres de ses supérieurs. Le secret et la rareté de l'information étaient par conséquent un instrument de domination militaire. Ils ne servaient qu'en second lieu de moyen permettant d'accroître l'efficacité dans la guerre. Et puis un soldat capturé ne devait pas pouvoir donner à l'ennemi d'informations militaires utiles ; le meilleur moyen était de faire en sorte qu'il ne dispose d'aucune information de ce type. Moins il en savait, mieux cela valait.

De la même manière que la population allemande de l'arrière, « monsieur Tout-le-monde » en uniforme était informé par le « rapport de la Wehrmacht[2] » lu chaque jour à la radio, par les discours des principaux représentants de l'État national-socialiste – eux aussi retransmis à la radio –, ainsi que par les ordres militaires, les bulletins internes de la Wehrmacht et une quantité de journaux du front. Ces informations prenaient la forme qu'avait décidée le service de propagande du haut commandement de la Wehrmacht (OKW-WPr), qu'il surveillait en permanence. Il était tout à fait possible de dissimuler ou de maquiller ainsi les nouvelles indésirables.

L'instruction de ne transmettre l'« ordre des commissaires » par écrit que jusqu'aux commandants en chef des armées, puis de ne plus le faire circuler que de vive voix, permit par exemple de dissimuler certains crimes. Le langage de camouflage utilisé dans les ordres militaires avait deux buts différents : d'une part, il fallait suggérer que l'extermination de certains groupes ennemis était une nécessité militaire qui s'inscrivait dans le cadre d'opérations de guerre normales. D'autre part, il s'agissait de brouiller les pistes, par exemple en qualifiant les Juifs de « partisans », les Tziganes de « criminels », les femmes de « porteuses de carabines » et les enfants d'« agents de renseignement »[3]. On ne parlait pas d'assassinat des Juifs : on utilisait des euphémismes comme la « suite du traitement » des Juifs ou la « solution de la question juive ». Des formulations comme « nettoyer » et « pacifier », « évacuer » et « transférer » dissimulaient l'arrestation et l'assassinat des Juifs et des partisans[4]. Le haut commandement publia à plusieurs reprises des instructions demandant que l'on veille à ce que les exécutions de commissaires, prisonniers de guerre, Juifs, « partisans », « vagabonds » et autres personnes présentées comme du gibier à abattre se déroulent « si possible à l'écart de la troupe » et « discrètement, en dehors de la zone de combat proprement dite »[5]. Dans les journaux de guerre, les opérations de mise à mort étaient « camouflées par des codes linguistiques minutieusement établis[6] ».

Les soldats de la Wehrmacht n'ont cessé de prendre des photos lors d'opérations de fusillade ou de pendaison menées ou bien par les Einsatzkommandos de la SS, ou bien par des collaborateurs locaux, ou encore par les unités de la Wehrmacht proprement dites. Les ordres fréquemment répétés pour interdire les photographies, considérées comme une violation du secret militaire[7], visaient à empêcher la constitution de documentations photographiques, même si le résultat fut mitigé. On se souvient également qu'en 1944-1945, lorsque la proximité de la défaite accrut le risque d'une découverte des charniers, ce qui aurait permis d'apporter à l'opinion publique mondiale la preuve des crimes commis, les Einsatzgruppen de la SS se mirent à rouvrir les fosses et à brûler les cadavres des victimes[8].

Que savaient de tout cela les soldats engagés sur le front de l'Est ? Une infinité d'informations officieuses circulaient parallèlement aux nouvelles officielles dans la vie quotidienne en temps de guerre : sur le front, dans les territoires occupés, à l'arrière, et entre le front et l'arrière. Celles-ci se nourrissaient des expériences personnelles et immédiates des soldats, et de la communication orale avec d'autres soldats. En dépit de la censure militaire, la circulation de la poste aux armées entre l'arrière et le front joua elle aussi un rôle important. De nombreuses lettres montrent dans quelle mesure la propagande du régime guidait la plume des soldats, mais aussi à quel point les connaissances sur les massacres de Juifs étaient répandues[9]. Sur le front comme à l'arrière, les rumeurs couraient de manière intensive[10]. Elles constituaient un contrepoids typique de la propagation d'informations organisée de manière dictatoriale. On avait ainsi vent d'informations que le régime aurait préféré tenir secrètes. On ne pourra jamais quantifier avec exactitude la mesure dans laquelle les soldats de la Wehrmacht étaient au courant. Il existe cependant de bonnes raisons de douter qu'un soldat de la Wehrmacht engagé à l'Est ait pu ne pas avoir connaissance des assassinats à motivation raciale.

Et les officiers de l'armée de l'Est ? Que savaient-ils des meurtres de Juifs ? Un rapport de visite sur le front établi par le commandant Rudolf-Christoph baron von Gersdorff, qui servait en 1941 comme officier de renseignement auprès du commandement en chef du groupe d'armées Centre, nous apprend que les officiers du front étaient parfaitement informés des assassinats de Juifs perpétrés par les Einsatzgruppen de la SS et des autres crimes. Le passage suivant, extrait du rapport de Gersdorff, en date de décembre 1941, ne laisse aucun doute sur ce point :

« Lors de tous mes entretiens de quelque durée avec des officiers, on m'a interrogé, sans que j'y aie fait allusion, sur les exécutions de Juifs. J'ai acquis l'impression que l'exécution des Juifs, des prisonniers et des commissaires fait l'objet d'un rejet presque complet dans le corps des officiers ; en ce qui concerne l'exécution des commissaires, c'est aussi et surtout parce qu'elle renforce singulièrement la résistance de l'ennemi. Ces exécutions sont considérées comme une entorse à l'honneur de l'armée allemande, et singulièrement du corps des officiers allemands. En fonction du tempérament et de l'état d'esprit de mes interlocuteurs, la question de la responsabilité de ces actes a été posée sous une forme plus ou moins forte. Il faut constater que les faits existants ont été connus dans toute leur ampleur et que l'on en a beaucoup plus parlé au sein du corps des officiers sur le front qu'on ne pouvait le supposer[11]. »

On cherche cependant en vain, dans les journaux de guerre et autres documents officiels de la Wehrmacht, des informations sur ces « faits existants ». Comment l'expliquer ? La plupart des commandants d'unité avaient certainement conscience de l'iniquité de ces actes. Cela les incita à faire en sorte que les dossiers restent « propres ». À cela s'ajouta le fait que les Alliés avaient annoncé l'institution de tribunaux pour juger les criminels de guerre, une fois acquise leur victoire sur la Wehrmacht. Cette menace pourrait avoir agi dans le même sens.

Mais en gardant « propres » les journaux de guerre, on était encore loin d'avoir totalement effacé les traces. Car contrairement à ce qui se passa pour les communiqués de la Wehrmacht, les rapports de la SS – notamment les *Ereignismeldungen UdSSR*, les « communiqués sur les événements en URSS » – parlaient un langage clair, y compris à propos de la coopération apportée de bon cœur par les unités et sous-unités de la Wehrmacht. Les rapports de la SS ne se souciaient pas de maquiller la réalité, mais de rassembler une documentation bureaucratique sur l'efficacité des opérations. Les communiqués de succès triomphaux, comme « La Lituanie est débarrassée de ses Juifs[12*] ! » ou « La Crimée est débarrassée

* Le terme employé est « *judenfrei* », « libre de Juifs » (*NdT*).

de ses Juifs[13] ! », reflètent parfaitement la tonalité de ce genre de rapports.

En ce qui concerne le prestige de la Wehrmacht auprès de la population de l'arrière, il est intéressant de noter qu'au cours de la dernière année de la guerre on considérait que l'armée allemande était plus crédible que la propagande nationale-socialiste. En tout cas, le régime limita au cours de l'été 1944 l'activité d'information et de propagande du SD de la SS – qui avait mené pendant des années une propagande importante pour la diffusion de mots d'ordre au comptoir des cafés allemands – et chargea l'OKW de confier cette mission, dans les grandes villes allemandes, à des soldats de la Wehrmacht. Au cours des six derniers mois de la guerre, des soldats tinrent donc le double rôle d'enquêteurs sur l'opinion publique et de propagandistes au service de la résistance de l'Allemagne[14]. Ils contribuèrent à ce qu'aucun courant d'opinion révolutionnaire ne s'empare des masses en 1944-1945 comme cela avait été le cas en 1918 et ne fasse pression pour que l'on mette rapidement un terme à la guerre.

Images diffuses de la Wehrmacht, 1945

Compte tenu de l'opacité des circuits de communication en 1945, pouvait-il déjà exister dans l'opinion publique allemande une image clairement dessinée de la grande organisation qu'était la Wehrmacht ? Ou bien doit-on plutôt supposer que, dans la phase de l'effondrement militaire, il n'existait pas une image unique, mais des représentations totalement différentes de cette institution et du rôle qu'elle avait joué pendant la guerre ? D'une part, ces représentations pourraient avoir encore été imprégnées de propagande nationale-socialiste. D'autre part, elles reflétaient les expériences personnelles, qui n'avaient rien d'homogène, des soldats et des civils. Quand on tente de se figurer la manière dont les images de la Wehrmacht pourraient s'être formées au cours des années de guerre, il faut comprendre qu'il s'agissait d'une grande organisation à laquelle, au cours de sa décennie d'existence, de 1935 à 1945, avaient appartenu quelque dix-huit millions de personnes et qui avait donc pris du seul fait de cette ampleur numérique – et indépendamment des implications politiques – le caractère d'une « armée populaire[15] ». Dans chaque famille allemande ou presque, un père ou un fils avaient été enrôlés dans la Wehrmacht et étaient devenus un élément de cet appareil de pouvoir. Psychologiquement, cela comptait.

Les expériences personnelles étaient vraisemblablement décisives dans l'image que ces multitudes avaient de la Wehrmacht. Mais cela signifiait qu'en Allemagne, à la fin de la guerre, les gens avaient de la Wehrmacht une idée tout à fait hétéroclite : pour ces réfugiés de Prusse orientale, que des navires de la marine de guerre allemande avaient évacués en leur faisant traverser la Baltique, la Wehrmacht était la planche de salut. Pour d'autres réfugiés, auxquels les troupes allemandes en repli à l'Est n'avaient pratiquement apporté aucune aide[16], la situation était déjà différente. On pouvait trouver une autre image encore de la Wehrmacht chez les habitants des villes et des villages allemands qui, depuis janvier 1945, voyaient des soldats en guenilles, fatigués par la guerre et démoralisés se comporter parfois comme une soldatesque étrangère[17]. Dans la fureur de la phase finale de la guerre, des millions de simples soldats ont certainement haï ces supérieurs qui exerçaient une terreur impitoyable pour les pousser à tenir bon[18], utilisant les cours martiales et les exécutions arbitraires à l'égard de quiconque ne refusait pas de voir la réalité de la capitulation imminente et réglait son comportement en fonction de celle-ci.

La plupart des cadres dirigeants de l'armée refusèrent eux aussi de voir la réalité en face. Ils prolongèrent contre les ennemis une guerre perdue depuis longtemps, d'un point de vue militaire, jusqu'à la « disparition[19] » déjà souvent invoquée auparavant, et n'hésitèrent pas à mener aussi leur guerre contre les membres de leur propre peuple. Sous le signe du naufrage du régime, certains de ces officiers tirèrent de leurs actes une conséquence caractéristique : ils se suicidèrent. On ne le sut guère à l'époque, et on le sait encore peu aujourd'hui : ce chemin ne fut pas seulement emprunté par Hitler, Goebbels, Himmler, par des Gauleiter du NSDAP comme Paul Giesler, Wilhelm Murr, Bernhard Rust, Gustav Simon et Josef Terboven, ou encore par des membres de la SS et des fonctionnaires, mais aussi par des officiers de la Wehrmacht[20]. Ils auraient été des milliers. Dans un aperçu rédigé par Josef Folttmann, ancien général de division de la Wehrmacht, texte portant le titre révélateur *Le Sacrifice des généraux*, celui-ci dresse la liste nominative des généraux qui ont mis fin à leurs jours : 35 généraux de l'armée de terre, 6 de la Luftwaffe, 8 amiraux, 13 généraux de la Waffen-SS et 5 de la police[21]. On peut supposer que le suicide de ces généraux constituait un aveu de culpabilité, mais on ne peut pas le prouver. La majorité des cadres responsables de la Wehrmacht choisit cependant une autre solution : eux étaient décidés à continuer à effacer les traces.

La Wehrmacht – détentrice de la force – avait en quelque sorte incarné la guerre. Tous ceux qui saluèrent la fin de cette guerre terrible ne versèrent pas de larmes sur cette armée dissoute par la force. Les millions de simples soldats éprouvèrent sans doute une certaine satisfaction en constatant que les officiers qui, par la force du commandement militaire, s'étaient présentés à eux des années durant comme les maîtres de la vie et de la mort avaient désormais perdu ce pouvoir.

Contrairement à ce qui s'était passé après la Première Guerre mondiale, lorsque des millions de personnes se savaient unies autour du slogan « Plus jamais la guerre ! », beaucoup d'Allemands exprimaient désormais un mot d'ordre beaucoup plus radical et plus concret : « Plus jamais l'armée[22] ! »

À cela s'ajouta la politique des puissances d'occupation. Lorsque les autorités alliées organisèrent des projections de films sur la souffrance subie dans les camps de concentration et les massacres qui y avaient été perpétrés, projections auxquelles les Allemands furent contraints d'assister peu après la fin de la guerre, dans les camps d'internement et les camps de prisonniers de guerre, dans les villes et les communes, elles révélèrent la dimension des crimes de masse. Involontairement, les officiers d'occupation dirigèrent cependant ainsi avant tout sur la SS le regard d'Allemands qui ne disposaient jusque-là que d'informations imprécises. On ne s'attarda pratiquement pas sur la Wehrmacht, bien qu'elle aussi ait fourni vers la fin de la guerre du personnel pour assurer la surveillance des camps de concentration[23]. Reste à savoir si les Alliés contribuèrent ainsi à faire naître l'idée que c'était la SS qui avait commis les crimes, tandis que la Wehrmacht était restée « propre ». En tout état de cause il n'existait pas encore *une* image de la Wehrmacht. Il fallait commencer par la créer.

La naissance de la légende

Si l'on cherche le véritable point de départ de la légende, il se trouve dans la dernière édition du rapport de la Wehrmacht, publiée le 9 mai 1945[24]. Le responsable en était le grand amiral Dönitz, qui faisait à cette date office de successeur de Hitler, c'est-à-dire de nouveau chef de l'État et de commandant en chef de la Wehrmacht[25]. C'était un communiqué spécial dans lequel on annonçait la fin de la guerre. Dönitz et ses conseillers profitèrent en même temps de l'occasion pour donner de la guerre et de la Wehrmacht une interprétation conforme aux intérêts de l'élite de l'armée allemande :

« Depuis minuit les armes se taisent sur tous les fronts. Sur ordre du grand amiral, la Wehrmacht a mis fin à un combat devenu sans issue. Une lutte héroïque s'achève ainsi au terme de près de six années. Elle nous a valu de grandes victoires, mais aussi de sévères défaites. La Wehrmacht allemande a finalement cédé dans l'honneur à une puissance nettement supérieure.

« Conformément à son serment, le soldat allemand, s'engageant au plus haut niveau, a accompli pour son peuple des prouesses qui demeureront définitivement inoubliables. La patrie l'a soutenu jusqu'au dernier moment, de toutes ses forces et au prix des plus lourds sacrifices.

« Dans le jugement équitable que portera plus tard l'Histoire, on reconnaîtra définitivement l'effort unique qu'ont produit la patrie et le front.

« L'adversaire ne refusera pas non plus son respect aux réalisations et aux sacrifices des soldats allemands sur terre, en mer et dans les airs. Chaque soldat peut donc poser son arme debout, avec fierté et, dans les heures les plus graves de notre histoire, se mettre bravement au travail, en toute confiance, pour la vie éternelle de notre peuple.

« En cette heure grave, la Wehrmacht se rappelle ses camarades tombés sous les balles de l'ennemi. Les morts nous obligent à une fidélité inconditionnelle, à l'obéissance et à la discipline à l'égard de notre patrie qui saigne de mille plaies[26]. »

Le message essentiel était donc le suivant : la guerre a certes été perdue en raison de la supériorité des ennemis, mais la Wehrmacht l'a menée de manière

« héroïque », « honorable », « de toutes ses forces », performante et efficace, au prix de grands sacrifices et en restant toujours fidèle au serment du soldat. Même les adversaires dans la guerre ne refuseraient pas leur respect aux prouesses « inoubliables » de la Wehrmacht, et l'Histoire saurait aussi leur rendre hommage.

Le mémoire des généraux, novembre 1945

On avait ainsi tracé la ligne sur laquelle on tisserait désormais la suite de la légende. Cependant, immédiatement après la capitulation, certains généraux de la Wehrmacht analysèrent le passé immédiat avec le souci de la vérité. L'ancien général de blindés Hans Röttiger écrivit ainsi en novembre 1945, dans le cadre de la préparation du procès de Nuremberg, qu'il avait découvert que « le combat que nous menions contre les bandes avait au bout du compte pour objectif d'utiliser le combat militaire contre les bandes [*sic**] mené par l'armée de terre pour permettre une liquidation sans ménagements du judaïsme et d'autres éléments indésirables[27] ». Ce mémoire fut retiré plus tard, sans doute sur les conseils de son avocat, et remplacé par une version expurgée. Plus tard, dans la Bundeswehr, Röttiger atteignit le grade de premier inspecteur de l'armée de terre.

À peu près à la même époque, plusieurs anciens généraux de la Wehrmacht rédigèrent un mémoire commun à l'attention du Tribunal militaire international de Nuremberg. Ils y avaient été incités par le général américain William J. Donovan, qui jugeait anormal que l'état-major général allemand soit mis en accusation en tant qu'association criminelle et qui voulait donc – contrairement à la mission qui lui avait été confiée –

* *NdT.*

donner aux anciens généraux de la Wehrmacht la possibilité de préparer leur procès dans les meilleures conditions. Cela provoqua une vive confrontation avec le procureur américain, le juge Robert H. Jackson[28]. Dès cette phase, les premiers signes des nouveaux rapports de force induits par la guerre froide jouèrent un rôle. Donovan fut l'un des représentants des États-Unis à considérer, dès cette époque, que les Américains devaient tout faire pour transformer les Allemands en alliés contre l'ennemi commun, l'Union soviétique[29].

Avaient participé à la rédaction de ce mémoire Walther von Brauchitsch (commandant en chef de l'armée de terre de 1938 à 1941), Erich von Manstein (quartier-maître général I à l'état-major général de l'armée de terre de 1936 à 1938, commandant en chef de la 11e armée de 1941 à 1942, et commandant en chef du groupe d'armées Sud jusqu'en mars 1944), Franz Halder (chef de l'état-major général de l'armée de terre de 1938 à 1942), Walther Warlimont (vice-chef de l'état-major dirigeant la Wehrmacht de 1938 à 1944) et Siegfried Westphal (en dernier lieu chef d'état-major du commandant en chef de la zone Ouest).

Ce mémoire des généraux de Nuremberg, intitulé *L'Armée de terre allemande de 1920 à 1945*[30], visait à contrer l'intention déclarée des puissances victorieuses : faire porter sur l'état-major de l'armée de terre une responsabilité particulière dans les crimes de guerre et les crimes contre l'humanité. Ce qui avait au début le caractère d'un mémoire en défense devint sous la plume des généraux un pur et simple déni de toute culpabilité. Dans les ouvrages scientifiques, on a décrit ce mémoire comme un « exemple d'illusion faite à soi-même[31] ». Mais il s'agissait de bien plus que cela : c'était une étape nouvelle et importante dans cette grande opération de maquillage d'où naîtrait par la suite la légende de la « Wehrmacht propre ».

Manfred Messerschmidt, qui analysa ce « mémoire des généraux », largement ignoré jusque dans les années 1990, et mit en lumière les contradictions entre ses affirmations et la réalité, porte une conclusion tranchée : les auteurs considéraient que leur principal objectif était de « montrer que l'armée de terre avait eu une attitude d'opposition envers le parti et la SS, avait désapprouvé la quasi-totalité des décisions importantes de Hitler et s'était opposée aux crimes de guerre[32] ». Ce texte contient ainsi déjà tous les éléments utilisés pour enjoliver et banaliser le rôle de l'OKW et de l'OKH au cours de la Seconde Guerre mondiale, éléments qui allaient poser leur empreinte pendant des années sur l'image de la Wehrmacht dans l'opinion publique. Messerschmidt constate avec amertume : « Aucun des rédacteurs de ce texte n'a assumé la responsabilité des actes qu'il avait commis ou qu'il n'avait pas commis[33]. »

Les arguments du mémoire des généraux devaient ensuite servir de « fil rouge » à la défense au cours des procès des criminels de guerre. Le principal défenseur allemand, l'avocat Laternser, se fonda d'un bout à l'autre sur une image de l'armée allemande analogue à celle qui avait été dessinée dans le dernier rapport de la Wehrmacht et dans le mémoire des généraux. Ce texte circula de main en main parmi les anciens officiers de la Wehrmacht, et pas seulement ceux qui avaient été mis en accusation à Nuremberg. En raison des noms éminents des signataires et de leurs grades militaires élevés, les affirmations apologétiques qu'on y trouvait semblèrent avoir été élevées, dans ces milieux, « au rang de la vérité historique[34] ».

Les procès des criminels de guerre

Au cours du procès des principaux criminels de guerre à Nuremberg, vingt accusés furent condamnés. Six d'entre eux étaient des militaires ayant exercé des fonctions de direction :

Hermann Wilhelm Göring – comme Hitler, dans un double rôle politico-militaire, en tant que détenteur de hautes fonctions politiques, entre autres ministre du Transport aérien du Reich et commandant en chef de la Luftwaffe avec rang de maréchal du Reich, le grade militaire le plus élevé, créé spécialement pour lui – échappa à la peine de mort en se suicidant.

Wilhelm Keitel, général feld-maréchal et chef du commandement en chef de la Wehrmacht, fut condamné à mort et exécuté.

Alfred Jodl, général de corps d'armée et très proche conseiller opérationnel en tant que chef de l'état-major de direction à l'OKW, fut lui aussi condamné à mort et exécuté.

Erich Raeder, grand amiral et, jusqu'en 1943, commandant en chef de la marine de guerre, fut condamné à la détention à perpétuité.

Carl Dönitz, grand amiral, successeur de Raeder au poste de commandant en chef de la marine de guerre et éphémère successeur de Hitler au poste de président du Reich, fut condamné à dix ans de prison[35].

Les quatorze autres condamnés avaient tenu pour l'essentiel des rôles non militaires dans des actes que les juges alliés considérèrent comme des crimes de guerre.

L'idée d'une responsabilité commune des élites allemandes se refléta aussi dans la composition des douze « procès de suite » de Nuremberg. Au cours de trois d'entre eux, des militaires allemands se retrouvèrent devant le tribunal : dans le procès Milch (affaire 2), dans le procès des généraux du Sud-Est (affaire 7) et dans le procès de l'OKW (affaire 12). Alors que le procès des généraux du Sud-Est se concentra sur un théâtre d'opérations bien déterminé, les Balkans, les accusés au procès de l'OKW étaient des représentants typiques de la direction de la Wehrmacht. Selon la volonté de la puissance d'occupation américaine, sous la surveillance de laquelle furent menés les « procès de suite » dans leur ensemble, il fallait démontrer et faire expier la participation de l'élite militaire allemande aux crimes de guerre du régime national-socialiste.

À Nuremberg déjà, outre les grands noms du régime national-socialiste, on avait qualifié d'« organisations criminelles » quelques « groupes » ou « organisations » qui avaient exercé des fonctions déterminantes dans le système national-socialiste. À côté du corps des *Führer* du NSDAP, du groupe « Gestapo et SD », de la SS, de la SA et du gouvernement du Reich, on trouvait aussi le groupe « état-major général et OKW[36] ». Sous ce terme, l'accusation classait le plus haut niveau des dirigeants de la Wehrmacht, soit cent trente officiers nommément recensés qui, à un moment donné, entre février 1938 et mai 1945, avaient servi au commandement en chef de la Wehrmacht et des différentes armes[37].

Dès les préparatifs du procès, il s'avéra cependant que l'idée de condamner globalement « l'état-major général et l'OKW » comme une « organisation criminelle » – et non, par exemple, toute la Wehrmacht ! – était difficilement justifiable, et que son résultat ne serait pas tenable[38]. Au bout du compte, le tribunal estima que ni l'état-major général, ni l'OKW ne pouvaient être considérés comme une « organisation » ou comme un « groupe » au sens de l'article 9 de la charte du tribunal. Moyennant quoi, des procès individuels seraient intentés par la suite aux officiers incriminés, ce qui, disait-on à l'époque, était mieux à même de servir l'objectif recherché, plutôt que de criminaliser l'état-major général en tant que groupe.

Cela ne constituait cependant pas du tout un acquittement sur le fond. Les attendus du jugement, présentés par le juge sir Geoffrey Lawrence, établissaient sans faux-semblant la culpabilité des officiers dirigeants de la Wehrmacht :

« Ils portent une large part de responsabilité dans les souffrances et les détresses qui ont frappé des millions d'hommes, de femmes et d'enfants. Ils sont devenus une tache ignominieuse sur l'honorable métier des armes. Sans leur direction militaire, les appétits agressifs de Hitler et de ses complices nazis seraient restés purement académiques et sans conséquences. Même si ces officiers ne constituaient pas un groupe, selon les termes de leur statut, ils formaient tout de même certainement une caste militaire dépourvue de scrupules. Le militarisme allemand contemporain a vécu, avec son dernier allié en date, le national-socialisme, une brève période de floraison, telle qu'il n'en avait sans doute pas connu de plus belle dans le passé.

« Beaucoup de ces hommes ont avancé à tout propos l'argument du serment d'obéissance. Lorsque c'est utile à leur défense, ils disent qu'ils étaient forcés d'obéir aux ordres ; si on leur reproche les crimes brutaux de Hitler, dont on a prouvé qu'ils les connaissaient tous, ils disent qu'ils ont refusé d'obéir.

« La vérité est qu'ils ont pris une part active dans tous ces crimes ou qu'ils sont restés dans une attitude d'approbation tacite lorsqu'on commettait sous leurs yeux des crimes des plus scandaleux et de la plus grande ampleur que le monde ait jamais vus. Cela devait être dit. Lorsque les faits le justifient, ces gens doivent être déférés devant le tribunal, pour que ceux d'entre eux qui se sont rendus coupables de ces crimes n'échappent pas à leur sanction[39]. »

En dépit de ce verdict de culpabilité morale sans ambiguïté, les anciens soldats professionnels de la Wehrmacht se mirent aussitôt à broder sur l'absence de condamnation infligée au groupe « état-major général et OKW » ; de fil en aiguille, ils la réinterprétèrent comme un acquittement de fond et servirent au public cette version déformée. Aujourd'hui encore – preuve de l'efficacité du discours légendaire –, les milieux concernés continuent à répéter que la direction de la Wehrmacht a été « acquittée » au cours du procès des criminels de guerre à Nuremberg, même par ce qu'ils appellent eux-mêmes la justice des vainqueurs.

Le procès de l'OKW

Dans les accords de Potsdam, le 2 août 1945, les Alliés avaient rappelé une fois encore leur but de guerre principal : « Le militarisme et le nazisme allemands seront éliminés et les Alliés, après concertation mutuelle, prendront aussi dans l'immédiat et dans l'avenir d'autres mesures indispensables pour que l'Allemagne ne puisse plus jamais menacer ses voisins ou la paix du monde entier[40]. » On confia au conseil de contrôle allié le soin d'appliquer un catalogue de mesures qui allaient du désarmement et de la démilitarisation totale de l'Allemagne, ou de la refonte de tout le système éducatif selon des principes démocratiques et pacifiques, jusqu'à une déclaration d'intention affirmant la volonté d'arrêter les criminels de guerre et de les déférer devant un tribunal.

Après la Première Guerre mondiale, les puissances victorieuses n'avaient pas obtenu qu'on leur livre les criminels de guerre allemands pour les juger. Cette fois, les Alliés prirent eux-mêmes le problème en main. Ils créèrent un Tribunal militaire international et d'autres tribunaux qui, entre 1946 et 1949, mirent en accusation et condamnèrent des criminels de guerre allemands.

Les Alliés ne commirent pas à cette occasion l'erreur d'assimiler ou de confondre, par un rapprochement trop rapide, militarisme et militaires, c'est-à-dire de se limiter au démantèlement de la force armée de l'État national-socialiste. Ils comprirent au contraire que le militarisme avait peu à peu imprégné l'ensemble de la vie politique, économique, sociale et intellectuelle en Allemagne. Par exemple, même les représentants civils du régime national-socialiste se présentaient régulièrement en public vêtus d'uniformes militaires ou paramilitaires, et s'efforçaient de respecter les formes que cela impliquait. Quant à Hitler, il n'avait pas admis que direction politique et direction militaire coexistent : il avait regroupé sur sa personne les deux fonctions de « Führer et commandant suprême de la Wehrmacht ».

La version nationale-socialiste du militarisme explique qu'au procès de Nuremberg on n'ait pas seulement mis des soldats en accusation, mais aussi des représentants de premier plan de tous les systèmes sociaux qui avaient contribué à soutenir le système national-socialiste. La Wehrmacht, ou plus exactement sa classe dirigeante militaire, formait avec les élites du monde économique, de la bureaucratie, de la science et de la justice l'une de ces élites fonctionnelles qui portaient la responsabilité des crimes de guerre. La Wehrmacht constituait, on s'en souvient, à côté du NSDAP, ce « deuxième pilier » du régime dont Hitler avait parlé dès 1933.

Quatorze dirigeants de la Wehrmacht furent mis en accusation au procès de l'OKW. Il s'agissait de quelques feld-maréchaux et d'autres généraux de premier plan que la propagande nationale-socialiste n'avait cessé de mettre en valeur pour compenser la perte de légitimité de la guerre. Figuraient aussi quelques généraux, choisis sur la longue liste de cent trente officiers que nous avons déjà mentionnée. Une partie d'entre eux appartenaient plutôt au deuxième rang de la hiérarchie militaire et pouvaient à ce titre symboliser en quelque sorte la totalité de l'élite fonctionnelle de l'armée. Telle était en tout cas la conception des instances chargées des inculpations[41].

On ne sait pas précisément comment l'expression « procès de l'OKW » a pu s'imposer dans le langage des Alliés, puis chez les Allemands. Si l'on se fonde sur les postes occupés par les accusés, la désignation « procès de l'OKW » induit en erreur. Car, en réalité, sur les quatorze généraux inculpés, seuls trois appartenaient à l'OKW : Hermann Reinecke, responsable des prisonniers de guerre en tant que chef du bureau général de la Wehrmacht ; Rudolf Lehmann, chef du département juridique de la Wehrmacht, et Walther Warlimont, adjoint au chef de l'état-major dirigeant la Wehrmacht, c'est-à-dire l'adjoint de Jodl.

Les autres accusés étaient d'anciens commandants en chef de groupes d'armées et de groupes de l'armée de terre. La dénomination officielle de ce procès s'intitule d'ailleurs « United States of America vs. Wilhelm von Leeb, *et al.* (Case Nr. 12)[42] ».

Cependant, le procureur américain Telford Taylor et ses collaborateurs ont traité l'affaire de telle sorte que l'on ait de nouveau l'impression que, à travers les quatorze accusés, c'était l'élite militaire de la Wehrmacht que l'on mettait en accusation en tant que groupe. On peut peut-être y voir une tentative des Américains pour obtenir malgré tout, après coup, l'incrimination collective de la direction militaire de la Wehrmacht dans ce qu'ils avaient appelé le « High Command Case[43] ».

Le procès de l'OKW eut lieu du 30 décembre 1947 au 29 octobre 1948. L'acte d'accusation fut transmis le 28 novembre 1947. Fin décembre 1947, les accusés furent présentés au tribunal. Les audiences proprement dites commencèrent le 5 février 1948. Ce même jour, l'un des accusés, le général de corps d'armée Johannes Blaskowitz, se suicida.

Le tribunal, qui délibéra au palais de justice de Nuremberg, siégea à 233 reprises[44]. Il était présidé par John C. Young, ancien président à la Cour suprême de l'État du Colorado ; faisaient office d'assesseurs Winfried Hale, juge à la cour d'appel de l'État du Tennessee, et Justin W. Hardin, qui avait déjà été juge au procès des juristes[45]. On trouvait parmi les défenseurs allemands l'avocat Hans Laternser[46]. Il défendait le principal accusé au procès de l'OKW, le feld-maréchal Ritter von Leeb, et assura en même temps la défense collective de tous les accusés. Le verdict fut prononcé le 28 octobre 1948. Ce fut donc l'avant-dernier procès à s'achever à Nuremberg. Seul le procès Weizsäcker dura encore jusqu'au mois d'avril 1949.

L'une des caractéristiques du déroulement de ce procès fut que les accusés pouvaient appuyer leurs remarques sur un grand nombre de documents ayant force de preuve, documents que l'équipe de leurs collaborateurs – très compétents et très efficaces – avait rassemblés, pour une partie d'entre eux, avant le procès principal des criminels de guerre, et auxquels on avait en outre apporté entre-temps des compléments essentiels.

Le procès OKW – comme celui de Nuremberg – était fondé sur les accusations suivantes : crimes contre la paix (préparation de guerres d'agression), crimes de guerre et crimes contre l'humanité. Les deux derniers points étaient au cœur de l'accusation. On examina en particulier les ordres de la direction de la Wehrmacht, leur transmission à la troupe et la quantité de crimes de guerre qui en résultèrent. L'« ordre des commissaires » de 1941 fut longuement abordé, ainsi que sa conséquence, l'assassinat des commissaires politiques de l'Armée rouge. On traita par ailleurs de l'« ordre de commandement » de 1942, sur la base duquel des soldats des forces alliées avaient été assassinés sur les côtes, à l'Ouest, et en Grèce, après avoir participé à des opérations commandos et s'être retrouvés prisonniers de l'armée allemande. On traita également des millions de crimes commis contre des prisonniers de guerre, pour l'essentiel des soldats de l'Armée rouge. Autre accusation qui pesait tout aussi lourd : la complicité des accusés dans les mesures criminelles prises par la Wehrmacht à l'encontre des civils dans les territoires occupés. Ceux-ci avaient été tués en grand nombre par les Allemands, ou déportés de leur pays d'origine pour être soumis au travail obligatoire en Allemagne.

Or, les généraux de la Wehrmacht contestèrent toute culpabilité personnelle, se référant aux ordres venus d'« en haut », à l'ignorance et à l'oubli. Aucun de ces officiers n'exprima son regret, ni sa compréhension tardive du fait qu'il s'était rendu complice de crimes de guerre. Tout au plus peut-on interpréter dans ce sens le suicide de Blaskowitz.

Tous les accusés furent blanchis de l'accusation d'avoir planifié des guerres d'agression et donc commis des « crimes contre la paix ». Le tribunal militaire prouva certes que beaucoup d'entre eux avaient participé à ces réunions au cours desquelles Hitler avait présenté ses intentions agressives. Quelques-uns d'entre eux avaient en outre travaillé aux projets de plans d'agression militaire. Mais, contrairement à ce qui s'était passé auparavant pour Keitel et Raeder, qui avaient entre autres été condamnés pour crimes contre la paix, le tribunal estima cette fois, de manière surprenante, que « les accusés ne s'étaient pas trouvés au même niveau que les dirigeants politiques et n'étaient donc pas coupables de ce chef d'accusation[47] ».

Onze accusés furent condamnés pour crime de guerre et crime contre l'humanité, au titre des points II et III de l'acte d'accusation : les généraux Warlimont et Reinecke, de l'entourage militaire immédiat de Hitler (tous deux à perpétuité) ; le feld-maréchal von Küchler, les généraux von Salmuth et von Rocques (à vingt années de prison) ; les généraux Reinhardt et Hoth (à quinze ans de prison), ainsi que le Generaloberstabsrichter Lehmann, les généraux Wöhler et Hollidt (à des peines de cinq à huit années de prison). Le feld-maréchal Wilhelm von Leeb, dont on avait officiellement donné le nom à toute la procédure, s'en sortit avec trois années de prison, considérées comme purgées à la proclamation du verdict. Sperrle et Schniewind furent acquittés.

L'un des motifs pour lesquels on avait organisé les douze « procès de suite » en général, et le procès de l'OKW en particulier, était la crainte tout à fait justifiée qu'avaient les Américains de voir une légende se constituer et faire dangereusement tache d'huile en Allemagne après la conclusion du procès des principaux criminels de guerre. Le procureur américain Walther H. Rapp déclara ainsi dans une interview radiophonique que le principal effet recherché avec le procès de l'OKW était de « faire obstacle aux légendes ». Sans la mise en accusation « de deux à trois généraux feld-maréchaux, d'une dizaine ou d'une quinzaine de généraux de corps d'armée », estima-t-il, on aurait vu « comme, sans doute, après la Première Guerre mondiale » se propager dans la population l'impression que les généraux étaient « de vieux messieurs bienveillants, raffinés et très cultivés, qui n'auraient jamais accepté ni commis des actes comme ceux dont on les accusait ». Rapp poursuivit : « Le fait que l'on ait arraché leur masque aux généraux et qu'ils apparaissent à présent en plein jour tels qu'ils sont effectivement me semble être une grande contribution au travail visant à ce que la totalité de la population ne s'accroche pas, dans une crédulité aveugle, à la redingote d'un général, ou n'attende de lui la renaissance ou la reconstruction de l'Allemagne[48]. »

Certaines parties de l'opinion publique allemande tentèrent effectivement, de bonne heure, de projeter et de canaliser la responsabilité des crimes de guerre incontestables sur ceux qui avaient déjà été condamnés et pouvaient servir de boucs émissaires. Les criminels de guerre auxquels on n'avait pas encore demandé de comptes, dont des membres de l'élite militaire, virent alors une possibilité d'être lavés des accusations aux yeux de l'opinion publique et d'être exemptés de toute responsabilité morale. Après coup, on pourra sans doute dire que les craintes de voir se former des légendes apologétiques n'étaient que trop justifiées, notamment en ce qui concerne celle de la « Wehrmacht propre ». Dès la fin des années 1940, le vent politique commença à tourner dans les zones allemandes occidentales, dans la mesure où des fractions de plus en plus importantes du public rejetaient les procès intentés aux criminels de guerre et où le vaste processus de réhabilitation des anciens nationaux-socialistes et de leur réintégration dans la société de l'Allemagne fédérale débutait sur la base d'une « politique du passé[49] » qui enjolivait et refoulait la réalité. En d'autres termes, les procès des criminels de guerre n'ont pas provoqué de prise de distance mentale collective des Allemands à l'égard de la Wehrmacht.

Publications contre l'oubli

En 1948, c'est-à-dire à une date à laquelle les audiences des « procès de suite » se déroulaient encore, le Tribunal militaire international reçut l'instruction de publier, après les versions anglaise, russe et française, une édition allemande en quarante-deux volumes du procès contre les principaux criminels de guerre. Le même phénomène ne se reproduisit pas pour les douze « procès de suite ». Le gouvernement américain publia certes entre 1949 et 1953 une édition en quinze volumes – les « green series » – dans laquelle on reprenait des extraits essentiels des audiences des « procès de suite », y compris contre les généraux de la Wehrmacht[50]. Mais cette édition resta largement inconnue en Allemagne.

Résultat : en Allemagne fédérale, pendant près de cinquante ans, presque personne ne s'est montré intéressé par une publication de documents issus des « procès de suite ». Seul le verdict prononcé dans l'affaire 11 contre von Weizsäcker, ce que l'on a appelé le « procès de la Wilhelmstrasse », a été édité dès 1950[51]. En ce qui concerne le procès de l'OKW, on publia uniquement à cette époque les plaidoiries de l'avocat de la défense, Hans Laternser[52], illustration manifeste de la mentalité dite du « point final ». L'« oubli soigneux[53] » était un élément essentiel de ce grand refoulement collectif que Ralph Giordano a qualifié de « deuxième faute des Allemands[54] ».

Cette attitude fut notamment encouragée par la conception juridique du gouvernement fédéral, dont la politique fut d'ignorer les jugements prononcés au cours des procès des criminels de guerre dans les années 1940[55]. Sans doute en réaction politique à cette attitude, les éditions Rütten und Loening à Berlin-Est – qui avaient déjà publié auparavant les attendus du verdict de Nuremberg[56] – se mirent à publier les verdicts prononcés dans les « procès de suite », en commençant précisément, en 1960, par le jugement prononcé dans l'affaire 12 contre le haut commandement de la Wehrmacht[57]. Y figurait un avant-propos polémique qui reprenait à son compte, pour des pans essentiels, les rapports d'inimitié nés du conflit Est-Ouest[58]. Cela eut pour effet d'enfouir davantage dans l'oubli le procès de l'OKW, jusqu'à ce que le journaliste Jörg Friedrich publie en 1993 son ouvrage de plus de mille pages, *La Loi de la guerre*[59]. Ce livre, sous-titré « Le procès contre le haut commandement de la Wehrmacht », est cependant un grand essai dans lequel l'auteur utilise les dossiers comme une source parmi d'autres afin d'étayer ou d'illustrer certaines thèses générales sur les problèmes posés par les guerres des temps modernes. On ne dispose donc toujours pas d'édition en langue allemande du procès de l'OKW. Au bout du compte, on peut dire que, pour les Allemands que cette question intéresse, le temps est venu de redécouvrir ce procès.

Le procès Kesselring et le procès Manstein

Tout comme à Nuremberg, d'autres généraux de la Wehrmacht mis en accusation à l'étranger nièrent toute participation de la Wehrmacht à des crimes. On trouvait parmi eux l'ancien commandant en chef Sud, le feld-maréchal Albert Kesselring, que les Britanniques déférèrent devant un tribunal de guerre en 1946-1947 à Venise. Bien que la Wehrmacht ait commis sous sa responsabilité une immense quantité de crimes en Italie au cours des années 1943-1945, Kesselring le contesta avec « une impudence et une insolence inouïes », et affirma qu'« en dépit de leur métier sanglant les soldats s'étaient laissé guider par des points de vue humains, culturels et économiques tels que les guerres devraient très rarement en avoir vu de cette ampleur[60] ». Il s'attendait même, dit-il, à ce que les Italiens lui élèvent un monument.

Le successeur de Kesselring au commandement du secteur Sud-Ouest, le général de corps d'armée von Vietinghoff-Scheel, se livra lui aussi à d'incroyables enjolivements et alla jusqu'à affirmer : « Ici, du premier au dernier jour, on s'est battu honnêtement, comme au temps passé. [...] La guerre en Italie s'est achevée comme elle avait commencé et comme elle s'était déroulée : "*fair*[61]." » Là encore, en dépit de la guerre criminelle qui avait été menée contre l'Italie après 1943, et dont avaient été victimes quelque 46 000 internés militaires ou prisonniers de guerre italiens, 37 000 déportés politiques et 16 000 citoyens civils italiens, ainsi que 7 400 Juifs[62], on affirmait, en falsifiant l'histoire, que la Wehrmacht avait mené en Italie un combat loyal et correct.

Le procès Manstein, qui se déroula en 1949 devant un tribunal militaire britannique, montra – plus clairement encore que le procès de l'OKW – quel tribut la guerre froide exigeait désormais de la vérité historique. Dans la fraction conservatrice de l'opinion publique anglaise, mais aussi en partie dans les milieux libéraux et de gauche, les voix se multiplièrent pour demander que l'on épargne les Allemands de l'Ouest en général, incarnés en l'occurrence dans la personne du fameux feld-maréchal de la Wehrmacht Erich von Manstein, afin de pouvoir les gagner à l'idée d'un pacte de défense atlantique intégrant l'Europe de l'Ouest. Cet objectif politique à l'esprit, beaucoup de Britanniques furent disposés à dessiner, en toute connaissance de cause, une image aimable de la Wehrmacht. En Grande-Bretagne, beaucoup de politiciens éminents et de juristes estimèrent bienvenu de présenter la Wehrmacht comme une armée qui, à l'instar d'autres armées, avait mené une guerre purement militaire[63]. L'ancien Premier ministre Winston Churchill alla jusqu'à offrir publiquement une somme d'argent pour contribuer, avec d'autres donateurs, à ce que Manstein puisse payer deux avocats britanniques.

Au bout du compte, on parvint à convaincre deux personnes d'assumer cette tâche : le député travailliste et ancien officier de marine Reginald D. Paget, ainsi que Samuel C. Silkin, juif, lui aussi député travailliste et fils du ministre de l'Agriculture – ce qui était certainement pour Manstein le meilleur cas de figure possible[64]. Soutenus par les avocats allemands Laternser et

Leverkuehn, qui avaient déjà accumulé une expérience certaine pendant les procès de Nuremberg, Paget et Silkin établirent leurs plaidoiries sur la ligne du mémoire des généraux de 1945. La défense partit en « croisade » contre l'humiliation que les Alliés étaient censés avoir fait subir au général allemand, et travailla à « sauver l'honneur de la Wehrmacht allemande ». On banalisa les caractéristiques spécifiques de la guerre d'extermination à l'Est, les objectifs de conquête, le racisme et l'extermination des Juifs, on fit abstraction du fait que la direction de la Wehrmacht avait participé à la planification et à l'exécution de cette guerre, et l'on dessina au final l'image de combats répondant aux nécessités de la guerre. Comme le montrent les documents disponibles, Paget expliqua au cours du procès : « la Wehrmacht, de mon point de vue, a fait preuve d'une grande retenue et d'une grande discipline, ce dans des circonstances d'une inconcevable cruauté ». Parlant du réarmement de l'Allemagne, il ajouta : « Pour l'Allemagne, Manstein ne sera jamais un criminel de guerre. C'est un héros de son peuple et il le restera[65]. »

L'accusation ayant pu démontrer que Manstein avait approuvé les objectifs de la guerre d'extermination, qu'il était informé des exécutions de Juifs et de commissaires, mais aussi du soutien apporté par des unités de la Wehrmacht aux assassinats perpétrés par le groupe d'intervention C, il fut condamné à dix-huit années de prison par le tribunal militaire britannique présidé par le général de division Simpson. Manstein fut transféré à la prison de Werl, où étaient incarcérés les criminels de guerre. Mais la défense, menée avec le soutien d'un historien militaire britannique réputé, sir Basil Liddell Hart, influença l'opinion publique britannique afin qu'elle prenne position en faveur d'une amnistie générale des criminels de guerre. Au bout du compte, le jugement fut dans un premier temps, en février 1950, ramené à douze ans de prison, et la libération officielle de Manstein eut lieu en mai 1953[66].

En 1952, Paget publia sa vision apologétique de la manière dont avait été menée la guerre par Manstein et de son procès, dans un livre qui parut aussi en langue allemande[67]. En Grande-Bretagne comme en Allemagne, il a ainsi contribué à conforter la légende de la « Wehrmacht propre ».

Il fut aidé dans sa tâche par l'attitude du pacifiste britannique le plus célèbre, le philosophe Bertrand Russell. Celui-ci déclara publiquement en Allemagne, au mois de juin 1949, que Manstein avait certes vraisemblablement mérité une punition, mais qu'en raison de la situation politique la procédure était désormais malvenue[68]. Il fallait, disait-il, tenir compte du fait que les crimes de guerre des vainqueurs n'avaient pas été punis. Si l'Europe – et il désignait par ce terme une Europe occidentale orientée vers l'antisoviétisme – voulait guérir, elle était forcée de collaborer avec l'Allemagne. En politique, on devait plus penser à l'avenir qu'au passé.

Force est donc de constater que la légende du « blason immaculé » de la Wehrmacht ne fut pas seulement propagée par des généraux allemands, mais eut aussi, à partir du début de la guerre froide, des partisans éloquents dans les anciens pays ennemis.

Un thème occulté : la Wehrmacht et la Shoah

Il est un thème qui ne fut jamais traité explicitement à Nuremberg, ni dans le procès des principaux criminels de guerre, ni dans le procès de l'OKW : le lien éventuel entre la Wehrmacht et la Shoah, c'est-à-dire le fait que la Wehrmacht avait eu connaissance de et apporté sa participation à l'assassinat d'environ six millions de Juifs européens sur le territoire qu'elle avait conquis[69]. On mena une enquête sur ces meurtres au cours du procès de suite contre les Einsatzgruppen (affaire 9)[70], mais pas dans les procès contre l'élite militaire. Quels étaient les motifs des Alliés pour faire preuve d'une telle retenue à l'égard de l'extermination systématique des Juifs européens ? Était-ce un manque de conscience du problème ? Ne voulaient-ils simplement pas en entendre parler, comme le suppose l'historien anglais Walther Laqueur[71] ? N'est-ce pas pour cette raison qu'ils ont accueilli ces informations avec méfiance, y compris celles de première main, fournies par exemple par Jan Karski[72] ?

Cet officier de cavalerie polonais avait été chargé en 1942, par le gouvernement polonais en exil à Londres, de se procurer des informations sur les plans de Hitler en vue de la destruction des Juifs d'Europe. Déguisé en garde ukrainien, Karski s'était infiltré dans le ghetto de Varsovie et dans le « centre de sélection » de la machinerie nationale-socialiste d'extermination, Izbica Lubelska. Il vit de ses propres yeux la misère des habitants affamés et l'exécution des Juifs. Il put présenter personnellement ce qu'il savait aussi bien au ministre britannique des Affaires étrangères, Anthony Eden, qu'au président américain, Franklin D. Roosevelt. Mais ses informations ne déclenchèrent aucune réaction politique ou militaire visible[73].

Les Britanniques, nous le savons aujourd'hui, parvinrent à déchiffrer à une date précoce les rapports des Einsatzgruppen de la SS envoyés à Berlin, et détenaient donc des informations globales sur leur pratique de l'assassinat en Pologne et en Union soviétique[74]. On n'a pas encore établi à ce jour la raison pour laquelle ils ont gardé ces informations secrètes. Les uns pensent que c'était pour des raisons militaires : dans le cas contraire, il aurait été impossible de continuer à intercepter les communiqués de l'ennemi. D'autres laissent croire que le gouvernement britannique éprouvait une sympathie secrète pour l'élimination des Juifs et des permanents bolcheviques. À chaque fois, dans ce contexte, on s'est demandé pourquoi les puissances occidentales n'avaient pas bombardé les voies d'accès à Auschwitz. Quoi qu'il en soit, les Alliés en savaient plus qu'ils ne l'admettaient[75]. Cela vaut du reste aussi pour l'Église catholique, qui s'est trouvée confrontée pour la première fois, en 1997, à sa défaillance de l'époque.

Pour quelles raisons la Shoah fut-elle largement mise entre parenthèses lors des procès des criminels de guerre à Nuremberg ? Fallait-il les chercher dans la politique intérieure américaine, comme le suppose Raul Hilberg ? Fallait-il éviter que l'on établisse une relation quelconque entre la discrimination des Noirs aux États-Unis, encore forte à cette époque, et la manière meurtrière dont les Allemands avaient traité les Juifs ? Fallait-il éviter que l'on révèle que les Alliés avaient eu de bonne heure connaissance des assassinats de Juifs ? Ou bien les procureurs et juges militaires alliés ne pouvaient-ils pas encore, à l'époque, se représenter clairement le fait que la conduite de la guerre et les assassinats de Juifs étaient étroitement liés, et que l'on n'aurait pas pu les mettre en œuvre sans la participation de la Wehrmacht ? Peut-être se laissèrent-ils eux-mêmes abuser par la légende selon laquelle les meurtres avaient été exclusivement menés par la SS, tandis que la Wehrmacht avait certes commis des crimes de guerre, mais n'avait pas participé à l'assassinat en masse des Juifs, considérés comme une forme spécifique de l'humanité, en tant que complice par le savoir et par l'acte ?

Ces questions attendent encore d'être examinées. Il faut en tout cas constater qu'au cours des procès de Nuremberg on a certes traité des crimes de guerre et des crimes contre la population civile, mais pas de la Shoah. L'ancien corps des généraux de la Wehrmacht fut ainsi largement dispensé d'agir sur ce « front ».

Écrire l'histoire dans l'esprit de la Wehrmacht

Outre la rédaction de mémoires en défense pour le Tribunal de Nuremberg, les anciens officiers de la Wehrmacht eurent la possibilité de consigner à leur manière pour la postérité les événements qui s'étaient écoulés au cours de la guerre. Ils écrivirent au service des Alliés ce que souligne l'historien militaire Bernd Wegner : « L'historiographie (ouest-)allemande sur la Seconde Guerre mondiale, et tout particulièrement sur la guerre germano-soviétique, pourrait avoir été pendant plus de deux décennies et même en partie jusqu'à nos jours, dans une bien plus forte mesure que nous n'en sommes généralement conscients, une historiographie des vaincus[76]. »

Les officiers allemands détenus comme prisonniers de guerre au sein de l'Historical Division de l'US Army[77], furent recrutés afin de raconter les événements militaires de la Seconde Guerre mondiale. En juin 1946, 328 officiers allemands – la plupart portant le grade de général et aucun d'entre eux n'étant historien, hormis Waldermar Erfurth – travaillèrent en tant que prisonniers de guerre des Américains à ce programme historique. Au mois de mars 1948, ils avaient rédigé plus de 1 000 manuscrits représentant à peu près 34 000 pages[78]. La direction militaire américaine parvint à inciter l'ancien chef de l'état-major général de l'armée de terre, Franz Halder, qui jouissait d'une grande estime auprès de tout le corps des officiers allemands, à apporter sa contribution et à assumer la direction globale du projet. Cet officier, qui avait la réputation fallacieuse d'avoir été un adversaire de Hitler, incarnait mieux qu'aucun autre l'esprit de l'état-major général germano-prussien. Halder décida de collaborer avec les Américains, donnant comme justification caractéristique le fait qu'il s'agissait de « prolonger le combat contre le bolchevisme[79] ». Des arguments analogues furent aussi utilisés à l'époque par le grand amiral et éphémère successeur de Hitler, Dönitz, et par le général des services secrets, Gehlen. Faisait office d'adjoint à Halder le général Adolf Heusinger, qui travaillait en même temps au sein de l'Organisation Gehlen et devint plus tard le premier inspecteur général de la Bundeswehr. Tout comme Gehlen, Heusinger représente un lien de continuité entre la Wehrmacht et la Bundeswehr. À partir de 1947 environ, l'intérêt des commanditaires de l'« Operational History (German) Section » et du Naval Historical Team, qui fonctionna parallèlement, se détourna de plus en plus nettement de la présentation des opérations allemandes pendant la Seconde Guerre mondiale pour se consacrer à l'élaboration d'études sur l'Union soviétique, ce que l'on doit évidemment replacer dans le contexte d'une opposition Est-Ouest qui s'avivait[80].

Un élément essentiel du tableau que les ex-officiers allemands brossèrent de la Wehrmacht concernait les capacités professionnelles prétendument remarquables de la classe dirigeante militaire, ainsi que la bravoure et l'esprit de résistance extraordinaires des soldats allemands. Il existait ainsi – et il existe sans doute encore aujourd'hui – dans les forces armées britanniques et américaines (parallèlement au dégoût qu'inspirent les crimes de guerre commis par des membres de la direction de la Wehrmacht) une admiration née « des expériences du champ de bataille » pour le professionnalisme des soldats allemands[81]. Il s'agit d'une sorte de solidarité internationale des militaires de carrière. La haute estime que nous avons évoquée se vérifie par exemple dans les livres de Liddell Hart, ainsi que dans quelques mémoires de militaires britanniques et américains, et on la rappelle aujourd'hui encore – surtout dans les milieux d'extrême droite et dans d'autres cercles pratiquant l'apologie de la Wehrmacht – lorsqu'il s'agit de maintenir, contre toutes les découvertes de la recherche critique en histoire militaire, la fiction d'une guerre dure, mais menée dc manière « correcte » et loyale par la Wehrmacht.

En ce qui concerne la présentation du contexte politique dans lequel était impliquée la Wehrmacht, Halder – qui, pendant ses quinze années d'activité pour le compte de l'Historical Division, se faisait encore donner du « Mon général » par ses camarades officiers et se comportait comme leur supérieur quant au traitement de leurs manuscrits – avait élaboré une version dont tous les autres anciens officiers devaient s'inspirer :

« Selon cette version, la Wehrmacht dans son ensemble, mais avant tout la direction de l'armée, avait pratiquement été la victime historique de Hitler, ou du moins l'instrument dont il avait abusé pour mener sa politique criminelle, et avait tenté d'y résister par tous les moyens possibles, y compris celui du tyrannicide – mot d'ordre : "Vingt Juillet." La gestion militaire de la guerre, dont ils avaient à répondre, paraît dans cette perspective, d'une manière presque miraculeuse, détachée des objectifs du régime. La guerre, lorsqu'on ne se contentait pas de la décrire comme un malheur ou même comme une mesure préventive indispensable, était présentée comme l'œuvre d'une personnalité démoniaque, exceptionnelle et au fond anti-historique : comme la "guerre de Hitler", justement. On tenta alors, sous des formes diverses, de prendre ses distances avec celle-ci : d'une part moralement, dans la mesure où la guerre menée par la Wehrmacht, dure par nature, mais à quelques exceptions près correcte et prétendument propre, était strictement séparée de la guerre sale et contraire au droit international menée par la SS ; d'autre part, du point de vue spécialisé et professionnel, dans la mesure où l'on n'attribuait pas les échecs opérationnels et stratégiques à ses propres erreurs de planification et de direction, mais aux aléas du climat et de la géographie, et aussi et surtout au dilettantisme et au caractère incorrigible de Hitler[82]. »

Admettons-le, c'était une défense tous azimuts habilement menée par les hommes concernés et ceux qui partageaient leurs responsabilités, des hommes qui, grâce à l'aide des forces de combat des puissances victorieuses, eurent accès à des documents historiques que les historiens professionnels ont dû attendre jusqu'au début des années 1960 – voire plus longtemps encore. Halder et ses ex-officiers de la Wehrmacht, qui traitaient l'histoire en dilettantes, purent mener cette tâche dans une situation privilégiée, et les rares historiens qui travaillèrent dans les années 1950 sur l'histoire de la Seconde Guerre mondiale se virent contraints d'aller chercher leurs renseignements auprès de « Mon général » et de ses collaborateurs[83]. Compte tenu de ses fonctions, Halder put tenir le « rôle d'un doyen de l'historiographie allemande sur la Seconde Guerre mondiale[84] ». Son influence sur les écrivains militaires, les rédacteurs de mémoires, les rédacteurs de journaux et les historiens fut considérable.

Au sein de l'Historical Division, on effaça une fois de plus les traces de la guerre d'extermination dont la direction de la Wehrmacht s'était rendue responsable. Une instruction adressée en mars 1947 par l'ancien feld-maréchal von Küchler à ses collaborateurs militaires de l'Historical Division au camp de Garmisch était caractéristique de la manière dont d'anciens officiers supérieurs de la Wehrmacht purent travailler à tisser la légende de leur propre institution. Il donna les lignes directrices suivantes pour la rédaction d'études sur l'histoire de la guerre : « Les actes *allemands* seront consignés du point de vue allemand, en faisant ainsi l'éloge de nos troupes. » Aucune « critique des mesures de direction » ne devra être exprimée, personne ne devra « être chargé » de quelque manière que ce soit, et il faudra faire ressortir comme il convient les réalisations de la Wehrmacht[85]. Une censure camouflée en « commission scientifique » veillait au respect de cette instruction. Mais les anciens officiers de la Wehrmacht, éduqués dans l'esprit de corps, l'obéissance et la loyauté personnelle, n'eurent sans doute aucune difficulté à respecter ces consignes. Elles exprimaient après tout aussi leurs propres conceptions et leurs propres intérêts.

L'un des officiers employés par l'Historical Division, l'ancien général Geyr von Schweppenburg, a confirmé qu'il a tout à fait été possible aussi de « faire disparaître telle ou telle pièce à charge qui aurait pu être utilisée au procès de Nuremberg. Cela aurait même été fait avec l'aide des Américains[86] ».

Mémoires de généraux et journaux de « troupiers »

Les années 1950 furent caractérisées par la reconstruction, la prospérité économique et la stabilité politique, sous le signe de la guerre froide, mais aussi de l'idéologie de l'anticommunisme et de la tentative menée par beaucoup d'Allemands pour se tenir en dehors de la politique et de l'Histoire. Dans ces conditions, il était naturellement impossible que l'Allemagne s'emploie réellement à porter un regard critique sur son passé le plus récent. L'image nationale-socialiste de cette époque oscillait au contraire « entre la diabolisation et la banalisation[87] ». À côté d'une reconnaissance partielle de la culpabilité et d'une prise de responsabilités fragmentaire, on trouvait « le refoulement des causes et de la faute ainsi que l'auto-absolution et le rejet des charges ».

En témoigne l'avalanche de mémoires publiés par d'anciens généraux de la Wehrmacht, dont un bon nombre s'étaient « recyclés » au service des Américains[88].

Hormis quelques nuances, ces mémoires d'officiers allemands présentaient Hitler comme le petit soldat de première classe qui avait réduit à néant le travail des militaires professionnels[89], ce qu'illustre le titre, *Victoires perdues*, choisi par Manstein. Dans ces mémoires apologétiques, il n'était à aucun moment question de crimes de guerre ou de la participation de la Wehrmacht aux assassinats des Juifs.

Bernd Wegner et d'autres ont souligné à juste titre que ces mémoires de généraux n'ont pas seulement forgé l'image de la Wehrmacht dans l'opinion publique allemande au cours de ces années, mais que leur influence est allée beaucoup plus loin. Car bon nombre d'historiens et de spécialistes de l'armée dotés d'une réputation internationale ont repris à leur compte cette image aimable d'une Wehrmacht efficace sur le plan militaire et qui n'avait pas été plus impliquée que d'autres armées dans les crimes de guerre. À commencer par sir Basil H. Liddell Hart qui publia en langue anglaise les papiers de Rommel et les mémoires de Guderian. Celui-ci ne tarissait pas d'éloges, dans ses propres publications, sur les capacités professionnelles des officiers de la Wehrmacht[90]. Des auteurs comme Albert Seaton et Earl F. Ziemke, qui suivirent une approche unilatérale dans l'histoire des opérations, admiraient eux aussi l'art de la direction dont faisaient preuve les militaires allemands, sans parler du « révisionniste » David Irving.

Omer Bartov résuma cette évolution en ces termes : « La légende de la prise de distance de la Wehrmacht à l'égard du régime, la légende de l'armée de métier, de la "correction" du soldat et de son dévouement (à la patrie, pas au Führer), de l'effroi et de la résistance des généraux face aux crimes de la SS, de leur attitude droite, de leur strict respect des règles morales et des vertus militaires, fut ainsi reconnue jusque dans de larges parties du public non allemand et chez un nombre non négligeable d'historiens de l'armée au Royaume-Uni et aux États-Unis [...][91]. »

La tendance générale à refouler et à nier la culpabilité s'exprima aussi dans les journaux de « troupiers », les romans populaires et les films. La guerre y était présentée comme une grande aventure menée par « des idéalistes inoffensifs et des soldats risque-tout[92] ». Ils insistaient sur la camaraderie des armes et sur la manière dont une direction nationale-socialiste criminelle avait abusé de millions de soldats corrects[93]. D'un côté, donc, une direction nationale-socialiste ayant accumulé les fautes, de l'autre un peuple poussé à la tentation, peuple dont la Wehrmacht faisait elle aussi partie. L'argumentation de ces auteurs relevait de l'apologie dans la mesure où – comme dans le cas de la bataille de Stalingrad – ils canalisaient vers le « démon » Hitler la responsabilité de la défaite militaire sur la Volga ou attribuaient celle-ci au « destin[94] » tout en absolvant la direction la Wehrmacht de toute faute.

Les réparations d'honneur

Un élément a joué un plus grand rôle que le semi-acquittement de « Nuremberg » dans le sentiment que l'élite de la Wehrmacht avait de sa propre valeur : il s'agit des réparations d'honneur faites par le commandant en chef de l'OTAN en Europe, le général Dwight D. Eisenhower (23 janvier 1951), et par le chancelier fédéral Konrad Adenauer (5 avril 1951). À cette date, les États-Unis, tout comme l'Allemagne fédérale, savaient fort bien qu'il y aurait de nouveau des forces armées allemandes à court ou moyen termes et que le recours aux membres de l'ancienne élite de la Wehrmacht serait inévitable.

L'un des préalables immédiats de ces réparations d'honneur est le « Mémoire de Himmerod » rédigé en 1950[95] par d'anciens officiers de la Wehrmacht, des conseillers et experts militaires que le chancelier fédéral allemand, Konrad Adenauer, avait convoqués au monastère de Himmerod, dans l'Eifel. On trouvait parmi eux l'ancien général Hermann Foertsch. Dans les années 1930, il avait été, sous les ordres du général Walther von Reichenau, l'un des principaux responsables de l'endoctrinement national-socialiste de la Wehrmacht. Ce sont Heusinger et Speidel qui l'avaient proposé à Adenauer. Hermann Foertsch – frère du futur inspecteur général de la Bundeswehr Friedrich Foertsch – fut alors élu président du groupe de travail « Structure intérieure » par les officiers réunis à Himmerod[96]. Ceux-ci firent comprendre à leur commanditaire que, selon leur conviction, des troupes allemandes ne pourraient être levées que si, auparavant, des représentants des puissances occidentales avaient publié une déclaration allant dans le sens de la réhabilitation des soldats de la Wehrmacht. Ils demandèrent que les soldats condamnés pour crimes de guerre soient libérés « dans la mesure où ils avaient seulement agi sur ordre et où aucun ne s'était rendu coupable d'actes répréhensibles selon les anciennes lois allemandes ».

Lorsque le général américain Eisenhower fit une étape en Allemagne, en janvier 1951, dans le cadre d'une tournée européenne, on eut l'occasion de le convaincre d'adopter un point de vue plus amical, lui qui s'était auparavant souvent exprimé en termes très négatifs sur la Wehrmacht et l'avait identifiée au national-socialisme. Hans Speidel et Adolf Heusinger le rencontrèrent à Bad Homburg et le convainquirent non seulement de déclarer que sa première opinion sur la Wehrmacht était erronée, mais aussi de signer le texte qu'ils lui avaient préparé. Le public l'apprit au moment où Eisenhower tint entre autres les propos suivants avant de quitter Francfort en avion :

« Pour ma part, je ne crois pas que le soldat allemand, en tant que tel, ait perdu son honneur. Le fait que certains individus aient commis pendant la guerre des actes déshonorants et méprisants retombe sur les individus concernés eux-mêmes et non sur la grande majorité des soldats et officiers allemands. Comme je l'ai dit au chancelier et à d'autres messieurs allemands avec lesquels j'ai parlé hier soir, je suis arrivé à la conviction qu'il existe une véritable différence entre les soldats et officiers allemands en tant que tels, d'une part, Hitler et son groupe criminel, de l'autre[97]. »

Trois mois plus tard, le chancelier fédéral Konrad Adenauer signa un texte qui ne disculpait pas globalement la Wehrmacht, mais se contentait d'absoudre les soldats « qui n'avaient commis aucune faute[98] ».

Pour l'ancienne élite de la Wehrmacht, les réparations d'honneur de 1951 sonnaient la fin de l'après-guerre – entendue comme une période d'humiliations, d'impuissance et de manque de perspectives professionnelles. Désormais, le plus haut représentant politique de l'Allemagne fédérale et le plus haut représentant militaire de l'alliance défensive occidentale avaient – on ne pouvait en tout cas qu'en avoir l'impression – fait la paix avec des généraux dont les puissances victorieuses de la Seconde Guerre mondiale avaient voulu, peu d'années auparavant encore, écraser l'influence, et ce « pour tous les temps ». Ce n'est donc pas tant la normalisation de la situation politique et économique – réforme monétaire en 1948, création de l'Allemagne fédérale en 1949, début du « miracle économique » – qui a constitué pour les militaires la fin de l'après-guerre, mais plutôt la réhabilitation de leur catégorie professionnelle, réhabilitation qui constituait pour sa part le premier palier et la condition du réarmement. Dans le même temps, on introduisit dans la Loi fondamentale l'article 131, qui accordait, outre aux fonctionnaires, aux anciens soldats de la carrière de la Wehrmacht, un droit à la retraite et à l'assistance sociale[99].

La Wehrmacht à l'ère Adenauer (1949-1954)

Norbert Frei a fort bien décrit comment s'était constituée la légende autour de la « Wehrmacht propre[100] ». Dans un essai publié par le *Spiegel* et intitulé « L'horreur ordinaire[101] », il se penchait spécifiquement sur l'image de la Wehrmacht qui avait été dessinée, sous l'ère Adenauer, non pas par les mémoires des personnes impliquées ou par les romans-feuilletons, mais dans la politique officielle.

La scène suivante – racontée par Frei – peut être considérée comme caractéristique de l'atmosphère en Allemagne fédérale à l'égard de la « politique de traitement du passé ». À l'automne 1952, deux criminels de guerre allemands parvinrent à s'évader de la prison de Werl. L'un des deux fuyards, Wilhelm Kappe, condamné à la détention perpétuelle par les Britanniques pour l'exécution d'un prisonnier de guerre russe, réapparut par la suite chez des parents à Aurich, en Frise orientale. Wilhelm Heidepeter, négociant en poissons et chef du groupe SPD d'Aurich, en eut vent et informa la police. Mais Kappe put de nouveau s'enfuir et bénéficia de la solidarité de la population et de la presse. Heidepeter, en revanche, fut persécuté en tant que « dénonciateur ». Des citoyens de la ville, armés de gourdins, défilèrent devant sa maison, cassèrent sa vitrine et écrivirent sur un calicot : « Ici habite le traître. » Fort heureusement, l'homme avait quitté la ville entre-temps. Il n'eut donc pas à voir ses camarades le démettre de toutes ses fonctions et demander que le parti entame contre lui une procédure d'exclusion. On ne trouva pas une seule voix dans la presse allemande pour prendre la défense de Heidepeter. Cela signifie que la très grande majorité de la population continuait à penser « en Allemand », comme elle l'avait fait jadis au sein de la « communauté du peuple » nationale-socialiste. Au fond, elle n'acceptait pas l'accusation de crimes de guerre, couvrait les condamnés, se solidarisait avec eux et réclamait leur libération, si possible sous la forme d'une amnistie générale. La presse et la politique reprirent le même refrain – avec des variantes.

Les représentants des puissances d'occupation durent de temps en temps rappeler à l'opinion publique allemande que les criminels de guerre condamnés ne l'avaient tout de même pas été sans motifs. En l'occurrence, le haut commissaire britannique, sir Ivone Kirkpatrick, déclara : « Presque tous les hommes et femmes en question ici ont été convaincus de participation ou bien à l'assassinat, ou bien aux mauvais traitements de ressortissants des pays alliés, dans des camps de travail d'esclaves ou des camps de concentration. »

Mais les Allemands n'avaient manifestement pas conscience de cette iniquité. Ils avaient depuis très longtemps pris l'habitude d'utiliser l'expression de « prétendus criminels de guerre » pour ceux dont ils réclamaient la libération. Dès la fin 1950, le haut commissaire américain McCloy avait été harcelé et menacé de mort parce qu'il avait refusé de gracier des criminels de guerre enfermés à la prison de Landsberg. McCloy fut littéralement désespéré en découvrant que les Allemands ne voulaient pas admettre l'« énormité » de ce qui s'était passé.

De fait, on constata au cours du premier quinquennat de l'Allemagne fédérale un large consensus entre les différents partis sur la manière dont on devait traiter le passé, à l'époque et à l'avenir. On ne cessait de réclamer, sur le ton de la menace, que l'on « mette enfin un point final ». Il est étonnant de voir avec quelle immense énergie, quel esprit cohérent et systématique on a travaillé, au cours des années fondatrices de notre République, à étouffer dans l'œuf l'information sur les crimes nationaux-socialistes et les crimes de guerre. On observe, dans un mélange de fascination et d'effroi, la manière dont la génération de la guerre a en quelque sorte à la fois bétonné l'accès à son passé et élevé au rang de norme un regard éhonté sur l'iniquité. Les simples suivistes ne cessèrent de manifester leur solidarité avec les véritables criminels de guerre, ce que les intérêts réels de la grande majorité ne peuvent absolument pas expliquer. Frei y voit un « aveu indirect de l'implication de l'ensemble de la société dans le national-socialisme ». À travers l'hystérie manifestée par les Allemands de l'Ouest à propos des criminels de guerre, la « communauté du peuple » nationale-socialiste avait en quelque sorte trouvé à l'époque « sa seconde confirmation ».

Les intérêts des groupes de population ayant trempé dans le nazisme furent entre autres défendus, dans la politique intérieure allemande entre 1949 et 1954, par les influentes unions d'Allemands expulsés des anciens territoires de l'Est et de soldats, mais aussi par les Églises, puis par les partis politiques, par le gouvernement fédéral, y compris par le « civil notoire » qu'était Adenauer, et par la presse nationale. Les étapes importantes de la disculpation des criminels furent l'« amnistie fédérale » de 1949, les recommandations du Bundestag en vue de la fin de la dénazification en 1950, la loi du « paragraphe 131 » en 1951 et la deuxième loi sur l'impunité de 1954. Tous ces textes législatifs et les décisions administratives qui les accompagnèrent poursuivaient un objectif commun : annuler les peines déjà prononcées et intégrer la légion des anciens membres du parti, qui regroupait plusieurs millions de personnes.

Lorsqu'on observe les efforts de réhabilitation des membres de l'ancienne Wehrmacht, on ne peut que constater, dès 1950-1951, une compétition des hommes politiques afin de s'attirer la faveur des anciens soldats. On les courtisait désormais dans le contexte du prochain réarmement. Au cours de la campagne électorale de l'été 1953, le chancelier fédéral Adenauer alla faire un pèlerinage ostentatoire auprès des prisonniers de guerre détenus par les Britanniques à Werl. Ce geste contribua lui aussi à la victoire acquise un peu plus tard par les partis gouvernementaux, avec une majorité des deux tiers, aux élections du Bundestag.

Au cours de la première moitié des années 1950, on fit exclusivement porter la faute de la défaite et des actes infâmes du régime national-socialiste sur Hitler et une petite clique composée des « principaux criminels de guerre ». Les autres Allemands s'accordaient généreusement le statut de personnes politiquement « séduites », c'est-à-dire, pour peu qu'on regarde les choses correctement, de « victimes ». Ce refoulement de la réalité alla de pair avec l'intégration des anciennes élites nationales-socialistes dans la société de l'Allemagne fédérale. À la fin des années 1950, l'innocence des généraux était un fait acquis dans l'opinion publique allemande. « En 1958, lorsque les Américains abandonnèrent Landsberg*, la vérité que la majorité des Allemands n'avait jamais acceptée, le fait que la Wehrmacht avait elle aussi contribué à la guerre d'extermination, relevait du passé depuis très longtemps. Ce qui restait vivant, c'était la légende d'une "guerre normale" : l'épopée honorable du "blason immaculé" de la Wehrmacht, qui permit à des milliers de troupiers

---

* La prison où l'on détenait jusque-là les criminels de guerre allemands condamnés *(NdA)*.

allemands de conserver la mémoire de leurs camarades morts au combat et de voir un sens dans leur propre engagement animé par l'abnégation[102]. »

Crimes de la Wehrmacht, justice, prescription

Dans les années 1950, la justice allemande n'a pas fait elle non plus d'efforts particuliers pour faire juger les crimes commis par des Allemands sous le nazisme. En ce qui concerne les anciens officiers de la Wehrmacht, le bilan est parfaitement clair : « De 1952 à 1959, il n'y eut presque aucune procédure d'enquête contre des membres de l'ancienne Wehrmacht, et encore moins de condamnations. Les rares procédures en cours ont été liquidées par la mise en œuvre de la loi sur l'impunité du 17 juillet 1954[103]. »

L'activation des poursuites judiciaires liées à des crimes nazis se déclencha, en 1958, avec ce que l'on appela le procès des Einsatzgruppen, à Ulm[104]. Ce procès révéla que « de nombreux crimes extrêmement graves commis par le national-socialisme, surtout à l'Est, n'avaient pas fait l'objet de poursuites[105] ». Alertés par cette découverte, les ministres de la Justice des Länder allemands prirent en octobre 1958 la décision de créer à Ludwigsburg un Office central des administrations de la justice régionale pour l'élucidation des crimes nationaux-socialistes. Les procureurs attachés à cette administration ont mené au cours des décennies suivantes, dans le cadre de leurs enquêtes préliminaires, un précieux travail de documentation et d'explication, auquel les historiens ont de plus en plus recours. Reste à savoir si ce travail a aussi été un succès du point de vue juridique.

En tout cas, à notre connaissance, la justice allemande n'a condamné dans la période suivante aucun officier de la Wehrmacht pour crime de guerre ou crimes nationaux-socialistes. Comment expliquer cet état de fait difficilement compréhensible – et peu glorieux pour la justice allemande ? On pourrait supposer que si les autorités de Ludwigsburg ont fait preuve de retenue dans leurs enquêtes, c'était par opportunisme, parce que l'image de la « Wehrmacht propre » était à l'époque déjà fermement ancrée dans l'opinion publique en Allemagne fédérale et que l'on ne voulait pas s'opposer à la mentalité du « point final » répandue à l'époque. Ce soupçon n'est pas justifié dans tous les cas. Les procureurs de la centrale de Ludwigsburg, dont la mission était de s'appuyer sur les procès de Nuremberg et d'apporter leur contribution à la suite de l'élucidation des crimes nationaux-socialistes, ont rempli leurs missions d'enquête avec du zèle et beaucoup de flair[106].

Mais ils l'ont fait en respectant des consignes politiques tout à fait précises. L'accord administratif conclu entre les ministres régionaux de la Justice définissait le champ de compétences de l'Office central en affirmant qu'il devait se soucier de l'élucidation des crimes nazis, mais pas des crimes de guerre. On établissait ainsi entre les faits une distinction terminologique qui souleva par la suite de nombreuses difficultés et dont les implications politiques n'ont pas encore été totalement révélées à ce jour. La mission donnée à l'Office central en 1958 était en tout cas la suivante : l'élucidation des crimes d'assassinat contre des personnes pendant la Seconde Guerre mondiale en dehors des opérations de combat proprement dites. L'ancien directeur de cette institution, Adalbert Rückerl, interprétait en ces termes le champ de compétences ainsi défini : « On avait essentiellement à l'esprit les crimes commis dans les camps de concentration, les camps de travaux forcés et les ghettos, ainsi que ceux commis par les Einsatzkommandos et Einsatzgruppen de la Sicherheitspolizei et du SD, lorsque ces actes étaient susceptibles d'être qualifiés de meurtres ou d'assassinats[107]. » Les procureurs de Ludwigsburg ne devaient être compétents pour l'élucidation des véritables crimes de guerre, commis par des membres de la Wehrmacht, que lorsque ceux-ci étaient « liés de manière indissociable avec des crimes commis en raison d'une opinion nationale-socialiste ». En 1965, c'est-à-dire sept ans après la fondation de l'Office central, de nouvelles directives furent fixées. Elles contenaient une fois de plus l'affirmation explicite selon laquelle l'élucidation des crimes de guerre ne relevait pas de la compétence de l'autorité[108].

En établissant une distinction entre deux types de crimes, les « crimes nationaux-socialistes » et les « crimes de guerre », on avait sans doute l'intention d'élucider les opérations d'extermination fondées sur l'idéologie et menées, pour l'essentiel, par la SS – l'assassinat des Juifs d'Europe, ainsi que celui des Tziganes, mais pas les crimes de guerre commis par la Wehrmacht, par exemple le fait d'avoir laissé mourir de faim plus de trois millions de prisonniers de guerre soviétiques. On supposait globalement qu'en règle générale il n'existait pas de lien indissociable entre les crimes de guerre commis par des membres de la Wehrmacht et leurs opinions nationales-socialistes. Les hommes politiques considéraient donc apparemment à l'époque qu'il était possible – ou du moins politiquement souhaitable – d'établir entre les crimes nationaux-socialistes et les crimes de guerre une distinction aussi claire qu'entre les organisations qu'étaient la SS et la Wehrmacht : on s'était fait depuis longtemps une idée factice de leurs qualifications morales respectives.

Le successeur de Rückerl, le procureur général Alfred Streim, relate que l'Office central, guidé par le principe selon lequel tous les criminels connus devaient être poursuivis, a mené des enquêtes contre des membres de l'ancienne Wehrmacht. On avait, dit-il, lancé « plus de mille procédures d'enquête contre une quantité de membres de l'ancienne Wehrmacht, et notamment de l'armée de terre, et on les avait transmises aux instances compétentes pour entamer des procédures judiciaires ». Mais « dans aucun cas » cela n'avait abouti sur une inculpation. « Les procédures furent classées par abandon faute de preuve ou par prescription, lorsqu'elles n'étaient pas éteintes à la suite de la mort des personnes incriminées[109]. » L'ancien directeur de l'Office central commente cet état de fait avec beaucoup de retenue : « On ne pourrait cependant pas adhérer dans tous les cas à ces motifs d'interruption de la procédure[110]. » Et il ajoutait : « Les motifs de classement ou de non-lieu ne peuvent être compris que partiellement ; çà et là, ils soulèvent même de sérieuses objections[111]. » Streim estimait en conclusion que l'élucidation pénale de crimes commis par d'anciens membres de la Wehrmacht « n'a[vait] pas eu lieu, notamment pour des raisons politiques[112] ». Il disait ainsi, plus ouvertement que son prédécesseur, Rückerl, que des influences politiques spécifiques, dont nous n'avons pas encore connaissance à l'heure actuelle, intervenaient dans ce domaine.

Il est vraisemblable, comme Rückerl y a déjà fait allusion[113], qu'un réseau influent de personnes a cherché, en coulisses, avec beaucoup d'obstination – et avec succès –, à obtenir une amnistie des membres de la Wehrmacht. L'historien Ulrich Herbert en parle dans sa biographie de Best[114]. Depuis le début des années 1960, de nombreuses procédures judiciaires ont été ouvertes contre des responsables de crimes nationaux-socialistes. Dans ces procédures, la question de savoir qui avait été responsable, au sens juridique, des crimes de masse nationaux-socialistes a joué un rôle central. Le jugement du Bundesgerichtshof de 1963 contre l'agent du KGB Stachynski a constitué un jalon imprévu. Stachynski avait assassiné en 1956, à Munich, deux nationalistes ukrainiens. Les juges ne virent pas en lui un coupable pleinement responsable, mais uniquement l'« auxiliaire » du patron du KGB à Moscou, lequel avait ordonné l'assassinat. Parallèlement à ce jugement, la jurisprudence des procès contre les nationaux-socialistes voulait que l'on considère exclusivement Hitler, Himmler et Heydrich comme les « principaux coupables nationaux-socialistes » et que l'on regarde comme de simples « auxiliaires » les membres de la SS, de la Waffen-SS et de la police qui avaient mis en œuvre les opérations d'extermination massive. Cette construction juridique a permis d'évaluer leurs crimes comme de simples « complicités de meurtre ». Ils ont ainsi échappé à la détention à perpétuité, normalement inévitable, et leurs sanctions ont été beaucoup plus clémentes.

Comme les criminels nationaux-socialistes auxquels on n'avait pas demandé de comptes jusque-là devaient tout de même s'attendre à une condamnation judiciaire, ils continuèrent à faire jouer leur influence considérable pour transformer le cadre légal en leur faveur. Compte tenu de l'état d'esprit critique de l'opinion internationale, ils s'abstinrent de demander une amnistie générale pour les criminels nationaux-socialistes. Ils cherchèrent en revanche des solutions qui visaient à instaurer une amnistie aussi large que possible sans que l'on puisse s'en apercevoir aussitôt de l'extérieur. Les principaux acteurs furent l'avocat Lohmann, de Bonn, qui avait assuré la défense à plusieurs reprises dans des procès intentés pour des crimes de sang nationaux-socialistes, et Werner Best, l'ancien adjoint de Heydrich au Reichssicherheitshauptamt (RSHA), qui coordonnait désormais, dans les années 1960, la stratégie de défense des criminels nationaux-socialistes incriminés. Au début janvier 1963, Lohmann présenta par écrit à Best[115] un plan manifestement conçu de longue date :

« Lohmann commença par rappeler le jugement que le Bundesgerichtshof venait de prononcer dans le cas Stachynski et sur la base duquel, contrairement aux différents jugements prononcés très peu de temps avant cette date par des cours pénales allemandes, les prétendus “criminels nationaux-socialistes ne pouvaient eux aussi être inculpés que de complicité lorsqu'ils n'avaient pas commis un acte illégal de leur propre initiative. Ce serait dès lors un acte d'intelligence politique que les organes compétents décrètent une amnistie partielle pour tous les ‘criminels nationaux-socialistes’ qui avaient agi sur ordre et dont les actes pourraient être qualifiés, juridiquement, de complicité. [...] Dans le même temps, on pourrait répondre à l'étranger, s'il venait à nous reprocher de vouloir nous abstenir de ‘traiter’ le passé en prononçant une amnistie générale, en soulignant le fait qu'il s'agit d'une amnistie partielle”. Pareille amnistie partielle pour les cas de “complicité de meurtre” était en réalité une amnistie générale – tel était le calcul.

« Dans sa lettre à Best, Lohmann évoquait aussi la Wehrmacht. Au cours des procès intentés à des nationaux-socialistes dans les années précédentes, écrivait-il, on avait clairement vu dans quelle mesure la Wehrmacht avait elle aussi été impliquée dans les meurtres nationaux-socialistes. Les documents rassemblés par les défenseurs dans les procès des nationaux-socialistes montraient effectivement “que les ordres concernant l'extermination des Juifs et des partisans [étaient] aussi passés par la Wehrmacht. Si l'on appliquait aussi les critères de Ludwigsburg aux anciens membres de la Wehrmacht et aux membres actuels de la Bundeswehr, il faudrait lancer d'innombrables procédures judiciaires qui discréditeraient considérablement l'ensemble de la Bundeswehr en Allemagne comme à l'étranger[116]”. » On disposait ici d'un moyen de pression sur le gouvernement fédéral allemand. S'il suivait la proposition d'une « amnistie partielle », il pouvait aider à éviter l'« avalanche de procès » qui allait s'abattre prochainement sur des membres de la Bundeswehr. Des personnalités politiquement influentes le voyaient exactement de la même manière : « Le bureau Gehlen a jugé que le "recueil des ordres" était sensationnel. G. luimême aurait le projet d'informer le chancelier fédéral et de proposer l'arrêt de l'action de Ludwigsburg. » L'ancien ministre allemand de la Défense F.-J. Strauss s'était selon lui très vivement exprimé, en confidence, contre les procès des nationaux-socialistes. On était certain qu'il continuerait à apporter son soutien. En conclusion de sa lettre, Lohmann demandait à Best d'assumer la « direction stratégique de cette affaire », ce qui ne pouvait bien entendu se faire qu'à l'abri des regards du public.

Nous l'avons vu, cette stratégie politique visait à désamorcer l'activité de la centrale de Ludwigsburg. L'explosivité politique du document découvert par Ulrich Herbert tient avant tout aux trois points suivants :

Nous y découvrons – sous la plume autorisée d'avocats spécialisés dans la défense de criminels de guerre au cours des procès nationaux-socialistes – que des officiers de la Wehrmacht réintégrés dans la Bundeswehr étaient impliqués dans des crimes nationaux-socialistes pendant la Seconde Guerre mondiale.

On y révèle que les procureurs de l'Office central de Ludwigsburg étaient manifestement en train d'étudier de tels crimes de guerre commis par d'anciens officiers de la Wehrmacht et qu'un groupe influent d'hommes politiques, de fonctionnaires des services secrets et d'avocats tentaient de dissimuler ces faits. Nous y apprenons que l'ancien général de la Wehrmacht, désormais chef du Bundesnachrichtendienst*, Reinhard Gehlen

---

* Les services de renseignements fédéraux (*NdT*).

avait l'intention de proposer au chancelier fédéral, K. Adenauer, d'interrompre les enquêtes lancées à Ludwigsburg pour élucider les crimes nationaux-socialistes.

Le fait que la justice allemande, après la création de l'Office central de Ludwigsburg en 1957, a constamment gardé un comportement défensif à l'égard des crimes de guerre commis par des officiers de la Wehrmacht, apparaît sous un nouveau jour. À la question de savoir pourquoi la justice allemande, aussi bien dans les années 1950 qu'après l'institution de l'Office central en 1958, n'a condamné aucun officier de la Wehrmacht, on n'apporte pas de réponse suffisante en se référant à l'image déjà largement ancrée à l'époque dans l'opinion publique en Allemagne fédérale, celle du « blason immaculé » de la Wehrmacht[117]. Les procureurs chargés de mener l'enquête à Ludwigsburg ne se sont pas du tout laissés guider par la mentalité du « point final » à l'époque largement répandue dans l'opinion publique allemande. Il existait plutôt un influent réseau de personnes poursuivant l'objectif d'obtenir par la voie légale une amnistie des membres de la Wehrmacht.

Le détail des démarches entreprises par Best est encore dans l'ombre aujourd'hui[118]. Au cours des années suivantes, il s'avéra toutefois impossible d'obtenir, par la voie politique, une prescription pour les assassinats, ni de rassembler au Bundestag une majorité disposée à décréter une amnistie pour les criminels nationaux-socialistes, notamment depuis que les sociaux-démocrates étaient entrés, en 1966, dans le gouvernement de grande coalition*. Du point de vue des défenseurs de criminels nationaux-socialistes incriminés, la mission politique à accomplir était désormais la suivante : « Si l'on

* Qui rassemblait sociaux-démocrates et chrétiens-démocrates (*NdT*).

avait voulu provoquer l'extinction d'une grande partie des procédures engagées contre les nationaux-socialistes, on aurait dû trouver une construction qui aurait permis que ni la majorité du Bundestag, ni la direction sociale-démocrate du ministère fédéral de la Justice ne prennent conscience de ce qui était réellement en jeu[119]. »

Il faut ajouter ici, pour expliquer ce polar politique, que, pour imposer une construction pareille, le groupe des défenseurs des criminels nationaux-socialistes devait forcément disposer de relations avec les hauts fonctionnaires du ministère de la Justice et que ceux-ci, partageant leurs opinions, devaient être disposés à agir dans le même sens en deçà du niveau politique. C'est le Dr - Eduard Dreher, chef de section ministérielle, qui trouva le subterfuge juridique adéquat pour atteindre cet objectif politique sans se faire remarquer. En 1968, sans prétexte apparent, on présenta au Bundestag la loi d'introduction à la loi sur les atteintes à l'ordre public. Elle se référait pour l'essentiel aux atteintes à l'ordre public dans le secteur des transports, mais contenait, sous l'intitulé trompeur d'un article, un remaniement substantiel de l'article du code pénal où il était question de la complicité de meurtre.

Ni la direction politique du ministère de la Justice, ni les députés du Bundestag ne distinguèrent la charge politique explosive que contenait cette nouvelle version. Elle tenait au fait que l'acte relevant d'une complicité de meurtre bénéficiait désormais d'une prescription au bout de quinze ans. Dès lors, « tous les crimes commis sous la période nationale-socialiste et commis, dans ce sens, en complicité étaient prescrits[120] ». Le *Spiegel* fut le premier à découvrir le désastre et lui consacra en janvier 1969 un article publié sous le titre « Prescription froide ». Rückerl diagnostiqua des dommages irréparables. Un journal estima qu'environ 90 % de tous les assassinats nationaux-socialistes resteraient ainsi impunis[121]. D'anciens officiers de la Wehrmacht qui étaient passés au milieu des années 1950 devant la commission d'expertise du personnel et avaient accédé ensuite à des postes de direction au sein de la Bundeswehr nouvellement fondée étaient eux aussi, désormais, à l'abri des poursuites judiciaires – ce fut entre autres le cas du général à trois étoiles de la Bundeswehr Hans Poeppel, sur lequel l'historien américain Christopher R. Browning publia en 1983 un article dans lequel il établissait un lien entre ce général et des crimes de guerre allemands commis en 1941 en Serbie[122].

6

La rupture d'un tabou

Il fallut attendre que les dossiers de la Wehrmacht reviennent des États-Unis et de Grande-Bretagne, à partir du début des années 1960, et soient repris en charge par les Archives militaires allemandes, pour que la recherche historique scientifique puisse à son tour se plonger dans l'histoire de la Wehrmacht. L'œuvre d'Andreas Hillgruber *La Stratégie de Hitler*, les expertises de Helmut Krausnick et Hans-Adolf Jacobsen sur l'« ordre des commissaires » et le système des camps de concentration, ainsi que les livres de Manfred Messerschmidt et Klaus-Jürgen Müller sur la Wehrmacht, publiés en 1969, permirent d'importants progrès dans les connaissances. Suivirent, dans les années 1970 et 1980, les études de Christian Streit et Alfred Streim sur le destin des prisonniers de guerre soviétiques détenus par les Allemands et les résultats – présentés dans toute une série de livres – des recherches menées par les historiens du Militärgeschichtliches Forschungsamt[1]. Ils traitaient de la guerre d'extermination à l'Est, mais aussi des crimes de guerre allemands en Yougoslavie, en Grèce et en Italie. Les recherches de l'historien viennois Walther Manoschek révélèrent les crimes de la Wehrmacht en Serbie.

L'historien qui dirigeait le Militärgeschichtliches Forschungsamt, Manfred Messerschmidt, résuma au début des années 1980 les données rassemblées jusqu'alors sur la Wehrmacht et porta un jugement sur les problèmes de la constitution de la tradition, tels qu'ils résultaient des connaissances actuelles[2] : « La guerre contre l'Union soviétique, une guerre d'agression comme toutes les autres entreprises guerrières allemandes depuis 1939, doit donc être considérée, au-delà de l'iniquité générale qui s'attache à la guerre d'agression, comme un événement criminel planifié conjointement par la direction de la Wehrmacht, de l'armée de terre, de la Luftwaffe et de la marine, et qui représente le point d'étiage de l'histoire militaire allemande[3]. » Dans le contexte de la question du lien traditionnel entre la Wehrmacht et la Bundeswehr, les ordres criminels donnés par la direction de la Wehrmacht et les proclamations antisémites de soldats exerçant des fonctions dirigeantes prenaient une signification centrale : « Ils reflètent le zénith d'une évolution qu'a prise l'État-nation allemand sous le signe de traditions nationales-conservatrices, celles de l'État militaire, unies à des composantes relevant du national-populisme et de l'idéologie raciale[4]. »

On brossa donc ici, sur la base de recherches historiographiques, une image de la Wehrmacht qui contredisait formellement sa légende traditionnelle. Compte tenu des nouvelles connaissances, pouvait-on encore s'en tenir à l'image enjolivée de la Wehrmacht, ou une révision critique s'imposait-elle ? La réponse de Messerschmidt – qui eut sans doute aussi, à l'époque, des conséquences politiques – était la suivante : « Les possibilités de se rattacher à son attitude*, à son existence et à sa manière de conduire la guerre ne devraient pas être utilisables par la

---

* Celle de la Wehrmacht *(NdA)*.

Bundeswehr. Le primat de la politique dans un État parlementaire et démocratique n'est pas comparable à l'intégration de la Wehrmacht dans la "communauté du peuple". Se rattacher aux vertus militaires de la Wehrmacht ou de tel ou tel soldat ne permet pas de faire l'économie de savoir si ces vertus étaient consciemment ou aveuglément dédiées au national-socialisme et à Hitler[5]. »

Recherche sur la Shoah et recherche en histoire militaire : des chemins séparés

L'étude scientifique de la Shoah est encore loin d'être arrivée à une conclusion satisfaisante. Entre autres, le débat suscité par le livre de Goldhagen en 1996[6] sur les motivations des coupables de la Shoah montre que des questions essentielles sont encore sans réponse et n'ont peut-être même pas encore été posées. La thèse de Goldhagen, selon laquelle un « antisémitisme éliminationniste » était répandu en Allemagne et avait transformé la Shoah en « projet national », a le plus souvent suscité la réaction critique des historiens spécialisés allemands. L'accueil positif que le public a réservé à ses thèses a cependant montré que celles-ci comblaient un vide manifeste. Leur rejet doit peut-être aussi être observé et interprété dans le contexte plus large d'un débat sur notre culture politique contemporaine, qui ne s'est pas apaisé depuis notre « querelle des historiens[7] » de 1986.

En d'autres termes, « l'étude de la persécution des Juifs par les nationaux-socialistes demeure l'un des grands défis de l'historiographie contemporaine[8] ». On pourra difficilement dire que l'historiographie allemande ait fait la marche en tête dans ce débat au cours des premières décennies de l'après-guerre[9]. C'est seulement à la fin des années 1970 que l'histoire contemporaine ouest-allemande est intervenue dans le débat international[10], tout en faisant abstraction du rôle de la Wehrmacht. Il a fallu attendre les livres de Christian Streit et Alfred Streim sur le traitement des prisonniers de guerre soviétiques par la Wehrmacht allemande et l'étude de Helmut Krausnick et Hans-Heinrich Wilhelm sur les Einsatzgruppen pour que l'on discerne certains aspects jusqu'alors refoulés de l'histoire de la Wehrmacht. Mais la question de savoir si et sous quelles formes la Wehrmacht avait, le cas échéant, participé à l'assassinat des Juifs européens ne fut pas abordée. L'impression de Dieter Pohl, pour lequel le « cloisonnement entre le thème de la persécution des Juifs et d'autres domaines de la politique » était caractéristique de la recherche sur la Shoah jusqu'à la fin des années 1980, vaut tout particulièrement pour la recherche sur la Wehrmacht. C'est très progressivement, seulement – selon Pohl, qui se réfère aux recherches de Manoschek sur la Serbie et au recueil *Vernichtunskrieg* publié à Hambourg –, que le rôle de la Wehrmacht dans la Shoah a été dévoilé[11].

Dans son rapport de recherches « L'assassinat des Juifs et la guerre à l'Est[12] », Gerd R. Ueberschär se réfère aux « ordres criminels », qui « révèlent une proportion élevée de coresponsabilité, d'intrication et de participation de la direction de la Wehrmacht et de l'armée de terre à cette guerre d'extermination[13] ». Il souligne par ailleurs – en se référant à Manfred Messerschmidt et Omer Bartov – que « la Wehrmacht était profondément imprégnée par l'idéologie nationale-socialiste et la propagande nationale-socialiste sur l'extermination totale du “bolchevisme juif” par les prétendus “seigneurs aryens” et contre le “sous-homme juif et slave”, et que de hauts responsables de la Wehrmacht étaient disposés à collaborer sans scrupules à l'œuvre de destruction criminelle du régime national-socialiste[14] ». La Wehrmacht, selon lui, avait elle-même souvent joué un rôle dans l'extermination des Juifs, comme le prouvait le *Livre noir* d'Ehrenbourg et Grossmann[15].

L'historien Omer Bartov a reproché à la « fraction critique » de la recherche historique militaire sur l'Allemagne fédérale – tout en lui reconnaissant des mérites incontestables – d'avoir négligé de poser la question particulièrement difficile et potentiellement explosive de l'implication de la Wehrmacht dans la Shoah[16]. Cette critique visait la série d'ouvrages du Militärgeschichtliches Forschungsamt *Das Deutsche Reich und der Zweite Weltkrieg* (« Le Reich allemand et la Seconde Guerre mondiale »).

Cette critique se rattache du reste à la mise en garde que le fameux chercheur allemand sur la Seconde Guerre mondiale Andreas Hillgruber avait lancée en 1985[17]. À l'époque – dans le contexte d'une conférence scientifique sur la prise de décision d'assassiner les Juifs européens –, il avait fait comprendre que la guerre contre les Juifs devait être considérée comme un élément intrinsèque de la guerre mondiale et ne pouvait pas être décrite comme si elle était en quelque sorte séparée de cette dernière. Pour une grande partie de la direction nationale-socialiste, estimait-il, la guerre avait permis de mener un remodelage racial de l'Europe. L'élimination physique des Juifs en Europe devait faire avancer cette « révolution raciale » d'un pas décisif et pérenniser la position durable de « puissance mondiale » que recherchait l'Allemagne[18].

Quand on connaît le paysage de la recherche, on reconnaîtra que cette critique est partiellement justifiée. La recherche historique militaire s'est encore, jusqu'ici, beaucoup trop peu occupée des formes – probablement différentes selon les régions – de participation à l'assassinat des Juifs. Mais elle a sans doute de bonne heure traité l'histoire de la genèse des « ordres criminels » (pour reprendre le nom qu'on leur donna après coup), c'est-à-dire l'indéniable responsabilité de la direction de la Wehrmacht (OKW et OKH) dans une guerre que ces ordres transformèrent en un processus criminel. Lorsque les généraux utilisaient, dans leurs ordres, les termes de « bolcheviques, Juifs, commissaires et sous-hommes » pour évoquer le devoir de les exterminer, ils désignaient aussi aux soldats de la Wehrmacht le funeste chemin qui allait permettre l'assassinat des Juifs.

On a trop peu étudié, jusqu'ici, la pratique de l'extermination. C'est précisément à ce point qu'une génération de jeunes historiens commence son travail. Elle s'est mise, ces dernières années, à examiner dans le cadre d'études régionales, de manière empirique – et en renonçant largement aux évaluations morales –, comment se sont concrètement déroulés les assassinats de Juifs. Une conférence à plusieurs voix sur le thème de la Shoah, organisée à l'université de Fribourg au cours du semestre d'hiver 1996-1997[19], en a donné un aperçu. Walther Manoschek a fait une communication sur la persécution et l'assassinat des Juifs en Serbie, Christoph Dieckmann sur la Lituanie, Thomas Sandkühler sur la Galicie[20], Dieter Pohl sur le Gouvernement général[21] et Christian Gerlach sur la Biélorussie[22]. Parmi les conditions générales communes aux meurtres de masse perpétrés dans les différentes régions, on comptait le fait que ces dernières avaient dans un premier temps été conquises militairement par la Wehrmacht, puis placées sous administration d'occupation.

Hormis dans les cas de la Serbie et de la Biélorussie, on n'exprime certes pas d'intérêt spécifique pour la Wehrmacht et sa participation aux opérations d'extermination. Pourtant, la Wehrmacht est aussi constamment présente dans ce domaine. Les recherches régionales font en effet apparaître que toutes les organisations et autorités actives dans les pays occupés collaborèrent dans une bien plus forte mesure qu'on ne l'a cru jusqu'ici : l'administration civile allemande, les services du travail, l'appareil régional de la SS et de la police, l'administration économique, mais aussi précisément les autorités de la Wehrmacht[23]. Quelles que soient les différences régionales de détail, on peut constater que les meurtres de Juifs avaient, au niveau inférieur, une dynamique spécifique[24], qu'il n'existait pas d'instructions d'extermination précises venues d'« en haut », mais plutôt une devise générale qui laissait sur place une marge de manœuvre bien réelle[25], et que la Wehrmacht ne fit jamais office de frein, mais déploya même, comme en Serbie ou en Biélorussie, ses propres et amples activités d'extermination.

Jusqu'ici, la recherche en histoire militaire portant sur l'histoire de la Wehrmacht pendant la Seconde Guerre mondiale et la recherche sur la Shoah suivaient des chemins largement séparés. La raison de ce phénomène, la symbiose éventuelle entre centres d'intérêt et hasards, mérite encore une réflexion à part. Au bout du compte, cette avancée de la recherche sur deux voies distinctes a une fois de plus débouché sur l'impression que l'armée avait mené sa propre guerre et que l'assassinat des Juifs avait été la « sale affaire » des groupes d'intervention de la SS, les Einsatzgruppen. Les nouvelles approches de la recherche historique qui ont été décrites et qui éclairent le cadre de coopération formé par les organisations d'occupation allemandes dans une région donnée sont guidées par la volonté de ne pas répéter cette erreur.

L'image de la Wehrmacht dans la Bundeswehr

Aucune autre institution en Allemagne fédérale ne se sentit à l'évidence aussi directement concernée par l'histoire de la Wehrmacht que la Bundeswehr. Personne n'ignorait que le personnel de la première se retrouvait en bonne partie au sein de la seconde : les officiers qui franchirent le cap de la commission d'expertise personnelle et dirigèrent ensuite la construction de la Bundeswehr étaient eux aussi issus de la Wehrmacht[26]. Cette continuité personnelle et la distance politique souhaitée par les représentants de la deuxième République allemande à l'égard de la Wehrmacht, considérée comme une institution de l'État inique national-socialiste, alimentèrent des décennies de querelle autour de la formation de la tradition militaire[27]. Pour la génération d'officiers qui bâtit la Bundeswehr, la Wehrmacht n'était pas un sujet que l'on pouvait, d'une manière ou d'une autre, examiner de façon distanciée. Leur parcours biographique et leur état d'esprit en avaient été, pour le plus grand nombre, imprégnés.

La fiction d'une « Wehrmacht propre », au sein de laquelle on s'était battu avec courage et efficacité, était directement liée au sentiment que les militaires de carrière allemands avaient de leur propre valeur. Car, bien plus que dans d'autres professions, c'est de l'histoire que les militaires tendent à tirer leur légitimation – la raison de leur existence. Ils justifient la nécessité en quelque sorte « éternelle » de leur métier en se référant aux expériences historiques – par exemple le fait que la guerre a « toujours » existé et qu'aucun État ne peut donc renoncer aux soldats et à la préparation de la guerre. La focalisation sur le passé, transmise par la tradition militaire, était également censée contribuer à la « sécurité du comportement » des soldats[28], opinion défendue sans discontinuer depuis l'époque du Kaiser jusqu'à nos jours. Un général de brigade de la Bundeswehr regrettait encore en 1991, lors de la deuxième guerre du Golfe, que la société allemande ait un rapport perturbé avec la guerre. Il expliquait à ses lecteurs : « Le cas critique n'est justement pas la paix, aussi évident que cela puisse paraître au premier regard, et aussi facile que ce soit de recruter avec ces arguments. Le cas critique, c'est avant tout la guerre. La Loi fondamentale est sur ce point parfaitement claire. La mission constitutionnelle de la Bundeswehr, c'est la défense, sans tergiversations ; ce n'est pas la paix[29]. » Le général Kielmansegg étayait son point de vue en balayant l'histoire de l'humanité : s'il y a la guerre, écrivait-il, c'est « parce que ce monde est une fois pour toutes tel qu'il est, bon et mauvais, pacifique et violent, juste et injuste ». Il n'y a aucune raison d'espérer un changement, « car il est impossible de produire un grand effort moral et politique qui éliminerait à tout jamais du monde la guerre, la violence, la mort et l'injustice ».

Dans ce contexte, on comprend l'importance affective et intellectuelle de l'histoire pour les militaires. En d'autres termes, quiconque leur prend leur histoire – par exemple en détruisant les légendes enjolivantes sur la Wehrmacht – leur ôte en quelque sorte le sol sous les pieds. Si la majorité des militaires d'Allemagne fédérale s'en sont tenues à une image positive, ou du moins pas fondamentalement critique, de la Wehrmacht, cela tient notamment à ce contexte. À partir des années 1960, ces « traditionalistes[30] » nourrirent une longue controverse avec le petit groupe des « réformistes » de la politique militaire, réunis autour du comte Baudissin.

Dès lors que l'essentiel, pour le pays et l'armée, consistait à tirer un trait final sous l'addition d'un passé pesant et se consacrer aux bienfaits matériels tirés du « miracle économique », les « traditionalistes » qui avaient eux-mêmes servi dans la Wehrmacht influencèrent les principales orientations historico-politiques qui constituèrent en quelque sorte le bâti idéologique de la Bundeswehr. L'Union soviétique ou le communisme représentaient les images traditionnelles de l'ennemi ; quant à la Wehrmacht, elle bénéficiait de la prééminence attachée à la tradition. Dans cette optique, en effet, le passage d'une armée à l'autre devait s'opérer sans solution de continuité. Cette posture entraîna à l'époque des décisions dont la Bundeswehr doit encore partiellement supporter les conséquences. Il suffit de s'intéresser aux noms donnés à ses casernes, choisis notamment parmi les listes dressées au sein de la Wehrmacht, dans les années 1937-1938, sur instruction de Hitler. Dans le cadre de l'« offensive de la tradition » – un élément de la mobilisation idéologique en vue de la guère prévue –, quelque deux cents casernes nouvellement bâties avaient alors reçu les noms de batailles et de héros de la Grande Guerre. Ce sont ces mêmes noms que la Bundeswehr reprit à partir de 1956.

Certes, dans ce cas, le rapport avec la Wehrmacht était plutôt indirect, mais les commandants d'unité n'eurent aucun scrupule non plus à donner aux casernes les noms de généraux de la Wehrmacht. Ce couplage ne s'est pas fait sur instruction du ministère fédéral de la Défense, mais sur la base d'initiatives de la troupe, à laquelle le ministère avait dans un premier temps donné carte blanche sur ces questions et qui montra alors ce qu'elle pensait de la Wehrmacht. C'est ainsi que la Bundeswehr rendit de singuliers hommages à Werner von Fritsch, à Werner Mölders, à Erwin Rommel, à Adalbert Schulz, à Hasso von Manteuffel, à Eduard Dietl et à Ludwig Kübler. Qu'il se soit trouvé parmi ces officiers des antisémites, des nationaux-socialistes affirmés et de la première heure, ainsi que des criminels de guerre, n'était pas suffisamment connu des commandants responsables d'unité, ou bien, ce qui est plus probable, ne pesait pas d'un grand poids à leurs yeux. Le fait que l'on s'en soit fermement tenu à ces noms, même des décennies plus tard, alors que des informations compromettantes existaient depuis très longtemps à leur sujet – que l'on pense par exemple à la « guerre de sept ans » menée autour de la caserne Dietl[31] à Füssen –, souligne l'immense influence des traditionalistes au sein de la direction de la Bundeswehr. Que les responsables de Bonn aient parfois tenté dans ces confrontations de se dissimuler derrière des hommes politiques locaux connaissant peu l'histoire, mais manifestement imprégnés de militarisme, montrait seulement qu'ils n'avaient pas non plus la sensibilité historique indispensable.

Les réformistes

Les réformistes militaires réunis autour du comte Wolf von Baudissin voulaient tenter, avec la Bundeswehr, de construire des forces armées qui, en tant qu'armée du Parlement, se sentiraient liées à la démocratie[32]. L'histoire militaire allemande depuis la fondation du Reich en 1871 en général, et l'histoire de la Wehrmacht en particulier, n'offraient à leur sens guère de points d'appui. Baudissin considérait que la Bundeswehr ne pouvait se rattacher ni à la Reichswehr, ni à la Wehrmacht, et qu'il fallait au contraire « créer radicalement du neuf, sans s'appuyer sur les formes de l'ancienne Wehrmacht[33] ». Baudissin savait précisément que la Wehrmacht devait être considérée comme une organisation militaire qui s'était rendue coupable en servant le national-socialisme, en donnant des ordres criminels et en commettant elle-même des crimes[34]. Baudissin et ses collaborateurs, au bureau Blank puis au ministère de la Défense, se fondaient donc sur une image de la Wehrmacht diamétralement opposée à celle des « traditionalistes ».

Les réformistes pouvaient compter sur le soutien des historiens. Ceux-ci partageaient alors avec une rare unanimité le point de vue formulé par l'historien conservateur Gerhard Ritter, pour qui la Wehrmacht avait incarné le « militarisme le plus extrême » de l'histoire allemande[35]. C'est seulement au fur et à mesure que la guerre froide s'aggrava, provoquant une instrumentalisation de la notion de militarisme afin de répondre aux besoins de la propagande, que le consensus en question se brisa de nouveau[36].

Le conflit se cristallisa autour des acteurs du 20 juillet 1944. Les réformistes imposèrent l'idée – iconoclaste aux yeux de la pensée militaire traditionaliste – que c'était en premier lieu cette petite minorité d'officiers qui devait servir de modèle à la Bundeswehr, et donc être considérée comme l'armature d'une tradition à forger. Cette approche n'était pas compatible avec la légende de la « Wehrmacht propre ». Pour la plupart des traditionalistes, les officiers qui avaient voulu éliminer Hitler en commettant un attentat étaient des hommes méprisables qui avaient rompu leur serment et s'étaient donc opposés à la tradition d'obéissance germano-prussienne. Sur ce point, l'ancien feld-maréchal Erich von Manstein, qui avait déjà retrouvé une influence politique dans les années 1950, fut catégorique : l'acte commis le 20 juillet n'était « pas digne d'un officier[37] ». On ne peut donc pas s'étonner qu'il ait fallu des années de confrontation et un changement de génération pour que les réformistes parviennent à imposer leur image positive de la résistance militaire au sein de la Bundeswehr. Il fallut aussi longtemps avant que cette nouveauté puisse s'exprimer symboliquement et que quelques casernes de la Bundeswehr portent aussi les noms d'officiers de la Wehrmacht comme Beck, Fellgiebel, Kranzfelder, Stauffenberg et Tresckow, qui avaient risqué et perdu leur vie en combattants et en résistants au régime d'iniquité national-socialiste[38].

Les traditionalistes défendirent leur image positive de la Wehrmacht en soulignant son grand professionnalisme et sa grande efficacité militaires, auxquels ses anciens adversaires rendaient, selon eux, également hommage[39]. Par ailleurs, ils se référaient à leur serment, aux principes de l'ordre et de l'obéissance, au problème de l'« état d'obligation de répondre à un ordre » qui en résultait, mais aussi au combat, caractérisé par l'abnégation et le courage, qu'avait livré la Wehrmacht. L'argumentation reprenait les thèmes du dernier rapport de la Wehrmacht signé par Dönitz le 9 mai 1945. De leur côté, les réformistes refusaient d'établir une distinction entre les prestations techniques et opérationnelles de l'armée, d'une part, et le régime criminel au profit duquel elles avaient été effectuées, de l'autre.

Le premier décret sur la tradition

Pour autant, ces deux images opposées de la Wehrmacht n'entrèrent pas vraiment en concurrence. La plus critique des deux n'eut jamais aucune chance de s'imposer face à la toute-puissance des traditionalistes militaires. Dans les ouvrages consacrés à la première décennie de la Bundeswehr, on parle parfois du « chiendent de la tradition[40] », qui se serait propagé d'en bas, à partir de la troupe, et se serait exprimé dans une appropriation, dépourvue d'esprit critique, des traditions de la Wehrmacht. En réalité, il s'agissait moins d'une erreur d'orientation qu'il fallait corriger d'en haut que d'une orientation générale et réactionnaire de la troupe.

Le ministère de la Défense se vit rapidement contraint de chercher des chemins permettant de constituer une tradition viable et acceptable aussi bien par la société de l'Allemagne fédérale que par les pays occidentaux alliés. L'objet de conflit le plus problématique fut, à chaque fois, la Wehrmacht. Il fallut ainsi dix bonnes années pour que le ministre Kai-Uwe von Hassel puisse publier, le 1er juillet 1965, son premier décret sur la tradition[41].

Quelle image de la Wehrmacht brossait-on dans ce décret ? La réponse est simple : strictement aucune. Le mot « Wehrmacht » n'y était pas mentionné. Les controverses non résolues entre traditionalistes et réformistes s'y exprimaient dans des lieux communs aussi éloquents que celui-ci : « Dans l'Histoire, tous les hommes prennent leur part de bonheur, de mérite, mais aussi de malheur et de culpabilité[42]. » En s'appuyant sur la réparation d'honneur « qualifiée » établie par Adenauer en 1951, on suggérait, en termes généraux, qu'il fallait faire la différence entre le petit nombre de membres de la Wehrmacht qui avaient commis des crimes et les nombreux soldats courageux et combattants héroïques. On évita de se prononcer sur la Wehrmacht en tant qu'institution. Le décret faisait tout de même l'éloge des résistants du 20 juillet 1944, ce que la majorité des anciens soldats de la Wehrmacht n'accueillirent pas du tout de bonne grâce : « N'étant plus responsables, au bout du compte, que devant leur conscience, des soldats sont allés jusqu'au bout de la résistance à l'injustice et aux crimes du règne de violence national-socialiste[43]. »

Lorsque les officiers réformistes se demandèrent, à la fin des années 1960, si leurs idées s'étaient imposées non seulement dans la législation et dans les manuels de la Bundeswehr, mais aussi dans la vie militaire quotidienne, ils ne purent que reconnaître leur échec : la restauration inspirée par le modèle de la Wehrmacht s'était très largement imposée[44]. On portait sur la Wehrmacht un regard de moins en moins critique – mieux, on la transfigurait. Ainsi, un commandant de la plus haute école de la Bundeswehr, la Führungsakademie, revendiqua publiquement le mérite d'avoir « mis en œuvre le modèle de la Wehrmacht de 1939[45]».

Le second décret sur la tradition

Dans l'opinion publique allemande, sensibilisée par la controverse sur le « réarmement », on assista au début des années 1980 à une ample vague de critiques contre la conception de la tradition de la Bundeswehr. Celles-ci s'exprimaient entre autres dans des contestations du cérémonial militaire lors des prestations de serment publiques. Dans cette situation, on peut considérer comme une avancée importante le fait que le ministre Hans Apel ait mis en vigueur le 20 septembre 1982, quelques semaines avant la fin prévisible de la coalition sociale-démocrate Schmidt-Genscher, un second décret sur la tradition[46] qui, pour la première fois, exprimait un refus clair de l'idée que la Wehrmacht puisse servir de base à cette tradition. Fondées sur les connaissances acquises, et confirmées depuis, sur le rôle de la Wehrmacht pendant la Seconde Guerre mondiale, les nouvelles directives affirmaient : « Sous le national-socialisme, les forces armées ont en partie été impliquées de manière fautive, en partie abusées malgré elles. Un régime d'injustice comme le IIIe Reich ne peut pas fonder une tradition[47]. » Il n'empêche que, ce décret oubliait lui aussi le mot « Wehrmacht ». Au moins n'existait-il désormais plus aucun doute sur cette question.

Bien que le successeur de Hans Apel, Manfred Worner, ait annoncé dès son discours d'entrée en fonctions qu'il comptait remettre en cause dès que possible le décret sur la tradition, rien de tel ne se produisit. Cela tenait moins à un relâchement de la pression exercée par les associations de soldats qu'aux archives et aux conclusions publiées par les historiens. Quelle qu'ait pu être son intention, Worner réalisa que l'image du « blason sans tache » de la Wehrmacht ne pouvait plus être maintenue. Ce décret est donc resté en vigueur jusqu'à ce jour et sert de ligne directrice officielle.

La contre-attaque des associations de soldats

Alors que les militaires d'active traditionalistes avaient les mains liées par le décret ministériel sur la tradition de 1982, les associations de soldats lancèrent l'assaut contre cette nouvelle interprétation du rôle de la Wehrmacht[48]. Elles combattaient les résultats obtenus par les chercheurs parce qu'elles les jugeaient indésirables, ne reculaient pas devant la diffamation des historiens et exigèrent même[49] que Manfred Messerschmidt, qui s'était exprimé en public à plusieurs reprises sur cette question[50], soit relevé de ses fonctions. On reprochait à la recherche de « diffamer l'armée allemande » et d'« attaquer le prestige du soldat allemand [...] de manière malveillante et diffamatoire »[51], en calomniant des millions de soldats de la Wehrmacht et le « corps des soldats allemands » dans son ensemble[52]. L'hebdomadaire d'extrême droite *Deutsche Wochen-Zeitung* annonça à ses lecteurs que les Archives de Fribourg utilisaient l'argent des contribuables pour « falsifier "officiellement" l'histoire allemande[53] ».

Le secrétaire général du Ring Deutscher Soldatenverbände (« Cercle des associations allemandes de soldats »), Körber, intervint publiquement en s'appuyant sur une argumentation caractéristique. Il nia l'existence de la guerre d'extermination et fit porter la faute sur des éléments marginaux de la Wehrmacht : « Le fait que des soldats de la Wehrmacht aient eux aussi commis des crimes pendant la Seconde Guerre mondiale n'est pas contesté. Le plus souvent, lorsqu'on a eu connaissance de tels actes, une condamnation a été prononcée par un tribunal. Quand on généralise ce type de faits criminels regrettables, quand on en fait porter la charge à la "Wehrmacht" dans son ensemble, comme le fait le Dr Messerchmidt, on commet une discrimination [...]. Calomnier de manière générale les soldats allemands, c'est calomnier plus de onze millions d'hommes allemands dont beaucoup ont sacrifié leur vie ou leur santé pour notre patrie [...][54]. »

Le général de brigade Heinz Karst, qui fut un temps responsable de la formation à la Bundeswehr, avait déjà exercé une influence considérable avec son livre *L'Image du soldat*. Dans la revue *Criticon,* très marquée à droite, il avança l'idée que les historiens militaires – pour autant qu'ils menaient un travail critique sur la Wehrmacht – souhaitaient manifestement une « deuxième vague de "démilitarisation[55]" ». Parallèlement au mouvement pacifiste contre la décision de réarmement, estimait Karst, « a débuté l'attaque contre la Wehrmacht et cette génération de la guerre qui a construit la nouvelle démocratie des Allemands. Presque tous les hommes politiques notables de la période de la fondation, abstraction faite d'Adenauer et d'Ollenhauer, ont été soldats dans la Wehrmacht, et la plupart étaient officiers, par exemple Karl Carstens, Aldred Dregger, F.-J. Strauss, Helmut Schmidt, Wilhelm Berkhan, "Ben Wisch[56]" ; d'autres, comme Carlo Schmid, ont été conseillers en administration de guerre, au service de la Wehrmacht. La Bundeswehr a été presque entièrement construite avec des officiers et sous-officiers de la Wehrmacht ». Karst parlait d'une « campagne de presse » contre la Wehrmacht, de la « mentalité de repentance » allemande et d'une nouvelle « tendance des Allemands à l'autodestruction, comme le disait Theodor Heuss », avant d'éclairer, dans le jargon typique des traditionalistes, le chemin suivi jusqu'alors par la légende de la Wehrmacht :

« Si la Wehrmacht, acquitée même au cours des funestes procès organisés à Nuremberg par les puissances victorieuses, était considérée il y a quelques années encore comme une force armée qui ne niait certes pas les irruptions de l'injustice, l'adaptation idéologique aux conceptions de Hitler, des crimes et le fait d'avoir toléré des crimes à ses marges, mais méritait tout de même, dans son ensemble, le respect..., on se mit alors à chercher activement les méfaits commis par la Wehrmacht, devenue "ennemie publique". Aucune nation de cette Terre, ajoutait Karst en politisant l'historiographie critique de la Wehrmacht, n'infligerait ce type de "recherche" à ses millions d'hommes morts sur les fronts et dans les camps de prisonniers. » Alors que l'étranger admirait les remarquables prestations militaires de la Wehrmacht, les soldats, qui avaient tout de même été soumis au primat de la politique, étaient dans leur propre pays « de nouveau diffamés, dans une deuxième vague qui s'abat depuis 1979 sur les médias et la "science[57]" ». Il était donc parfaitement logique que l'ex-général Karst qualifie de « funeste » le décret sur la tradition publié par Apel en 1982. Le *Deutschlandsmagazin*, marqué à droite, consacra en mai 1988 un reportage annoncé à la « une » au thème « Comment des historiens de premier plan du Militärgeschichtliches Forschungsamt diffament les soldats et falsifient l'histoire[58] », redonnant à cette occasion la parole à Heinz Karst.

Cinquante ans après : la rupture d'un tabou

On le sait bien : c'est une chose de présenter dans des livres épais les résultats de longues années de recherche scientifique, et c'en est une autre de faire connaître à un plus vaste public les messages qui y sont contenus. De fait, celui-ci ignora longtemps les recherches sur la Wehrmacht, si bien que l'image enjolivée que l'on en avait donnée au début de l'après-guerre put se maintenir pendant une durée étonnamment longue. On serait tenté de l'expliquer avant tout par l'influence durable de la génération de la guerre. Mais, à la longue, ses porte-parole qui, comme Hans Filbinger, se voyaient calomniés en tant que membres d'une « génération honnie[59] » eurent de plus en plus de mal à obtenir que leur vision de la Wehrmacht demeure l'opinion dominante.

La « querelle des historiens » de 1986 anima pendant des années les débats sur l'histoire allemande contemporaine et aviva la conscience historico-politique des générations montantes. Celles-ci réclamèrent de plus en plus clairement les informations objectives dont on disposait sur le rôle de la Wehrmacht dans l'État national-socialiste, et notamment dans la guerre contre l'Union soviétique. La télévision, certaines maisons d'édition (par exemple Fischer avec sa Collection noire intitulée « L'époque du national-socialisme ») et de grands hebdomadaires eurent le mérite de diffuser plus largement ce type d'informations[60].

L'« exposition sur la Wehrmacht »

Cinquante ans après la fin de la Seconde Guerre mondiale, l'époque était enfin mûre pour une révision de l'idée, toujours répandue dans l'opinion publique, selon laquelle la Wehrmacht avait mené une guerre tout à fait normale et n'avait commis aucune faute. L'exposition consacrée à la Wehrmacht par l'Institut für Sozialforschung de Hambourg joua alors le rôle de catalyseur.

Par sa durée et le nombre de ceux qui y participèrent, cette confrontation publique avec l'histoire de la Wehrmacht, qui se déroula entre 1995 et 1999, a été sans équivalent. Les thèses développées par Goldhagen à propos du caractère de l'antisémitisme en Allemagne ont certes elles aussi suscité un grand intérêt, mais il fut d'assez brève durée. De même, les journaux de Victor Klemperer ont rencontré un large écho, mais n'ont pas déclenché de controverses fondamentales.

Ce sont en revanche des millions de personnes intéressées par l'Histoire et la politique qui se confrontèrent, via l'exposition, au problème de la Wehrmacht. Il s'agissait souvent ici de membres de la jeune génération. Ils désiraient simplement savoir comment les choses s'étaient réellement passées et ce qu'on leur avait dissimulé jusque-là. Parmi ceux qui s'engagèrent dans cette affaire, on trouvait cependant aussi beaucoup de personnalités de premier plan, comme le montre par exemple la liste impressionnante des oratrices et orateurs qui inaugurèrent l'« exposition sur la Wehrmacht » dans chacune des villes où elle fut présentée[61] : Klaus von Bismarck à Hambourg, Iring Fetscher à Potsdam, Erhard Eppler à Stuttgart, Johannes Mario Simmel à Vienne, Diether Posser à Essen, Jutta Limbach à Karlsruhe, Christian Ude à Munich, Hans Eichel et Ignaz Bubis – tous deux à Francfort-sur-le-Main, Hans-Jochen Vogel à Marbourg et le président Johannes Rau à Bonn. Quatre-vingts autres villes avaient déjà demandé l'exposition en novembre 1999, date à laquelle elle fut retirée afin d'être revue de fond en comble, sur la base des critiques scientifiques dont elle avait fait l'objet.

Sous l'angle émotionnel, la rupture du tabou sema l'incertitude dans une institution où la génération de la guerre s'était réfugiée après 1945. Après avoir focalisé la responsabilité des crimes de masse du régime sur l'élite nationale-socialiste et les criminels de guerre condamnés à Nuremberg, elle avait construit l'image complaisante d'une Wehrmacht restée « propre », facilitant ainsi le refoulement des mauvais souvenirs et des sentiments de culpabilité.

L'ampleur et l'intensité de la secousse tenaient entre autres au volume humain de la Wehrmacht ; celle-ci avait bel et bien été une armée du peuple allemand. Elle avait été – et bien plus fortement que la Bundeswehr actuelle – un élément et un reflet de la population allemande. La Wehrmacht ne doit donc pas seulement être comprise comme une institution de l'État, mais comme une partie de la population, étroitement liée à la vie de chaque famille moyenne allemande. Manifestement, les millions d'hommes qui en avaient fait partie se sentaient liés, même après la guerre, par une conscience collective. Voilà pourquoi, sans doute, dans leurs mémoires des généraux de la Wehrmacht et les nombreux « Allemands moyens » en uniforme se sont pratiquement mis dans le même bateau et ne sont pas parvenus à établir une distinction entre les différents niveaux de responsabilité et les différents intérêts. La légende de la Wehrmacht a dans cette mesure rempli une fonction sociale.

Les débats sur la Wehrmacht ont commencé sous une forme plutôt feutrée. Le sociologue Klaus Naumann a analysé les quotidiens et hebdomadaires allemands de l'année 1995 consacrés à des regards rétrospectifs sur 1945[62]. Il a constaté le rôle immense que tenaient l'histoire nationale-socialiste, la guerre d'extermination et le génocide dans l'image collective que les Allemands se faisaient d'eux-mêmes. En cette année de commémoration, les médias rappelèrent d'abord la libération des camps de concentration, la phase finale de la guerre des bombes, le début des mouvements d'exode à l'Est, le déroulement de la fin de la guerre dans les différentes villes et communes, et pour finir la capitulation sans conditions, le 8 mai 1945. Reprenant le jugement porté par le président Richard von Weizsäcker dix ans auparavant, on considérait désormais que le 8 mai 1945 – jour de la défaite militaire de la Wehrmacht et donc de l'État national-socialiste – marquait la date d'une « libération ». Ce mot constituait le modèle central d'interprétation.

En revanche, l'image de la Wehrmacht allemande demeurait confuse. Dans les souvenirs locaux apparaissaient différents types très éloignés de membres de la

Wehrmacht : le pauvre soldat, le soldat conscient de son devoir, le combattant invétéré, le déserteur qui tentait d'échapper aux mesures de terreur destinées à l'inciter à « tenir bon ». Appuyé sur ce nouveau consensus autour de la « libération », le centre nébuleux de l'argumentation était que les soldats de la Wehrmacht n'avaient été « ni des héros, ni des criminels ». Replacée globalement dans le contexte des souvenirs de la fin de la guerre, l'exposition inaugurée en mars 1995 à Hambourg et intitulée « Guerre d'extermination. Les crimes de la Wehrmacht, 1941-1944 » allait tout à fait à contre-courant. Car elle remettait en question ce consensus de l'après-guerre qui « avait masqué les réalités de la guerre d'extermination, dans l'intérêt de l'intégration et de la pacification », comme l'expliqua Naumann.

La rupture du tabou s'opéra pourtant par étapes. Dans les premières villes visitées par l'exposition – à Hambourg, Karlsruhe ou Nuremberg par exemple –, un public déjà intéressé par la question aborda ce sujet avec un intérêt encore retenu. Dans les programmes d'accompagnement, les conférences scientifiques dominaient[63]. La grande percée médiatique se produisit deux ans plus tard. Elle bénéficia de la sensibilité historico-politique qu'avaient fait naître les commémorations de 1995, de la fin du conflit Est-Ouest et de l'unification allemande, mais aussi et surtout du changement de génération. Contrairement à la « génération de l'après-guerre », la jeune génération ne se définit plus du tout par rapport à la Seconde Guerre mondiale : elle a d'autres points de repère.

La polarisation politique survenue à Munich et à Brême (fin 1996-début 1997) a précipité le cours des choses. Des fractions du CDU et du CSU, mais aussi du NPD et des associations de soldats ayant une fois encore entonné, bruyamment et avec amertume, le chant de la Wehrmacht « propre », des centaines de milliers de personnes, en particulier des jeunes, eurent l'occasion de se poser – souvent pour la première fois – la question du rôle de la Wehrmacht au cours de la guerre d'extermination. Le symbole de cet intérêt « provoqué » se repère dans cette longue file d'hommes et de femmes qui enduraient chaque jour plusieurs heures d'attente devant l'hôtel de ville de Munich afin de s'approprier une fraction – jusqu'alors protégée par la légende – de l'histoire allemande.

Plusieurs livres ont retracé le cours du débat public sur l'histoire de la Wehrmacht – ce fut par exemple le cas pour les confrontations chargées de scandale qui eurent lieu à Brême[64] et à Munich[65]. Les défenseurs de l'image de la Wehrmacht « propre » trouvèrent un soutien journalistique auprès de l'ancien combattant de la Seconde Guerre mondiale et ancien journaliste de télévision Rüdiger Proske. Dans deux pamphlets[66], il accusa les historiens critiques de la Wehrmacht d'avoir entamé en 1968 leur marche à travers les institutions et d'être désormais passés – en même temps que des journalistes, juges et hommes politiques de la même obédience – à la « guerre contre la Wehrmacht ». Même si cette thèse permit à quelques traditionalistes de voir leurs opinions confirmées une fois de plus, le message de Proske ne rencontra pratiquement aucun écho dans l'opinion publique.

En revanche, le livre qui accompagnait l'exposition[67], le catalogue de l'exposition[68] et un numéro spécial de l'hebdomadaire *Die Zeit* intitulé « L'obéissance jusqu'à la mort ? La guerre passée sous silence de la Wehrmacht[69] », dont on vendit bien plus de 100 000 exemplaires, devinrent des best-sellers. Le journaliste Heribert Prantl rassembla dans un livre de poche les principaux textes de la controverse allemande sur les « crimes de la Wehrmacht[70] ». À l'Institut Fritz-Bauer de Francfort, on élabora des « éléments destinés à l'enseignement préparatoire avant et après la visite de l'exposition[71] ». Parfois, les visiteurs de l'exposition prirent la parole, par exemple dans le recueil *Visiteurs d'une exposition*[72]. Une fois encore, le lecteur y retrouvait les schémas de perception habituels : les uns « l'avaient toujours su », par leur propre expérience ou pour l'avoir vu de leurs yeux ; les autres, sans mettre en doute ce qu'ils venaient de découvrir, souhaitaient cependant le replacer « dans un plus large contexte ».

Le film et le livre de la cinéaste viennoise Ruth Beckermann constituent un document tout aussi encombrant pour cette partie de notre culture du souvenir[73]. En 1995, dans la capitale autrichienne, elle interrogea d'anciens soldats de la Wehrmacht « sur les lieux », c'est-à-dire au moment où ils étaient confrontés aux images et aux textes de l'exposition. Elle voulait savoir « dans quelle mesure ces hommes avaient contribué à l'extermination des Slaves et des Juifs, ou bien ce qu'ils avaient vu et entendu ». Le titre *Au-delà de la guerre* désigne les expériences ayant dépassé les opérations de guerre normales. Ce qui est ressorti de ces entretiens en dit bien entendu moins long sur la réalité de la guerre d'extermination que sur la conscience actuelle de la génération de la guerre. L'écrivain Robert Menasse a commenté, dans son remarquable avant-propos, les déclarations de ces hommes ayant participé à la guerre : qu'ils parlent ou qu'ils se taisent, dit-il, c'est la même chose. La parole trahit autant que le silence. Il propose de réévaluer ce silence agité de sempiternels scandales, de ne pas y voir l'expression de l'incorrigibilité des acteurs, mais l'expression de la monstruosité de l'événement, qui dépasse toute possibilité d'assimilation.

L'image de la Wehrmacht dans la Bundeswehr aujourd'hui

Au fil du vaste débat public déclenché autour du rôle de la Wehrmacht dans la guerre d'extermination, l'état-major de direction des forces armées se demanda bien entendu si l'on pouvait s'en tenir à l'interprétation de la Wehrmacht considérée comme la ligne officielle depuis la directive de 1982. Une expertise interne du ministère sur « la Wehrmacht sous le IIIe Reich[74] » résume l'évolution de la recherche historique : les mémoires rédigés par les anciens généraux de la Wehrmacht dans les années 1950 ont insisté sur le fait que celle-ci n'avait pas participé aux crimes nationaux-socialistes. Jusqu'en 1975 environ, la distinction entre une Wehrmacht combattant pour l'essentiel selon les règles du droit international, d'une part, et d'autre part la SS comme instrument de la politique d'extermination de Hitler, était, selon ce texte, restée dominante – sous-entendu, sans doute, dans l'opinion publique. Dans le domaine scientifique, la distinction entre la Wehrmacht « propre » et la SS « sale » avait toutefois été abandonnée dès le milieu des années 1960. En 1995, affirmaient les auteurs, on ne pouvait certes toujours discerner « aucune image homogène » de la Wehrmacht dans l'historiographie, mais un courant en pointe concevait la Wehrmacht « comme le véritable instrument de la politique d'extermination nationale-socialiste ». Ses « affirmations » (*sic*) étaient répertoriées : la Wehrmacht aurait participé de manière déterminante à la Shoah. Elle aurait mené la lutte contre les partisans sous la forme d'un génocide, aurait exterminé les prisonniers de guerre, mis en œuvre des ordres criminels, et sa juridiction aurait réprimé l'opposition au national-socialisme en condamnant des déserteurs à des peines draconiennes. Le rapport en tirait l'enseignement suivant : « La Wehrmacht a eu sa part dans la politique de violence nationale-socialiste, et cette part s'est accrue au cours du temps. Au fil de la guerre, elle a été de plus en plus compromise dans les crimes de Hitler et de son régime. L'ampleur de la participation et de l'implication constitue toujours un problème pour la recherche et requiert encore un travail d'élucidation scientifique[75]. » La conclusion politique, elle, était formulée en ces termes : « L'intégration de la Wehrmacht dans l'État national-socialiste, son instrumentalisation – même abusive – au profit de la politique criminelle du régime, ainsi que l'intrication coupable de chefs militaires et de soldats de tous les grades de service dans ces crimes ne permettent pas de fonder à partir de la Wehrmacht une tradition pour la Bundeswehr[76]. »

Reste à élucider ce qu'on entend par « intrication* ». Ce terme hante depuis des décennies les débats sur le rôle de la Wehrmacht sous le nazisme. Il est censé exprimer l'idée que la Wehrmacht, au cours de la Seconde Guerre mondiale, a été entraînée dans des actes qui lui étaient désagréables, ou que son propre comportement l'a menée dans une situation regrettable[77]. On sent vibrer dans cette notion l'idée de la culpabilité de tierces personnes : Hitler et les autres mauvais démons nationaux-socialistes auraient entraîné la Wehrmacht dans une guerre criminelle. En l'état actuel des connaissances, il faudrait, pour être précis, parler de complicité par les actes et par le savoir, ce qui permettrait de faire ressortir comme il convient la responsabilité de la Wehrmacht.

Cette analyse confirmait encore une fois les directives sur la tradition publiées par Apel en 1982. Le ministre de la Défense, Volker Rühe, tint, en novembre 1995 à

* En allemand, *Verstrickung*, « être emmêlé, empêtré, intriqué dans quelque chose » (*NdT*).

Munich, un discours dans lequel il tirait très clairement les conséquences politiques qui en découlaient. Il expliqua devant des commandants d'unité de la Bundeswehr : « En tant qu'organisation du IIIe Reich, la Wehrmacht a été impliquée, par sa direction, ses unités et ses soldats, dans les crimes du national-socialisme. En tant qu'institution, elle ne peut donc pas fonder une tradition [...][78]. » On mit ainsi un terme provisoire à une décennie de confrontation au sein de la Bundeswehr – pour autant que les paroles d'un ministre soient capables de le faire. Il serait cependant encore plus important que la discussion sur la Wehrmacht soit aussi menée sur le fond au sein de la Bundeswehr, afin que l'ancienne légende ne puisse continuer à agir de manière souterraine.

Souvenir indésirable

Raul Hilberg n'a cessé de constater que le public ne veut en réalité pas du tout savoir ce qui s'est passé ni pourquoi cela s'est passé. Partout il s'est heurté au scepticisme, au rejet et au manque d'intérêt. Ce fut même le cas en Israël, où la première préoccupation des gens était de stabiliser l'État nouvellement fondé. Aux États-Unis aussi, le public eut une réaction de rejet. Alliés à l'Allemagne fédérale dans le contexte de la guerre froide, les Américains ne tenaient pas à en savoir trop sur les crimes des Allemands pendant la Seconde Guerre mondiale. On s'intéressait plutôt aux expériences militaires qu'avaient faites les Allemands dans la guerre contre l'Union soviétique, de 1941 à 1945, expériences que les Américains voulaient utiliser pour leur propre compte. C'est ainsi que les connaissances peu à peu rassemblées sur la Shoah eurent grand-peine à atteindre le public. Les recherches historiques sur la Shoah ne furent certes pas étouffées. Après de nombreuses tentatives, le livre de Raul Hilberg *La Destruction des Juifs d'Europe* parut, d'abord aux États-Unis, en 1961. Il fallut attendre 1982 pour que la petite maison d'édition berlinoise Olle & Wolter en publie la traduction[79]. En 1990, l'œuvre parut finalement en poche dans une version revue publiée dans la Collection noire du Fischer Taschenbuch Verlag à Francfort[80] et toucha ainsi un large public. Mais, pendant une assez longue période, on avait rejeté l'histoire de la Shoah comme un « souvenir indésirable[81] », comme le formule Hilberg, non sans amertume.

On peut en dire autant de l'histoire de la Wehrmacht, qui est, il est vrai, étroitement liée à l'histoire de la Shoah. Pour de larges pans de l'opinion publique allemande, ni le travail d'élucidation mené par les tribunaux militaires de Nuremberg, ni le travail des historiens sur les crimes de la Wehrmacht, n'étaient les bienvenus. Ces souvenirs de faits embarrassants étaient eux aussi « indésirables » et suscitaient une défense proche de l'agressivité. Les historiens, qui se voyaient en quelque sorte contraints de tenir le rôle de porteurs de mauvaises nouvelles, furent accusés de « cracher dans la soupe ». Des parties significatives de la génération de la guerre entreprirent de grands efforts – et, nous l'avons vu, au bout du compte, des efforts aboutis – pour imposer au fil des décennies, contre toutes les tentatives d'élucidation, la politique historique de refoulement et d'enjolivement déjà engagée à l'ère Adenauer. Il fallut attendre un demi-siècle pour que la jeune génération veuille simplement savoir ce qui s'était réellement passé. Alors seulement, les connaissances rassemblées depuis longtemps sur la guerre d'extermination de la Wehrmacht à l'Est touchèrent un vaste public. Les milieux qui tenaient à maintenir la légende de la « Wehrmacht propre » n'étaient désormais plus assez forts pour empêcher la percée vers la vérité.

Cette propension tardive à rompre avec des légendes appréciées sur l'époque de la Seconde Guerre mondiale et du fascisme européen ne concerne cependant pas seulement l'Allemagne. En Italie, en France, en Suisse, en Suède, au Danemark et ailleurs, on voit la vérité percer peu à peu, depuis le milieu des années 1990[82]. Partout, les mythes nationaux s'effritent. Les générations montantes n'éludent plus les vérités gênantes et commencent à regarder sous un nouveau jour l'histoire de leurs nations.

Un sauveur de Juifs comme modèle : un tournant dans la politique de la tradition ?

En Allemagne, le 8 mai 2000, on a donné pour la première fois à une caserne le nom d'un soldat de la Wehrmacht qui aurait sauvé jusqu'à trois cents Juifs, ce qui lui valut d'être condamné à mort par une cour martiale de la Wehrmacht et exécuté. Il s'agit du feldwebel* de la Wehrmacht Anton Schmid, originaire d'Autriche. Une caserne de la Bundeswehr située dans la ville de garnison de Rendsburg, dans le Schleswig-Holstein, porte désormais le nom de ce sous-officier[83]. Elle portait jusqu'alors celui d'un général de corps d'armée de la Wehrmacht, Günther Rüdel. Contrairement à ce qui a été affirmé[84], il n'avait pas participé aux verdicts de terreur du *Volksgerichtshof* (« Tribunal du peuple »), mais avait participé comme juge honoraire à une audience et imposé un acquittement. Le changement de nom de la caserne de Rendsburg s'est fait en présence du président allemand Johannes Rau et du ministre fédéral de la Défense Rudolf Scharping. L'historien américain Fritz Stern, lauréat du Prix de la paix de la librairie allemande en 1999, tint un discours à l'occasion de cette

* Grade situé entre le sergent-chef et l'adjudant (*NdT*).

cérémonie[85]. Ce changement de nom peut être considéré comme un jalon dans la confrontation autour de la tradition dans la Bundeswehr.

Hannah Arendt relate, en rendant compte du procès Eichmann qui eut lieu en 1961 à Jérusalem, l'histoire d'Anton Schmid : celui-ci avait « commandé une patrouille qui, en Pologne, ramassait les soldats allemands égarés, coupés de leur unité. C'est dans le cadre de cette activité qu'il avait rencontré des membres du mouvement clandestin juif. Parmi eux se trouvait M. Kovner, un membre éminent de ce mouvement. Schmid avait aidé les partisans juifs en leur fournissant des faux papiers et des camions militaires. Chose capitale, “il ne le faisait pas pour de l'argent[86]” ». Cela dura cinq mois, d'octobre 1941 à mars 1942[87]. Ensuite, Anton Schmid fut arrêté et exécuté.

Hannah Arendt poursuit : « Il ne fallut que deux minutes à Kovner pour raconter comment un feldwebel allemand l'avait aidé. Le silence régnait dans la salle du tribunal ; comme si la foule avait spontanément décidé d'observer une minute de silence à la mémoire de l'homme qui s'appelait Anton Schmid. » Et elle exprime ensuite cette réflexion significative : « Ce fut, pendant cette minute, comme un flot de lumière projeté soudain dans une obscurité impénétrable et sans fond. On n'en pouvait tirer qu'une conclusion, claire, irréfutable, l'évidence même : comme tout serait différent aujourd'hui dans cette salle, en Israël, en Allemagne, dans toute l'Europe, peut-être même dans tous les pays du monde, si seulement on avait pu raconter d'autres histoires de ce genre[88] ! »

Qui était ce membre du mouvement clandestin juif qui, en 1961, dans la salle d'audience du tribunal de Jérusalem, apportait ce témoignage remarquable en faveur d'un feldwebel anonyme de la Wehrmacht ? Abba Kovner se fit remarquer dès l'âge de 23 ans, en Lituanie occupée par les Allemands, comme commandant d'une unité de partisans. Né à Sébastopol, il avait fréquenté un établissement d'enseignement supérieur hébraïque à Wilna qui, centre de la culture juive, passait pour la « Jérusalem de la Lituanie ». Lorsque la Wehrmacht prit la ville, fin juin 1941, il se réfugia avec un groupe de camarades dans un monastère dominicain des faubourgs. Lorsqu'il eut vent des massacres de Juifs lituaniens perpétrés par les Allemands, il décida d'organiser la résistance armée et fonda un groupe de combattants juifs. Kovner comprit plus tôt que d'autres que les meurtres commis par les Einsatzgruppen de la SS s'inscrivaient dans un plan systématique destiné à exterminer les Juifs d'Europe, et il fut aussi le premier à appeler les Juifs à la résistance armée.

Le 31 décembre 1941, dans un camp de partisans, on lut un manifeste rédigé par Kovner et qui proclamait : « Hitler veut tuer tous les Juifs d'Europe [...]. Les Juifs de Lituanie sont en première ligne. N'allons pas comme des moutons à l'abattoir. Nous sommes peut-être faibles et sans défense, mais l'unique réponse à l'ennemi est la résistance[89]. » Au cours de l'hiver 1941-1942, le jeune commandant partisan Abba Kovner entra directement ou indirectement en contact avec le feldwebel allemand Schmid. Il comprit ce qu'il y avait d'extraordinaire à ce qu'un membre de la Wehrmacht aide des Juifs de Wilna menacés d'extermination.

Après la fin de la Seconde Guerre mondiale, Kovner partit pour la Palestine. Il devint ultérieurement en Israël un poète et écrivain de premier plan. Il fut entre autres président de l'Union israélienne des écrivains hébraïques. Le récit qu'il fit dans la salle du tribunal de Jérusalem impressionna l'assistance. On ignore si l'on prit connaissance des informations qu'il livra dans une Allemagne fédérale où l'heure était toujours au refoulement –, mais ce n'est guère vraisemblable.

Dès 1945, l'écrivain juif Hermann Adler avait pour la première fois rendu publique, dans son recueil de poèmes *Chants de la ville de la mort* publié par une maison d'édition zurichoise, l'œuvre salvatrice de ce sous-officier de la Wehrmacht. Dans son introduction, il écrivait : « Je porte aussi la mémoire d'un feldwebel viennois inconnu, Anton Schmid, qu'une cour martiale allemande a condamné à la mort par balles parce qu'il avait sauvé des persécutés, et qui repose à présent, sous une simple croix de bois, au bord du cimetière militaire allemand à Wilna[90]. » En 1942, en Pologne occupée par les Allemands, le feldwebel Schmid avait dissimulé Adler et son épouse Anita dans son bâtiment de service, s'était lié d'amitié avec ces deux réfugiés et – par leur intermédiaire – avait coopéré avec le mouvement de résistance juive[91]. Adler était ainsi un témoin oculaire immédiat des opérations de sauvetage menées par Schmid. Bien que les *Chants de la ville de la mort* d'Adler – il s'agit de poèmes écrits, pour leur plus grande part, dans le ghetto de Wilna – aient obtenu à l'époque le prix d'honneur de la Commission littéraire de la Ville de Zurich, l'information concernant Anton Schmid n'atteignit pas la conscience publique en Allemagne.

Cela vaut aussi pour un autre recueil de Hermann Adler, intitulé *Ostra Brama. Légende de l'époque du grand naufrage*, dont la huitième partie, intitulée « La main fiable de l'ami », rappelle sous une forme littéraire l'homme extraordinaire que fut Anton Schmid[92]. Par la suite, dans les années 1960, à la demande de la chaîne de télévision Zweiter Deutscher Fernsehen (ZDF), Adler rédigea un scénario[93], ainsi que le contenu d'une émission pour la station de radio Südwestfunk[94] sur l'action de Schmid.

L'État d'Israël rendit hommage à Anton Schmid dès l'année 1967[95] en tant que « Juste parmi les nations », pour avoir sauvé, au prix de sa vie, des Juifs à l'époque de la Shoah[96]. Sur le terrain du mémorial israélien de Yad

Vashem, on a planté pour lui un arbre pourvu d'une discrète plaque de pierre où l'on peut lire, en hébreu et en anglais, « Anton Schmid – Austria ». C'est bien l'Autriche, le pays natal de Schmid, qui y est mentionnée, et non l'Allemagne, qu'il fut contraint de servir au sein de la Wehrmacht. Mais, en Allemagne, on ne tint pratiquement aucun compte non plus de l'hommage rendu à Jérusalem. C'est seulement en l'an 2000, près de soixante ans après les opérations de sauvetage menées par Anton Schmid et quarante ans après le procès Eichmann à Jérusalem, que l'on rendit officiellement hommage en Allemagne à ce soldat exceptionnel de la Wehrmacht, ce qui permit d'en savoir plus sur son action singulière et de mieux la comprendre.

L'enquête sur les faits eux-mêmes a été menée depuis longtemps, autant que possible. Quelques-uns des Juifs sauvés à Wilna, en Lituanie, par Anton Schmid ont témoigné par la suite de ses actes exceptionnels. Sur la base de leur témoignage, l'*Encyclopédie de la Shoah* raconte les faits suivants :

« Stationné à Wilna en tant que feldwebel de la Wehrmacht, Schmid avait pour mission de rassembler les soldats allemands dispersés aux alentours de la gare et de les attribuer à de nouvelles unités. Un grand groupe de Juifs du ghetto de Wilna travaillait dans la troupe de Schmid, où ils étaient chargés de différentes tâches : matelassage, coupe de vêtements, ferronnerie et réparations de chaussures. Horrifié par des assassinats de Juifs à Ponary, Schmid décida de faire tout ce qui était en son pouvoir pour permettre aux Juifs de survivre. Il parvint à libérer des Juifs de la tristement célèbre prison Lakischki, à sauver des Juifs de différentes manières et à les approvisionner secrètement dans le ghetto en nourriture et en provisions diverses. Dans les trois maisons de Wilna placées sous sa surveillance, les Juifs se cachaient dans les caves pendant les “actions[97]”. Schmid entra aussi en contact avec des personnages de premier plan de la résistance juive, par exemple Mordechai Tenenbaum, et coopéra avec eux. Il aida certains d'entre eux à partir pour Varsovic ct Bialystok afin qu'ils puissent raconter les meurtres commis à Ponary. Certains combattants clandestins se retrouvaient chez lui pour y coordonner leurs plans et passer la nuit. Il envoya d'autres Juifs dans des ghettos qui étaient à l'époque relativement sûrs, par exemple ceux de Woronowo, Lida et Grodno[98]. »

Après la fin de la guerre, Simon Wiesenthal ne se contenta pas de traquer Adolf Eichmann et d'autres criminels nationaux-socialistes : dans son centre de documentation, à Vienne, il collecta aussi des informations sur le sauveur de Juifs Anton Schmid et contribua ainsi à préparer l'hommage qui lui fut rendu à Yad Vashem. Wiesenthal, qui a parlé avec quelques survivants du ghetto de Wilna qui devaient leur salut à Schmid, fournit des indications encore plus détaillées sur l'aide et le secours apportés par le feldwebel : « Courant un terrible risque personnel, Schmid se glissait dans le ghetto, apportait à manger aux Juifs mourant de faim, donnait pour les bébés des bouteilles de lait qu'il avait transportées dans ses poches. Il savait que des milliers de Juifs se cachaient un peu partout dans Wilna* et servait de courrier entre eux et leurs amis du ghetto, apportant messages, pain et médicaments. Schmid eut même le courage de voler des armes à la Wehrmacht pour les remettre à la résistance juive[99]. » Des récits faits par ses partenaires, Wiesenthal déduisit qu'Anton Schmid avait en quelque sorte fonctionné « à lui tout seul comme une organisation de secours[100] ». Hermann Adler considère au contraire que Schmid avait des camarades fiables qui lui ont permis de faire passer la nuit à sou-

* Version allemande : dans les forêts autour de Wilna (*NdT*).

vent plus de vingt personnes dans son appartement de fonction, personnes qui ont été ensuite acheminées jusqu'à Varsovie avec des camions du centre de regroupement des soldats isolés dirigé par Schmid[101]. Ce point peut susciter un intérêt particulier, car il promet d'éclairer l'environnement immédiat de ce sauveur de Juifs au sein de la Wehrmacht. Sans camarades pour le couvrir, même s'ils ne lui apportèrent pas un soutien actif, Schmid n'aurait guère pu mener pendant des mois, au péril de sa vie, ses opérations de sauvetage.

Nous savons par d'autres sources qu'à cette époque (l'automne 1941) beaucoup de simples soldats de la Wehrmacht n'étaient pas encore radicalisés, loin s'en faut, au point d'approuver les opérations d'extermination de Juifs menées par la SS. On peut notamment le déceler dans l'ordre déjà cité, donné le 10 octobre 1941 par le commandant en chef de la 6e armée, le feld-maréchal Walther von Reichenau. Reichenau constatait qu'il existait encore souvent des « idées floues » sur le comportement de la troupe à l'égard du système judéo-bolchevique. Il fallait dans ce domaine accomplir des tâches qui « dépass[ai]ent l'activité spécifique traditionnelle du soldat ». Dans l'espace de l'Est, écrivait-il, le soldat allemand n'était « pas seulement un combattant respectant les règles de l'art de la guerre, mais aussi le vecteur d'une idée ethnique implacable », et il devait donc « avoir une compréhension totale pour la nécessité de la dure, mais juste expiation infligée à la sous-humanité juive »[102]. Reichenau était donc globalement mécontent du comportement visiblement hésitant ou récalcitrant de la troupe, et réclamait de ses soldats, sur le ton du commandement, l'« élimination sans pitié des ruses et de la cruauté étrangères à l'espèce* », ce qui désignait

* En allemand, « *artfremd* » (*NdT*).

l'approbation et le soutien aux assassinats de Juifs perpétrés par les Einsatzgruppen de la SS.

En Lituanie, et tout spécialement à Wilna, où était installé le centre de regroupement des soldats isolés géré par Anton Schmid, la terreur contre les Juifs avait déjà franchi quelques crans entre le début de l'intervention et le mois d'octobre 1941[103]. Plusieurs milliers de Juifs de Wilna avaient déjà été tués. Le 6 septembre 1941, le reste de la population juive avait été transféré dans deux ghettos. Dans l'un d'eux, on installait de force les Juifs aptes au travail ou qui avaient fait des études, dans l'autre, les Juifs inaptes au travail, et on leur délivrait des cartes de reconnaissance différentes. Par la suite, les ouvriers non qualifiés furent sélectionnés par séries, transportés en camion et en convois ferroviaires dans le village de Ponary, à huit kilomètres de Wilna, où ils étaient abattus[104]. On utilisait une zone forestière située près des rails de chemin de fer, zone dans laquelle des entreprises soviétiques avaient creusé en 1940-1941 des fosses destinées à accueillir des citernes de pétrole. Ces fosses servaient de lieu d'exécution et de charniers[105]. Dans toute la région, on connaissait l'existence de ces exécutions de masse.

L'écrivain polonais Józef Mackiewicz, qui vivait à l'époque à Wilna, à quelques kilomètres seulement de Ponary, entendit « de brefs coups de feu, hachés, par saccades, durant parfois plusieurs heures, qui se transformaient parfois en salves de pistolets-mitrailleurs. Cela eut lieu à plusieurs dates différentes, presque toujours en plein jour. Parfois aussi plusieurs jours d'affilée, le plus souvent vers le soir ou le matin ». Il savait que s'y déroulait une « boucherie », que Ponary était l'« un des plus grands cimetières de Juifs en Europe » : « Ponary devint au cours de cette guerre le symbole d'une horreur jusqu'alors inconnue. Le son de ces lettres, avec leur "y" final, en glaçait plus d'un. La sombre et répugnante renommée de ce nom filtrait lentement depuis l'année 1941, comme du sang humain collant qui s'écoulait de plus en plus loin, de plus en plus loin à travers le pays [...][106]. »

Depuis le 2 juillet 1941, c'est l'Einsatzkommando 3, dirigé par le Standartenführer SS Karl Jäger, qui était responsable de l'extermination des Juifs en Lituanie. De son « Inventaire général des exécutions de Juifs effectuées dans le secteur de l'EK 3 à la date du 1er décembre 1941 » – connu dans la recherche internationale sur la Shoah sous son nom abrégé de « rapport Jäger » – ainsi que d'autres sources, on peut déduire que, sur les 55 000 Juifs qui vivaient encore à Wilna au mois de juin, seuls 16 500 étaient encore en vie début décembre 1941[107]. Cela signifie qu'en six mois, environ 38 000 Juifs furent assassinés. Cinq mille à peu près auraient réussi à s'enfuir dans les forêts[108].

Tel était le contexte dans lequel le feldwebel Anton Schmid décida de suivre sa propre voie et d'apporter aux Juifs toute l'aide qu'il pouvait. L'écrivain juif Purpur, qu'il cacha dans son logement de service, lui demanda un jour : « Vous ne mettez pas votre vie en jeu un peu légèrement ? » Schmid lui répondit : « Chacun doit crever un jour ou l'autre. Mais, si je peux choisir si je dois crever dans la peau d'un assassin ou dans celle d'un homme qui aide, je choisis de mourir en portant secours[109]. » D'où cet Anton Schmid tira-t-il la force de nager contre le courant meurtrier qui l'entourait, contre les ordres militaires, en ayant conscience qu'il risquait sa vie en menant son travail concret pour en sauver d'autres que lui ?

Il est généralement difficile de rassembler beaucoup de données biographiques sur un « monsieur Tout-le-monde » en uniforme afin de pouvoir expliquer sa socialisation et ce qui l'a incité à porter secours à autrui. Anton Schmid est né le 9 janvier 1900 à Vienne, dans une famille de la petite bourgeoisie – son père était employé des postes. Il a suivi un apprentissage de technicien électrique. En juillet 1918, il a été enrôlé, mais a été mis en permission de longue durée au bout de quelques mois. Il s'est marié et a eu une fille. En 1928, il a ouvert une boutique de produits électriques à Vienne. Après l'intégration de l'Autriche dans le Reich allemand, en 1938, il a aidé quelques Juifs de Vienne à se réfugier en Tchécoslovaquie[110].

Bien qu'il ait eu à l'époque près de 40 ans, il reçut en 1939 un nouvel ordre de mobilisation, cette fois émis par la Wehrmacht allemande[111]. Membre d'une classe assez âgée, il ne fut pas employé dans une troupe combattant sur le front, mais dans des fractions de troupe chargées de la sécurisation et engagées à l'arrière, d'abord en Pologne, puis dans la guerre contre l'Union soviétique. À Wilna, il appartenait à la 2e compagnie du bataillon de Landesschützen* 898, qui lui confia la direction du centre de rassemblement local des soldats coupés de leur unité[112].

À notre connaissance, il évita la mort à environ 350 personnes juives en leur établissant ces cartes de reconnaissance jaunes qui les caractérisaient comme des personnes exerçant des professions utiles aux Allemands. Il avait en outre des relations avec des membres du mouvement clandestin juif qui préparait l'insurrection du ghetto de Varsovie[113]. Un jour, le service qui le supervisait eut connaissance de ses activités. Des fonctionnaires de la Gestapo avaient remarqué que beaucoup de Juifs originaires de Wilna vivaient dans le ghetto de Lida. Quelques-uns d'entre eux furent arrêtés et avouèrent, sous la torture, qu'ils étaient arrivés à Lida avec l'aide de

---

* Compagnies chargées, notamment, de la surveillance des camps de prisonniers (*NdT*).

Schmid[114]. En tout cas, le feldwebel se retrouva devant la cour martiale de la feld-kommandantur (V) 814/Wilna. Celle-ci le condamna à mort le 25 février 1942. Les dossiers de la cour martiale et le verdict du tribunal n'ont malheureusement pas été conservés. Il est donc impossible de déterminer de quelle manière les juges militaires avaient transformé le sauvetage des Juifs, qui ne constituaient pas un délit inventorié dans le droit pénal militaire, en un autre délit. Il semble que formellement on l'ait accusé de corruption active et passive[115]. L'accusation aurait aussi pu être celle d'actes favorisant l'ennemi, de collaboration avec celui-ci, ou un autre délit du même ordre. Stephanie, l'épouse de Schmid, apprit sa condamnation à mort et demanda des explications à la cour martiale, mais on la fit lanterner avec des formalités[116]. Ce qui est certain, c'est que deux semaines plus tard, le 13 mars 1942, Schmid a été exécuté et enterré au cimetière militaire de Wilna, dans le quartier Anatol[117].

« Schmid n'était pas le type de l'adjudant qui en "fait baver", remarquait Simon Wiesenthal. C'était quelqu'un de tranquille, qui pensait beaucoup et parlait peu ; il comptait peu d'amis parmi ses camarades. » Il interprète en ces termes l'unique portrait photographique que nous possédions de lui[118] : c'est, écrit-il, la photo « d'un visage honnête, pensif, aux yeux doux et tristes, avec une petite moustache[119] ». Schmid, apprenons-nous par ailleurs, était un catholique très pieux « qui souffrait profondément lorsqu'il voyait souffrir les autres ». Mais c'était « également un homme d'un extraordinaire courage… [il] considéra qu'il était de son devoir de chrétien d'aider les Juifs martyrisés ». L'un des survivants rapporta ce qui suit à Wiesenthal : « Tout cela, il l'a fait sans même espérer de remerciements de quiconque. Il l'a fait par pure bonté d'âme. Pour nous, au ghetto, cet homme frêle et calme dans son uniforme de feldwebel était une sorte de saint[120]. »

Après que le tribunal de guerre l'eut condamné à mort, Anton Schmid écrivit à son épouse Steffi, à Vienne, une lettre d'adieux qui en dit plus sur la personnalité et les motifs de cet homme hors du commun : « [...] Je peux aujourd'hui tout te dire, ou te dire le sort qui m'attend. Mais je te demande une chose : reste forte lorsque tu poursuivras la lecture de cette lettre. Voilà ce qui se passe, hélas : j'ai été condamné à mort par la cour martiale à Wilna [...]. On ne peut rien y faire d'autre que de déposer un recours en grâce [...] mais je crois qu'il sera rejeté, tous les autres l'ayant été. Mais, mes chéries, gardez donc la tête haute. Je me suis fait à cette idée, et le destin l'a voulu ainsi. Il a été décidé d'en haut par notre cher Dieu, on ne peut rien y changer. Je suis si tranquille aujourd'hui que j'ai moi-même du mal à le croire, mais notre cher Dieu l'a voulu ainsi et m'a rendu fort. J'espère qu'aujourd'hui Il vous rendra aussi fortes que moi. Je veux vous dire encore comment tout cela est arrivé. Il y avait ici un très grand nombre de Juifs que l'armée lituanienne avait rassemblés et exécutés sur une prairie en dehors de la ville, entre 2 000 ou 3 000 personnes à chaque fois. Les enfants, ils les tuaient sur le chemin en les cognant contre des arbres, etc., tu t'imagines. Je devais, ce que je ne voulais pas, assumer la direction du centre de regroupement des isolés, où travaillaient 140 Juifs[121]. Ils m'ont demandé de les faire partir d'ici [...]. Alors je me suis laissé convaincre. Tu sais bien quel cœur tendre est le mien. Je n'ai pas été capable de réfléchir, et je les ai aidés, ce qui n'était pas bien aux yeux du tribunal. Dites-vous bien, mes chères Steffi et Grete, que c'est un rude coup pour nous, mais je vous en prie, je vous en prie, pardonnez-moi. Je n'ai fait qu'agir en être humain et je ne voulais faire de mal à personne. – Lorsque vous aurez cette lettre en main, mes chéries, je ne serai plus de ce monde. Je ne pourrai plus vous écrire non plus, mais soyez certaines que nous nous reverrons dans un monde meilleur, auprès de notre cher bon Dieu [...][122]. »

Le 13 mars 1942, jour de son exécution, Schmid put encore écrire une lettre à son épouse :

« Ma chère Steffi ! [...] Je n'ai pas pu faire autrement, sans quoi je t'aurais épargné tout cela, à toi et à Grete. Je n'ai fait que sauver des êtres humains, bien que juifs, du destin qui est le mien aujourd'hui, et cela a causé ma perte. De la même manière que dans ma vie j'ai tout sacrifié pour d'autres. [...] Je mets à présent un terme aux dernières lignes qu'il m'est encore permis de vous écrire, je vous salue et je vous embrasse, vous deux et toi-même, qui es tout pour moi dans ce monde et dans l'autre, où je serai bientôt entre les mains de Dieu, encore bien des fois, ton Toni qui vous aime éternellement[123]. »

Pendant le procès Eichmann à Jérusalem, Simon Wiesenthal eut connaissance de l'adresse de la veuve de Schmid. Il lui rendit visite et trouva une femme fatiguée, qui menait une modeste existence avec les revenus d'une petite boutique. Elle vivait avec Grete, sa fille, qui s'était mariée et habitait chez elle ; elles lui racontèrent que « la vie n'avait pas été facile pour elles en 1942, lorsqu'on avait su dans leur quartier que le feldwebel Schmid avait été exécuté pour avoir essayé d'aider quelques Juifs. Certains voisins avaient même traité Mme Schmid de “traîtresse” et l'avaient sommée de s'en aller. Quelques personnes avaient brisé les fenêtres de sa maison[124] ». C'est grâce à Simon Wiesenthal que Mme Schmid et sa fille effectuèrent le voyage à Wilna en octobre 1965.

En ce qui concerne la réflexion citée plus haut par Hannah Arendt, il faut dire que, même dans la Wehrmacht allemande, il y a eu d'autres actions de sauvetages analogues à celles du feldwebel Anton Schmid[125]. Mais la société allemande ne s'est guère intéressée, jusqu'ici, à ces hommes. Dans le passé, cela a pu tenir au fait que la grande majorité des coupables, de leurs complices, de ceux qui ont assisté aux crimes et de ceux qui en connaissaient l'existence ne voulaient pas être confrontés à l'idée provocatrice que, même dans la Wehrmacht, il y avait eu des hommes qui apportèrent aide et secours.

Ce n'étaient cependant pas des résistants comme les officiers du 20 juillet 1944. Ils ne rédigeaient ni communiqués, ni mémoires et ne voulaient pas non plus changer les ordres et les structures de pouvoir : ils agissaient pratiquement et concrètement, pour les gens du bas de l'échelle. Ils ne tentaient pas de s'en prendre à un appareil dont ils estimaient qu'ils ne pouvaient de toute façon pas l'influencer. Ils se distinguaient en cela des officiers d'état-major – le plus souvent issus de la noblesse – qui se trouvaient derrière l'attentat du 20 juillet 1944. Le sauvetage et l'assistance étaient cependant sans aucun doute une expression de la résistance au régime inique du national-socialisme, si bien que l'on est en droit de parler de résistance par le sauvetage.

Anton Schmid n'était pas un militaire de carrière, mais un « civil en uniforme », un artisan viennois contraint d'effectuer son service militaire et qui put mettre à l'épreuve un humanisme acquis avant son entrée dans la Wehrmacht. Des Anton Schmid, la Wehrmacht en compta fort peu : quelques dizaines sans doute, pour dix-huit millions de soldats.

Pour quelle raison prit-on, en l'an 2000, la décision réjouissante et méritoire de donner son nom à une caserne ? Dès 1967, Anton Schmid avait été le premier membre de la Wehrmacht à recevoir l'hommage réservé aux « Justes parmi les nations » au mémorial de Yad Vashem, à Jérusalem. En Allemagne ou dans la Bundeswehr, personne ne profita cependant de cette occasion pour lui rendre l'hommage qui lui revenait.

Dans les années 1990 encore, une proposition visant à donner le nom d'Anton Schmid à une caserne fut soumise aux ministres de la Défense Rupert Scholz et Volker Rühe. Mais ils ne manifestèrent aucun intérêt. Et pour cause : Rühe consacrait alors tous ses efforts à conclure un combat de plusieurs années pour que l'on conserve les noms des généraux de la Wehrmacht Dietl et Kübler, sur lesquels pesaient de lourdes charges – une lutte qui, face à une opinion publique devenue critique à l'égard de la Wehrmacht, était vouée à l'échec.

Le successeur de Rühe, Rudolf Scharping, commença à mettre en œuvre une intention annoncée dès 1994 : modifier les noms de casernes là où « le décret en vigueur sur la tradition [n'était] pas respecté[126] ». Le choix d'une caserne adéquate souleva un problème imprévu. Les responsables de l'école des sous-officiers de l'armée de terre à Weiden (Haut-Palatinat), qui porte encore aujourd'hui le nom problématique de « caserne Ostmark* », refusèrent. On ne parvint pas davantage à convaincre les villes de garnison de Delitzsch, où il existe une « caserne du feldwebel Boldt », et de Münster, avec une « caserne Lützow », du bien-fondé d'un changement de nom en faveur du sauveur de Juifs qu'était Anton Schmid. En tout cas, le *Schleswig-Holsteinische Landeszeitung* critiqua le fait que la « caserne Rüdel » de Rendsburg fût le « quatrième choix[127] ». C'est peut-être aussi pour cette raison qu'une majorité des jeunes qui faisaient leur service militaire et civil dans la caserne Rüdel de Rendsburg commencèrent par protester contre ce changement de nom décidé d'« en haut ».

C'est précisément parce que le nombre de ceux qui portèrent assistance et secours a été si réduit que nous

---

* « Caserne de la Marche de l'Est », le nom que les nationaux-socialistes donnaient à l'Autriche (*NdT*).

devrions nous les rappeler aujourd'hui pour leur rendre hommage. Ce nom donné à une caserne de la Bundeswehr pourrait constituer le début d'une tradition refondée. Les conditions en sont aujourd'hui mieux réunies.

Conclusion

La Wehrmacht allemande porte la responsabilité d'avoir mené, de 1941 à 1944, à l'Est une guerre d'extermination contraire au droit international. Ce qui, pour les traits essentiels, était connu depuis les procès des criminels de guerre à Nuremberg a été confirmé et spécifié depuis par la recherche historique allemande et internationale. Les faits sont donc connus, y compris ceux qui concernent le traitement meurtrier que la Wehrmacht allemande a fait subir aux prisonniers de guerre soviétiques. Il reste encore des recherches à mener sur la part qu'a prise la Wehrmacht dans les assassinats de Juifs[1].

Depuis, une jeune génération d'historiens allemands s'est justement attaquée à ce sujet refoulé pendant des décennies[2]. Elle est en train d'étudier et d'exploiter de nouvelles sources susceptibles de mieux faire comprendre les particularités régionales de la politique d'extermination, mais aussi d'ouvrir une vision plus extensive sur des assassinats qui – comme on croit le savoir aujourd'hui – n'ont pas été déclenchés par un ordre de Hitler, mais respectaient d'autres lois du mouvement, des énergies venues d'en bas.

Le fait que les commandements en chef de la Wehrmacht et de l'armée de terre aient préparé cette guerre d'extermination en élaborant un cadre fondamental d'ordres écrits et qu'ils aient aussi préparé les soldats pendant la guerre à l'aide d'une propagande d'idéologie raciale est depuis longtemps avéré. Il restait toutefois à expliquer les causes de cette évolution, et en particulier la question de savoir pourquoi les généraux de la Wehrmacht ont suivi le dictateur Hitler sur la voie d'une guerre raciale. Comme on a pu le montrer dans ce livre, le discours du 30 mars 1941 tenu par Hitler devant les quelque deux cent cinquante généraux de l'armée de terre constitue un tournant.

Une étude des semaines et des mois qui précédèrent la « guerre de Russie » ne suffit cependant pas à cerner les causes profondes de cet accord entre Hitler et les généraux car elles remontent à la période qui précéda la Première Guerre mondiale. Dès cette époque, on trouvait dans certaines parties de la société allemande, et notamment au sein de l'armée, certaines caractérisations antirusses et antisémites qui se mêlèrent ultérieurement à des positions antibolcheviques. On fit ainsi émerger dans l'armée germano-prussienne des structures mentales traditionnelles qu'il faut aussi considérer comme un préalable idéologique majeur à la Seconde Guerre mondiale.

La recherche historique en Allemagne a longtemps contourné l'antisémitisme dans l'armée allemande et nié sa persistance depuis l'époque impériale. Elle a fait peser sur le national-socialisme la responsabilité de son incontestable existence pendant la Seconde Guerre mondiale. On est tenté, sur ce point, d'établir des liens entre le recensement des Juifs de 1916, les assassinats politiques commis au cours de la phase précoce de la République de Weimar par des officiers allemands, en activité ou limogés, contre des femmes et des hommes politiques juifs, la « clause d'aryanité » de l'association d'anciens combattants du front, le « Stahlhelm », dans les années 1920, l'introduction d'une clause d'aryanité analogue au sein de la Reichswehr en 1934 et la politique d'extermination menée ultérieurement. Sous le règne du national-socialisme, l'antisémitisme fut pour la première fois diffusé par l'État, y compris au sein de la Wehrmacht. C'est Hitler qui associa les images traditionnelles de l'ennemi, telles que les avait forgées l'extrême droite politique en Allemagne, à l'image du « bolchevisme juif » dans laquelle il intégra aussi l'antislavisme traditionnel pour en faire le noyau idéologique de la guerre en Russie. Dans le contexte de ces courants idéologiques, on peut expliquer pourquoi Hitler, en mars 1941, ne se heurta à aucune résistance durable au sein de l'élite dirigeante allemande.

Par ailleurs, il n'existait entre la direction nationale-socialiste et la direction de la Wehrmacht aucune divergence manifeste sur la conviction que toutes les « grandes choses » ne pouvaient de toute façon être réglées que par la violence guerrière. Cette catégorie de pensée politique avait dans l'armée germano-prussienne une aussi longue tradition que l'idée selon laquelle les limitations imposées par le droit international à la conduite de la guerre devaient, le cas échéant, céder le pas aux prétendues nécessités du conflit armé[3], ce qui incita les officiers de la Wehrmacht à peu tenir compte du droit international de la guerre.

La recherche en histoire contemporaine et en histoire militaire a décrit, en se fondant sur les sources, entre autres sur les exemples de la Pologne, de la Serbie et de la Russie, la forme qu'a prise concrètement, à l'Est, la guerre de la Wehrmacht contre le bolchevisme russe[4]. Elle s'est aussi posé une autre question : la guerre menée par la Wehrmacht allemande à l'Ouest se distinguait-elle si fondamentalement que cela de la guerre à l'Est, comme on le suppose souvent en s'appuyant sur l'absence de motivation d'extermination raciste ? Ces questions ont été étudiées sous forme comparative dans un autre ouvrage[5].

Nous sommes aujourd'hui mieux informés qu'il y a quelques années sur le « monsieur Tout-le-monde » qui portait l'uniforme de la Wehrmacht. Beaucoup d'entre eux n'ont suivi qu'à contrecœur les principes idéologiques des généraux. Mais d'autres ont aussi contribué à cette guerre par conviction personnelle. Les recherches récentes permettent de discerner une part considérable d'approbation du régime, y compris à ce niveau inférieur de la hiérarchie militaire[6]. Seuls quelques individus trouvèrent le courage de refuser de participer à cette guerre-là – dans la mesure du possible.

En tant qu'institution, la Wehrmacht fut certes dissoute après la capitulation du 8 mai 1945. Mais son histoire n'était pas terminée pour autant. Certains estimèrent même que c'était seulement à ce moment-là que la Wehrmacht avait remporté sa victoire décisive, celle qui concernait le combat pour l'image d'une « Wehrmacht propre » dans l'opinion publique nationale et internationale. La Wehrmacht continua à vivre en tant que mythe[7]. Avec leur politique de la commémoration apologétique, les anciens généraux de la Wehrmacht – alliés à beaucoup de personnes partageant leurs opinions au sein de la société ouest-allemande – ont remporté un certain succès pendant des décennies. Au sein de la Bundeswehr, la Wehrmacht a longtemps continué à servir de point de référence historique central et même de modèle, bien que les décrets officiels sur la tradition ne l'aient en réalité pas autorisé[8].

Il a fallu attendre l'extrême fin du XXe siècle pour que les résultats de la recherche critique en histoire contemporaine et militaire arrivent jusqu'à l'opinion publique, notamment via l'exposition consacrée aux crimes de la Wehrmacht dans la guerre d'extermination. C'est seulement en 2000 qu'en substituant le nom d'un feldwebel sauveur de Juifs à celui d'un général, la Bundeswehr a semblé se détacher de l'ombre de la Wehrmacht[9]. Reste à voir si une tradition vécue se développera à partir de cet acte symbolique.

La Wehrmacht apparaît aujourd'hui comme une gigantesque machinerie d'extermination qui a semé la détresse et la misère sur tout le continent européen et ne s'est guère souciée, au cours de ses guerres, d'humanité et de droit international. À l'aune des critères de la société civile, qui forment un contraste manifeste avec ceux des premières cultures de la guerre[10], seules les minorités résistantes au sein de la Wehrmacht, celles qui ont refusé, d'une manière ou d'une autre, de participer à la guerre d'extermination, peuvent espérer obtenir le respect.

Depuis longtemps, les officiers de la résistance ayant participé au complot du 20 juillet 1944 jouissent de la réputation de s'être refusés – même si c'était à une date très tardive – au dictateur et d'avoir défendu les véritables intérêts du pays. Cette réputation est aujourd'hui remise en question, non seulement par le fait que ces officiers n'étaient pas des démocrates, mais aussi et plus encore par le constat qu'avant d'être courageusement disposés à commettre l'attentat, ils étaient eux aussi « impliqués » dans la guerre d'extermination.

Dans le même temps, les déserteurs de la Wehrmacht, les objecteurs de conscience et les « démoralisateurs de la force de défense » qui ont refusé d'obéir à leurs chefs de guerre sont aujourd'hui respectés par la majorité des citoyens de leur pays. On s'intéresse à présent aux rares personnes qui ont apporté aide et secours sous l'uniforme de la Wehrmacht, qui ont prouvé que, dans cet appareil de pouvoir aussi – souvent perçu comme une organisation totalitaire –, une action inspirée par le courage civique et dirigée contre les ordres et contre l'attitude d'attente de leurs supérieurs était possible. La légende de la « Wehrmacht propre » relève du passé.

Notes

1
L'ennemi : Russie, Union soviétique et bolchevisme

1. Les images que les Allemands se font de la Russie sont étudiées dans le « Projet de Wuppertal pour l'étude de l'histoire des images de l'étranger en Allemagne et en Russie ». Les résultats sont publiés depuis 1985 dans la série *West-östliche Spiegelungen* (« Jeux de miroirs entre l'Ouest et l'Est »). Les scientifiques impliqués dans ce projet de recherche ne veulent pas seulement établir « ce que les Allemands et les Russes savaient les uns des autres au fil des siècles », mais aussi « ce que pensaient et écrivaient sur la Russie et les Russes les écrivains et scientifiques, diplomates, voyageurs de commerce ou en mission de recherche, mais aussi journalistes, ce que leurs collègues russes pensaient et écrivaient de l'Allemagne et des Allemands, et quelle image de l'étranger et de l'autre se dégageait de leurs textes ». (Lew Kopelew, « Fremdenbilder in Geschichte und Gegenwart », introduction à *West-östliche Spiegelungen,* série A, vol. 1 : *Russen und Russland aus deutscher Sicht 9. 17. Jahrhundert,* Mechthild Keller (éd.), Munich, 1985, p. 11-34, ici p. 13.)

2. Arnold Sywottek, « Russen und "Sowjets" – Bilder und Feindbilder », in *epd-Dokumentation* n° 5/1988 : *Begegnungen und Versöhnung mit den Völkern der Sowjetunion als Schritt im konziliaren Prozess,* p. 16-25, ici p. 16-17.

3. Cf. Robert C. Williams, « The Russian Soul. A Study of European Thought an Non-European Nationalism », *Journal of*

the History of Ideas 31 (1970), p. 573-588, ainsi qu'Arvid Broderson, « Der russische Volkscharakter. Neuere englisch-amerikanische Forschungen », *Kölner Zeitschrift für Soziologie und Sozialpsychologie* 8 (1956), p. 477-509.

4. Hermann J. Meyer (éd.), *Neues Konversations-Lexikon, ein Wörterbuch des allgemeinen Wissens,* 2e éd., vol. 13, Hildburghausen 1866, article « Russisches Reich », p. 883-936, citation p. 894.

5. *Meyers Grosses Konversations-Lexikon*, 6e éd., vol. 17, Leipzig et Vienne, 1907, article « Russen », p. 276-277. Cf. aussi les illustrations in Wilhelm Stöckle, *Deutsche Ansichten. 100 Jahre Zeitgeschichte aus Postkarten*, Munich, 1982.

6. Cf. *West-östliche Spiegelungen*, vol. 3 : *Russen und Russland aus deutscher Sicht. 19. Jahrhundert*, Munich, 1992.

7. Sur les relations culturelles entre l'Allemagne et la Russie, cf. Ingeborg Fleischhauer, *Die Deutschen im Zarenreich*, Stuttgart, 1986.

8. Lew Kopelew, « Fremdenbilder... », *op. cit.*, p. 23-24. Dans le détail, Mechthild Keller: « Gottfried Wilhelm Leibniz' Wirken für Peter den Grossen und sein Reich », *West-östliche Spiegelungen*, vol. 1, p. 391-413.

9. Fritz Fischer, « Deutschland-Russland-Polen von Wiener Kongress bis zur Gegenwart », in du même, *Hitler war kein Betriebsunfall. Aufsätze,* Munich, 1992, p. 215-256, citation p. 224.

10. Karl Schlögel traite de ces abondantes relations scientifiques et culturelles in *Die schwierige Rückkehr zur Normalität – Veränderungen im Bild der Deutschen von der Sowjetunion* (conférence tenue le 19 mai 1991 à Kiev), sur ce point p. 12.

11. Sur les relations culturelles dans les années 1920, cf. d'une manière générale Günter Rosenfeld, *Sowjetunion und Deutschland 1922-1933*, Berlin(-Est), 1983. Sur le discours de Max Planck, voir Karl Schlögel, *op. cit.*, p. 15-16.

12. Karl-Heinz Ruffmann traite de la portée historique concrète de ce processus in « Schlüsseljahre im Verhältnis zwischen dem deutschen Reich und der Sowjetunion », *Aus Politik und Zeitgeschichte*, supplément à l'hebdomadaire *Das Parlament,* vol. 24/1991, p. 3-10.

13. Voir l'étude fondamentale de Peter Lösche, *Der Bolschewismus im Urteil der deutschen Sozialdemokratie 1903-1920*, Berlin, 1967 (= *Veröffentlichungen der Historischen Kommission zu Berlin*, vol. 29).

14. Cf. l'étude détaillée de Jürgen Zarusky, *Die deutschen Sozialdemokraten und das sowjetische Modell. Ideologische Auseinandersetzung und aussenpolitische Konzeptionen 1917-1933*. Munich, 1992 (= *Studien zur Zeitgeschichte*, Institut für Zeitgeschichte (éd.), vol. 39).

15. Rosa Luxemburg, « Die Krise der Sozialdemokratie » (Junius-Broschüre, 1916), in *Politische Schriften*, avec une introduction d'Ossip K. Flechthem (éd.), vol. 2, Francfort-sur-le-Main et Vienne, 1966, p. 151.

16. Gustav Noske, *Volkstimme* (Chemnitz), 1er août 1914. Cité d'après Wolfram Wette, *Gustav Noske. Eine politische Biographie*, Düsseldorf (2e éd.), 1987, p. 139.

17. Sywottek, *Russen*, *op. cit.*, p. 17, estime au contraire que la Première Guerre mondiale avait été comprise dans l'esprit du XIXe siècle comme une « guerre pour l'hégémonie », et qu'il ne s'agissait pas encore d'une « guerre entre peuples, fondée sur des stéréotypes de l'ennemi ».

18. Cf. Günter Gorski *et al.*, *Deutsch-sowjetische Freundschaft. Ein historischer Abriss von 1917 bis zur Gegenwart*, Berlin(-Est), 1975.

19. Fritz Fischer, *Hitler*, *op. cit.*, p. 177-178.

20. Fritz Fischer, *Bündnis der Eliten. Zur Kontinuität der Machtstrukturen in Deutschland 1871-1945*, Düsseldorf, 1979, p. 24.

21. Reproduit chez Wilhelm Stöckle, *Deutsche Ansichten. 100 Jahre Zeitgeschichte auf Postkarten*, Munich, 1982, p. 54.

22. Texte de l'« appel au monde civilisé » du 4 octobre 1914, in *Aurufe und Reden deutscher Professoren im Ersten Weltkrieg*, avec une introduction de Klaus Böhme (éd.), Stuttgart, 1975, p. 47-49.

23. Cf. Rolf-Dieter Müller, « Von Brest-Litowsk bis zum "Unternehmen Barbarossa"-Wandlungen und Kontinuität des deutschen "Drangs nach Osten" », in Dietrich Goldschmidt *et al.* (éd.), *Frieden mit der Sowjetunion – eine unerledigte Aufgabe*, 1989, p. 70-86 ; et plus en détail, du même, *Das Tor*

zur Weltmacht. Die Bedeutung der Sowjetunion für die deutsche Wirtschafts- und Rüstungspolitik zwischen den Weltkriegen, Boppard am Rhein, 1984.

24. Cf. Rolf-Dieter Müller, « Rapallo – Karriere eines Reizwortes », *Die Zeit*, n° 16, 10 avril 1992, p. 60. On trouve un tableau détaillé de l'ère Rapallo (« Rapallo-ära (1921-1933) ») in F.A. Krummacher et Helmut Lange, *Krieg und Frieden. Geschichte der deutsch-sowjetischen Beziehungen. Von Brest-Litowsk zum Unternehmen Barbarossa*, Munich et Esslingen, 1970, p. 103-254.

25. Cf. Andreas Hillgruber, « Das Russlandbild der führenden deutschen Militärs vor Beginn des Angriffs auf die Sowjetunion », in *Russland – Deutschland – Amerika*, Wiesbaden, 1978, p. 296-310, repr. in *Das Russlandbild im Dritten Reich*, Hans-Erich Volkmann, Cologne, Weimar et Vienne, 1994, p. 125-140.

26. Cf. la vaste palette des analyses reprises dans le recueil *Faschismus und Rassismus. Kontroversen um Ideologie und Opfer*, Werner Röhr (éd.) en coll. avec Dietrich Eichholtz, Gerhart Hass et Wolfgang Wippermann, Berlin, 1992, où l'on ne traite cependant pas de manière spécifique la question de savoir dans quelle mesure le racisme était un élément de la propagande nationale-socialiste.

27. Gerd R. Ueberschär et Wolfram Wette (éd.), *« Unternehmen Barbarossa ». Der deutsche Überfall auf die Sowjetunion 1941*, Paderborn, 1984, repris en édition de poche sous le titre *Der deutsche Überfall auf die Sowjetunion. « Unternehmen Barbarossa » 1941*, Francfort-sur-le-Main, 1991.

28. En détail, Wolfram Wette, « Das Russlandbild in der NS-Propaganda. Ein Problemaufriss », in Hans-Erich Volkmann, (éd.), *Das Russlandbild im Dritten Reich*, Vienne et Munich, 1994, p. 55-78.

29. Cf. la brochure illustrée, *Der Untermensch*, composée par le SS-Hauptamt-Schulungsamt (centre de formation du bureau central de la SS), Berlin, non daté, 1942.

30. Cf. Rolf-Dieter Müller, « Raub, Vernichtung, Kolonisierung : Die deutsche Wirtschaftspolitik in den besetzten sowjetischen Gebieten 1941-1944 », in Hans Schafranek et Robert Streibel, *22. Juni 1941. Der Überfall auf die Sowjetunion*,

Vienne, 1991, p. 99-111 ; du même, *Hitlers Ostkrieg und die deutsche Siedlungspolitik. Die Zusammenarbeit von Wehrmacht, Wirtschaft und SS*, Francfort-sur-le-Main, 1991.

31. Cf. Wolfram Wette, « Die propagandische Begleitmusik zum deutschen Überfall auf die Sowjetunion am 22. Juni 1941 », in Ueberschär et Wette, *Überfall, op. cit.*, p. 45-65.

32. Cf. Hans-Heinrich Wilhelm, *Rassenpolitik und Kriegsführung. Sicherheitzpolizei und Wehrmacht in Polen und der Sowjetunion*, Passau, 1991 ; Klaus Meyer et Wolfgang Wippermann (éd.), *Gegen das Vergessen. Der Vernichtungskrieg gegen die Sowjetunion 1941-1945*, Francfort-sur-le-Main, 1992 ; Hans-Heinrich Nolte, *Der deutsche Überfall auf die Sowjetunion 1941*, Hanovre, 1991 ; Ernst Klee et Willi Dressen (éd.), *« Gott mit uns. » Der deutsche Vernichtungskrieg 1939-1945*, Francfort-sur-le-Main, 1989 ; Paul Kohl, *« Ich wundere mich, dass ich noch lebe ». Sowjetische Augenzeugen berichten*, Güttersloh, 1990. Édition de poche sous le titre *Der Krieg der deutschen Wehrmacht und der Polizei 1941-1944. Sowjetische Überlebende berichten*, Francfort-sur-le-Main, 1995.

33. Andreas Hillgruber, « Die "Endlösung" und das deutsche Ostimperium als Kernstück des rassenideologischen Programms des National-sozialismus », *Vierteljahrshefte für Zeitgeschichte* 20, 1972, p. 133-153.

34. Fischer, *Hitler, op. cit.*, p. 178.

35. Cf. l'ouvrage de documentation illustré de Reiner Diederich, Richard Grübling et Max Bartholl, *Die Rote Gefahr. Antisozialistische Bildagitation 1918-1976*, Berlin(-Ouest), 1976.

36. Arnold Sywottek, « Die Sowjetunion aus westdeutscher Sicht seit 1945 », in Gottfried Niedhart (éd.), *Der Westen und die Sowjetunion*, Paderborn, 1983, p. 289-362.

37. Zeidler, *Reichswehr und Rote Armee 1920-1933. Wege und Stationen einer ungewöhnlichen Zusammenarbeit*, Munich, 1993.

38. Cf. aussi Olaf Groehler, *Selbstmörderische Allianz. Deutsch-russische Militärbeziehungen 1920-1941*, Berlin, 1992.

39. C'est la question que traite Manfred Zeiler dans une contribution spécifique : « Das Bild der Wehrmacht von Russland und der Roten Armee zwischen 1933 und 1939 », in Volkmann, *Russlandbild, op. cit.*, p. 105-123.

40. Conférence tenue par Joachim von Stülpnagel en février 1924 : « Gedanken über den Krieg der Zukunft », in Bundesarchiv-Militärarchiv (BA-MA), Fribourg-en-Brisgau, RH 2/417, f. 3-46, ici f. 4 et 11-13. Sur le contexte des projets d'armement adjacents, cf. Carl Dirks et Karl-Heinz Janssen, *Der Krieg der Generäle. Hitler als Werkzeug der Wehrmacht*, Berlin, 1999, p. 11-33.

41. Zeidler, *Bild, op. cit.*, p. 106 et 109-110.

42. Wilhelm Keitel (1883-1946), depuis 1938 chef du haut commandement de la Wehrmacht (OKW), joua à ce titre un rôle décisif dans tous les plans de la guerre. Nommé feld-maréchal en 1940. Signa l'« ordre des commissaires » criminel et d'autres décrets contraires au droit international, par exemple le décret « des balles » et le décret « Nuit et brouillard ». Sur le contexte, cf. Zeidler, *Bild, op. cit.*, p. 109-110.

43. *Ibid.*, p. 110.

44. Capitaine Hans Krebs, « Bericht über Eindrücke bei der Führung fremdländischer Offiziere vom 27. 9. 1932 », cité d'après Zeidler, *Bild, op. cit.*, p. 111 avec note 24.

45. Le 5 mai 1941, Krebs expliqua au chef de l'état-major général, Franz Halder, que l'encadrement de l'armée russe était « franchement mauvais ». Cf. Hans-Adolf Jacobsen (éd.), *Geleraloberst Halder, Kriestagebuch*, vol. II, Stuttgart, 1954, p. 396-397. Cité d'après Groehler, *Allianz, op. cit.*, p. 177-178.

46. *Ibid.*, p. 114.

47. Cf. Bernd Boll et Hans Safrian, « Auf dem Weg nach Stalingrad. Die 6. Armee 1941/42 », in Hannes Heer et Klaus Naumann (éd.), *Vernichtungskrieg. Verbrechen der Wehrmacht 1941-1944*, Hambourg, 1995, p. 260-296.

48. Zeidler, *Bild, op. cit.*, p. 119 ; cf. aussi Groehler, *Allianz, op. cit.*, p. 100.

49. Iouri J. Kirsin, *La Doctrine militaire soviétique de l'avant-guerre*, Moscou, 1990, p. 82 ; on trouve d'autres informations sur l'état de l'armée russe à cette époque dans les articles du même auteur, « Die sowjetischen Streitkräfte am Vorabend des Grossen Vaterländischen Krieges », in Bernd Wegner (éd.), *Zwei Wege nach Moskau. Vom Hitler-Stalin-Pakt zu « Unternehmen Barbarossa »*, Munich et Zurich, 1991, p. 389-403, et

Bernd Bonwetsch, « Die Repression des Militärs und die Einsatzfähigeit der Roten Armee im “Grossen Vaterländischen Krieg” », in *ibid.*, p. 420-424.

50. Zeidler, *Bild*, *op. cit.*, p. 119, 123.

51. Hillgruber, « Das Russland-Bild », *op. cit.* Repris in Andreas Hillgruber, *Die Zerstörung Europas. Beiträge zur Weltkriegsepoche 1914 bis 1945*, Francfort-sur-le-Main et Berlin, 1988, p. 256-271. Repris de nouveau in Volkmann, *Das Russlandbild, op. cit.,* p. 125-140, ici p. 126.

52. Résumé des propos tenus *ibid.*, p. 136-140.

53. *Ibid.*, p. 140.

54. Jürgen Förster, « Das Unternehmen “Barbarossa” als Eroberungs- und Vernichtungskrieg », in *Das Deutsche Reich und der Zweite Weltkrieg*, vol. 4 : *Der Angriff auf die Sowjetunion*, Stuttgart, 1983, p. 434-435.

55. Voir Groehler, *Allianz, op. cit.*, p. 189-190.

56. Gerd R. Ueberschär, « Die Haltung deutscher Widerstandskreise zu Hitlers Russlandspolitik und Ostkrieg », in Goldschmidt, *Frieden*, *op. cit.*, p. 117-134.

57. *Ibid.*, p. 133.

58. *Ibid.*, p. 125.

2
L'antisémitisme dans l'armée allemande

1. Daniel Jonah Goldhagen, *Les Bourreaux volontaires de Hitler. Les Allemands ordinaires et l'Holocauste*, traduit de l'américain par Pierre Martin, Le Seuil, 1997, chap. 16 : « L'antisémitisme éliminationniste, motivation du génocide », p. 409-445.

2. Cf. Helmut Berding, *Histoire de l'antisémitisme en Allemagne*, traduit de l'allemand par Olivier Mannoni, Éditions de la Maison des sciences de l'homme, 1991, et la bibliographie qu'on y trouve ; Shulamit Volkov, *Die Juden in Deutschland 1780-1918*, Munich, 1994 (*Enzyklopädie deutscher Geschichte*, vol. 16) ; Moshe Zimmermann, *Die deutschen Juden 1914-1945*, Munich, 1997 (= *Enzyklopädie deutscher Geschichte*, vol. 43).

3. Manfred Messerschmidt, « Juden im preussisch-deutschen Heer », in *Deutsche jüdische Soldaten. Von der Epoche der Emanzipation bis zum Zeitalter der Weltkriege*, Hambourg, Berlin, Bonn, 1996, p. 39-62. En réalité, ce texte traite aussi de l'antisémitisme dans l'armée de terre germano-prussienne. Sur la première édition de ce catalogue, voir note 15.

4. Rainer Wohlfeil, *Heer und Republik,* Francfort-sur-le-Main, 1970 (= *Handbuch zur deutschen Militärgeschichte 1648-1939*), partie VI : *Reichswehr und Republik (1918-1933).*

5. Francis L. Carsten, *Reichswehr und Politik 1918-1933*, Cologne et Berlin (3e éd.), p. 136-137, 220-223, 261-262, etc., traduction allemande de *The Reichswehr and Politics, 1918 to 1933*, Oxford, Clarendon Press, 1966.

6. Horst Fischer, *Judentum, Staat und Heer in Preussen im frühen 19. Jahrhundert. Zur Geschichte der staatlichen Judenpolitik*, Tübingen, 1968.

7. Par exemple Max J. Lœwenthal, *Jüdische Reserveoffiziere,* Berlin, 1914 ; Verein zur Abwehr des Antisemitismus (éd.), *Die Juden im Heere*, Berlin, 1910.

8. Cf. entre autres : Reichsbund jüdischer Frontsoldaten (éd.), *Die jüdische Gefallenen des deutschen Heeres, der deutschen Marine und der deutschen Schutztruppen 1914-1918. Ein Gedenkbuch*, Berlin, 1932.

9. Cf. Clemens Picht, « Zwischen Vaterland und Volk. Das deutsche Judentum im Ersten Weltkrieg », in Wolfgang Michalka (éd.), *Der Erste Weltkrieg. Wirkung, Wahrnehmung, Analyse*, Munich et Zurich, 1994, p. 736-755.

10. Ulrich Dunker, *Der Reichsbund jüdischer Frontsoldaten 1919-1938*, Düsseldorf, 1977.

11. D'abord paru sous le titre *Kriegsberichte gefallener deutscher Juden.* Reichsbund jüdischer Frontsoldaten (éd.), Berlin, 1935; puis réédité en 1935 sous un nouveau titre imposé par les autorités nationales-socialistes : *Gefallene deutsche Juden. Frontbriefe 1914-1918* (« Juifs allemands morts au combat. Lettres du Front 1914-1918 »).

12. *Kriegsbriefe gefallener deutscher Juden*, avec une introduction de Franz-Josef Strauss, Stuttgart-Degerloch, 1961.

13. *Ibid.*, « Zum Geleit », p. 12-13.

14. *Ibid.*, p. 5-6.

15. Militärgeschichtliches Forschungsamt (éd.), catalogue *Deutsche jüdische Soldaten 1914-1945*, Fribourg, 1982. Il s'agit d'une version antérieure du catalogue cité en note 3.

16. Richard Stücklen, in catalogue *Deutsche jüdische Soldaten, op. cit.*, p. 5.

17. Othmar Hackl, colonel attaché à l'état-major, chef de bureau du Militärgeschichtliches Forschungsamt, in catalogue *Deutsche jüdische Soldaten, op. cit.*, avant-propos, p. 10.

18. Termes utilisés par F.-J. Strauss dans l'introduction mentionnée ci-dessus, *op. cit.*

19. Rolf Vogel, « Wie deutsche Offiziere Juden und "Halbjuden" geholfen haben » in catalogue *Deutsche jüdische Soldaten, op. cit.*, p. 154-168.

20. « "Widmet Eure Kräfte dem Vaterlande!" Dokumente zum Patriotismus deutscher Juden », 8e partie, *Deutsche National-Zeitung* (DNZ), n° 28, 4 juillet 1997, p. 10, sur le thème général « Allemands et juifs » ; également sur ce qui suit.

21. Cf. les remarquables présentations d'ensemble de Yaakow Ben-Chanan, *Juden und Deutsche. Der lange Weg nach Auschwitz*, Kassel, 1993, et de John Weiss, *Der lange Weg zum Holocaust. Die Geschichte der Judenfeindschaft in Deutschland und Österreich*, Hambourg, 1997.

22. Karl Demeter, *Das deutsche Offizierkorps in Gesellschaft und Staat 1650-1945*, Francfort-sur-le-Main (4e éd.), 1965, sur la « question juive », p. 217-224, ici p. 217.

23. Fondamental : Werner T. Angress, « Prussian Army and The Jewish Reserve Officer Controversy before World War I », in *Year Book of the Leo Baeck Institute,* Londres, 1972, p. 19-42 ; Demeter, *Offizierkorps, op. cit.*, p. 217, cite deux exceptions remontant au *Vormärz* [la période précédant mars 1848 (*NdT*)].

24. Sur le principe du recrutement dans les « milieux désirables », cf. Detlef Bald, *Der deutsche Offizier. Sozial- und Bildungsgeschichte des deutschen Offizierkorps im 20. Jahrhundert*, Munich, 1982, p. 39-43 ; Manfred Messerschmidt, « Das preussische Militärwesen », in Wolfgang Neugebauer (éd.), *Handbuch der preussischen Geschichte*, vol. III, Berlin et New York, 2001, p. 433-434.

25. Le décret est reproduit in Manfred Messerschmidt et Ursula von Gersdorff, *Offiziere im Bild von Dokumenten aus drei Jahrhunderten*, Militärgeschichtliches Forschungsamt (éd.), Stuttgart, 1964, p. 197 ; également in Bald, *Offizier, op. cit.*, p. 39. Ce principe de la politique impériale de gestion du personnel a été repris en substance dans l'ordre du cabinet du 29 mars 1902.

26. Reinhard Höhn, *Sozialismus und Heer*, vol. III : *Der Kampf des Heeres gegen die Sozialdemokratie*, Bad Harzburg, 1969, p. 29-61 et 107-209.

27. Werner T. Angress, « Das deutsche Militär und die Juden im Ersten Weltkrieg », *Militärgeschichtliche Mitteilungen* 19, 1976, p. 77-146, citation p. 77-78.

28. Heinrich Walle, « Deutsche jüdische Soldaten 1914-1918 » in catalogue *Deutsche jüdische Soldaten, op. cit.*, p. 14-84, ici p. 21.

29. *Ibid.*, p. 21-22.

30. Cité d'après Demeter, *Offizierkorps, op. cit.*, p. 20.

31. *Ibid.*, p. 20. Le texte du Verband deutscher Juden a paru à Berlin en 1911. Cf. aussi la brochure rédigée par le Dr Max J. Loewenthal à la demande du Verband der deutschen Juden, *Jüdische Reseerveoffiziere, op. cit.*

32. Walle, « Soldaten », *op. cit.*, p. 14.

33. Demeter, *Offizierkorps, op. cit.*, p. 220, avec une référence à l'étude spécifique de Jakob Segall, *Die deutschen Juden als Soldaten im Kriege 1914/18*, Berlin, 1921.

34. Ce que confirment notamment les *Kriegsbriefe gefallener deutscher Juden* (voir note 12).

35. Cité d'après Walle, « Soldaten », *op. cit.*, p. 18.

36. *Ibid.*, p. 16-17 et 29.

37. Sur le Reichshammerbund, cf. Werner Jochmann, « Die Ausbreitung des Antisemitismus », in W. E. Mosse et A. Paucker (éd.), *Deutsches Judentum in Krieg und Revolution 1916-1923. Ein Sammelband*, Tübingen 1971, p. 411.

38. Angress, « Militär und Juden », *op. cit.*, p. 79.

39. Walle, « Soldaten », *op. cit.*, p. 49. L'auteur qualifie ce traitement inégalitaire d'« anomalie à laquelle on ne put mettre un terme avant la fin de la guerre » (*ibid.*), mais élude soigneusement la question des responsables de cette situation.

40. Cf. Werner T. Angress, « Militär und Juden », *op. cit.*, p. 77-146, ainsi que, du même, « The German Army's "Judenzählung" of 1916 », in *Yearbook of the Leo Baeck Institute*, vol. 23, Londres, Jérusalem, New York 1978, p. 117-135.

41. Page de titre de l'*Israelisches Familienblatt* du 9 novembre 1916. Cité d'après Walle, « Soldaten », *op. cit.*, p. 57.

42. Franz Oppenheimer, *Die Judenstatistik im preussischen Kriegsministerium,* Munich, 1922.

43. Note du lieutenant-colonel Max Bauer sur les effets de la situation politique intérieure sur l'armée du front à la fin juillet 1918, in Wilheim Deist (éd.), *Militär und Innenpolitik im Weltkrieg 1914-1918,* Düsseldorf, 1970 (= *Quellen zur Geschichte des Parlamentarismus und der politischen Parteien,* 2e série : *Militar und Politik.* vol. I-II), 2e partie, doc. n° 464, p. 1239-1247, citation p. 1243.

44. Mémoire du lieutenant-colonel Max Bauer sur le chancelier Bethmann-Hollweg, le 3 mars 1917, in *ibid.,* 1re partie, p. 570 *sq.*, citation p. 574, et 2e partie, p. 673 et 717.

45. Lettre de Helfritz en date du 2 octobre 1917, in *ibid.,* doc. 395, p. 1067.

46. Notes du lieutenant-colonel Max Bauer sur la politique intérieure, note du 23 avril 1918, in *ibid.*, doc. 452, p. 1211-1216, citation p. 1 214.

47. Fritz Fischer, *Bündnis der Eliten, op. cit.*, p. 58.

48. Extrait d'un tract antisémite distribué en 1918. Cité d'après Angress, « Militär und Juden », *op. cit.*, p. 77 et note 2.

49. Weiss, *Weg, op. cit.*, p. 286-288, avec référence au livre d'Egmont Zechlin.

50. *Ibid.*, p. 287.

51. Erich Ludendorff, *Kriegführung und Politik*, Berlin, 1923, p. 141, 322, 339.

52. Le général Ludwig Beck fut une exception : lui ne reprit pas ces idées à son compte.

53. Heinz Hagenlücke, *Deutsche Vaterlandspartei. Die nationale Rechte am Ende des Kaiserreiches,* Düsseldorf, 1997 (= *Beiträge zur Geschichte des Parlamentarismus und der politischen Parteien,* vol. 108), p. 16-17.

54. *Ibid.*, p. 136-137 ; sur Tirpitz, voir *ibid.,* p. 123-124, 219 et 280.

55. Ce qu'affirme Hagenlücke, *Vaterlandspartei, op. cit.*, p. 407, mais sans preuve ni examen plus précis.

56. Réunion du comité directeur de l'Alldeutscher Verband les 19 et 20 octobre 1918. Cité d'après Hagenlücke, *Vaterlandspartei, op. cit.*, p. 410.

57. Michael Epkenhans, « "Wir als deutsches Volk sind doch nicht klein zu kriegen...". Aus den Tagebüchern des Fregattenkapitäns Bogislaw von Selchow 1918/19 », *Militärgeschichtliche Mitteilungen* 55, 1996, p. 165-224. Notes du 11 novembre 1918, p. 199.

58. Notes du 11 novembre 1918, p. 199.

59. Cf. Wette, « Die propagandistische Begleitmusik », *op. cit.*, p. 111-130, notamment p. 120-121.

60. Epkenhans, « Selchow », *op. cit.*, p. 200.

61. Cf. Wette, *Gustav Noske, op. cit.*, p. 308-315, ainsi que Klaus Gietinger, *Eine Leiche im Landwehrkanal. Die Ermordung der Rosa L.*, Berlin, 1995, p. 112-113, et son annexe « Die Beteiligten des Mordkomplotts », p. 127-133.

62. Gustav Strübel, « "Ich habe sie richten lassen". Vor 70 Jahren: Offiziere morden, Richter versagen, die SPD zahlt den Preis », in Sebastian Haffner, Stephan Hermlin, Kurt Tucholsky *et al.*, *Zwecklegenden. Die SPD und das Scheitern der Arbeiterbewegung*, Berlin, 1996, p. 109-122.

63. Weiss, *Weg, op. cit.*, p. 259.

64. Gietinger, *Leiche, op. cit.*, p. 48-49.

65. La liste nominative est dressée par Emil Julius Gumbel, *Vier Jahre politischer Mord*, 1re éd. Berlin, l922 ; rééd. Heidelberg, 1980, p. 43-49.

66. Indication fournie par Weiss, *Weg, op. cit.*, p. 292.

67. Dans une lettre à son épouse, le 3 novembre 1918, in Fritz Ernst, « Aus dem Nachlass des Generals Walther Reinhardt », in *Die Welt als Geschichte* XVIII, Stuttgart 1985, p. 39-65 et 67-121. Tiré à part, Stuttgart, 1958, p. 5.

68. Francis L. Carsten, *Reichswehr und Politik 1918-1933*, Cologne et Berlin, (3e éd.), 1966, p. 136.

69. *Ibid.*, p. 220.

70. Wohlfeil, *Heer, op. cit.*, p. 138-139.

71. Cf. le reportage « Die schwarz-rot-goldene Judenfahne », *Vorwärts* n° 440, 29 août 1919, édition du matin, supplément.

72. Gustav Noske, in *Verhandlungen der Nationalversammlung*, vol. 328, 26 juillet 1919, p. 1970, également sur ce qui suit. Cité d'après Wette, *Noske, op. cit.*, p. 583.

73. *Ibid.*, p. 583.

74. Transcription du discours de Scheidemann le 11 septembre 1919, *Vorwärts* n° 466, 12 septembre 1919, édition du matin, p. 1 (pleine page). Sur le contexte, voir Wette, *Noske, op. cit.*, p. 584-589.

75. Discours de Scheidemann, in *Verhandlungen NV*, vol. 330, 7 octobre 1919, p. 2888 ; également *Vorwärts* n° 586, 15 novembre 1919, éditorial de Scheidemann, « Der Feind steht rechts ! ».

76. Cf. les statistiques du pacifiste et mathématicien Gumbel, *Vier Jahre, op. cit.* Sur la personnalité de Gumbel, cf. Christian Jansen, *Emil Julius Gumbel. Portrait eines Zivilisten*, Heidelberg, 1991.

77. Emil Julius Gumbel, *« Verschwörer verfallen der Feme ». Opfer/Mörder/Richter 1919-1929,* avec la coll. de Bertold Jacob et Ernst Falck, Berlin, 1929, p. 114. Cf. aussi Irmela Nagel, *Fememorde und Fememordprozesse in der Weimarer Republik*, thèse de doctorat, Cologne, 1991.

78. Cf. l'étude spécifique de Gabriele Krüger, *Die Brigade Ehrhardt*, Hambourg, 1971 ; Martin Sabrow, *Der Rathenaumord. Rekonstruktion einer Verschwörung gegen die Republik von Weimar, Munich*, 1994 (= *Schriftenreihe der Vierteljahrshefte für Zeitgeschichte* 69), p. 17. Cf. aussi le recension d'Armin Wagner, *Militärgeschichtliche Mitteilungen* 55, 1966, p. 503-505.

79. Ernst von Salomon, *Der Fragebogen*, Hambourg, 1951, p. 394.

80. Sabrow, *Rathenaumord, op. cit.*, p. 150.

81. *Ibid.*, p. 33-34.

82. Cf. Susanne Meinl, *Nationalsozialisten gegen Hitler. Die nationalrevolutionäre Opposition um Friedrich Wilhelm Heinz*, Berlin, 2000, qui traite aussi de la ligne de continuité entre la brigade de marine Ehrhardt et la SS.

83. *Die Freiheit* (vraisemblablement le 9 octobre 1919), cité d'après Gustav Noske, *Erlebtes aus Aufstieg und Niedergang einer Demokratie*, Offenbach, 1947, p. 146-147.

84. Noske, *Erlebtes*, *op. cit.*, p. 146 et 148.

85. *Ibid.*, p. 147-148 ; Noske évoque ici Richard Fischer, qui fut pendant de longues années le directeur de *Vorwärts* et qui avait fréquemment donné une expression très vigoureuse à ses sentiments antisémites.

86. Cf., dans le détail, Hans Langemann, *Das Attentat. Eine kriminalwissenschaftliche Studie zum politischen Kapitalverbrechen*, Hambourg, 1956, p. 128 *sq*.

87. Wilhelm Hoegner, *Die verratene Republik. Deutsche Geschichte 1919-1933*, Munich, 1979, p. 83.

88. Cf dans le détail Sabrow, *Rathenaumord, op. cit.*, p. 17-27.

89. Cf. la brochure de Karl Helfferich, *Fort mit Erzberger*, Berlin, 1919 ; sur le contexte historique, cf. Sabrow, *op. cit.*, p. 17-18.

90. Weiss, *Weg, op. cit.*, p. 308, 494.

91. Biographie succincte in Christian Zentner et Friedemann Bedürftig (éd.), *Das grosse Lexikon des Dritten Reiches*, Munich, 1985, p. 308.

92. Ce point fut établi lors d'un procès en 1947. Voir Sabrow, *Rathenaumord, op. cit.*, p. 27.

93. *Ibid.*, p. 29.

94. *Ibid.*, p. 45-46.

95. Cf. dans le détail Sabrow, *Rathenaumord, op. cit.*, p. 56-68, également sur ce qui suit.

96. *Ibid.*, p. 56-57.

97. *Ibid.*, p. 72, avec référence à des articles de presse de l'époque.

98. Arnold Brecht, *Rathenau und das deutsche Volk*, Munich, 1950, p. 7. Brecht fut de 1921 à 1927 secrétaire permanent au ministère de l'Intérieur du Reich. En 1933, il émigra aux États-Unis.

99. Détails chez Sabrow, *Rathenaumord, op. cit.*, p. 74-75.

100. Sabrow, *Rathenaumord, op. cit.*, p. 76-77, avec documents.

101. *Rathenau. Hauptwerke und Gespräche*, Ernst Schulin (éd.), Munich et Heidelberg, 1977, p. 854.

102. Weiss, *Weg, op. cit.*, p. 308-309.

103. Sabrow, *Rathenaumord, op. cit.*, p. 70-71 ; le rapport entre Rathenau et l'armée fait l'objet d'une étude détaillée in

Gerhard Hecker, *Walther Rathenau und sein Verhältnis zu Militär und Krieg*, Boppard am Rhein, 1983.

104. « *Schlagt tot den Walther Rathenau / die gottverdammte Judensau* », cité d'après Schulin (éd.), *Rathenau, op. cit.*, p. 841.

105. Uwe Lohalm, *Völkischer Radikalismus. Die Geschichte des Deutschvölkischen Schutz- und Trutzbundes 1919-1923*, Hambourg, 1970, p. 220. Cité d'après Sabrow, *Rathenaumord, op. cit.*, p. 115, note 6.

106. Anonyme, « Minister Rathenau », *Der Wiking*, 15 février 1922, cité d'après Sabrow, *Rathenaumord, op. cit.*, p. 116.

107. *Ibid.*, p. 87 et 90.

108. Informations sur les biographies de Kern, Fischer et Karl Tillessen, *ibid.*, p. 96, 118-119, 134.

109. *Ibid.*, p. 150.

110. Extrait des attendus du verdict prononcé contre Kern, in *ibid.*, p. 114.

111. Cité in *ibid.*, p. 122.

112. Noske, *Erlebtes, op. cit.*, p. 224.

113. Sabrow, *Rathenaumord, op. cit.*, p. 169-183.

114. *Ibid.*, p. 171-172.

115. Les deux propos cités d'après Sabrow, *Rathenaumord, op. cit.*, p. 176.

116. Volker R. Berghahn, *Der Stahlhelm. Bund der Frontsoldaten 1918-1935*, Düsseldorf, 1966 (= *Beiträge zur Geschichte des Parlamentarismus und der politischen Parteien*, vol. 33), p. 286-287.

117. *Ibid.*, p. 65-66.

118. *Ibid.*, p. 66-67.

119. *Ibid.*, p. 239.

120. *Ibid.*, p. 240-241.

121. *Ibid.*, p. 241-243, également sur ce qui suit.

122. Sur le Deutschnationale Volkspartei (DNVP) et les associations politiques qui gravitaient autour de lui, cf. en résumé Hans Mommsen, *Die verspielte Freiheit. Der Weg der Republik von Weimar in den Untergang 1918 bis 1933*, Berlin, 1989 (= *Propyläen Geschichte Deutschlands*, vol. 8), p. 80-81.

123. Lettre de Seeckt en date du 19 mars 1919. Citée d'après Carsten, *Reichswehr, op. cit.*, p. 38.

124. Klaus-Jürgen Müller, *Armee und Drittes Reich 1933-1939. Darstellung und Dokumentation*, Paderborn (2e éd.), 1989, p. 57.

125. *Reichsgesetzblatt* 1933 l, p. 175. Reproduit in Ingo von Münch et Uwe Brodersen, *Gesetze des NS-Staates. Dokumente des Unrechtssystems*, Paderborn et autres, 1982, p. 29-31, ici p. 30.

126. On trouve le texte du décret Blomberg du 28 février 1934 in Klaus-Jürgen Müller, *Das Heer und Hitler. Armee und nationalsozialistisches Regime 1933-1940*, Stuttgart, 1969, Dok.-Anh. n° 3, p. 592-593.

127. Müller, *Armee, op. cit.*, p. 58.

128. Proclamation du ministère de la Reichswehr en date du 12 octobre 1933, cité d'après Müller, *Heer, op. cit.*, p. 79, note 223.

129. « Endgültige Zusammenstellung der Zahl der durch die Einführung des Arier-Paragraphen betroffenen Soldaten der Reichswehr (Juni 1934) », in Müller, *Heer, op. cit.*, doc. n° 5, p. 598 ; voir aussi *ibid.*, p. 79, note 223.

130. On trouve une description de cette ample gamme de réactions in Müller, *Armee, op. cit.*, p. 59-60, sur la base d'un recueil de lettres du capitaine de vaisseau à la retraite D. Lebram.

131. Dans ce contexte, Müller, *Heer, op. cit.*, p. 82, estime, dans une formulation assez retenue, que Fritsch semble « ne pas avoir été dénué de ces préjugés antisémites qui, enracinés dans de larges couches de la population, y étaient entretenus de manière plus ou moins irréfléchie ».

132. Manfred Messerschmidt, « Die Wehrmacht als tragende Säule des NS-Staates (1933-1939) », in Walther Manoschek (éd.), *Die Wehrmacht im Rassenkrieg. Der Vernichtungskrieg hinter der Front*, Vienne, 1996, p. 39-54, ici p. 45.

133. « Denkschrift des Chefs des Generalstabes des Wehrkreiskommandos III (3. Division), Oberst i. G. von Manstein, über die nachträgliche Anwendung des Arier-Paragraphen auf die Wehrmacht nebst Anschreiben an den Chef des Truppenamtes, Generalleutnant Beck, vom 21. April 1934 », in Müller, *Heer, op. cit.*, doc. n° 4, p. 593-598.

134. *Ibid.*, p. 597.

135. *Ibid.*, p. 83, note 242.

136. Cf. l'indication donnée par l'ancien officier d'ordonnance de Manstein, Alexander Stahlberg, *Die verdammte Pflicht. Erinnerungen 1932 bis 1945*, Berlin, Francfort-sur-le-Main, 1987, p. 345.

137. Cf. l'ordre d'armée du commandant en chef de la 11e armée, le général de corps d'armée von Manstein, en date du 20 novembre 1941. Le texte figure in Ueberschär et Wette (éd.), *Der deutsche Überfall, op. cit.*, doc. n° 22, p. 289 *sq.*

138. Stahlberg, *Pflicht, op. cit.*, p. 344.

139. *Ibid.*, p. 314 et 344.

140. *Ibid.*, p. 224, 314-315, 342-345, 357-358. Sur la presqu'île de Crimée, conquise par la 11e armée, l'Einsatzgruppe D assassina 23 000 Juifs. Sur la collaboration entre la 11e armée (Manstein) et l'Einsatzgruppe D (SS-Gruppenführer Otto Ohlendorf), voir Bernd Boll : « Generalfeldmarschall Erich von Lewinski, gen. von Manstein », in Gerd R. Ueberschär (éd.), *Hitlers Militärische Elite*, vol. 2 : *Vom Kriegsbeginn zum Weltkriegsende*, Darmstadt, 1998, p. 143-152, ici p. 146-147.

141. Stahlberg, *Pflicht, op. cit.*, p. 343-344.

142. Cf. sur ce point le texte autobiographique d'Erich Manstein, *Verlorene Siege*, Bonn, 1955.

143. Ce propos est relaté par un officier du milieu de la résistance du 20 juillet 1944, le baron Rudolf-Christoph von Gersdorff, *Soldat im Untergang*, Francfort-sur-le-Main, Berlin et Vienne, 1977, p. 134.

144. Cf. Christian Schneider, « Denkmal Manstein. Psychogramm eines Befehlshabers », in Heer et Naumann (éd.), *Vernichtungskrieg, op. cit.*, p. 402-417.

145. *Militär-Wochenblatt* n° 14, 11 octobre 1933, colonnes 448-449 ; cf. aussi n° 17 du 4 novembre 1933, colonnes 552-553. D'après Muller, *Heer, op. cit.*, p. 81, note 237.

146. Texte de la *Wehrgesetz* (« loi de Défense ») in *Reichsgesetzblatt*, 1935, partie 1, p. 609-614.

147. *Ibid.*, p. 611, également sur ce qui suit.

148. « Erlass "Rassegedanke und Führerauslese" des Führers und Obersten Befehlshabers der Wehrmacht vom 13. Mai 1936 », in Oberkommando der Wehrmacht (éd.), *Politisches*

Handbuch, partie 1 (Pol. H. 1). Berlin 1938, partie G : « Rassefragen ». Reproduit in *Politisches Handbuch, Teil l, vom 1. 3. 1943, Abschnitt G : Rassefragen*, p. 100 [Bibliothek des Bundesarchiv Militararchiv (BA-MA)].

149. « Reichsbürgergesetz » du 15 septembre 1935, in *Reichsgesetzblatt*, 1935, I, p. 1146, ici paragraphe 2 (1).

150. *Reichsgesetzblatt*, 1936, I, p. 518.

151. Uwe Dietrich Adam, *Judenpolitik im Dritten Reich*, Düsseldorf, 1972, p. 331.

152. « Oberkommando der Wehrmacht, n° 524/40 geh., Berlin, den 8. April 1940, betr.: Behandlung jüdischer Mischlinge in der Wehrmacht », in BAMA RH 15/186, f. 99-101.

153. Messerschmidt, « Juden », *op. cit.*, p. 59.

154. Cf. ci-dessous « Les "demi-juifs" et "quart-juifs" », p. 85.

155. Ce qu'a exposé Brian Rigg dans une communication faite le 2 mars 1998 au centre de travail de Fribourg du Militärgeschichtliches Forschungsamtes (MGFA). Un livre est en préparation.

156. Brian Rigg a trouvé une liste de soixante-dix-sept noms d'officiers de la Wehrmacht ayant une ascendance juive. Voir l'article de Brian Mark Rigg, « Riggs Liste. Warum gehorchten Soldaten jüdischer Herkunft einem Regime, das ihre Familien umbrachte ? », *Die Zeit* n° 15, 4 avril 1997, p. 11-12.

157. Biographie concise – avec mention de l'origine juive de Milch – in Christian Zentner et Friedemann Bedürftig (éd.), *Das grosse Lexikon des Zweiten Weltkrieges*, Munich, 1988, p. 380.

158. Lettre de Fritsch à Stülpnagel le 16 novembre 1924. Cité d'après Carsten, *Reichswehr, op. cit.*, p. 223.

159. Messerschmidt et Gersdorff, *Offiziere*, *op. cit.*, doc. 100, p. 259.

160. « Weisung des Oberbefehlshabers des Heeres, Werner Frhr. v. Fritsch, vom 15. Januar 1936, betr. "Arische Abstammung des Offizierkorps" », in BA-MA RH 53-7/637, fac-similé in *Deutsche jüdische Soldaten* (1982), *op. cit.*, p. 71.

161. Publié sous forme de fac-similé par Nicholas Reynolds, « Der Fritsch-Brief vom 11. Dezember 1938 », *Vierteljahrshefte für Zeitgeschichte* 28, 1980, p. 360 *sq.*, citation p. 370.

162. Müller, *Heer, op. cit.*, p. 82 ; sur la pensée politique de Fritsch, cf. aussi Carsten, *Reichswehr, op. cit.*, p. 220-221.

163. Citations extraites de l'éditorial du n° 1, 1re année, des *Schulungshefte für den Unterricht über nationalsozialistische Weltanschauung und nationalpolitische Zielsetzung*, Oberkommando der Wehrmacht (éd.), J (II), Berlin, 14 février 1939, Reinecke, in BA-MA Amtsdrucksachen RWD 12/9.

164. Dr C.A. Hoberg, « Die Juden in der deutschen Geschichte », in Oberkommando der Wehrmacht (éd.), *Schulungshefte für den Unterricht über nationalsozialistische Weltanschauung und nationalpolitische Erziehung,* 1re année, n° 5, p. 3-42.

165. Manfred Messerschmidt, *Die Wehrmacht im NS-Staat. Zeit der Indoktrination*, Hambourg, 1969, p. 354, avec note 1193.

166. Hoberg, « Juden », *op. cit.*, p. 3.

167. Hoberg, « Juden », *op. cit.*, p. 28.

168. Richard Grelling (1853-1929), avocat, écrivain et journaliste, fondateur en 1982 de la Deutsche Friedensgesellschaft (« Société allemande de la paix », DFG). Biographie concise in Helmut Donat et Karl Holl (éd.), *Die Friedensbewegung. Organisierter Pazifismus in Deutschland, Osterreich und der Schweiz*, Düsseldorf, 1983, p. 162-163.

169. Hoberg, « Juden », *op. cit.*, p. 30.

170. *Ibid.*, p. 31.

171. *Ibid.*, p. 32.

172. *Ibid.*, p. 37.

173. *Ibid.*, p. 40.

174. *Ibid.*, p. 42.

3
La Wehrmacht et l'assassinat des Juifs

1. Voir la présentation précise et étayée de Jürgen Forster, « Das Unternehmen "Barbarossa" als Eroberungs- und Vernichtungskrieg », in Militärgeschichtliches Forschungsamt (éd.), *Das Deutsche Reich und der Zweite Weltkrieg*, vol. 4 : *Der Angriff auf die Sowjetunion*, Stuttgart, 1983, p. 413-447.

2. Jürgen Forster, « Zur Rolle der Wehrmacht im Krieg gegen die Sowjetunion », *Aus Politik und Zeitgeschichte*, vol. 45-80 du 8 novembre 1980, p. 1-15, citation p. 6.

3. Discours secret tenu par Hitler le 30 mars 1941, d'après les notes du général de corps d'armée Halder, in Ueberschär et Wette (éd.), *Der deutsche Überfall*, *op. cit.*, p. 248-249.

4. Christopher R. Browning, *Des hommes ordinaires. Le 101*[e] *bataillon de réserve de la police allemande et la Solution finale en Pologne,* traduit de l'anglais par Élie Barnavi, Les Belles Lettres, 1994.

5. Cf. les biographies de Gerd R. Ueberschär, *Generaloberst Franz Halder. Generalstabschef, Gegner und Gefangener Hitlers*, Göttingen et Zurich, 1991, et de Christian Hartmann, *Halder. Generalstabschef Hitlers 1938-1942*, Paderborn, 1991.

6. *Fall 12. Das Urteil gegen das Oberkommando der Wehrmacht, gefällt am 28. Oktober 1948 in Nürnberg vom Militärgerichtshof V der Vereinigten Staaten von Amerika*, Berlin (RDA), 1960, p. 91.

7. Heinrich Uhlig, « Der verbrecherische Befehl. Eine Diskussion und ihre historisch-dokumentarischen Grundlagen », in Europäische Publikation e.V. (éd.), *Vollmacht des Gewissens*, vol. II, Francfort-sur-le-Main et Berlin 1965, p. 284-410, ici p. 293-294.

8. Gerd R. Ueberschär, « Hitlers Entschluss zum "Lebensraum"-Krieg im Osten », in Ueberschär et Wette, *Überfall*, *op. cit.*, p. 41, avec référence au journal de guerre de Halder. Forster, « Unternehmen "Barbarossa" », *op. cit.*, p. 428, relate qu'il a fallu attendre un petit déjeuner pris en commun par la direction de l'armée avec les hauts gradés de la troupe pour que s'exprime la protestation contre les directives de Hitler, motivées par l'idéologie. Mais il est très douteux que la direction de l'armée et les gradés de la troupe aient vraiment envisagé de menacer Hitler d'une démission collective pour obtenir le retrait de ses exigences.

9. Forster, « Rolle der Wehrmacht », *op. cit.*, p. 6.

10. Forster, « Unternehmen "Barbarossa" », *op. cit.*, p. 434-435.

11. Forster, « Unternehmen "Barbarossa" », *op. cit.*, p. 421 *sq.*, décrit sa genèse.

12. On trouvera le texte de cet ordre du commandant en chef de l'armée de terre, le général feld-maréchal von Brauchitsch, à propos de la collaboration avec la Sicherheitspolizei

et le SD pour la guerre prévue à l'Est, en date du 28 avril 1941, in Ueberschär et Wette, *Überfall, op. cit.*, p. 249-250.

13. Voir le paragraphe 3 de l'ordre de Brauchitsch.

14. « Richtlinien für das Verhalten der Truppe in Russland vom 19. Mai 1941 », in Ueberschär et Wette, *Überfall, op. cit.*, p. 258.

15. Paragraphe 1 des *Richtlinien*.

16. Cf. « Richtlinien für die Behandlung politischer Kommissare vom 6. 6. 1941, mit Ergänzungen des ObdH vom 8. 6. 1941 », in Ueberschär et Wette, *Überfall, op. cit.*, p. 259-260 ; sur la mise en œuvre « dans les règles » par l'OKH des idées de Hitler sur ce point dans l'ordre en question, cf. dans le détail Forster, « Unternehmen "Barbarossa" », *op. cit.*, p. 435-440.

17. « Befehl des Generalobersten Hoepner zur bevorstehenden Kampfführung im Osten vom 2. Mai 1941 », reproduction partielle in Ueberschär et Wette, *Überfall, op. cit.*, doc. 5, p. 251.

18. Cf. Christian Schneider, « Denkmal Manstein. Psychogramm eines Befehlhabers », in Heer et Naumann (éd.), *Vernichtungskrieg, op. cit.*, p. 402-417. L'auteur se demande comment on peut expliquer que Manstein ait pratiquement joué « le rôle d'assistant d'exécution d'un Hitler qu'il méprisait » (p. 407).

19. « Armeebefehl des Oberbefehlshabers der 11. Armee, Generaloberst v. Manstein, vom 20. November 1941 », in Ueberschär et Wette, *Überfall, op. cit.*, doc 22, p. 289-290 ; sur les conséquences pratiques, cf. Jehuda L. Wallach, « Feldmarschall Erich von Manstein und die deutsche Judenausrottung in Russland », *Jahrbuch des Instituts für deutsche Geschichte* 6, 1974, p. 457-472.

20. « Befehl des Oberbefehlshabers der Heeresgruppe Süd, Generalfeldmarschall von Reichenau, vom 10. Oktober 1941 über das "Verhalten der Truppe im Ostraum" », in Ueberschär et Wette, *Überfall, op. cit.*, doc. 20, p. 285-286. Sur la biographie de Reichenau, cf. Brendam Simms, « Walther von Reichenau – Der politische General », in Ronald Smelser et Enrico Syring (éd.), *Die Militärelite des Dritten Reiches. 27 biographische Skizzen*, Berlin, Francfort-sur-le-Main, 1995, p. 423-445, ainsi que Bernd Boll, « Generalfeldmarschall Walther von

Reichenau », in Gerd R. Ueberschär (éd.), *Hitlers militärische Elite*, vol. 1 : *Von den Anfängen bis Kriegsbeginn*, Darmstadt, 1998, p. 195-202.

21. Sur Bjelaja Zerkov voir ci-dessous, p. 114.

22. Voir ci-dessous, « La Wehrmacht et la SS dans la guerre de Russie », p. 130.

23. Voir « Le choix de la Pologne », p. 107 et plus particulièrement « Le massacre de Babi Yar », p. 119.

24. *Mitteilungen für die Truppe*, Oberkommando der Wehrmacht / WFSt/WPr, n° 112, juin 1941. On trouve une collection des *Mitteilungen* à la bibliothèque du Militärgeschichtliches Forschungsamt, Potsdam.

25. Nous avons examiné les n°s 200 (mai 1942) à 390 (février 1945).

26. *Mitteilungen für die Truppe* n° 264, mai 1943, article « Weshalb kam es zur Judenfrage ? ».

27. *Mitteilungen für die Truppe* n° 241, janvier 1943, article « Freiwillige und Hilfswillige im Osten ».

28. *Mitteilungen für die Truppe*, n° 232, novembre 1942, article « Jeder Soldat ist draussen ein Propagandist für Deutschland ».

29. *Mitteilungen für die Truppe*, n° 321, avril 1944, article « Herrenmenschen ».

30. Helmut Krausnick, *Hitlers Einsatzgruppen. Die Truppen des Weltanschauungskrieges 1938-1942*, Francfort-sur-le-Main, 1985, section II : « Das erste grosse Operationsfeld im besetzten Polen, Herbst 1939 », p. 26-88.

31. Malgorzata und Krzyztof Ruchniewicz, « Die sowjetischen Kriegsverbrechen in Polen : Katyn 1940 », in Wolfram Wette und Gerd R. Ueberschär (éd.), *Kriegsverbrechen im 20. Jahrhundert*, Darmstadt, 2001, p. 356-369.

32. Note de Bormann en date du 2 octobre 1940. Cité d'après Helmut Krausnick et Hans-Heinrich Wilhelm, *Die Truppe des Weltanschauungskrieges. Die Einsatzgruppen der Sicherheitspolizei und des SD 1938-1942*, Stuttgart, 1981, p. 33.

33. Krausnick et Wilhelm, *Truppe, op. cit.*, p. 36.

34. Cf. à ce propos l'aperçu de Gerhard Schreiber, *Die Zerstörung Europas im Weltkrieg*, Tübingen, 1983 (= *National-*

sozialismus im Unterricht. Studieneinheit 10), p. 18-38, ici p. 22-23.

35. « *In aller Öffentlichkeit* ». Note du général Johannes Blaskowitz pour un exposé, le 15 février 1940, in Schreiber, *Zerstörung, op. cit.*, annexes, p. 112.

36. Schreiber, *Zerstörung, op. cit.*, p. 20.

37. *Ibid.*, p. 22.

38. *Ibid.*, p. 21.

39. Cf. Marlis G. Steinert, *Hitlers Krieg und die Deutschen. Stimmung und Haltung der deutschen Bevölkerung im Zweiten Weltkrieg*, Düsseldorf et Vienne, 1970, p. 105-106.

40. Rapport de Blaskowitz à Brauchitsch, le 27 novembre 1939, in Krausnick, *Einsatzgruppen, op. cit.*, p. 79.

41. Note de Blaskowitz (voir plus haut), in Schreiber, *Zerstörung, op. cit.*, p. 112-113 ; c'est aussi l'interprétation de Wilhelm, *Rassenpolitik und Kriegführung, op. cit.*, Passau, 1991, p. 32.

42. Steinert, *Hitlers Krieg, op. cit.*, p. 105, en se référant au volume de documents en défense 1 de Nuremberg pour Georg von Küchler.

43. *Ibid.*, p. 106

44. Cf. l'édition « Ausgewählte Briefe von Generalmajor Helmuth Stieff », H. Rothfels (éd.), *Vierteljahrshefte für Zeitgeschichte* (VfZG) 2, 1954, p. 291-305, citation p. 300.

45. Walther Manoschek, « *Serbien ist judenfrei* ». *Militärische Besatzungspolitik und Judenvernichtung in Serbien 1941/42*, Munich, 1993 (= *Beiträge zur Militärgeschichte*, vol. 38). « "Gehst mit Juden erschießen ?" Die Vernichtung der Juden in Serbien », in Heer et Naumann, *Vernichtungskrieg, op. cit.*, p. 39-56, citation p. 39.

46. Forster, « Unternehmen "Barbarossa" », *op. cit.*, p. 423, avec note 38, a été le premier à l'établir.

47. Manoschek, *Serbien, op. cit.*, p. 33, avec des preuves puisées dans les dossiers du service de propagande « S » (pour « Serbie »).

48. *Ibid.*, p. 51.

49. Krausnick et Wilhelm, *Truppe, op. cit.*, ainsi que Krausnick, *Einsatzgruppen, op. cit.*

50. Cité in Krausnick, *Hitlers Einsatzgruppen, op. cit.*, p. 179.

51. Ce terme désigne des nationalistes lituaniens qui se considéraient comme des partisans en raison de leur opposition à l'Armée rouge.

52. *Ibid.*, p. 179.

53. Ernst Klee, Willi Dressen und Volker Riess (éd.), *« Schöne Zeiten ». Judenmord aus der Sicht der Täter und Gaffer* (« Le Bon Temps. L'Assassinat des Juifs vu par les bourreaux et les badauds »), Francfort-sur-le-Main, 1988, p. 31-43. Krausnick, *Einsatzgruppen*, p. 178.

54. Krausnick, *Einsatzgruppen, op. cit.*, p. 178.

55. *Ibid.*, p. 181, avec référence à une mention de Leeb dans son journal.

56. Mention dans le journal de guerre du groupe d'armées Nord, le 3 juillet 1941. Cité d'après Krausnick, *Einsatzgruppen, op. cit.*, p. 182.

57. Helmuth Groscurth, *Tagebücher eines Abwehroffiziers 1938-1940. Mit weiteren Dokumenten zur Militäropposition gegen Hitler*, Helmut Krausnick et Harold C. Deutsch (éd.), avec la coll. de Hildegard von Kotze, Stuttgart, 1970 (= *Quellen und Darstellungen zur Zeitgeschichte*, vol. 19), annexe IV : « Die Juden-Erschiessungen in Bjelaja Zerkov im August 1941 », p. 534-542.

58. Cf. entre autres Horst Boog, Jürgen Förster, Joachim Hoffmann, Ernst Klink, Rolf-Dieter Müller, Gerd R. Ueberschär, *Der Angriff auf die Sowjetunion* (= *Das Deutsche Reich und der Zweite Weltkrieg*, vol. 4), Stuttgart, 1983, p. 1047-1048, ainsi que Krausnick, *Einsatzgruppen, op. cit.*, p. 163, 208 et 225.

59. *Vernichtungskrieg. Verbrechen der Wehrmacht 1941 bis 1944*, catalogue d'exposition, Hamburger Institut für Sozialforschung (éd.), Hambourg, 1996 (cité ci-dessous sous le titre *Vernichtungskrieg, catalogue d'exposition*), p. 76.

60. Le récit qui suit s'inspire du tableau brossé, à partir des documents d'époque, par Boll et Safrian, « Stalingrad », *op. cit.*, p. 260-296, en l'occurrence p. 275-278.

61. « Bericht des Kriegspfarrers Dr. Reuss vom 20. August 1941 an die 295. Infanterie-Division », reproduit in Groscurth, *Tagebücher, op. cit.*, annexe IV, p. 538-539.

62. Groscurth, *Tagebücher, op. cit.*, p. 534 *sq.*

63. Boll et Safrian, « *Stalingrad* », *op. cit.*, p. 278.

64. « *Ereignismeldung UdSSR* n° 132, Der Chef der Sicherheitspolizei und des SD, 12. 11. 1941 », cité in Krausnick, *Einsatzgruppen*, *op. cit.*, p. 269.

65. Cf. Omer Bartov, Cornelia Brink, Gerhard Hirschfeld, Friedrich P. Kahlenberg, Manfred Messerschmidt, Reinhard Rürup, Christian Streit, Hans-Ulrich Thamer, *Bericht der Kommission zur Überprüfung der Ausstellung « Vernichtungskrieg. Verbrechen der Wehrmacht 1941 bis 1944 »*, novembre 2000, p. 44-46. On y réfuta la critique émise sur ce point contre ce que l'on a appelé l'« exposition sur la Wehrmacht ».

66. Sur les assassinats de Juifs à Luck, Tarnopol et Shitomir, cf. *Vernichtungskrieg, catalogue d'exposition*, *op. cit.*, p. 66-73, ainsi que Krausnick, *Einsatzgruppen, op. cit.*, p. 163 *sq*.

67. « Befehl des Oberbefehlshabers der 6. Armee, Generalfeldmarschall v. Reichenau, vom 10.10.1941 über das, "Verhalten der Truppe im Ostraum" », reproduit in Ueberschär et Wette, *Überfall, op. cit.*, document n° 20, p. 285-286.

68. Lettre de Groscurth en date du 12 décembre 1941 à son frère, in du même, *Tagebücher, op. cit.*, introduction, p. 88 et 91, et annexe III, p. 525.

69. Erhard Roy Wiehn (éd.), *Die Schoah von Babij Jar. Das Massaker deutscher Sonderkommandos an der jüdischen Bevölkerung von Kiew 1941 fünfzig Jahre danach zum Gedenken*, Constance, 1991, p. 28-29. On citera également : Boll et Safrian, « Stalingrad », *op. cit.*, p. 260-296 ; Hartmut Rüss, « Wer war verantwortlich für das Massaker von Babij Jar ? », *Militärgeschichtliche Mitteilungen*, vol. 57/1998, p. 483-508 ; Klaus Jochen Arnold, « Die Eroberung und Behandlung der Stadt Kiew durch die Wehrmacht im September 1941: Zur Radikalisierung der Besatzungspolitik », *Militärgeschichtliche Mitteilungen*, vol. 58/1999, p. 22-63, qui tend à alléger les charges qui pèsent sur la Wehrmacht.

70. Les données biographiques disponibles sont relevées chez Arnold, « Eroberung », *op. cit.*, p. 23.

71. Krausnick, *Einsatzgruppen, op. cit.*, p. 162-169, décrit les assassinats commis en Ukraine par l'Einsatzgruppe C et le Sonderkommando 4, qui dépendait de ce dernier. Sur les assassinats de Juifs à Luck, Tarnopol et Shitomir, cf. Boll et

Safrian, « Die 6. Armee », *op. cit.*, p. 62-101, ici p. 66-73 ; Dieter Pohl, « Die Einsatzgruppe C 1941/42 », in Y. Peter Klein (éd.), *Die Einsatzgruppen in der besetzten Sowjetunion 1941/42. Die Tätigkeits- und Lageberichte des Chefs der Sicherheitspolizei und des SD*, Berlin, 1997, p. 71-87, ici p. 71-75.

72. « Verfahren des Landgerichts Darmstadt gegen Callsen u. a., mit Urteil vom 29. 11. 1968 », p. 474, BA Ludwigsburg 204 AR-Z 269/1960, vol. 34, 683 Blatt (cité ci-dessous sous l'intitulé *Callsen-Prozess, Urteil*).

73. *Ereignismeldung UdSSR* n° 128 du 3 novembre 1941, cité d'après Ueberschär et Wette, *op. cit.*, p. 319-320.

74. Christian Streit, *Keine Kameraden. Die Wehrmacht und die sowjetischen Kriegsgefangenen 1941-1945*, Stuttgart, 1978, p. 110-115, avec documents à l'appui.

75. Pohl, « Einsatzgruppe C », *op. cit.*, p. 75, en se référant à l'*Ereignismeldung UdSSR n° 97* du 28 septembre 1941.

76. Voir le récit de la revue soviétique *Iounost*, cité in Ernst Klee et Willi Dressen (éd.), *« Gott mit uns ». Der deutsche Vernichtungskrieg im Osten 1939-1945*, Francfort-sur-le-Main, 1989, p. 119.

77. Rüss, « Massaker », *op. cit.*, p. 505.

78. Schirmer dans BA Ludwigsburg, *Callsen-Prozess, Urteil*, *op. cit.*, p. 464.

79. Voir la déposition du SS-Obersturmführer Christian Schulte, aide de camp personnel du chef de l'Einsatzgruppe C, le Dr Rasch, au cours du procès Callsen, cité in Klee et Dressen (éd.), *« Gott mit uns », op. cit.*, p. 119.

80. Rüss, « Massaker », *op. cit.*, p. 498-499, 506.

81. Cette déposition, faite au procès Callsen, est citée in Klee et Dressen (éd.), *« Gott mit uns », op. cit.*, p. 127.

82. *Ereignismeldung UdSSR* n° 97 du 28 septembre 1941, cité in Klee et Dressen (éd.), *« Gott mit uns », op. cit.*, p. 118.

83. BA Ludwigsburg, procès Callsen, verdict, *loc. cit.*, p. 538-539.

84. Krausnick, *Einsatzgruppen, op. cit.*, p. 164.

85. Texte de la proclamation du 28 septembre 1941 à Kiev, in Wiehn, *Shoah, op. cit.*, p. 7-8.

86. Reportage de la revue soviétique *Iounost,* cité in Klee et Dressen (éd.), « *Gott mit uns* », *op. cit.*, p. 119, également sur ce qui suit.

87. Rüss, « Massaker », *op. cit.*, p. 493.

88. Documents à l'appui in *ibid.*, p. 490-491, 494-495.

89. Cf. l'article « Babi Jar », in Israel Gutmann *et al.* (éd.), *Enzyklopädie des Holocaust. Die Verfolgung und Ermordung der europäischen Juden,* vol. 1, Munich et Zurich (2e éd.), 1998, p. 144-145.

90. Déposition de Kurt Werner, membre du SK 4 a, in Adalbert Rückerl, *NS- Verbrechen vor Gericht. Versuch einer Vergangenheitsbewältigung,* Heidelberg (2e éd.), 1984, p. 43-45.

91. Déposition de Janssen in *Callsen-Prozess, Urteil, op. cit.*, p. 503-504. et *ibid.*, p. 505-507.

92. Cf. aussi Bernd Boll, Hannes Heer, Walther Manoschek, et Hans Safrian, « Verwischen der Spuren. Vernichtung der Erinnerung », in *Vernichtungskrieg, catalogue d'exposition, op. cit.*, 160-176.

93. *Ereignismeldung UdSSR* n° 106 du 7 octobre 1941, cité in Klee et Dressen (éd.), « *Gott mit uns* », *op. cit.*, p. 132.

94. Cf. par exemple Joachim Hoffmann, *Stalins Vernichtungskrieg 19411945*, Munich, 1995, p. 187 *sq.*

95. Voir BA Ludwigsburg, *Callsen-Prozess, Urteil, op. cit.*, p. 455 et 512. Prénom inconnu.

96. « Bericht des Kriegsverwaltungsrats von Froreich, 454. Sicherungsdivision, Abteilung VII (Verwaltung), vom 2. Oktober 1941 über seinen Besuch bei der Feldkommandantur 195 in Kiew am 1. 10. 1941 », Bundesarchiv-Militararchiv (BA-MA) Freiburg i. Br., RH 26-454/28 : Anlagenband (volume d'annexes).

97. Ulrich Herbert, « Deutsche Militärverwaltung in Paris und die Deportationen », in Ulrich Herbert (éd.), *Nationalsozialistische Vernichtungspolitik 1939-1945. Neue Forschungen und Kontroversen*, Francfort-sur-le-Main, 1998, p. 204 ; il se réfère à Walther Bargatzky, *Hotel Majestic. Ein Deutscher im besetzten Frankreich*, Fribourg, 1987, p. 103.

98. Victor Klemperer, *Je veux témoigner jusqu'au bout, Journal 1942-1945*, Le Seuil, 2000, p. 67.

99. Herbert, « Militärverwaltung », *op. cit.*, p. 207-207.

100. Wiehn, *Schoah, op. cit.*, p. 106.

101. Ueberschär, *Halder, op. cit.*, p. 95.

102. Ulrich Herbert, « Vernichtungspolitik. Neue Antworten und Fragen zur Geschichte des "Holocaust" », in *Vernichtungspolitik, op. cit.*, p. 9-66, ici p. 43.

103. Extrait du verdict du procès des Einsatzgruppen, affaire n° 9. Cité d'après Jörg Friedrich, *Die kalte Amnestie. NS-Täter in der Bundesrepublik*, Francfort-sur-le-Main, 1984, p. 97.

104. Willi Dressen, « Befehlsnotstand », in Wolfgang Benz (éd.), *Legenden, Lügen, Vorurteile. Ein Wörterbuch zur Zeitgeschichte*, Munich, (7e éd.) 1995, p. 45-46, ici p. 46.

105. Verdict contre Blobel, in Kazimierz Leszczynski (éd.), *Fall 9. Das Urteil im SS-Einsatzgruppen-Prozess, gefällt am 10. April 1948 in Nürnberg vom Militärgerichtshof II der Vereinigten Staaten von Amerika*, Berlin, 1963, p. 238.

106. Cf. la brochure Information Services Division, Office of the U.S. High Commissioner for Germany (éd.), *Landsberg. Ein dokumentarischer Bericht*, 1951, p. 14.

107. Voir *ibid.*, p. 19.

108. BA Ludwigsburg, procès Callsen, verdict, *loc. cit.*, p. 544.

109. Voir Ulrich Herbert, *Best. Biographische Studien über Radikalismus, Weltanschauung und Vernunft, 1903-1989*, Bonn (3e éd.), 1996, p. 495-497 et 507-510.

110. Andreas Hillgruber, « Der Ostkrieg und die Judenvernichtung », in Ueberschär et Wette, *Überfall, op. cit.*, p. 185-205, ici p. 192.

111. Omer Bartov, *The Eastern Front 1941-1945. German Troops and the Barbarization of Warfare*, Londres, 1985. Version allemande : *Hitlers Wehrmacht. Soldaten, Fanatismus und die Brutalisierung des Krieges*, Reinbek, 1995.

112. Pour l'interprétation, cf. Hans Safrian, « Komplizen des Genozids. Zum Anteil der Heeresgruppe Süd an der Verfolgung und Ermordung der Juden in der Ukraine 1941 », in Manoschek (éd.), *Wehrmacht im Rassenkrieg op. cit.*, p. 90-115, ici p. 91-93.

113. « Schreiben des Rüstungsinspekteurs Ukraine, Generalleutnant Hans Leykauf, an den Chef des Wehrwirtschafts- und Rüstungsamtes im OKW, General d. Inf. Thomas, vom 2. 12. 1941 », in Ueberschär et Wette, *Überfall, op. cit.*, p. 338-339.

114. *Ibid.*, p. 339.

115. *Ibid.*

116. Raul Hilberg, « Wehrmacht und Judenvernichtung », in Manoschek, *Wehrmacht im Rassenkrieg, op. cit.*, p. 23-38.

117. Hannes Heer, « Killing Fields. Die Wehrmacht und der Holocaust », in Heer et Naumann, *Vernichtungskrieg, op. cit.*, p. 57-77, ici p. 65.

118. Hannes Heer, « Die Logik des Vernichtungskrieges. Wehrmacht und Partisanenkampf », in *ibid., op. cit.,* p. 104-138, ici p. 111.

119. *Ibid.*, p. 107.

120. *Ibid.*, p. 109.

121. Hilberg, « Wehrmacht und Judenvernichtung », *op. cit.*, p. 33.

122. Rapport de la commission, *op. cit.*, chap. 9.7, « Partisanenkrieg ohne Partisanen » (p. 65-69) et 9.8, « Partisanenkrieg » (p. 69-72), ici p. 65.

123. *Ibid.,* p. 66-67.

124. *Ibid.*, p. 67.

125. *Ibid.*, p. 68.

126. Cf. le rapport du baron Rudolf-Christoph von Gersdorff, commandant attaché à l'état-major, en date du 9 décembre 1941, à propos d'une tournée sur le front, in Ueberschär et Wette, *Überfall, op. cit.*, doc n° 42, p. 343-344.

127. Les cas décrits dans les pages qui suivent ont été relevés dans une instruction secrète du haut commandement de l'armée de terre, « Geheimverfügung des Oberkommandos des Heeres, Heerespersonalamt, 21. Oktober 1942 », in Bundesarchiv-Militärarchiv de Fribourg-en-Brisgau, RL 5/793, et in BA-MA RH 15/186, f. 107. Voir aussi Messerschmidt, *Die Wehrmacht im NS-Staat, op. cit.*, p. 355, et Gerhard Schreiber, *Deutsche Kriegsverbrechen in Italien. Täter, Opfer, Strafverfolgung*, Munich, 1996, p. 30-31.

128. Dermont Bradley et Richard Schulze-Kossens (éd.), *Tätigkeitsbericht des Chefs des Heerespersonalamtes, General der Infanterie Rudolf Schmundt, fortgeführt von General der Infanterie Wilhelm Burgdorf, 1. 10. 1942-29. 10. 1944*, édition en fac-similé, Osnabrück, 1984, mention datée du 31 octobre 1942, p. 16. CV de Schmundt, *ibid.*, p. 15-16.

129. Messerschmidt, *Wehrmacht*, p. 239.

130. Ludger Borgert, « Kriegsverbrechen der Kriegsmarine », in Wette et Ueberschär (éd.), *Kriegsverbrechen im 20, op. cit.*, p. 309-323.

131. Gerhard Schreiber, *Revisionismus und Weltmachtstreben. Marineführung und deutsch-italienische Beziehungen 1919-1944*, Stuttgart, 1978, p. 382.

132. Schreiber, *Kriegsverbrechen, op. cit.*, p. 29.

133. *Ibid.*

134. Discours tenu par Dönitz le 12 mars 1944, in *IMT,* vol. XXXI, p. 250, doc. 2878-PS.

135. Schreiber, *Kriegsverbrechen, op. cit.*, p. 29-30.

136. Messerschmidt, *Wehrmacht, op. cit.*, p. 356, note 1201.

137. Schreiber, *Kriegsverbrechen, op. cit.*, p. 34.

138. Cf. le livre, fondé sur d'amples recherches dans les sources, de Jonathan Steinberg, *The Italian Refuge. Rescue of the Jews during the Holocaust*, Washington, Catholic University of America Press, 1989.

139. Cf. Schreiber, *Kriegsverbrechen, op. cit.*, p. 31, qui se réfère à Steinberg, *Deutsche, op. cit.,* p. 134-137, et Rainer Eckert, « Die Verfolgung der griechischen Juden im deutschen Okkupationsgebiet Saloniki-Ägais vom April 1941 bis zum Abschluss der Deportationen im August 1943 », *Bulletin des Arbeitskreises Zweiter Weltkrieg*, 1966, n° 1-4, p. 41-69, ici p. 41-60.

140. Schreiber, *Kriegsverbrechen, op. cit.*, p. 31, qui se réfère à Steinberg, *Deutsche, op. cit.,* p. 133.

141. Schreiber, *Kriegsverbrechen, op. cit.*, p. 32-33.

142. *Ibid.*, p. 32.

143. *Ibid.*, p. 28.

144. *Ibid.*, p. 32.

145. *Ibid.*, p. 33.

146. *Ibid.*, p. 33-34, avec référence aux rapports adressés à l'OKW par le « général allemand à Agram ».

147. Eike Fröhlich (éd.), *Die Tagebücher von Joseph Goebbels. Sämtliche Fragmente*, 2e partie : *Diktate 1941-1945*, vol. 6, Munich et autres, 1996, mention du 13 décembre 1942, p. 436-441, citation p. 436.

148. Cf. en détail Manoschek, *Serbien*, *op. cit.*, et, en résumé, du même auteur, « Partisanenkrieg und Genozid. Die

Wehrmacht in Serbien 1941 », in *Wehrmacht im Rassenkrieg*, *op. cit.*, p. 142-167.

149. Ces chiffres d'après Schreiber, *Kriegsverbrechen*, p. 217 ; sur le destin d'une partie de ces victimes, cf. l'ouvrage de référence du même auteur, *Die italienischen Militärinternierten im deutschen Machtbereich 1943 bis 1945. Verraten-Verachtet-Vergessen*, Munich, 1990 (= *Beiträge zur Militärgeschichte*, vol. 28).

4
Généraux et premières classes

1. Ralph Giordano, *Die Traditionslüge. Vom Kriegerkult in der Bundeswehr*, Cologne, 2000, p. 175 *sq*.

2. Cf. Wolfram Wette, *Kriegstheorien deutscher Sozialisten. Marx, Engels, Lassalle, Bernstein, Kautsky, Luxemburg. Ein Beitrag zur Friedensforschung*, Stuttgart et autres, 1971.

3. Friedrich Wilhelm Foerster, *Mein Kampf gegen das militaristische und nationalistische Deutschland. Gesichtspunkte zur deutschen Selbsterkenntnis und zum Aufbau eines neuen Deutschland*, Stuttgart, 1920, p. 35.

4. *Ibid.*, p. 20-21, 25, 35.

5. Paul Freiherr von Schoenaich, *Vom vorigen zum nächsten Krieg*, Berlin, 1925, p. 24.

6. Lettre adressée par Moltke le 11 décembre 1880 à Bluntschli, in *Gesammelte Schriften und Denkwürdigkeiten des General-Feldmarschalls Grafen Helmut von Moltke*, vol. III, Berlin, 1892-1893, p. 154.

7. Cf. Manfred Messerschmidt, « Moltke », in *Ostdeutsche Gedenktage 1991. Persönlichkeiten und historische Ereignisse*, Bonn, 1990, p. 87-90. Sur la suite de la confrontation, cf. Stig Förster, « Militär und Militarismus im deutschen Kaiserreich. Versuch einer differenzierten Betrachtung », in Wolfram Wette (éd.), *Militarismus in Deutschland 1871 bis 1945. Zeitgenössische Analyse und Kritik*, Münster, Hambourg et Londres, 1999, p. 63-80.

8. Schoenaich, *Krieg*, *op. cit.*, p. 137.

9. Cité d'après Theo Schwarzmüller, *Zwischen Kaiser und « Führer ». Generalfeldmarschall August von Mackensen. Eine politische Biographie*, Paderborn (2e éd.), 1996, p. 23.

10. *Ibid.*, p. 38-39, qui cite d'après Otto Kolshorn, *Unser Mackensen. Ein Lebens- und Charakterbild*, Berlin, 1916, p. 56 *sq*.

11. « Erlass des Chefs des Allgemeinen Truppenamtes, Generalmajor von Seeckt, an die Generalstabsoffiziere, 18. Oktober 1919 », in Messerschmidt et Gerdorff, *Offiziere, op. cit.*, p. 220 *sq*.

12. *Ibid.*, p. 221.

13. Gordon A. Craig, *Die preussisch-deutsche Armee 1640-1945. Staat im Staate*, Düsseldorf, 1967, p. 429.

14. Craig, *Armee, op. cit.*, p. 449, avec référence à un mémoire de Seeckt.

15. *Ibid.*

16. Craig, *Armee, op. cit.*, p. 449, note 110, en se référant à : Papiers posthumes de Stresemann, 272, Kart. 3113, Stück 147890.

17. Helmut Donat, « Zur preussischen Wende der deutschen Geschichte : Die Unterredung Bernhardi – Roon im Februar 1862 », in F. Esterbauer, H. Kalkbrenner, M. Mattmüller et L. Roemheld (éd.), *Von der freien Gemeinde zum föderalistischen Europa. Festschrift für Adolf Gasser zum 80. Geburtstag*, Berlin, 1983, p. 187-221, ici p. 203.

18. Ulrich Kluge, *Die deutsche Revolution 1918/1919. Staat, Politik und Gesellschaft zwischen Weltkrieg und Kapp-Putsch*, Francfort-sur-le-Main, 1985, p. 141-145. Selon une autre vision, Ebert et Groener conclurent le 9 novembre 1918 un « pacte » politique ; cf. par exemple Lothar Berthold et Helmut Neef, *Militarismus und Opportunismus gegen die Novemberrevolution*, Berlin (RDA), 1978, p. 28 *sq*.

19. Voir sur ce point l'étude spécifique de Johannes Hürter, *Wilhelm Groener. Reichswehrminister am Ende der Weimarer Republik (1928-1932)*, Munich, 1993.

20. Texte du premier général quartier-maître, le général de division Wilhelm Groener, en date du 17 septembre 1919, adressée au président du Reich Friedrich Ebert (SPD) à propos du pacifisme et des exigences de la guerre future. BA/MA, papiers posthumes de Schleicher, N 42/12, f. 207-208.

21. *Hitlers zweites Buch. Ein Dokument aus dem Jahre 1928*, introduction et commentaires de Gerald D. Weinberg, Stuttgart, 1961, p. 47-48 et 69.

22. Ludwig Beck, *Studien*, Hans Speidel (éd.), Stuttgart, 1955, p. 247, 251 et 257.

23. Rainer Wohlfeil et Hans Dollinger, *Die deutsche Reichswehr. Bilder, Dokumente, Texte. Zur Geschichte des Hunderttausend-Mann-Heeres 1919-1933*, Wiesbaden, 1977, chap. « Pazifismus und Landesverratsprozesse », p. 117-118.

24. Transcription du discours tenu par Hitler devant les commandants de l'armée de terre du Reich et de la marine du Reich le 3 février 1933, in Thilo Vogelsang, « Neue Dokumente zur Geschichte der Reichswehr 1930-1933 », *Vierteljahrshefte für Zeitgeschichte* 2, 1954, p. 434 *sq.*, ainsi que in Hans Adolf Jacobsen, *1939-1945. Der Zweite Weltkrieg in Chronik und Dokumenten*, Darmstadt (5e éd.), 1961, p. 95-96.

25. Extrait des notes du général Liebmann. Cité d'après Wolfgang Sauer, « Die Mobilmachung der Gewalt », in Karl Dietrich Bracher, Wolfgang Sauer et Gerhard Schulz, *Die nationalsozialistische Machtergreifung. Studien zur Errichtung des totalitaren Herrschaftssystems in Deutschland 1933/34*, Cologne et Opladen, 1962, p. 719-720.

26. Cf. Andreas Hillgruber, *Grossmachtpolitik und Militarismus im 20. Jahrhundert. 3 Beiträge zum Kontinuitätsproblem*, Düsseldorf, 1974, p. 7, 37. Également Dirks et Janssen, *Der Krieg der Generale, op. cit.*

27. Vogelsang, « Dokumenten », *op. cit.*, p. 432-433.

28. Wolfgang Scheel, *Der Tag von Potsdam*, Berlin, 1996.

29. Voir la photo publiée à l'époque dans tous les journaux, « Hitler salue Hindenburg », in Rudolf Herz, *Hoffmann & Hitler. Fotografie als Medium des Führer-Mythos*, Munich, 1994, p. 206-207. Sur les lignes de tradition historiques, cf. Wette (éd.), *Militarismus in Deutschland, op. cit.*

30. Sur l'état de la recherche, cf. Gerd R. Ueberschär (éd.), *Der 20. Juli 1944. Bewertung und Rezeption des deutschen Widerstandes gegen das NS-Regime*, Cologne, 1994.

31. Recueils récents de biographies de généraux, Smelser et Syring (éd.), *Die Militärelite, op. cit.*, p. 423-445 ; Ueberschär (éd.), *Hitlers militärische Elite, op. cit.*, 2 vol.

32. Cf. Winfried Vogel, « "… schlechthin unwürdig". Mit hohen Dotationen in Reichsmark oder Immobilien versuchte

Hitler, Feldmarschälle und Generale der Wehrmacht zu korrumpieren », *Die Zeit*, n° 14, 28 mars 1997, p. 44.

33. Cf. Frank Bajohr, « Nationalsozialismus und Korruption », in *Mittelweg* 36, cahier 1 (1998), p. 57-77 ; du même, *Parvenüs und Profiteure. Korruption in der NS Zeit*, Francfort-sur-le-Main, 2001.

34. Présentation globale avec annexe documentaire : Gerd R. Ueberschär et Winfried Vogel, *Dienen und Verdienen. Hitlers Geschenke an seine Eliten*, Francfort-sur-le-Main, 1999, notamment p. 10l *sq.*, 146 *sq.*, et l'aperçu des dotations aux feld-maréchaux et contre-amiraux allemands entre 1936 et 1945, p. 202-203.

35. Cf. Manfred Messerschmidt, « Die Wehrmacht in der Endphase, Realität und Perzeption », in *Die Zukunft des Reiches : Gegner, Verbündete und Neutrale (1943-1945)*, Manfred Messerschmidt et Ekkehart Guth, (éd. sous l'égide du Militärgeschichtliches Forschungsamtes) Herford et Bonn, 1990, p. 195-222, ainsi que partie IV, section 5.

36. Cf. Wolfram Wette, « Deutsche Erfahrungen mit der Wehrpflicht 1918-1945. Abschaffung in der Republik und Wiedereinführung in der Diktatur », in Roland G. Foerster (éd. sous l'égide du Militärgeschichtliches Forschungsamtes), *Die Wehrpflicht. Entstehung, Erscheinungsformen und politisch-militärische Wirkung*, Munich, 1994, p. 91-106.

37. Cf. Eberhard Jäckel (éd.), *Hitler. Sämtliche Aufzeichnungen 1905-1924* en coll. avec Axel Kuhn, Stuttgart, 1980, p. 214, 218, 583, 728.

38. Note du général de division Liebmann sur cet entretien in Vogelsang, « Dokumente », *op. cit.*, p. 434-435.

39. Détails in Wilhelm Deist, « Die Aufrüstung der Wehrmacht », in Wilhelm Deist, Manfred Messerschmidt, Hans-Erich Volkmann et Wolfram Wette, *Ursachen und Voraussetzungen der deutschen Kriegspolitik* (= *Das Deutsche Reich und der Zweite Weltkrieg*, vol. 1), Stuttgart, 1979, p. 408-412, ainsi que chez Hans-Jürgen Rautenberg, *Deutsche Rüstungspolitik vom Beginn der Genfer Abrüstungskonferenz bis zur Wiedereinführung der Allgemeinen Wehrpflicht 1932-1935*, thèse de sciences humaines, Bonn, 1973. Voir aussi, du même, « Drei Dokumente zur Planung eines 300 000-Mann-Friedensheeres

aus dem Dezember 1933 », *Militärgeschichtliche Mitteilungen* 2/1977, p. 103-139.

40. Loi sur la Défense du 21 mai 1935, in *Reichsgesetzblatt* 1935, partie 1, n° 52, p. 609-615.

41. Cf. Michael Salewski, « Die bewaffnete Macht im Dritten Reich 1933-1939 », in *Deutsche Militärgeschichte in sechs Bänden 1648-1939*, vol. 4, Herrsching, 1983, section VII, p. 134-140.

42. Cf. en détail Wolfram Wette, « Ideologien, Propaganda und Innenpolitik aIs Voraussetzungen der Kriegspolitik des Dritten Reiches », in Deist, Messerschmidt, Volkmann et Wette (éd.), *Ursachen und Voraussetzungen*, *op. cit.*, p. 113-121.

43. Texte cité in Max Domarus, *Hitler. Reden und Proklamationen 1932-1945*, vol. 1, Würzburg, 1962, p. 491-495.

44. À la suite du discours de Hitler le 15 septembre 1935 « aux soldats » in *ibid.*, p. 539.

45. Manfred Messerschmidt, « Das Reichskriegsgericht und die Verweigerer aus Gewissensgründen », in Ernst Willi Hansen, Gerhard Schreiber et Bernd Wegner (éd.), *Politischer Wandel, organisierte Gewalt und nationale Sicherheit. Beiträge zur neueren Geschichte Deutschlands und Frankreichs. Festschrift für Klaus-Jürgen Müller*, Munich, 1995, p. 369-383.

46. Cf. Detlef Garbe, *Zwischen Widerstand und Martyrium. Die Zeugen Jehovas im « Dritten Reich »*, Munich (3e éd.), 1997.

47. Cf., de manière exemplaire, la conférence du conseiller ministériel et directeur de service du Reich Wilhelm Haegert, « Nationalsozialismus und Allgemeine Wehrpflicht », in *Wehrfreiheit*, almanach de la Deutsche Gesellschaft für Wehrpolitik und Wehrwissenschaften, 1935, Hambourg, non daté (1935), p. 20-25, avec le discours, tendant vers la mythologie, du « droit de l'homme allemand à se défendre », droit qu'il faut considérer comme le « legs sacré de ses pères » (p. 20).

48. Cf. Burkhart Mueller-Hillebrandt, *Das Heer 1933-1945*, vol. 1, Darmstadt, 1954, p. 253, avec les données chiffrées suivantes : enrôlements dans la Wehrmacht et la Waffen-SS du 1er juin 1939 au 30 avril 1945 : 17 893 200 personnes. À la fin de la guerre, 7 590 000 de ces hommes étaient encore en vie. Selon ces statistiques, il faudrait considérer que 10 millions de membres de la Wehrmacht sont morts. Sur ces chiffres, cf.

l'étude de Rüdiger Overmans, qui cerne la problématique : « Die Toten des Zweiten Weltkrieges in Deutschland. Bilanz der Forschung unter besonderer Berücksichtigung der Wehrmacht- und Vertreibungsverluste », in Wolfgang Michalka (éd., sous l'égide du Militärgeschichtliches Forschungsamt), *Der Zweite Weltkrieg. Analysen, Grundzüge, Forschungsbilanz*, Munich et Zurich, 1989, p. 858-873.

49. Je reprends ici le concept développé par Ralph Giordano, *Die zweite Schuld oder Von der Last Deutscher zu sein*, Hambourg, 1987, p. 11.

50. Cf. Wolfram Wette et Gerd R. Ueberschär (éd.), *Stalingrad. Mythos und Wirklichkeit einer Schlacht*, Francfort-sur-le-Main, 1992. Dans ce recueil, on analyse « Stalingrad » d'« en bas », c'est-à-dire dans la perspective du simple soldat.

51. Manfred Messerschmidt, « Allgemeine Wehrpflicht – Bürger in Uniform », in *Französische Revolution. Impulse, Wirkungen, Anspruch*, Heidelberg, 1990, p. 93-101, citation p. 100-101.

52. Cf. Manfred Messerschmidt et Fritz Wüllner, *Die Wehrmachtjustiz im Dienste des Nationalsozialismus. Zerstörung einer Legende*, Baden-Baden, 1987, et Fritz Wüllner, *Die Militärjustiz und das Elend der Geschichtsschreibung. Ein grundlegender Forschungsbericht*, Baden-Baden, 1991.

53. « Das "Abkommen von Potsdam" vom 2. August 1945. Teil "Politische Grundsatze", Ziff. 3 », in Ernst Deuerlein (éd.), *Potsdam 1945. Quellen zur Konferenz der « Grossen Drei »*, Munich, 1963, p. 354.

54. Chiffres cités d'après Detlef Garbe, *Zwischen Widerstand und Martyrium. Die Zeugen Jehovas im « Dritten Reich »*, Munich (3e éd.), 1997, p. 484-488.

55. Messerschmidt, « Reichskriegsgericht », *op. cit.*, p. 377.

56. Detlef Garbe, « "Du sollst nicht töten", Kriegsdienstverweigerer 1939-1945 », in Norbert Haase et Gerhard Paul (éd.), *Die anderen Soldaten. Wehrkraftzersetzung, Gehorsamsverweigerung und Fahnenflucht im Zweiten Weltkrieg*, Francfort-sur-le-Main, 1995, p. 85-104, ici p. 92.

57. *Ibid.*, p. 92.

58. Cas étudié pour la première fois par Gordon Zahn, *Er folgte seinem Gewissen. Das einsame Zeugnis des Franz Jägers-*

tätter, traduit de l'anglais, Graz, Vienne et Cologne, 1967. Cf. par ailleurs Erna Putz *Franz Jägerstatter … besser die Hände als der Wille gefesselt*, Linz (2e éd.), 1978 ; Norbert Haase, « Gott mehr gehorcht als dem Staat. Franz Jägerstätter vor dem Reichskriegsgericht. Eine Dokumentation », in *Tribüne. Zeitschrift zum Verständnis des Judentums* 29, 1990, cahier 114, p. 198-206.

59. Cf. la biographie d'Eberhard Röhm, *Sterben für den Frieden. Spurensicherung : Hermann Stöhr (1898-1940) und die Ökumenische Friedensbewegung*, Stuttgart, 1985.

60. Manfred Messerschmidt, « Aufhebung des Todesurteils gegen Franz Jägerstätter », in *Zoom. Zeitschrift für Politik und Kultur*, n° 7/1997, p. 1622, ici p. 19.

61. Garbe, *Widerstand, op. cit.*, p. 103.

62. « Wehrgesetz vom 21. 5. 1935, § 1, Abs. 1 » (loi de Défense), in *Reichsgesetzblatt*, 1935, I, p. 609.

63. Garbe, *Widerstand*, p. 87.

64. Extrait des principes juridiques du tribunal de guerre du Reich. Cité d'après Garbe, *Widerstand*, p. 88. Voir aussi *ibid.*, p. 104.

65. Sur la base de l'article 69, concernant la désertion, du code de Justice militaire (MStGB). Voir « Verordnung über die Neufassung des Militärstrafgesetzbuches vom 10. Oktober 1940 », in *Reichsgesetzblatt*, partie l, n° 181, 16 octobre 1940, p. 1353.

66. D'après les calculs de Fritz Wüllner. Cf. Messerschmidt et Wüllner, *Wehrmachtjustiz, op. cit.*, p. 87 et 91 ; Wüllner, *Militärjustiz, op. cit.*, p. 476 ; Manfred Messerschmidt, « Deserteure im Zweiten Weltkrieg » in Wolfram Wette (éd.), *Deserteure der Wehrmacht. Feiglinge, Opfer, Hoffnungsträger ? Dokumentation eines Meinungswandels*, Essen, 1995, p. 58-73, ici p. 61.

67. Sur l'histoire de la désertion depuis le début des temps modernes, cf. Ulrich Bröckling et Michael Sikora (éd.), *Armeen und Ihre Deserteure. Vernachlässigte Kapitel einer Militärgeschichte der Neuzeit*, Göttingen, 1998. Sur ce livre, mon commentaire in *Die Zeit* n° 27, 25 juin 1998, p. 36. Sur la Wehrmacht, cf. l'article général de Dieter Knippschild, « Deserteure im Zweiten Weltkrieg : Der Stand der Debatte », in *ibid.*, p. 222-251.

68. Raconté par William Bradford Huie, *Der Fall des Soldaten Slovik*, Genève, 1959.

69. Voir l'étude comparative de Christoph Jahr, *Gewöhnliche Soldaten. Desertion und Deserteure im deutschen und britischen Heer 1914-1918*, Gottingen, 1998.

70. Adolf Hitler, *Mein Kampf*, Munich (25e éd.), 1933, p. 587.

71. Cf. Peter Riedesser et Axel Verderber, « *Maschinengewehre hinter der Front* ». *Zur Geschichte der deutschen Militärpsychiatrie*, Francfort-sur-le-Main, 1996.

72. Cf. le jugement de clémence du tribunal central de l'armée de terre à Berlin, en date du 22 novembre 1943, contre le Dr Christian Schöne, médecin-chef d'état-major qui relatait les meurtres de Juifs dans des courriers transmis par le système de la chaîne de lettres, et s'était ainsi rendu coupable de « démoralisation de la force de défense ». Cf. l'article documentaire « "Dass mit den Erschiessungen der Juden aufgehört wird." Kettenbriefe gegen die deutschen Verbrechen im Zweiten Weltkrieg », *Frankfurter Allgemeine Zeitung* n° 91, 18 avril 1996, p. 13-14.

73. Cf. Rolf-Dieter Müller, Gerd R. Ueberschär et Wolfram Wette, *Wer zurückweicht wird erschossen ! Kriegsalltag und Kriegsende in Südwestdeutschland 1944/45*, Fribourg, 1985 ; Manfred Messerschmidt, « Die Wehrmacht : vom Realitätsverlust zum Selbstbetrug », in Hans-Erich Volkmann (éd.), *Ende des Dritten Reiches – Ende des Zweiten Weltkrieges. Eine perspektivische Rückschau*, Munich et Zurich, 1995, p. 223-257 ; Hans-Joachim Schröder, « "Ich hänge hier, weil ich getürmt bin". Tenor und Verfall im deutschen Militär bei Kriegsende 1945 », in Wolfram Wette (éd.), *Der Krieg des kleinen Mannes. Eine Militärgeschichte von unten*, Munich et Zurich (2e éd.), 1995, p. 279-294.

74. Sur la grande variété des motifs, cf. Norbert Haase, *Deutsche Deserteure*, Berlin, 1987 ; Stefanie Reichelt, « *Für mich ist der Krieg aus !* » *Deserteure und Kriegsdienstverweigerer des Zweiten Weltkrieges in München*, Munich, 1995.

75. Selon Volker Ullrich, « Den Mut haben, davon zu laufen », in *Gehorsam bis zum Mord ? Der verschwiegene Krieg der deutschen Wehrmacht – Fakten, Analysen, Debatte, ZEIT-Punkte* n° 3/1995, p. 64-69, citation p. 69.

76. Cf. Bernward Damer, « "Der Krieg ist verloren !" "Wehrkraftzersetzung" und Denunziation in der Truppe », in Haase et Paul, *Soldaten, op. cit.*, p. 105-122.

77. Sur le thème de la dénonciation, cf. Robert Gellately, *The Gestapo and German Society. Enforcing Racial Policy 1933-1945*, Oxford, 1990, ainsi que Manfred Messerschmidt, « Der "Zersetzer" und sein Denunziant. Urteile des Zentralgerichts des Heeres – Aussenstelle Wien – 1944 » ; in Wette, *Krieg des kleinen Mannes, op. cit.*, p. 255-278.

78. Tel est aussi le titre d'une étude du général d'infanterie Günther Blumentritt, rédigée au sein de l'Operational History (German) Section de l'US Army, in Militärgeschichtliches Forschungsamt, Dokumentenzentrale, MS n° B-338.

79. Cf. Haase et Paul, *Soldaten, op. cit.*

80. Cf. Ortwin Buchbender, *Das tönende Erz. Deutsche Propaganda gegen die Rote Armee im Zweiten Weltkrieg*, Stuttgart, 1978 ; Ortwin Buchbender et Horst Schuh, *Die Waffe, die auf die Seele zielt. Psychologische Kriegführung 1939-1945*, Stuttgart, 1983 ; Ortwin Buchbender et Horst Schuh (éd.), *Heil Beil! Flugblattpropaganda im Zweiten Weltkrieg. Dokumentation und Analyse*, Stuttgart, 1974 ; Staatsbibliothek Preussischer Kulturbesitz (éd.), *Flugblattpropaganda im 2. Weltkrieg. Ausstellung 4. September – 5. November* 1980, Berlin, 1980 (= Staatsbibliothek Preussischer Kulturbesitz. Catalogue d'exposition. 14). Sur la propagande menée du côté soviétique, cf. Hans Heinrich Düsel, *Die sowjetische Flugblattpropaganda gegen Deutschland im Zweiten Weltkrieg*, Ingolstadt, 1985.

81. Cf. Streit, *Keine Kameraden, op.cit.* ; Klee, Dressen et Riess, *« Gott mit uns », op.cit.* ; *Eine Schuld, die nicht erlischt. Dokumente über deutsche Kriegsverbrechen in der Sowjetunion*, avec une introduction d'Ales Adamowitsch, Cologne, 1987 ; Omer Bartov, « Von unten betrachtet : Überleben, Zusammenhalt und Brutalität an der Ostfront », in Wegner (éd.), *Zwei Wege nach Moskau, op.cit.*, p. 326-344.

82. Marlis G. Steinert, *Hitlers Krieg und die Deutschen. Stimmung und Haltung der deutschen Bevölkerung im Zweiten Weltkrieg*, Düsseldorf et Vienne, 1970, p. 592-593.

83. Ortwin Buchbender et Reinhold Sterz (éd.), *Das andere Gesicht des Krieges. Deutsche Feldpostbriefe 1939-1945*, Munich,

1982 ; Wolf-Dieter Mohrmann (éd.), *Der Krieg hier ist hart und grausam ! Feldpostbriefe an den Osnabrücker Regierungspräsidenten 1941-1944*, Osnabrück, 1984 ; Joachim Dollwet, « Menschen im Krieg. Bejahung und Widerstand ? Eindrücke und Auszüge aus der Sammlung von Feldpostbriefen des Zweiten Weltkrieges im Landeshauptarchiv Koblenz », *Jahrbuch für westdeutsche Landesgeschichte* 13, 1987, p. 279-322 ; Frank Schuhmann (éd.), *« Zieh Dich warm an ! » Soldatenpost und Heimatbriefe aus zwei Weltkriegen. Chronik einer Familie*, Berlin (RDA), 1989 ; Jens Ebert, *Zwischen Mythos und Wirklichkeit. Die Schlacht von Stalingrad in deutschsprachigen authentischen und literarischen Texten*, 2 vol., thèse soutenue à l'université Humboldt de Berlin (RDA), 1989 ; Anatoly Golovchansky, Valentin Osipov, Anatoly Prokopenko, Ure Daniel et Jürgen Reulecke (éd.), *« Ich will raus aus diesem Wahnsinn ». Deutsche Briefe von der Ostfront 1941-1945. Aus sowjetischen Archiven*, avant-propos de Willy Brandt, Wuppertal, 1991. Il faut particulièrement mentionner la « collection Sterz », à la Bibliothek für Zeitgeschichte de Stuttgart.

84. Il faut tenir compte, ici, du fait que depuis 1943 les voix critiques se multipliaient chez les soldats, ce qui s'exprima par une augmentation des cas de « démoralisation de la force de défense ». Cf. Messerschmidt, *Zersetzer, op. cit.*

85. Cette « oraison funèbre » est reproduite in H. Michaelis et E. Schraepler (éd.), *Ursachen und Folgen. Vom deutschen Zusammenbruch 1918 und 1945 bis zur staatlichen Neuordnung Deutschlands in der Gegenwart*, 18e vol. : *Das Dritte Reich. Die Wende des Krieges*, Berlin, 1973, p. 92-99.

86. Bibliothek für Zeitgeschichte, Stuttgart, coll. Sterz, Feldpost 1943, classeur janvier, 31 janvier 1943.

87. Reproduit in Helmut Heiber (éd.), *Goebbels-Reden*, vol. 2, Düsseldorf, 1972, p. 172-208.

88. Bibliothek für Zeitgeschichte, Stuttgart, coll. Sterz, Feldpost 1943, classeur février, 19 février 1943.

89. À titre de produits typiques de ce type de recherche sur les élites en histoire militaire, cf. Gotthard Breit, *Das Staats- und Gesellschaftsbild deutscher Generale beider Weltkriege im Spiegel ihrer Memoiren*, Boppard am Rhein, 1973 ; Reinhard Stumpf, *Die Wehrmacht-Elite. Rang- und Herkunftsstruktur der*

deutschen Generale und Admirale 1933-1945, Boppard am Rhein, 1982 ; Messerschmidt et Gersdorff, *Offiziere, op. cit.*

90. Manfred Messerschmidt, introduction à *Das Deutsche Reich und der Zweite Weltkrieg*, vol. 1, *Ursachen und Voraussetzungen, op. cit.*

91. Au cours de la période qui suivit la Première Guerre mondiale, l'historiographie officielle concordait cependant largement avec les mémoires d'officiers. Le contrepoids critique se constitua plutôt dans la littérature et les publications de presse que dans l'historiographie.

92. Sur le thème des journaux de « troupiers », cf. Klaus F. Geiger, *Kriegsromanhefte in der BRD. Inhalte und Funktionen*, Tübingen, 1974 ; du même, « Jugendliche lesen Landser-Hefte. Hinweise auf Lektürefunktionen und -wirkungen » in Gunter Grimm (éd.), *Literatur und Leser*, Stuttgart, 1975, p. 324-341 ; Walther Nutz, « Der Krieg als Abenteuer und Idylle. Landser-Hefte und triviale Kriegsromane », in Hans Wagner (éd.), *Gegenwartsliteratur und Drittes Reich. Deutsche Autoren in der Auseinandersetzung mit der Vergangenheit*, Stuttgart, 1977, p. 265-283 ; Gerhard Schneider, « Geschichte durch die Hintertür. Triviale und populärwissenschaftliche Literatur über den Nationalsozialismus und den Zweiten Weltkrieg », *Aus Politik und Zeitgeschichte*, vol. 6/1979, p. 3-25.

93. Sur le processus au cours duquel la recherche moderne en histoire militaire s'est détachée des anciennes traditions de l'histoire de la guerre, cf. l'aperçu d'Eckardt Opitz, « Der Weg der Militärgeschichte von einer Generalstabswissenschaft zur Subdisziplin der Geschichtswissenschaft », in Hans-Joachim Braun et Rainer H. Kluwe (éd.), *Entwicklung und Selbstverständnis von Wissenschaften. Ein interdisziplinäres Colloquium*, Francfort-sur-le-Main, Berne et New York, 1985, p. 57-78.

94. Cf. les statistiques d'Overmans, « Die Toten », *op. cit.*, p. 858-873, ainsi que Bernhard R. Kroener, « Die personellen Ressourcen des Dritten Reiches im Spannungsfeld zwischen Wehrmacht, Bürokratie und Kriegswirtschaft 1939-1942 », in *Das Deutsche Reich und der Zweite Weltkrieg*, vol. V/I : *Organisation und Mobilisierung des deutschen Machtbereichs*, Stuttgart, 1988, p. 693 *sq.*, et notamment p. 957 *sq.*

95. Sur les sous-officiers voir Werner Lahne, *Unteroffiziere. Werden, Wesen und Wirkung eines Berufsstandes*, Munich, 1965 ; Horst Rohde, « Zur Geschichte des deutschen Unteroffiziers », in Manfred Grotzki, Paul Klein et Horst Rohde, (éd. sous l'égide du Deutscher Bundeswehr-Verbandes), *Soldat – ein Berufsbild im Wandel*, vol. 1, *Unteroffiziere*, Bonn et Dortmund, 1989. Sur les troupiers, un recueil de documentation à recommander suit une ligne plus générale : Hans Dollinger (éd.), *Kain, wo ist dein Bruder ? Was der Mensch im Zweiten Weltkrieg erleiden musste. Dokumentiert in Tagebüchern und Briefen*, Francfort-sur-le-Main, 1987, rééd. 1989.

96. Cf. Reinhart Koselleck, « Der Einfluss der beiden Weltkriege auf das soziale Bewusstsein », in Wette, *Krieg des kleinen Mannes, op. cit.*, p. 324-343.

97. Stephen G. Fritz, *Hitlers Frontsoldaten. Der erzählte Krieg*, traduit de l'américain par Klaus Kochmann, Berlin, 1998.

98. *Ibid.*, p. 6.

99. *Ibid.*, p. 53.

100. *Ibid.*, p. 15 et 17.

101. *Ibid.*, p. 48, 63, 193, 259, 292.

102. *Ibid.*, p. 68-82.

103. *Ibid.*, p. 77.

104. *Ibid.*, p. 274.

105. *Ibid.*, p. 74.

106. Hans Joachim Schröder, *Die gestohlenen Jahre. Erzählgeschichten und Geschichtserzählung im Interview : Der Zweite Weltkrieg aus der Sicht ehemaliger Mannschaftssoldaten*, Tübingen, 1992. Voir également, du même auteur, « Die Vergegenwärtigung des Zweiten Weltkrieges in biographischen Interviewerzählungen », *Militärgeschichtliche Mitteilungen* 49, 1991, p. 9-37, « "Man kam sich davor wie ein Stück Dreck". Schikane in der Militärausbildung des Dritten Reiches », in Wette, *Krieg des kleinen Mannes, op. cit.*, p. 183-198 ; « Erfahrungen deutscher Mannschaftssoldaten während der ersten Phase des Russlandkrieges », in Wegner (éd.), *Zwei Wege nach Moskau, op. cit.*, p. 309-325 ; « Alltag der Katastrophen. Der Kampf um Stalingrad im Erinnerungsinterview », in Wette et Ueberschär, *Stalingrad, op. cit.* p. 168-177 ; « "Ich hange hier,

weil ich getürmt bin". Terror und Verfall im deutschen Militär bei Kriegsende 1945 », in Wette, *Krieg des kleinen Mannes, op. cit.*, p. 279-294.

107. Schröder, *Gestohlenen Jahre, op. cit.*, p. 317.

108. *Ibid.*, p. 671.

109. Cf. Rolf-Dieter Müller et Gerd R. Ueberschär, *Kriegsende 1945. Die Zerstörung des Deutschen Reiches*, Francfort-sur-le-Main, 1994, p. 37-41. À titre d'exemple d'histoire régionale, du point de vue des victimes de la guerre aérienne, cf. Wilfried Beer, *Kriegsalltag an der Heimatfront. Alliierter Luftkrieg und deutsche Gegenmassnahmen zur Abwehr und Schadensbegrenzung, dargestellt für den Raum Münster*, Brême, 1990.

110. Cf. l'aperçu « Luftangriffe (auf Berlin) und deren Auswirkungen auf die Zivilbevölkerung, 1943-1945 », in Reinhard Rürup (éd.), *Berlin 1945. Eine Dokumentation*, Berlin (2e éd.), 1995, p. 13-14.

111. Rüdiger Overmans, *Deutsche militärische Verluste im Zweiten Weltkrieg*, Munich, 1998, p. 316-318.

112. Sur la propagande de guerre allemande dans la phase finale du conflit, cf. Ernest K. Bramsted, *Goebbels und die nationalsozialistische Propaganda 1925-1945*, Francfort-sur-le-Main, 1971, p. 424-493, ainsi que Ian Kershaw, *Le Mythe Hitler. Image et réalité sous le IIIe Reich,* traduit de l'anglais par Paul Chemla, Flammarion, 2006, p. 259 *sq*.

113. Cet appel de Bormann en date du 2 avril 1945 est reproduit in Müller et Ueberschär, *Kriegsende, op. cit.*, doc n° 12, p. 168.

114. C'est sur les souvenirs d'hommes de troupe à propos de la terreur que l'on exerçait sur eux pour qu'ils tiennent bon au cours des derniers mois de la guerre que s'appuie la contribution de Schröder, « Terror », *op. cit.* ; cf. aussi Müller, Ueberschär et Wette, *Wer zurückweicht, op. cit.*

115. Tel est aussi le titre d'une étude que le général d'infanterie Günther Blumentritt rédigea dans le cadre de l'Operational History (German) Section de l'US-Army, Militärgeschichtliches Forschungsamt, Dokumentenzentrale, Ms. n° B-338.

116. Cf. dans le détail Wilhelm Deist, « Die Politik der Seekriegsleitung und die Rebellion der Flotte Ende Oktober

1918 », in *Vierteljahrshefte für Zeitgeschichte* 14, 1966, p. 341-368.

117. Cf. les notes prises dans son journal par le matelot Richard Stumpf à propos de la révolte des matelots à Wilhelmshaven, en 1918, publiées sous le titre *Warum die Flotte zerbrach. Kriegstagebuch eines christlichen Arbeiters*, Berlin, 1927. Partiellement reproduit in Wette, *Krieg des kleinen Mannes, op. cit.*, p. 168-182.

118. Andreas Krause, *Scapa Flow. Die Selbstversenkung der Wilhelminischen Flotte*, Berlin, 1999.

119. Cf. Wette, *Noske, op. cit.*, p. 470-477.

120. *Ibid.*, p. 488, note 147.

121. Texte du télégramme de Hindenburg du 17 juin 1919 à Noske in Hagen Schulze (éd.), *Akten der Reichskanzlei. Das Kabinett Scheidemann, 13. Februar bis 20. Juni 1919*, Boppard am Rhein, 1971, n° 114, p. 477, note 5. Communiqué semblable, sur le fond, du Wolffschen Telegraphenbüro (WTB) in *Schulthess Europäischer Geschichtskalender*, 1919, I, p. 263-264 ; sur le contexte politique, cf. Wette, *Noske, op. cit.*, p. 487-488.

122. Cf. Gerd R. Ueberschär, « Stalingrad – eine Schlacht des Zweiten Weltkrieges », in Wette et Ueberschär, *Stalingrad, op. cit.*, p. 33-34.

123. Wolfram Wette, « Das Massensterben als "Heldenepos". Stalingrad in der NS-Propaganda », in Wette et Ueberschär, *Stalingrad, op. cit.*, p. 43-60.

124. Hans Barth, *Masse und Mythos. Die Theorie der Gewalt : Georges Sorel*, Hambourg, 1959, p. 68-70.

125. Wette, « *Massensterben* », *op. cit.*, p. 43.

126. « Appell des Reichsmarschalls Göring an die deutsche Wehrmacht anlässlich des 10. Jahrestages der Machtergreifung, 30. Januar 1943 », in Michaelis et Schraepler (éd.), *Ursachen und Folgen, op. cit.*, p. 92-99. Pour une interprétation, cf. Wette, « Massensterben », *op. cit.*, p. 52-53.

127. Discours de Göring, le 30 janvier 1943, in Michaelis et Schraepler (éd.), *Ursachen und Folgen, op. cit.*, p. 95.

128. Domarus, *Hitler, op. cit.*, vol. 2, Würzburg, 1962, p. 1981.

129. Wette, « Massensterben », *op. cit.*, p. 58-59.

130. Elke Frohlich (éd.), *Die Tagebücher von Joseph Goebbels, op. cit.*, vol. 7 (janvier-mars 1943), Munich et autres, 1993, p. 281-301.

131. *Ibid.*, mention du 3 février 1943, ici p. 253.

132. C'est la thèse de Bernd Wegner. Cf. le rapport de colloque d'Andreas Kunz, « "Untergang" als Erfahrung, Ideologie und Mythos », *Militärgeschichtliche Mitteilungen* 57, 1998, cahier 1, p. 311-315, ici p. 313 ; et du même, « Hitler, der Zweite Weltkrieg und die Choreographie des Untergangs », *Geschichte und Gesellschaft* 26, 2000, n° 3, p. 492-518.

133. Conférence tenue par Ritter von Hengl devant des généraux et officiers lors d'une réunion à Sonthofen, in BA-MA, RH 13/51, f. 53 *sq.* ; cité d'après Messerschmidt, « Wehrmacht in der Endphase », *op. cit.*, p. 209.

134. Barth, *Masse, op. cit.*, p. 96.

135. Albert Speer, *Au cœur du Troisième Reich,* traduit de l'allemand par Michel Brottier, Fayard, 1971, p. 611.

136. Eike Fröhlich (éd.), *Die Tagebücher von Joseph Goebbels. Sämtliche Fragmente,* partie I *Aufzeichnungen 1924-1941*, vol. 4, Munich, New York et autres, 1987, p. 696.

137. Cf. Josef Folttmann et Hanns Möller-Witten, *Opfergang der Generale. Die Verluste der Generale und Admirale und der im gleichen Dienstrang stehenden sonstigen Offiziere und Beamten im Zweiten Weltkrieg*, Berlin, 1953.

138. Cf. Messerschmidt, « Wehrmacht in der Endphase », *op. cit.* ; du même auteur, « Die Wehrmacht : Vom Realitätsverlust zum Selbstbetrug », *op. cit.*, p. 223-257.

139. Heinrich Schwendemann, « Endkampf und Zusammenbruch im deutschen Osten », *Freiburger Universitatsblätter* 130, 1995, p. 9-27 ; du même, « Strategie der Selbstvernichtung : Die Wehrmachtführung im "Endkampf" um das "Dritte Reich" », in Rolf-Dieter Müller et Hans-Erich Volkmann (éd.), *Wehrmacht. Mythos und Realität*, Munich, 1999, p. 224-244.

140. Percy Ernst Schramm (éd.), *Die Niederlage 1945. Aus dem Kriegstagebuch des Oberkommandos der Wehrmacht*, Munich (2e éd.), 1985.

141. Une collection de ces *Nachrichten des Oberkommandos der Wehrmacht* datant des mois de septembre 1944 à février 1945, in BA-MA, RW 4/v. 350 et 352.

142. Cf. *Mitteilungen für die Truppe* n° 379 de décembre 1944, jusqu'au n° 393 de février 1945, in BA-MA, RW 4/v. 357.

143. Wilhelm Keitel, *Mein Leben. Pflichterfüllung bis zum Untergang. Hitlers Generalfeldmarschall und Chef des Oberkommandos der Wehrmacht in Selbstzeugnissen*, Werner Maser (éd.), Berlin, 1998, p. 381.

144. Cf. sur ce point le recueil de documents *Das letzte halbe Jahr. Stimmungsberichte der Wehrmachtpropaganda 1944/45*, Wolfram Wette, Ricarda Bremer et Detlef Vogel (éd.), Essen, 2001.

5
La légende de la Wehrmacht « propre »

1. On a vite fait d'énumérer les ouvrages consacrés à cette question : Omer Bartov étudie pour l'essentiel les motivations des soldats allemands au combat dans son ouvrage *L'Armée de Hitler : la Wehrmacht, les nazis et la guerre* (préface de Philippe Burrin, traduit de l'américain par Jean-Pierre Ricard, Hachette Littératures, 2003) et dans un article (« Wem gehört die Geschichte ? Wehrmacht und Geschichtswissenschaft », in Heer et Naumann (éd.), *Vernichtungskrieg op. cit.*, p. 601-619) la manière dont l'historiographie, et notamment la recherche militaire en Allemagne fédérale, s'est confrontée à l'histoire de la Wehrmacht.

2. Erich Murawski, *Der deutsche Wehrmachtbericht 1939-1945. Ein Beitrag zur Untersuchung der geistigen Kriegführung. Mit einer Dokumentation der Wehrmachtberichte vom 1. 7. 1939 bis zum 9. 5. 1945*, Boppard am Rhein (2e éd.), 1992 ; également Günter Wegmann, *« Das Oberkommando der Wehrmacht gibt bekannt ... ». Der deutsche Wehrmachtbericht. Vollständige Ausgabe der 1939 bis 1945 durch Presse und Rundfunk veröffentlichten Texte*, 3 vol., Osnabrück, 1982.

3. Hannes Heer, « Verwischen der Spuren. Vernichtung der Erinnerung », in Institut für Sozialforschung de Hambourg (éd.), *Vernichtungskrieg, catalogue d'exposition*, Hambourg, 1996, p. 160-176, ici p. 161.

4. Illustrations et exemples in *ibid.*, p. 164-165.

5. Plusieurs illustrations dans les documents d'époque in *ibid.*, p. 162.

6. *Ibid.*, p. 161.

7. Sources des documents *ibid.* p. 163 ; également chez Manoschek, *Serbien, op. cit.* ; ainsi que Klee, Dressen et Riess, *« Schöne Zeiten », op. cit.*

8. Témoignages sur les incinérations de cadavres in Heer, « Spuren », *op. cit.*, p. 174-175 ; cf. aussi « Babi Yar », p. 119.

9. Walther Manoschek (éd.), *« Es gibt nur eines für das Judentum : Vernichtung ». Das Judenbild in deutschen Soldatenbriefen 1939-1944*, Hambourg, 1995.

10. [16] Franz Dröge, *Der zerredete Widerstand. Soziologie und Publizistik des Gerüchts im 2. Weltkrieg*, Düsseldorf, 1970.

11. « Kriegestagebuch des Oberkommandos der Heeresgruppe Mitte vom 9.12.1941. Anlage : Bericht des Majors i. G. von Gersdorff über eine Frontreise vom 5.12.-8.12.1941 », in Ueberschär et Wette (éd.), *Der deutsche Überfall, op. cit.*, doc. 42, p. 343-344, citation p. 344.

12. On en a un exemple éloquent avec ce que l'on a appelé le « rapport Jäger », un bilan, établi par le SS-Standartenführer Karl Jäger, sur l'assassinat des Juifs et d'autres groupes de victimes en Lituanie. Le rapport est reproduit, entre autres, in Klee, Dressen, Riess (éd.) *« Schöne Zeiten », op. cit.*, p. 52-62.

13. Comme le proclama le chef de l'Einsatzgruppe D, le général SS Otto Ohlendorf, en avril 1942.

14. « OKW/WPr-Mundpropaganda-Aktion 1944/45 », Bundesarchiv-Militärarchiv (BA-MA) Freiburg i. Br., Rw 4/v. 266. Cf. la documentation recueillie sur les récits de soldats de la Wehrmacht, Wette, Bremer et Vogel (éd.), *Das letzte halbe Jahr, op. cit.*

15. Cf. Bernhard R. Kroener, « Auf dem Weg zu einer "nationalsozialstischen Volksarmee". Die soziale Öffnung des Heeresoffizierkorps im Zweiten Weltkrieg », in Martin Broszat, Klaus-Dietman Henke et Hans Woller (éd.), *Von Stalingrad zur Währungsreform. Zur Sozialgeschichte des Umbruchs in Deutschland*, Munich (3e éd.), 1990, p. 651-682.

16. Cf. les recherches de Heinrich Schwendemann, « Endkampf und Zusammenbruch im deutschen Osten », *Freiburger Universitatsblätter* 130, 1995, p. 9-27.

17. Klaus-Dietmar Henke, *Die amerikanische Besetzung Deutschlands*, Munich, 1995, p. 958.

18. *Ibid.*, p. 809-814.

19. Sur le refus de voir la réalité qui caractérisa le comportement de nombreux généraux de la Wehrmacht en 1944-1945, cf. Messerschmidt, « Die Wehrmacht : Vom Realitätsverlust zum Selbstbetrug », *op. cit.*, p. 223-257.

20. Henke, *Besetzung*, *op. cit.*, p. 964-965.

21. Folttmann et Möller-Witten, *Opfergang der Generale*, *op. cit.*, p. 100 *sq.*, 118, 124, 128, 131.

22. Pour une comparaison des ambiances antimilitaristes après la Première et la Seconde Guerre mondiale, cf. Gottfried Niedhart et Dieter Riesenberger (éd.), *Lernen aus dem Krieg ? Deutsche Nachkriegszeiten 1918 und 1945. Beiträge zur historischen Friedensforschung*, Munich, 1992, et ma contribution à ce livre, « Die deutsche militärische Führungsschicht in den Nachkriegszeiten », p. 39-66.

23. Bertrand Perz, « Wehrmachtsangehörige als KZ-Bewacher », in Manoschek (éd.), *Wehrmacht im Rassenkrieg*, *op. cit.*, p. 168-181.

24. Kurt Pätzold, « Der Streit um die Wehrmacht », *Bulletin* n° 9 de la Berliner Gesellschaft für Faschismus- und Weltkriegsforschung e.V., Berlin, 1997, p. 3-47, parle de la « légende initiale ». Cf. aussi le tableau proposé par le même auteur in *Ihr waret die besten Soldaten. Ursprung und Geschichte einer Legende*, Leipzig, 2000.

25. Cf. dans le détail Reimer Hansen, *Das Ende des Dritten Reiches. Die deutsche Kapitulation 1945*, Stuttgart, 1966 ; Marlis G. Steinert, *Die 23 Tage der Regierung Dönitz*, Düsseldorf, 1967, et – avec une orientation apologétique – Walther Lüdde-Neurath, *Regierung Dönitz. Die letzten Tage des Dritten Reiches*, Leoni am Starnberger- See (4e éd.), 1980.

26. Rapport de la Wehrmacht du 9 mai 1945, in Schramm (éd.), *Die Niederlage 1945*, *op. cit.*, p. 403-404, citation p. 404.

27. Cité d'après Manfred Messerschmidt, « Vorwärtsverteidigung. Die "Denkschrift der Generale" für den Nürnberger Gerichtshof », in Heer et Naumann (éd.), *Vernichtungskrieg*, *op. cit.*, Hambourg, 1995, p. 531-550, ici p. 532.

28. Cette étonnante histoire de la genèse du mémoire des généraux est racontée par Georg Meyer, « Zur Situation der deutschen militärischen Führungsschicht im Vorfeld des westdeutschen Verteidigungsbeitrages 1945-1950/51 », in *Anfänge westdeutscher Sicherheitspolitik 1945-1956*, vol. 1 : *Von der Kapitulation zum Pleven-Plan*, Munich et Vienne, 1982, p. 577-726, ici p. 680-681.

29. *Ibid.*, p. 681.

30. *Das Deutsche Heer von 1920-1945*, reproduit in Siegfried Westphal, *Der deutsche Generalstab auf der Anklagebank, Nürnberg 1945-1948*, Mayence, 1978, p. 28-87.

31. Meyer, « *Situation* », *op. cit.*, p. 673.

32. Messerschmidt, « *Vorwärtsverteidigung* », *op. cit.*, p. 531.

33. *Ibid.*, p. 546.

34. Meyer, « *Situation* », *op. cit.*, p. 672.

35. D'après Robert M. W. Kempner, « Übersicht über die Nürnberger Prozesse », in Telford Taylor, *Die Nürnberger Prozesse. Kriegsverbrechen und Völkerrecht*, édition spéciale, 1951, p. 161. Afin de le distinguer de l'ouvrage homonyme publié par le même auteur en 1995, nous le désignons ci-dessous par la mention « 1951 ».

36. Sur cette problématique, cf. Telford Taylor, *Die Nürnberger Prozesse. Hintergründe, Analysen und Erkenntnisse aus heutiger Sicht*, traduit de l'américain par Michael Schmidt, Munich, 1995, chap. 10, « Die SS, der Generalstab und das Oberkommando der Wehrmacht », p. 282 *sq.*, également p. 597-603, 610-614, 676-677.

37. Voir *Der Prozess gegen die Hauptkriegsverbrecher vor dem Internationalen Militärgerichtshof. Nürnberg, 14. November 1945-1. Oktober 1946*, 41 vol., Nuremberg, 1947 (en abrégé : IMT), vol. 1, p. 311-312.

38. Dans l'histoire militaire allemande, on donne le nom d'état-major général d'une part à la somme des officiers d'état-major spécialement formés à cette fin et qui élaborent la direction militaire suprême, et d'autre part à une institution bien définie. À l'époque impériale du IIe Reich, la direction suprême de l'armée de terre (Oberste Heeresleitung, OHL) exerçait cette fonction. Cet état-major général allemand fut interdit en 1919 par le traité de Versailles, mais subsista sous une forme

camouflée et retrouva officiellement ce nom à partir de 1935. Pendant la Seconde Guerre mondiale, au sein de l'OKW fondé en 1938 et dans les commandements en chef des armes de la Wehrmacht, certains états-majors firent office d'état-major général (état-major général de la Luftwaffe et Amirauté).

39. IMT, *op. cit.,* vol. 1, p. 313-314. Également in Taylor, *Nürnberger Prozesse, op. cit.*, 1995, p. 677.

40. Deuerlein (éd.), *Potsdam 1945, op. cit.*, p. 353.

41. Wilhelm Ritter von Leeb, feld-maréchal depuis juillet 1940. De l'été 1941 au 18 janvier 1942, Leeb fut commandant en chef du groupe d'armées Nord dans la guerre contre l'URSS et, en tant que tel, supérieur du général de corps d'armée Ernst Busch (16e armée), du général feld-maréchal von Küchler (18e armée), lui aussi inculpé, et du général de corps d'armée Hoepner (4e groupe blindé).

Hugo Sperrle, officier de l'armée de l'air, en 1936-1937 commandant de la « Légion Condor » allemande engagée dans la guerre d'Espagne, depuis juillet 1940 général feld-maréchal et en 1941 commandant en chef de la 3e flotte aérienne.

Georg von Küchler, commandant en chef de la 18e armée au sein du groupe d'armées Nord (Leeb), qui avança jusqu'à Leningrad en franchissant la Baltique. Promu feld-maréchal en juin 1942, il prit la succession de Leeb à la tête du groupe d'armées Nord, qu'il commanda jusqu'en janvier 1944.

Johannes Blaskowitz, général de corps d'armée et commandant en chef de la 8e armée au cours de la guerre contre la Pologne. Devint ensuite commandant en chef de la 1re armée à l'Ouest mais, en raison de ses mémoires critiques au cours de la guerre de Pologne, Hitler ne lui accorda plus jamais de promotion. En 1945, il était commandant en chef du groupe d'armées H en Hollande.

Hermann Hoth commandait le 3e groupe blindé dans le cadre du groupe d'armées Centre, puis à partir d'octobre 1941 la 17e armée, qui faisait partie du groupe d'armées Sud. En 1942-1943, il fut commandant en chef de la 4e armée blindée.

Hans Reinhardt commande en 1941 un corps de blindés engagé contre Leningrad dans le cadre du groupe d'armées Nord. En tant que général de corps d'armée, il commande à partir de 1942 la 3e armée blindée, elle aussi engagée à l'Est, jusqu'en août 1944, date à laquelle on lui confie la direction du groupe d'armées Centre.

Hans von Salmuth. À partir de juillet 1942, il est commandant en chef de la 2e armée ; il est promu général de corps d'armée en 1943.

Karl Hollidt. En 1942, en tant que général d'infanterie, général commandant d'un corps dans le cadre de la 6e armée et du groupe d'armées Sud ; en 1943, général de corps d'armée.

Otto Schniewind, amiral en 1940, grand amiral en 1944, de 1939 à 1941 chef de l'état-major de la direction de la guerre maritime, sous les ordres de Raeder.

Karl von Roques, en tant que général d'infanterie, commandant du secteur arrière du groupe d'armées Sud en 1941-1942.

Hermann Reinecke, général d'infanterie, chef du Bureau général de la Wehrmacht (AWA) au sein de l'OKW en 1942 ; nommé, en outre, en 1943 chef de l'état-major de direction nationale-socialiste du commandement en chef de la Wehrmacht ; de 1938 à 1943 responsable, sous les ordres de Keitel, de l'organisation des prisonniers de guerre.

Walther Warlimont, à partir de décembre 1938 chef du service Défense intérieure à l'OKW ; adjoint au chef de l'état-major de direction de la Wehrmacht en 1942, général de division, en 1944 général d'artillerie.

Otto Wöhler. Mars 1942, chef de l'état-major général du groupe d'armées Centre, puis général d'infanterie et général commandant du Ier corps d'armée ; en 1944, commandant en chef de la 8e armée ; fin 1944, commandant en chef du groupe d'armées Sud, presque jusqu'à la fin de la guerre.

Dr Rudolf Lehmann, président d'une commission de révision au tribunal de guerre du Reich, chef de section ministérielle à l'OKW en 1938 et directeur du département juridique ; Generaloberstabsrichter (général du corps judiciaire militaire) en 1944.

Les données biographiques des accusés ont été empruntées aux minutes des procès et, pour certaines, complétées : Staatsarchiv Nürnberg, KV-Prozesse, Fall 12, Abteilung B (Anklagedokumentenbücher), n° 1.

42. *Trials of War Criminals before the Nuernberg Military Tribunals under Control Council Law No. 10. Nuernberg October 1946-April 1949*, 15 vol., vol. X : *The High Command Case*, Washington, 1951, introduction, p. 3.

43. Georg Meyer, « Soldaten ohne Armee. Berufssoldaten im Kampf um Standesehre und Versorgung », *in* Broszat, Henke et Woler, *Stalingrad, op. cit.*, p. 709.

44. On peut lire une présentation générale de son déroulement in *Trials of War Criminals, op. cit.*, vol. X, introduction, p. 4.

45. Taylor, *Nürnberger Prozesse (1951), op. cit.*, p. 104-105.

46. Cf. Hans Laternser, *Die Verteidigung deutscher Soldaten*, Bonn, 1950. Papiers de Laternser au Bundesarchiv-Militärarchiv Freiburg (N 431).

47. *Fall 12. Das Urteil gegen das Oberkommando der Wehrmacht, gefällt am 28. Oktober 1948 in Nürnberg vom Militärgerichtshof V der Vereinigten Staaten von Amerika*, Berlin (RDA), 1960, p. 62 ; cf. aussi Taylor, *Nürnberger Prozesse (1951), op. cit.*, p. 106, qui cite d'après les minutes du procès, p. 10039.

48. Interview radiophonique de Rapp, le 8 juin 1948, sous le titre « Procès de l'époque », cité d'après Meyer, « Soldaten », *op. cit.*, p. 709-710.

49. Cf. Frei, *Vergangenheitspolitik, op. cit.*, section II : « Vergangenheitspolitische Obsession : Das Problem der Kriegsverbrecher », p. 133-306.

50. Sur cette série et ses différents volumes, cf. Norman E. Tutorow (éd.), *War Crimes, War Criminals, and War Crimes Trials. An Annotated Bibliography and Source Book*, New York, Westport et Londres, 1986, p. 347-350. Le procès de l'OKW et le procès des généraux du Sud-Est sont illustrés dans les volumes 10 et 11.

51. Robert M.W. Kempner et C. Haensel (éd.), *Das Urteil im Wilhelmstrassen-Prozess*, Schwäbisch-Gmünd, 1951.

52. Hans Laternser, *Die Verteidigung deutscher Soldaten, op. cit.*

53. Jorg Wollenberg, « Das Eliteverbrechen », in Jörg Friedrich et Jörg Wollenberg (éd.), *Licht in den Schatten der Vergangenheit. Zur Enttabuisierung der Nürnberger Kriegsverbrecherprozesse*, Francfort-sur-le-Main et Berlin, 1987, p. 10-25.

54. Giordano, *Die zweite Schuld, op. cit.*, et notamment le chapitre « Wehrmacht und Krieg – die heiligen Kühe. Über das Hauptverbrechen Hitlerdeutschlands », p. 169-204.

55. Meyer, « Soldaten ohne Armee », *op. cit.*, p. 713.

56. *Der Nürnberger Prozess. Aus den Protokollen, Dokumenten und Materialien des Prozesses gegen die Hauptkriegsverbrecher vor dem Internationalen Militärgerichtshof*, choix et introduction de P.A. Steininger, vol. 1, Berlin-Est (2e éd.), 1957. Cette édition contient l'acte d'accusation, les bases juridiques, les attendus et le verdict du procès IMT.

57. *Fall* 12, op. cit.

58. *Ibid.*, avant-propos, p. 9-20.

59. Jörg Friedrich, *Das Gesetz des Krieges. Das deutsche Heer in Russland 1941 bis 1945. Der Prozess gegen das Oberkommando der Wehrmacht*, Munich, 1993.

60. Schreiber, *Kriegsverbrechen, op. cit.*, p. 214-215.

61. Ce qu'écrivit Vietinghoff-Scheel dans une étude rédigée en 1947 pour l'Historical Division américaine, texte intitulé « Feldzug in Italien » (campagne en Italie). Cité d'après Schreiber, *Kriegsverbrechen, ibid.*, p. 216.

62. C'est le résultat des recherches de Schreiber, *Kriegsverbrechen, op. cit.*, p. 217.

63. Oliver von Wrochem, « Rehabilitation oder Strafverfolgung. Kriegsverbrecher-Prozess gegen Generalfeldmarschall Erich von Manstein im Widerstreit britischer Interessen », *Mittelweg* 36, 6e année, 3/1997, p. 26-36.

64. Wrochem, « Rehabilitation », *op. cit.*, p. 29-31, également sur ce qui suit.

65. Extrait de la plaidoirie finale de Paget, partiellement reproduite in Paul Leverkuehn, *Verteidigung Mansteins*, Hambourg, 1950, p. 45-46. Cité d'après Wrochem, « Rehabilitation », *op. cit.*, p. 32.

66. Wrochem, « Rehabilitation », p. 33-36.

67. Reginald T. Paget, *Manstein. Seine Feldzüge und sein Prozess*, Wiesbaden, 1952. [Traduit de la version anglaise, *Manstein. His Campaigns and his Trial*, Londres, 1951 (*NdT*).]

68. « Recht oder Vergeltung ? Englischer Beitrag zum Prozess von Bertrand Russell », *Hamburger Abendblatt*, 27 juin 1949, cité d'après Wrochem, « Rehabilitation », *op. cit.*, p. 29.

69. Les mentions portées dans l'index des matières aux volumes 1 à 22 des minutes du procès des principaux criminels de guerre à Nuremberg en donnent une impression à la rubrique « Judenverfolgung », *IMT, op. cit.*, vol. XXIII/XXIV, p. 53-56. On n'y établit nulle part le moindre rapport avec la Wehrmacht.

70. Kazimierz Leszczynski (éd.), *Fall* 9, *op. cit.*, avec une introduction de Siegmar Quilitzsch, Berlin(-Est), 1963.

71. Walther Laqueur, *Was niemand wissen wollte. Die Unterdrückung der Nachrichten über Hitlers Endlösung*, Francfort-sur-le-Main, Berlin et Vienne, 1982.

72. Cf. les reportages d'Ute Frings, « Kurier Karski bricht sein Schweigen im Lande der Täter. Der Mann, der Roosevelt von der Vernichtung der Juden berichtete, besucht erstmals Deutschland », *Frankfurter Rundschau*, 21 janvier 1997, p. 4 ; Thomas Kroter, « Der Kurier der furchtbaren Erinnerungen. Jan Karski brachte die Nachrichten über den Massenmord an den Juden aus Polen ins Ausland. Zu seiner Verzweiflung wollte ihm niemand glauben », *Badische Zeitung*, 31 janvier 1997, p. 3 ; Willi Jasper, « Berichte, die keiner hören wollte. Die Geschichte des Kuriers Jan Karski, der die Westmächte über den Holocaust informierte », *Die Zeit* n° 8, 14 février 1997, p. 14.

73. En 1977, Karski mit ses connaissances à la disposition du cinéaste juif français Claude Lanzmann pour son film *Shoah* (article de Kroter, *op. cit.*) ; cf. aussi E.Th. Wood et St.M. Jankowski, *Jan Karski. Einer gegen den Holocaust*, Gerlingen, 1997.

74. L'historien américain Richard Breitmann trouva en 1996, aux National Archives des États-Unis, 282 pages de transcriptions de dépêches allemandes transmises par radio, textes dont le gouvernement anglais disposait mais qu'il garda secrets. Voir l'article d'Uwe Knüpfer, « Geheim und unter Verschluss halten ! Kriegsakten aus Washington belegen : Alliierte hatten frühzeitig Kenntnis von Judenerschiessungen », *Badische Zeitung*, 21 novembre 1997, p. 5.

75. Karl-Heinz Janssen indique un grand nombre d'autres canaux d'information : « Was wussten die Alliierten vom Holocaust ? Warten auf die Retter : Von der Hilflosigkeit der Ver-

folgten und der Ohnmacht des Westens », *Die Zeit* n° 5, 24 janvier 1997, p. 46.

76. Bernd Wegner, « Erschriebene Siege. Franz Halder, die “Historical Division” und die Rekonstruktion des Zweiten Weltkrieges im Geiste des deutschen Generalstabes », in Hansen, Schreiber et Wegner (éd.), *Politischer Wandel*, *op. cit.*, p. 287-302, ici p. 287.

77. Cf. Charles Burdick, « Vom Schwert zur Feder. Deutsche Kriegsgefangene im Dienst der Vorbereitung der amerikanischen Geschichtsschreibung über den Zweiten Weltkrieg », in *Militärgeschichtliche Mitteilungen*, n° 2/1971, p. 69-80 ; Christian Greiner, « “Operational History (German) Section” und “Naval Historical Team”. Deutsches militärstrategisches Denken im Dienst der amerikanischen Streitkräfte von 1946 bis 1950 », in *Militärgeschichte. Probleme-Thesen-Wege*, Stuttgart, 1982, p. 409-435.

78. D’après Burdick, « Schwert », *op. cit.*, p. 71 et 77.

79. *Ibid.*, p. 75. Dans les années 1950 et 1960, le général en retraite Franz Halder exerça une influence déterminante sur l’historiographie de la Seconde Guerre mondiale en Allemagne fédérale, en donnant – sur la base des connaissances accumulées dans le cadre des « Studies » – des informations et des renseignements. Cf. Ueberschär, *Halder*, *op. cit.*, p. 92 *sq*.

80. En détail sur ce point, Christopher Simpson, *Der amerikanische Bumerang. NS-Kriegsverbrecher im Sold der USA*, Vienne, 1988.

81. Wegner, *Siege*, *op. cit.*, p. 290.

82. *Ibid.*, p. 291-292.

83. Les papiers posthumes du général en retraite Günther Blumentritt, archivés au BA-MA, sont pleins de correspondances dans lesquelles cet ex-officier de la Wehrmacht donne des renseignements sur les faits historiques, agrémentés des avis demandés, formulés dans l’esprit de l’état-major général.

84. Ueberschär, *Halder*, *op. cit.*, p. 96.

85. « Weisung des ehemaligen Generalfeldmarschalls Georg v. Küchler vom 7.3.1947 », BA-MA, Fribourg en. Breisgau, ZA 1170. Cité d’après Wegner, « Erschriebene Siege », *op. cit.*, p. 294-295.

86. Ueberschär, *Halder*, *op. cit.*, p. 95.

87. Peter Reichel, « Zwischen Dämonisierung und Verharmlosung : Das NS-Bild und seine politische Funktion in den 50er Jahren. Eine Skizze », in Schildt et Sywottek (éd.), *Modernisierung im Wiederaufbau. Die westdeutsche Gesellschaft der 50er Jahre*, Bonn, 1993, p. 679-692.

88. Lire notamment, Franz Halder, *Hitler, seigneur de la guerre*, traduit, présenté et commenté par R. Jouan et Louis Rougier, Payot, 1950. Karl Dönitz, *Dix ans et vingt jours*, traduit de l'allemand par René Jouan, Union générale d'éditions, 1963. Heinz Guderian, *Souvenirs d'un soldat*, traduit de l'allemand par François Courtet, avec la coll. d'André Leclerc-Kohler, Plon, 1954. Albert Kesselring, *Soldat bis zum letzten Tag*, Bonn, 1953. Von Manstein, *Verlorene Siege*, *op. cit.* et *Aus einem Soldatenleben 1887-1939*, Bonn 1958. Siegfried Westphal, *Heer in Fesseln. Aus den Papieren des Stabschefs von Rommel, Kesselring und Rundstedt*, Bonn, 1964. Erwin Rommel, *La Guerre sans haine*, carnets présentés par sir Basil H. Liddell Hart, Le Livre contemporain, 1960. Adolf Heusinger, *Befehl im Widerstreit. Schicksalsstunden der deutschen Armee 1923-1945*, Tübingen et Stuttgart, 1950.

89. Friedrich Gerstenberger, « Strategische Erinnerungen. Die Memoiren deutscher Offiziere », in Heer et Naumann (éd.) *Vernichtungskrieg*, *op. cit.*, p. 620-633.

90. Basil H. Liddell Hart, *The Other Side of the Hill*, Londres, 1948, et *Les généraux allemands parlent : ascension et chute des généraux allemands, leurs récits des événements militaires de 1939-1945*, traduit de l'anglais par Lola Tranec, Delamain et Boutelleau, 1948.

91. Bartov, *Geschichte*, *op. cit.*, p. 10-11.

92. Cf. Michael Schornstheimer, « "Harmlose Idealisten und draufgängerische Soldaten". Militär und Krieg in den Illustriertenromanen der fünfziger Jahre », in Heer et Naumann (éd.) *Vernichtungskrieg*, *op. cit.*, p. 634-650 ; du même, la monographie *Die leuchtenden Augen der Frontsoldaten. Nationalsozialismus und Krieg in den Illustriertenromanen der Nachkriegszeit*, Berlin, 1995.

93. Cf. Hannes Heer, « Die Bilderwelt der Nachkriegsjahre », in *Vernichtungskrieg*, *catalogue d'exposition*, *op. cit.*), p. 8-18.

94. Typique de cette version, le livre de l'ancien collaborateur des services de propagande de la Wehrmacht Heinz

Schröter, *Stalingrad. « … bis zur letzten Patrone »*, Osnabrück, 1953, rééd. Klagenfurt, 1970. Comme a pu l'établir Gerd R. Ueberschär, Schröter assura aussi l'édition du livre suivant, paru à l'époque sous forme anonyme : *Letzte Briefe aus Stalingrad*, Francfort-sur-le-Main, Heidelberg, 1950 ; Gütersloh, 1957.

95. Hans-Jürgen Rautenberg et Norbert Wiggershaus (éd.), « Die "Himmeroder Denkschrift" vom Oktober 1950. Politische und militärische Überlegungen für einen Beitrag der Bundesrepublik Deutschland zur westeuropäischen Verteidigung », *Militärgeschichtliche Mitteilungen* 21, 1977, p. 135-206 ; également sous forme de numéro spécial des *MGM*, Karlsruhe, 1977.

96. Sur le général Hermann Foertsch, voir Manfred Messerschmidt, *Was damals Recht war… NS-Militär- und Strafjustiz im Vernichtungskrieg*, Wolfram Wette (éd.), Essen, 1996, p. 210 et 311 ; et en détail, du même, *Die Wehrmacht im NS-Staat, op.cit.*

97. Le porte-parole du gouvernement fédéral chargé de la presse lut aussi ce texte en public aux journalistes rassemblés à Bonn. Voir « Protokoll der Pressekonferenz vom 23.1.1951 », Archiv des Bundespresse- und Informationsamtes (BPA). Cité d'après Klaus von Schubert, *Wiederbewaffnung und Westintegration. Die innere Auseinandersetzung um die militärische und aussenpolitische Orientierung der Bundesrepublik 1950-1952*, Stuttgart, 1970, p. 82 *sq.*

98. Formulation extraite de la réparation d'honneur du chancelier fédéral Adenauer en faveur des soldats de la Wehrmacht le 5 avril 1951 au Bundestag allemand, à l'occasion des délibérations de l'article 131 de la Loi fondamentale. Source : *Deutscher Bundestag. 1. Wahlperiode. Stenographische Berichte 1951*, p. 4984.

99. Cf. en détail Meyer, « Soldaten », *op. cit.*, p. 688-689.

100. Frei, *Vergangenheitspolitik, op. cit.*

101. Norbert Frei, « Das ganz normale Grauen », *Der Spiegel* n° 16 du 14 avril 1997, p. 64-67.

102. *Ibid.*, p. 67.

103. Alfred Streim, « Saubere Wehrmacht ? Die Verfolgung von Kriegs- und NS-Verbrechen in der Bundesrepublik und in der DDR », in Heer et Naumann (éd.), *Vernichtungskrieg, op. cit.*, p. 569-597, p. 577.

104. Le verdict prononcé au terme du procès des Einsatzgruppen à Ulm et ses attendus détaillés sont repris dans le recueil *KZ-Verbrechen vor deutschen Gerichten*, vol. II : *Einsatzkommando Tilsit – Der Prozess zu Ulm*, H.G. van Dam et Ralph Giordano (éd.), Francfort-sur-le-Main, 1966.

105. Rückerl, *NS-Verbrechen*, *op.cit.*, p. 140.

106. Cf. le bilan in *ibid.*, section C.

107. *Ibid.*, p. 143.

108. *Richtlinien zu Verwaltungsvereinbarung der Landesjustizminister und -senatoren vom April 1965*. Voir Adalbert Rückerl, *Die Strafverfolgung von NS-Verbrechen 1945-1978. Eine Dokumentation*, Heidelberg et Karlsruhe, 1979, p. 50 ; et du même, *NS-Verbrechen*, *op. cit.*, p. 143 (note 90), p. 157 et 172.

109. Streim, « Wehrmacht », *op. cit.*, p. 578.

110. *Ibid.*, p. 579.

111. *Ibid.*, p. 581.

112. *Ibid.*, p. 593.

113. Cf. les allusions in Rückerl, *NS-Verbrechen*, *op. cit.*, p. 238-239. On y relate qu'un ancien membre de premier plan du *Reichssicherheitshauptam* [vraisemblablement Werner Best *(NdA)*] a entrepris dans les années 1960 une tentative de créer une « aide centralisée à l'argumentation » pour les personnes accusées dans les procès contre les nationaux-socialistes. Après sa découverte, d'innombrables indices renvoyant à l'existence de liens ou de collusions avec d'anciens membres d'organisations nationales-socialistes et avec leurs sympathisants ont été relevés.

114. Herbert, *Best*, *op.cit.*, p. 495-497.

115. *Ibid.*, p. 496-497.

116. Citation *ibid.*, p. 497.

117. Cf. en résumé l'essai de Frei, « Grauen », *op. cit.*

118. Sur ce qui suit, Herbert, *Best*, *op. cit.*, p. 507-510.

119. *Ibid.*, p. 508.

120. *Ibid.*, p. 509. Voir aussi Helmut Kramer, « Kriegsverbrechen, deutsche Justiz und das Verjährungsproblem », in Wette et Ueberschär (éd.), *Kriegsverbrechen im 20*, *op.cit.*

121. Herbert, *Best*, *op. cit.*, p. 510.

122. Christopher R. Browning, « Wehrmacht Reprisal Policy and the Mass Murder of Jews in Serbia », *Militärgeschichtliche Mitteilungen* 33, 1983, p. 31-47.

6
La rupture d'un tabou

1. Cf. les ouvrages suivants : *Das Deutsche Reich und der Zweite Weltkrieg*, vol. 1-6, Stuttgart, 1979 *sq.* ; Ueberschär et Wette (éd.), *« Unternehmen Barbarossa », op. cit.* ; Michalka (éd.), *Der Zweite Weltkrieg, op. cit.* ; Wegner (éd.), *Zwei Wege nach Moskau, op. cit.* ; Wette et Ueberschär (éd.), *Stalingrad, op.cit.* ; Jürgen Forster (éd.), *Stalingrad. Ereignis, Wirkung, Symbol*, Munich et Zurich, 1992 ; Wette (éd.), *Der Krieg des kleinen Mannes, op.cit.*

2. La conférence tenue par Messerschmidt à l'Evangelische Akademie Hofgeismar en mai 1979 fut très remarquée ; elle fut à l'époque publiée par la *Süddeutsche Zeitung* et eut un écho inhabituel. Cf. Manfred Messerschmidt, « Kein gültiges Erbe », *Süddeutsche Zeitung*, 21-22 février 1981. Réimpressions et variantes : Messerschmidt, « Das Verhältnis von Wehrmacht und NS-Staat und die Frage der Traditionsbildung », *Aus Politik und Zeitgeschichte* B 17/1981, p. 11-23 ; et in Klaus-M. Kodalle (éd.), *Tradition als Last ? Legitimationsprobleme der Bundeswehr*, Cologne, 1981, p. 57-77 ; du même auteur, « Der Kampf der Wehrmacht im Osten als Traditionsproblem », in Ueberschär et Wette, *Überfall, op. cit.*, p. 225-237 ; « Wehrmacht, Ostfeldzug und Tradition », in Michalka, *Weltkrieg, op. cit.*, p. 314-328.

3. Manfred Messerschmidt, « Das Verhältnis von Wehrmacht und NS-Staat und die Frage der Traditionsbildung », in du même, *Militärgeschichtliche Aspekte des deutschen Nationalstaates*, Militärgeschichtliches Forschungsamt (éd.), Düsseldorf, 1988, p. 233-255, citation p. 243.

4. *Ibid.*, p. 245.

5. *Ibid.*, p. 248.

6. « Ein Volk von Mördern ? Die Dokumentation zur Goldhagen-Kontroverse um die Rolle der Deutschen im Holocaust », Julius H. Schoeps (éd.), Hambourg, 1996 ; Johannes Heil et Rainer Erb (éd.), *Geschichtswissenschaft und Offentlichkeit. Der Streit um Daniel Goldhagen*, Francfort-sur-le-Main, 1997.

7. Elle opposa notamment Ernst Nolte, partisan de l'intégration de l'histoire du nazisme, de la Shoah et de la Seconde Guerre mondiale dans un contexte historique qui relativisait la

spécificité allemande, et d'autres historiens ou penseurs pour lesquels cette thèse était inacceptable. On en retrouve les grandes lignes dans le recueil *Devant l'Histoire, les documents de la controverse sur la singularité de l'extermination des Juifs par le régime nazi,* Cerf, 1988 (*NdT*). Voir les réflexions de Wolfgang Wippermann, *Wessen Schuld ? Vom Historikerstreik zur Goldhagen-Kontroverse*, Berlin, 1997.

8. Dieter Pohl, « Die Holocaust-Forschung und Goldhagens Thesen », in *VfZG* 45, 1997, p. 1-48, citation p. 1.

9. Cf. Otto D. Kulka, « Die deutsche Geschichtsschreibung über den Nationalsozialismus und die "Endlosung". Tendenzen und Entwicklungsphasen 1924-1984 », *Historische Zeitschrift* 240, 1985, p. 599-640.

10. Pohl, « Holocaust-Forschung », *op. cit.*, p. 5 ; cf. aussi la vue d'ensemble réussie du même auteur, où se reflètent les récentes contributions allemandes à la recherche, *Holocaust. Die Ursachen, das Geschehen, die Folgen,* Fribourg, Bâle, Vienne, 2000.

11. Pohl, « Holocaust-Forschung », *op. cit.*, p. 10.

12. Gerd R. Ueberschär, « Der Mord an den Juden und der Ostkrieg. Zum Forschungsstand über den Holocaust », in Lichtenstein et Romberg (éd.), *Täter – Opfer – Folgen, op. cit.*, p. 49-81.

13. *Ibid.*, p. 50.

14. *Ibid.*, p. 58.

15. *Ibid.*, p. 62 avec note 192. Cf. aussi Ulrich Herbert, « Der Holocaust in der Geschichtsschreibung der Bundesrepublik Deutschland », in du même et Groehler, *Zweierlei Bewältigung, op. cit.*, p. 67-86.

16. Omer Bartov, « Wem gehört die Geschichte ? Wehrmacht und Geschichtswissenschaft », in Heer et Naumann (éd.), *Vernichtungskrieg, op. cit.*, p. 601-619, citations p. 602, 610-611.

17. Cf. Andreas Hillgruber, « Der geschichtliche Ort der Judenvernichtung. Eine Zusammenfassung », in Eberhard Jäckel et Jürgen Rohwer (éd.), *Der Mord an den Juden im Zweiten Weltkrieg,* Francfort-sur-le-Main, 1987, p. 213-224.

18. *Ibid.*, p. 219.

19. Documentée dans le recueil *Nationalsozialistische Vernichtungspolitik 1939-1945*, Herbert (éd.), *op. cit.* On trouve

aussi un bon aperçu de l'état de la recherche dans le livre déjà mentionné de Pohl, « Holocaust-Forschung », *op. cit.*

20. Thomas Sandkühler, *« Endlosung » in Galizien. Der Judenmord in Ost-Polen und die Rettungsinitiativen von Berthold Beitz*, Bonn, 1996.

21. Dieter Pohl, *Nationalsozialistische Judenverfolgung in Ostgalizien 1941-1944. Organisation und Durchführung eines staatlichen Massenverbrechens*, Munich, 1996.

22. Christian Gerlach, *Kalkulierte Morde. Die deutsche Wirtschafts- und Vernichtungspolitik in Weissrussland 1941 bis 1944*, Hambourg, 1999.

23. Ce qu'écrit Christoph Dieckmann dans un commentaire des livres de Sandkühler und Pohl, « Genaue Beschreibung der "Holle hier auf Erden". Neue Forschungen über die Vernichtung der ostgalizischen Juden », *Badische Zeitung*, 15 mai 1997.

24. Cf. Ulrich Herbert, « Knappe Formeln erklären den Mord an den Juden nicht. Über die aufklärerische Herausforderung der Geschichte des Holocaust », *Frankfurter Rundschau* n° 21, 25 janvier 1997, p. 7.

25. Cf. Peter Longerich, *Der ungeschriebene Befehl. Hitler und der Weg zur « Endlösung »*, Munich, 2001.

26. Cf. Detlef Bald, *Militär und Gesellschaft 1945-1990. Die Bundeswehr der Bonner Republik*, Baden-Baden, 1994.

27. Cf. la présentation générale de Donald Abenheim, *Bundeswehr und Tradition. Die Suche nach dem gültigen Erbe des deutschen Soldaten*, Munich, 1989.

28. Le terme est de Norbert Wiggershaus, « Zur Debatte um die Tradition Zünftiger Streitkräfte 1950-1955/56 », in Hans-Joachim Harder et Norbert Wiggershaus, *Tradition und Reform in den Aufbaujahren der Bundeswehr*, Herford et Bonn, 1985, p. 7.

29. Johann Adolf Graf Kielmansegg, « Der Krieg ist der Ernstfall », *Truppenpraxis* n° 3/1991, p. 304-307.

30. L'expression a été utilisée en particulier par Gerd Schmückle. Cf. Detlef Bald, « Graf Baudissin und die Reform des deutschen Militärs », in Hilmar Linnenkamp et Dieter S. Lutz (éd.), *Innere Führung. Zum Gedenken an Wolf Graf von Baudissin*, Baden-Baden, 1995, p. 19-53, ici p. 44, avec une

description nuancée du spectre des tendances au sein de la fraction des traditionalistes.

31. Formulation du général de brigade Winfried Vogel, « Und sag, wie hältst du's mit der Tradition... ? », in Knab, *Falsche Glorie. Das Traditionsverständnis der Bundeswehr*, Berlin, 1995, p. 119-130. Documentation de la querelle autour de la caserne du général de corps d'armée Dietl à Füssen : *ibid.* Cette « guerre » a finalement été remportée par Jakob Knab. En 1995, les casernes portant le nom de Dietl et Kübler ont été rebaptisées.

32. Sur l'action de cet officier à l'esprit démocratique, cf. les deux recueils : Dieter S. Lutz (éd.), *Im Dienst von Frieden und Sicherheit. Festschrift für Wolf Graf von Baudissin*, Baden-Baden, 1985, ainsi que Linnenkamp et Lutz, *Innere Führung, op. cit.*

33. Rautenberg et Wiggershaus (éd.), « Die "Himmeroder Denkschrift" vom Oktober 1950 », *op. cit.*, p. 135-206 ; également sous forme de numéro spécial des *MGM*, Karlsruhe, 1977, citation p. 53.

34. Sur ce qui suit, cf. Detlef Bald, « Kämpfe um die Dominanz des Militärischen in der Bundeswehr », in Detlef Bald, Johannes Klotz et Wolfram Wette, *Mythos Wehrmacht. Nachkriegsdebatten und Traditionspflege*, Berlin, 2001, chapitre « Der Gründungskompromiss von 1950 : Vorbild Wehrmacht ».

35. Gerhard Ritter, « Das Problem des Militarismus in Deutschland », *Historische Zeitschrift* 177, 1954, p. 21 *sq*.

36. Cf. Wolfram Wette, « Für eine Belebung der Militarismusforschung », in Wette (éd.), *Militarismus in Deutschland, op. cit.*, p. 13-37.

37. Vogel, « Tradition », *op. cit.*, p. 21.

38. Cf. Knab, *Falsche Glorie, op. cit.*, p. 101-106.

39. Le général de la Bundeswehr Heinz Karst s'illustra particulièrement dans la collecte des voix qui exprimaient l'admiration pour l'efficacité militaire de la Wehrmacht allemande. Cf. son livre *Das Bild des Soldaten. Versuch eines Umrisses*, Boppard am Rhein, 1964.

40. Hans-Jochim Harder, « Traditionspflege in der Bundeswehr 1956-1972 », in Harder et Wiggershaus, *Tradition, op. cit.*, p. 119.

41. « Erlass des Bundesministers der Verteidigung vom 1. Juli 1965 über "Bundeswehr und Tradition" », reproduit *in extenso* in Harder et Wiggershaus, *Tradition, op. cit.*, p. 155-160.

42. Article 6 du décret.

43. Article 14 du décret.

44. Bald, « Graf Baudissin », *op. cit.*, p. 43.

45. *Ibid.*, p. 45.

46. *Richtlinien zum Traditionsverständnis und zur Traditionspflege der Bundeswehr vom 20. September 1982*, publiées par le Bundesminister der Verteidigung, Fü S I 3 – Az. 35-08-07. Ce décret a été diffusé au sein de la Wehrmacht dans le bulletin *Information für Kommandeure* n° 1/82.

47. Article 6.

48. En résumé, Karl Seidl, « Ein Kampf um die Geschichte der deutschen Wehrmacht. Historiker des Militärgeschichtlichen Forschungsamtes in Freiburg unter Beschuss von rechts », *Badische Zeitung* n° 40, 16/17 février 1985.

49. Ce que fit par exemple le président du conseil d'administration du Verband deutscher Soldaten (VdS), le colonel en retraite Rolf Elble, dans la revue de l'association, *Soldat im Volk*, septembre 1984, p. 4-5.

50. En commençant par la reproduction d'une conférence sous le titre « Kein gültiges Erbe » dans la *Süddeutsche Zeitung* du 21-22 février 1981.

51. *Soldat im Volk*, septembre 1984, p. 4.

52. Rolf Elble, « Uns reicht's jetzt », *Soldat im Volk*, février 1985, p. 3.

53. Article anonyme, « Deutsche Geschichte "amtlich" gefälscht », *Deutsche Wochen-Zeitung*, 18 janvier 1985, p. 3.

54. Lettre de Körber au courrier des lecteurs, « Eine generelle Verleumdung », *Badische Zeitung*, 8 mars 1997.

55. Général de brigade en retraite Heinz Karst, « Kampagne gegen die Wehrmacht. Eine zweite Welle der "Entmilitarisierung" », *Criticon* 87, janvier-février 1985, p. 19-20.

56. Il s'agit de l'homme politique Hans-Jürgen Wischnewski, membre du SPD.

57. Karst, « Kampagne », *op. cit.*, p. 20. Karst publia une version augmentée de son article pour *Criticon*, sous le titre « Wider die Selbstzerstörung. Lanze für eine gerechte

Geschichtsbewertung der Wehrmacht », *Alte Kameraden. Unabhängige Zeitschrift deutscher Soldaten. Organ der Traditionsverbände und Kameradenwerke*, 33e année, 1985, n° 3, p. 3-5.

58. *Deutschland Magazin*, 20e année, 1988, n° 5, article annoncé en couverture : « Die Bundeswehr und ihr Trojanisches Pferd » (« La Bundeswehr et son cheval de Troie »).

59. Cf. le livre de l'ancien ministre-président du Bade-Wurtemberg Hans Filbinger, *Die geschmähte Generation*, Munich, 1987.

60. Cf. par exemple le débat sur la Wehrmacht au sein de la rédaction de *Die Zeit* au printemps 1995, regroupé dans la brochure (dont plus de 100 000 exemplaires avaient été vendus en 1999) *Gehorsam bis zum Mord ? Der verschwiegene Krieg der deutschen Wehrmacht, ZEIT-Punkte* n° 1/95. Cf. sur ce point la collection de livres « Die Zeit des Nationalsozialismus », Walther H. Pehle (éd.), Francfort-sur-le-Main, 1977.

61. Cf. Hamburger Institut für Sozialforschung (éd.), *Krieg ist ein Gesellschaftszustand. Reden zur Eröffnung der Ausstellung « Vernichtungskrieg. Verbrechen der Wehrmacht 1941 bis 1944 »*, Hambourg, 1998.

62. Klaus Naumann, *Der Krieg als Text. Das Jahr 1945 im kulturellen Gedächtnis der Presse*, Hambourg, 1998.

63. C'est ainsi qu'eut lieu en 1995 à Vienne une conférence internationale d'historiens sur le thème de la Wehrmacht. On en trouvera les actes in Manoschek (éd.), *Wehrmacht im Rassenkrieg, op. cit.*

64. Helmut Donat et Arn Strohmeyer, *Befreiung von der Wehrmacht ? Dokumentation der Auseinandersetzung über die Ausstellung « Vernichtungskrieg – Verbrechen der Wehrmacht 1941 bis 1944 » in Bremen 1996/97*, Brême, 1997, ainsi que Hans-Günther Thiele (éd.), *Die Wehrmachtausstellung. Dokumentation einer Kontroverse. Dokumentation der Fachtagung in Bremen am 26. Februar 1997 und der Bundestagsdebatten am 13. März und 24. April 1997*, sous l'égide de la Landeszentrale für politische Bildung Bremen, Brême, non daté [1997]. Également paru sous forme d'édition spéciale de la Bundeszentrale für politische Bildung, Bonn, 1997.

65. Cf. Landeshauptstadt München, Kulturreferat (éd.), *Bilanz einer Ausstellung. Dokumentation der Kontroverse um die Ausstellung « Vernichtungskrieg. Verbrechen der Wehrmacht*

1941 bis 1944 » in München, Galerie im Rathaus 25. 2. bis 6. 4. 1997, Munich, 1998.

66. Rüdiger Proske, *Wider den Missbrauch der Geschichte deutscher Soldaten zu politischen Zwecken. Eine Streitschrift,* Mayence, 1996 ; ainsi que du même, *Vom Marsch durch die Institutionen zum Krieg gegen die Wehrmacht. Zweite Streitschrift wider den Missbrauch der Geschichte deutscher Soldaten zu politischen Zwecken,* Mayence, 1997.

67. Heer et Naumann (éd.), *Vernichtungskrieg, op. cit.*, Hambourg, 1995 (plusieurs rééditions depuis).

68. Hamburger Institut für Sozialforschung (éd.), *Vernichtungskrieg, catalogue d'exposition*, Hambourg, 1996.

69. « Gehorsam bis zum Mord ? », *op. cit.*

70. Heribert Prantl (éd.), *Wehrmachtsverbrechen. Eine deutsche Kontroverse,* Hambourg, 1997.

71. Gottfried Kossler, *Vernichtungskrieg. Verbrechen der Wehrmacht 1941 bis 1944. Eine Ausstellung des Hamburger Instituts für Sozialforschung. Bausteine für den Unterricht zur Vor- und Nachbereitung des Ausstellungsbesuchs*, Fritz-Bauer-Institut Frankfurt (éd.), Francfort-sur-le-Main, 1997, 2e éd., 1998.

72. Hamburger Institut für Sozialforschung (éd.), *Besucher einer Ausstellung. Die Ausstellung « Vernichtungskrieg. Verbrechen der Wehrmacht 1941 bis 1944 » in Interview und Gespräch*, Hambourg, 1998.

73. Ruth Beckermann, *Jenseits des Krieges. Ehemalige Wehrmachtsoldaten erinnern sich,* Vienne, 1998.

74. Bundesministerium der Verteidigung, Fü S 1 3 – Az. 50-00-00 vom 25.4.1995, betr. : Wehrmacht im Dritten Reich.

75. *Ibid.*, paragraphe 14.

76. *Ibid.*, paragraphe 16.

77. *Meyers Grosses Universallexikon*, vol. 18 : *Deutsches Wörterbuch O-Z,* Mannheim, Vienne et Zürich, 1986, p. 2781.

78. Ce passage du discours tenu par Volker Rühe à Munich, en novembre 1995, est cité d'après Winfried Vogel, « Die Wehrmacht ist kein Vorbild. Volker Rühes klares Wort zum Selbstverständnis der Bundeswehr », *Die Zeit* n° 49, 1er décembre 1995, p. 16.

79. Raul Hilberg, *Die Vernichtung der europäischen Juden. Die Gesamtgeschichte des Holocausts*, Berlin, 1982. [Le livre a

paru en France en 1988 sous le titre *La Destruction des Juifs d'Europe,* traduit de l'anglais par Marie-France de Paloméra et André Charpentier, Fayard, 1988 (*NdT*).]

80. Sous le même titre allemand, en trois volumes. [La nouvelle édition française a paru chez Fayard en 2007, précédée par une édition de poche publiée en 2006 aux éditions Gallimard (*NdT*).]

81. Raul Hilberg, *Unerbetene Erinnerung. Der Weg eines Holocaustforscher,* Francfort-sur-le-Main, 1994. [Le livre écrit en langue anglaise sous le titre *The Politics of Memory : Experiences of a Holocaust Researcher* a paru en français sous le titre *La Politique de la mémoire*, traduit de l'anglais par Marie-France de Paloméra, Gallimard, 1996 (*NdT*).]

82. Sur l'effritement des mythes nationaux en Europe, cf. l'étude de la comtesse Marion Dönhoff, « Wandel der Wahrheit. Wie Nationen ihre Geschichte schreiben », *Die Zeit* n° 45, 31 octobre 1997, ainsi que les articles sur le maniement du « poids du passé » en Allemagne, en Suède, en France et en Suisse », *ibid.*, p. 9-13.

83. Article « Bundeswehr ehrt Widerstandskämpfer », *Frankfurter Rundschau* n° 70, 23 mars 2000, p. 4.

84. *Frankfurter Allgemeine Zeitung*, n° 70, 23 mars 2000, p. 4.

85. Ces informations sont puisées dans l'article d'Ingo Preissler, « Die Willensbildung erfolgte von oben. Streit um die Umbenennung einer Kaserne in Rendsburg : Ein Wehrmachtgeneral soll einem Widerstandskampfer weichen », *Berliner Zeitung* n° 84, 8-9 avril 2000, p. 7.

86. Hannah Arendt, *Eichmann à Jérusalem,* Gallimard, Folio, 1991, p. 372-373. [Traduction modifiée : le texte français mentionne simplement un « passage dans la clandestinité », sans référence au « mouvement clandestin », ce qui change bien entendu la portée de l'acte du feldwebel (*NdT*).] On trouve une version divergeant un peu de celle-ci chez Eric Silver, *Sie waren stille Helden. Frauen und Männer, die Juden vor den Nazis retteten,* Francfort-sur-le-Main et Vienne, 1994, p. 201-203, qui évoque l'ingénieur Shlomo Bronowski : de l'argent avait effectivement circulé ; Schmid ne l'avait cependant pas gardé pour lui, il s'en était servi pour acheter des vivres à ses protégés.

87. Ce n'est pas tout à fait exact : Schmid fut arrêté dès le mois de février 1942 et condamné à mort le 25 février 1942. Voir ci-dessous.

88. Hannah Arendt, *Eichmann, op. cit.*, p. 374-375.

89. Cité d'après l'article consacré à Abba Kovner in Gutmann (éd.), *Enzyklopädie des Holocaust*, *op.cit.*, vol. 2, p. 801-802. Sur Kovner, voir le livre du journaliste américain Rich Cohen, *Nachtmarsch*, Francfort-sur-le-Main, 2000.

90. Hermann Adler, *Gesänge aus der Stadt des Todes*, Zurich et New York, 1945, p. 5.

91. Lettre de Hermann Adler en date du 26 décembre 1966 au secrétaire d'ambassade Katz, ambassade d'Israël à Berne, in Yad Vashem, Jérusalem, coll. « Justes parmi les nations », dossier M 31/55, Schmid Anton, f. 30-32.

92. Hermann Adler, *Ostra Brama. Legende aus der Zeit des grossen Untergangs*, Zurich, 1945, 8e partie : « Die sichere Hand des Freundes », p. 109-116.

93. Film documentaire allemand, commandé par la ZDF et intitulé *Feldwebel Schmid* (1968), Sator-Film GmbH, Hambourg, réalisation : Nathan Jariv, acteur principal : Karl Michael Vogler dans le rôle de Schmid. Le film a reçu le prix DAG. Il a aussi été diffusé pour la première fois à la télévision autrichienne le jour de la fête nationale.

94. Hermann Adler, *Der Feldwebel Anton Schmid. Eine Begegnung im Wilnaer Ghetto*, [émission de radio] Südwestfunk, 9 mars 1967.

95. Dans l'*Enzyklopädie des Holocaust*, *op. cit.*, vol. 3, p. 1284, on mentionne en revanche 1964 comme date de l'hommage, qui se déroula à Jérusalem.

96. Yad Vashem, dossier Anton Schmid, *loc. cit.*, où l'on trouvera également le certificat de remise de ce titre en date du 1er février 1967, feuillet 34, en français et en hébreu.

97. C'est-à-dire les massacres de Juifs.

98. *Enzyklopädie des Holocaust*, *op. cit.*, vol. 3, avec cette référence bibliographique : Yitzhak Arad, *Ghetto in Flames. The Struggle and Destruction of the Jews in Wilna in the Holocaust*, Jérusalem, 1980.

99. Simon Wiesenthal, *Les assassins sont parmi nous*, traduit de l'américain par Claude-Hélène Sibert, Opera Mundi,

1970, chap. XX, « Les trente-six justes », p. 315-318, ici p. 315-316.

100. *Ibid.*, p. 315.

101. Adler, *Ostra Brama, op. cit.*, p. 111.

102. Ordre d'armée du commandant en chef de la 6e armée, le général feld-maréchal von Reichenau, en date du 10 octobre 1941, consacré au « comportement de la troupe dans l'espace de l'Est », in Ueberschär et Wette (éd.), *Überfall, op. cit.*, p. 285-286, citations p. 284.

103. Sur les assassinats de Juifs en Lituanie, cf. Christoph Dieckmann, « Der Krieg und die Ermordung der litauischen Juden », in Heer et Nowmann (éd.), *Vernichtungspolitik, op. cit.*, p. 292-329.

104. Michael MacQueen, « Polen, Litauer, Juden und Deutsche in Wilna 1939-1944 », in Wolfgang Benz et Marion Neiss (éd.), *Judenmord in Litauen. Studien und Dokumente*, Berlin, 1999, p. 51-68, ici p. 62.

105. Benz et Neiss, *Judenmord in Litauen, op. cit.*, tableau chronologique, p. 178.

106. Josef Mackiewicz, *Der Stützpunkt Ponary*, (première publication en 1945), in Benz et Neiss (éd.), *Judenmord, op. cit.*, p. 165-175, citation p. 167.

107. MacQueen, « *Polen* », *op. cit.*, p. 62.

108. Arad, *Ghetto, op. cit.*, p. 216-217.

109. Adler, *Ostra Brama, op. cit.*, p. 111.

110. Ces informations ont été empruntées au curriculum vitae d'Anton Schmid in Österreichische Akademie der Wissenschaften (éd.), *Österreichisches Biographisches Lexikon 1815-1950*, vol. X, Vienne, 1994, p. 234-235.

111. *Ibid.*

112. Avis concis du commandant Thomas Vogel, Militärgeschichtliches Forschungsamt Potsdam, sur la personnalité globale du feldwebel (Wehrmacht) Anton Schmid (2000) [en possession de l'auteur].

113. Osterreichische Akademie der Wissenschaften (éd.), *Österreichisches Biographisches Lexikon, op. cit.*, vol. X, p. 244.

114. Arno Lustiger, « Feldwebel Anton Schmid. Um den Preis des Lebens : Die Rettung von Juden aus Wilna und die Hilfe beim jüdischen Widerstand », *Frankfurter Allgemeine*

Zeitung n° 128, 3 juin 2000, p. III, col. 6. Dans l'article « Anton Schmid (1900-1942) », in Israel Gutmann *et al. Enzyklopädie des Holocaust, op. cit.*, vol. 3, p. 1284, on dit au contraire que les circonstances de son arrestation ne sont toujours pas clairement établies.

115. Selon Vogel, MGFA, avis concis, *op. cit.*, qui se fonde manifestement sur des informations du Bundesarchiv, Zentralnachweisstelle Aachen-Kornelimüster.

116. Friedrich Vogl, *Widerstand im Waffenrock. Österreichische Freiheitskämpfer in der Deutschen Wehrmacht 1938-1945*, Vienne, 1977, p. 150.

117. Lettre de l'aumônier de guerre catholique Fritz Kropp à l'épouse de Schmid, Steffi, in *ibid.*, p. 151.

118. Publié in Israel Gutman (éd.), *Encyclopedia of the Holocaust*, vol. 4, New York et Londres, 1990, op. 1333, ainsi que in Vogl, *Widerstand, op. cit.*, p. 233.

119. Wiesenthal, *Les assassins, op. cit.*, p. 315.

120. *Ibid.*, p. 315 et 316.

121. En tant que travailleurs forcés. [Contrairement à ce qu'indique la traduction du livre de Wiesenthal, il ne s'agissait pas d'un camp de transit (*NdT*).]

122. La lettre est reproduite in Wiesenthal, *Les assassins, op. cit.*, p. 316-317, traduite de l'américain. [Elle a été, ici, retraduite de l'allemand ; un point de la traduction de l'américain pose notamment problème : Schmid ne prononce pas l'expression « tant de Juifs », comme s'il jugeait qu'il y en avait trop, mais simplement « beaucoup de Juifs » (*NdT*).]

123. Cité d'après Vogl, *Widerstand, op. cit.*, p. 150-151.

124. Wiesenthal, *Les assassins, op. cit.*, p. 317.

125. Cf. Wolfram Wette (éd.), *Retter in Uniform. Handlungsspielräume im Vernichtungskrieg der Wehrmacht*, Francfort-sur-le-Main, 2002.

126. Jakob Knab, « Verklärung und Aufklärung, Von den Heldenmythen der Wehrmacht zur Traditionspflege der Bundeswehr », *S + F. Vierteljahresschrift für Sicherheit und Frieden* 19, 1999, cahier 2, p. 96-105, ici p. 105

127. Cf. l'article « "Schmid-Kaserne" im vierten Versuch. Personalrat der Flugabwehr kritisiert ungleiche Behandlung », *Schleswig-Holsteinische Landeszeitung* des 20-21 avril 2000.

Conclusion

1. Müller et Volkmann (éd.), *Die Wehrmacht. Mythos und Realität, op. cit.*, un recueil proposant un matériau abondant et un contenu substantiel, ne tient qu'insuffisamment compte de l'importance du thème de la Wehrmacht et des assassinats de Juifs. Une seule des plus de soixante contributions, celle que Jürgen Förster consacre au sujet « Wehrmacht, Krieg und Holocaust » (« La Wehrmacht, la guerre et la Shoah »), se consacre *expressis verbis* au rôle qu'a tenu la Wehrmacht dans les assassinats de Juifs.

2. Tout particulièrement Gerlach, *Kalkulierte Morde, op. cit.*

3. Cf. Manfred Messerschmidt, « Völkerrecht und "Kriegsnotwendigkeit" in der deutschen militärischen Tradition », in du même, *Was damals Recht war…, op. cit.*, p. 191-229.

4. Cf. l'aperçu bibliographique de Rolf-Dieter Müller et Gerd R. Ueberschär, *Hitlers Krieg im Osten 1941-1945. Ein Forschungsbericht,* Darmstadt, 2000.

5. Cf en dernier lieu Wette et Ueberschär (éd.), *Kriegsverbrechen im 20, op. cit.*, partie II, « Deutsche Kriegsverbrechen im Zweiten Weltkrieg ».

6. Cf., outre les études présentées dans la section 4 de la quatrième partie de ce livre, l'étude exemplaire de Klaus Cachay, Steffen Bahlke et Helmut Mehl, *« Echte Sportler » – « Gute Soldaten ». Die Sportsozialisation des Nationalsozialismus im Spiegel von Feldpostbriefen*, Weinheim et Munich, 2000.

7. Un point étudié en dernier lieu par Pätzold, *Ihr waret die besten Soldaten, op. cit.*

8. Cf. à ce sujet Johannes Klotz (éd.), *Vorbild Wehrmacht ? Wehrmachtsverbrechen, Rechtsextremismus und Bundeswehr*, Cologne, 1998.

9. Un espoir que nourrit aussi Ralph Giordano, *Die Traditionslüge, op. cit.*

10. Un congrès de l'Historische Friedensforschung (Recherche historique sur la paix) a été consacré à la manière dont les Allemands ont commencé, après la Seconde Guerre mondiale, à se détourner de la culture de la guerre qu'incar-

nait notamment la Wehrmacht. Cf. les contributions dans le volume *Von der Kriegskultur zur Friedenskultur ? Zum Mentalitätswandel in Deutschland seit 1945*, Thomas Kühne (éd.), Münster, 2000.

Bibliographie choisie

Absolon, Rudolf, *Die Wehrmacht im Dritten Reich. Aufbau, Gliederung, Recht, Verwaltung*, 3 vol., Boppard, 1963, 1971, 1975.

Adam, Uwe Dietrich, *Judenpolitik im Dritten Reich*, Düsseldorf, 1972, avant-propos d'Ales Adamowitsch, *Eine Schuld, die nicht erlischt. Dokumente über deutsche Kriegsverbrechen in der Sowjetunion*, Cologne, 1987.

Angress, Werner T., « The German Army's "Judenzählung" of 1916 », in *Yearbook of the Leo Baeck Institute*, vol. 23. Londres, Jérusalem, New York, 1978, p. 117-135.

Angress, Werner T., « Das deutsche Militär und die Juden im Ersten Weltkrieg », *Militärgeschichtliche Mitteilungen* 19, 1976, p. 77-146.

Angress, Werner T., « Prussian Army and the Jewish Reserve Officer Controversy before World War I », in *Year Book of the Leo Baeck Institute*, Londres, 1972, p. 19-42.

Arnold, Klaus Jochen, « Die Eroberung und Behandlung der Stadt Kiew durch die Wehrmacht im September 1941 : Zur Radikalisierung der Besatzungspolitik », *Militärgeschichtliche Mitteilungen*, vol. 58/1999, p. 22-63.

Bajohr, Frank, *Parvenüs und Profiteure, Korruption in der NS-Zeit*, Francfort-sur-le-Main, 2001.

Bald, Detlef, *Der deutsche Offizier. Sozial- und Bildungsgeschichte des deutschen Offizierkorps im 20. Jahrhundert*, Munich, 1982.

Barth, Hans, *Masse und Mythos. Die Theorie der Gewalt : Georges Sorel*, Hambourg, 1959.

Bartov, Omer, Cornelia Brink, Gerhard Hirschfeld, Friedrich P. Kahlenberg, Manfred Messerschmidt, Reinhard Rürup,

Christian Streit et Hans-Ulrich Thamer, *Bericht der Kommission zur Überprüfung der Ausstellung « Vernichtungskrieg. Verbrechen der Wehrmacht 1941 bis 1944 »* (rapport de la commission chargée d'inspecter l'exposition « Les crimes de la Wehrmacht »), novembre 2000.

Bartov, Omer, « Wem gehört die Geschichte ? Wehrmacht und Geschichtswissenschaft », *in* Heer et Naumann, *Vernichtungskrieg*, p. 601-619.

Bartov, Omer, *The Eastern Front 1941-1945. German Troops and the Barbarization of Warfare*, Londres, 1985 ; version allemande : *Hitlers Wehrmacht. Soldaten, Fanatismus und die Brutalisierung des Krieges*, Reinbek, 1995.

Beck, Ludwig, *Studien*, Hans Speidel (éd.), Stuttgart, 1955.

Beer, Wilfried, *Kriegsalltag an der Heimatfront. Alliierter Luftkrieg und deutsche Gegenmassnahmen zur Abwehr und Schadensbegrenzung, dargestellt für den Raum Münster*, Brême, 1990.

Ben-Chanan, Yaakow, *Juden und Deutsche. Der lange Weg nach Auschwitz*, Kassel, 1993.

Berding, Helmut, *Moderner Antisemitismus in Deutschland*, Francfort-sur-le-Main, 1988. *Histoire de l'antisémitisme en Allemagne*, traduit de l'allemand par Olivier Mannoni, Éditions de la Maison des sciences de l'homme, Paris, 1991.

Berghahn, Volker R., *Der Stahlhelm. Bund der Frontsoldaten 1918-1935*, Düsseldorf, 1966.

Berthold, Lothar et Helmut Neef, *Militarismus und Opportunismus gegen die Novemberrevolution*, Berlin (RDA), 1978.

Böhme, Klaus (éd.), *Aufrufe und Reden deutscher Professoren im ersten Weltkrieg*, Stuttgart, 1975.

Boll, Bernd et Hans Safrian, « Auf dem Weg nach Stalingrad. Die 6. Armee 1941/42 », *in* Heer et Naumann, *Vernichtungskrieg*, p. 260-296.

Bonwetsch, Bernd, « Die Repression des Militärs und die Einsatzfähigkeit der Roten Armee im "Grossen Vaterlandischen Krieg" », *in* Wegner, *Wege*, p. 404-424.

Boog, Horst, Jürgen Forster, Joachim Hoffmann, Ernst Klink, Rolf-Dieter Müller et Gerd R. Ueberschär, *Der Angriff auf die Sowjetunion* (= *Das Deutsche Reich und der Zweite Weltkrieg*, vol. 4), Stuttgart, 1983.

Bramsted, Ernest K., *Goebbels und die nationalsozialistische Propaganda 1925-1945*, Francfort-sur-le-Main, 1971.

Breit, Gotthard, *Das Staats- und Gesellschaftsbild deutscher Generale beider Weltkriege im Spiegel ihrer Memoiren*, Boppard am Rhein, 1973.

Bröckling, Ulrich et Michael Sikora (éd.), *Armeen und ihre Deserteure. Vernachlässigte Kapitel einer Militärgeschichte der Neuzeit*, Göttingen, 1998.

Broderson, Arvid, « Der russische Volkscharakter. Neuere englisch-amerikanische Forschungen », *Kölner Zeitschrift für Soziologie und Sozialpsychologie* 8, 1956, p. 477-509.

Broszat, Martin, Klaus-Dietmar Henke et Hans Woller (éd.), *Von Stalingrad zur Währungsreform. Zur Sozialgeschichte des Umbruchs in Deutschland*, Munich (3e éd.), 1990.

Browning, Christopher R., *Des hommes ordinaires. Le 101e bataillon de réserve de la police allemande et la Solution finale en Pologne*, traduit de l'anglais par Élie Barnavi, préface de Pierre Vidal-Naquet, Les Belles Lettres, Paris, 1994.

Browning, Christopher R., « Wehrmacht Reprisai Policy and the Mass Murder of Jews in Serbia », *Militärgeschichtliche Mitteilungen* 33, 1983, p. 31.

Buchbender, Ortwin, *Das tönende Erz. Deutsche Propaganda gegen die Rote Armee im Zweiten Weltkrieg*, Stuttgart, 1978.

Buchbender, Ortwin et Horst Schuh, *Die Waffe, die auf die Seele zielt. Psychologische Kriegführung 1939-1945*, Stuttgart, 1983.

Buchbender, Ortwin et Horst Schuh (éd.), *Heil Beil ! Flugblattpropaganda im Zweiten Weltkrieg. Dokumentation und Analyse*, Stuttgart, 1974.

Buchbender, Ortwin et Reinhold Sterz (éd.), *Das andere Gesicht des Krieges. Deutsche Feldpostbriefe 1939-1945*, Munich, 1982.

Burdick, Charles, « Vom Schwert zur Feder. Deutsche Kriegsgefangene im Dienst der Vorbereitung der amerikanischen Geschichtsschreibung über den Zweiten Weltkrieg », *Militärgeschichtliche Mitteilungen* 2/1971, p. 69-80.

Cachay, Klaus, Steffen Bahlke et Helmut Mehl, *« Echte Sportler » – « Gute Soldaten ». Die Sportsozialisation des Nationalsozialis-*

mus im Spiegel von Feldpostbriefen, Weinheim et Munich, 2000.

Carsten, Francis L., *Reichswehr und Politik 1918-1933*, Cologne et Berlin (3e éd.), 1966.

Craig, Gordon A., *Die preussisch-deutsche Armee 1640-1945. Staat im Staate*, Düsseldorf, 1967. Traduction allemande de *The Politics of the Prussian Army, 1640-1945,* Oxford University Press, Londres, 1964.

Dam, H.G. van et Ralph Giordano (éd.), *KZ-Verbrechen vor deutschen Gerichten*, vol. II : *Einsatzkommando Tilsit – Der Prozess zu Ulm*, Francfort-sur-le-Main, 1966.

Deist, Wilhelm, Manfred Messerschmidt, Hans-Erich Volkmann et Wolfram Wette, *Ursachen und Voraussetzungen der deutschen Kriegspolitik* (= *Das Deutsche Reich und der Zweite Weltkrieg*, vol. 1), Stuttgart, 1979 ; édition de poche sous le titre *Ursachen und Voraussetzungen des Zweiten Weltkrieges*, Francfort-sur-le-Main, 1989.

Deist, Wilhelm (éd.), *Militär und Innenpolitik im Weltkrieg 1914-1918,* 2 vol., Düsseldorf, 1970.

Deist, Wilhelm, « Die Politik der Seekriegsleitung und die Rebellion der Flotte Ende Oktober 1918 », *Vierteljahrshefte für Zeitgeschichte* 14, 1966, p. 341-368.

Demeter, Karl, *Das deutsche Offizierkorps in Gesellschaft und Staat 1650-1945*, Francfort-sur-le-Main (4e éd.), 1965.

Der Prozess gegen die Hauptkriegsverbrecher vor dem Internationalen Militärgerichtshof. Nürnberg, 14. November 1945 – 1. Oktober 1946, 41 vol., Nuremberg, 1947 (IMT).

Der Untermensch, texte établi par le SS-Hauptamt-Schulungsamt (centre de formation du bureau central de la SS), Berlin, non daté, 1942.

Deuerlein, Ernst (éd.), *Potsdam 1945. Quellen zur Konferenz der « Grossen Drei »*, Munich, 1963.

Deutsche jüdische Soldaten 1914-1945. Éd. sous l'égide du ministère fédéral de la Défense, à l'occasion de l'exposition itinérante, par le Militärgeschichtliches Forschungsamt, Fribourg, 1982.

Diederich, Reiner, Richard Grübling et Max Bartholl, *Die Rote Gefahr. Antisozialistische Bildagitation 1918-1976*, Berlin(-Ouest), 1976.

Dirks, Carl et Karl-Heinz Janssen, *Der Krieg der Generäle. Hitler als Werkzeug der Wehrmacht*, Berlin, 1999.

Dollinger, Hans (éd.), *Kain, wo ist dein Bruder ? Was der Mensch im Zweiten Weltkrieg erleiden musste. Dokumentiert in Tagebüchern und Briefen*, Francfort-sur-le-Main, 1987, rééd. 1989.

Domarus, Max, *Hitler. Reden und Proklamationen 1932-1945*, 2 vol., Würzburg, 1962.

Donat, Helmut, « Zur preussischen Wende der deutschen Geschichte : Die Unterredung Bernhardi – Roon im Februar 1862 », *in* Esterbauer, F., H. Kalkbrenner, M. Mattmüller et L. Roemheld (éd.), *Von der freien Gemeinde zum föderalistischen Europa. Festschrift für Adolf Gasser zum 80. Geburtstag*, Berlin, 1983, p. 187-221.

Donat, Helmut et Karl Holl (éd.), *Die Friedensbewegung. Organisierter Pazifismus in Deutschland, Österreich und der Schweiz*, Düsseldorf, 1983.

Dönitz, Karl, *Zehn Jahre und zwanzig Tage*, Bonn, 1958. *Dix ans et vingt jours*, traduit de l'allemand par René Jouan, Union générale d'éditions, 1963.

Dröge, Franz, *Der zerredete Widerstand. Soziologie und Publizistik des Gerüchts im 2. Weltkrieg*, Düsseldorf, 1970.

Dunker, Ulrich, *Der Reichsbund jüdischer Frontsoldaten 1919-1938*, Düsseldorf, 1977.

Epkenhans, Michael, « "Wir als deutsches Volk sind doch nicht klein zu kriegen ...", Aus den Tagebüchern des Fregattenkapitans Bogislaw von Selchow 1918/19 », *Militärgeschichtliche Mitteilungen* 55, 1996, p. 165-224.

Fall 9. Das Urteil im SS-Einsatzgruppen-Prozess, gefällt am 10. April 1948 in Nürnberg vom Militärgerichtshof II der Vereinigten Staaten von Amerika, Kazimierz Leszczynski (éd.), introduction de Siegmar Quilitzsch, Berlin (-Est), 1963.

Fall 12. Das Urteil gegen das Oberkommando der Wehrmacht, gefällt am 28. Oktober 1948 in Nürnberg vom Militärgerichtshof V der Vereinigten Staaten von Amerika, Berlin (RDA), 1960.

Fischer, Fritz, « Deutschland – Russland – Polen vom Wiener Kongress bis zur Gegenwart », *in* du même auteur, *Hitler war kein Betriebsunfall. Aufsätze*, Munich, 1992, p. 215-256.

Fischer, Fritz, *Bündnis der Eliten. Zur Kontinuität der Machtstrukturen in Deutschland 1871-1945*, Düsseldorf, 1979.

Fischer, Horst, *Judentum, Staat und Heer in Preussen im frühen 19. Jahrhundert. Zur Geschichte der staatlichen Judenpolitik*, Tübingen, 1968.

Foerster, Friedrich Wilhelm, *Mein Kampf gegen das militaristische und nationalistische Deutschland. Gesichtspunkte zur deutschen Selbsterkenntnis und zum Aufbau eines neuen Deutschland*, Stuttgart, 1920.

Foerster, Roland (sous l'égide du Militärgeschichtliches Forschungsamtes), *Die Wehrpflicht. Entstehung, Erscheinungsformen und politisch-militärische Wirkung*, Munich, 1994.

Folttmann, Josef et Hanns Möller-Witten, *Opfergang der Generale. Die Verluste der Generale und Admirale und der im gleichen Dienstrang stehenden sonstigen Offiziere und Beamten im Zweiten Weltkrieg*, Berlin, 1953.

Forster, Jürgen, « Das Unternehmen "Barbarossa" als Eroberungs- und Vernichtungskrieg », in Militärgeschichtliches Forschungsamt (éd.), *Das Deutsche Reich und der Zweite Weltkrieg*, vol. 4 : *Der Angriff auf die Sowjetunion*, Stuttgart, 1983.

Förster, Stig, « Militär und Militarismus im deutschen Kaiserreich. Versuch einer differenzierten Betrachtung », *in* Wette, *Militarismus*, p. 63-80.

Frei, Norbert, *Vergangenheitspolitik. Die Anfänge der Bundesrepublik und die NS-Vergangenheit*, Munich, 1996.

Friedrich, Jörg, *Das Gesetz des Krieges. Das deutsche Heer in Russland 1941 bis 1945. Der Prozess gegen das Oberkommando der Wehrmacht*, Munich, 1993.

Friedrich, Jörg, *Die kalte Amnestie. NS-Täter in der Bundesrepublik*, Francfort-sur-le-Main, 1984.

Friedrich, Jörg et Jörg Wollenberg (éd.), *Licht in den Schatten der Vergangenheit. Zur Enttabuisierung der Nürnberger Kriegsverbrecherprozesse*, Francfort-sur-le-Main et Berlin, 1987.

Fritz, Stephen G., *Hitlers Frontsoldaten. Der erzählte Krieg*, traduit de l'américain par Klaus Kochmann, Berlin, 1998. Version américaine : *Frontsoldater : The German Soldier in World War II*, Lexington, University Press of Kentucky, 1995.

Garbe, Detlef, « “Du sollst nicht toten”, Kriegsdienstverweigerer 1939-1945 », in Haase et Paul, *Soldaten*, p. 85-104.

Garbe, Detlef, *Zwischen Widerstand und Martyrium. Die Zeugen Jehovas im « Dritten Reich »*, Munich (3e éd.), 1997.

Gehorsam bis zum Mord ? Der verschwiegene Krieg der deutschen Wehrmacht – Fakten, Analysen, Debatte, *ZEIT-Punkte* n° 3/1995.

Geiger, Klaus E., *Kriegsromanhefte in der BRD. Inhalte und Funktionen*, Tübingen, 1974.

Gellately, Robert, *The Gestapo and German Society. Enforcing Racial Policy 1933-1945*, Oxford, 1990.

Gerlach, Christian, *Kalkulierte Morde. Die deutsche Wirtschafts- und Vernichtungspolitik in Weissrussland 1941 bis 1944*, Hambourg, 1999.

Gersdorff, Rudolf-Christoph, Freiherr von, *Soldat im Untergang*, Francfort-sur-le-Main, Berlin et Vienne, 1977.

Gerstenberger, Friedrich, « Strategische Erinnerungen. Die Memoiren deutscher Offiziere », in Heer et Naumann, *Vernichtungskrieg*, p. 620-633.

Gietinger, Klaus, *Eine Leiche im Landwehrkanal. Die Ermordung der Rosa L.*, Berlin, 1995.

Giordano, Ralph, *Die Traditionslüge. Vom Kriegerkult in der Bundeswehr*, Cologne, 2000.

Giordano, Ralph, *Die zweite Schuld oder Von der Last Deutscher zu sein*, Hambourg, 1987.

Goldhagen, Daniel Jonah, *Les Bourreaux volontaires de Hitler. Les Allemands ordinaires et l'Holocauste*, traduit de l'américain par Pierre Martin, Le Seuil, Paris, 1997.

Goldschmidt, Dietrich *et al.* (éd.), *Frieden mit der Sowjetunion – eine unerledigte Aufgabe*, Gütersloh, 1989.

Golovchansky, Anatoly, Valentin Osipov, Anatoly Prokopenko, Ure Daniel et Jürgen Reulecke (éd.), *« Ich will raus aus diesem Wahnsinn ». Deutsche Briefe von der Ostfront 1941-1945. Aus sowjetischen Archiven*, avant-propos de Willy Brandt, Wuppertal, 1991.

Gorski, Günter *et al.*, *Deutsch-sowjetische Freundschaft. Ein historischer Abriss von 1917 bis zur Gegenwart*, Berlin(-Est), 1975.

Greiner, Christian: « “Operational History (German) Section” und “Naval Historical Team”. Deutsches militärstrategisches

Denken im Dienst der amerikanischen Streitkräfte von 1946 bis 1950 », in *Militärgeschichte. Probleme-Thesen-Wege*, Stuttgart, 1982, p. 409-435.

Groehler, Olaf, *Selbstmörderische Allianz. Deutsch-russische Militärbeziehungen 1920-1941*, Berlin, 1992.

Groscurth, Helmuth, *Tagebücher eines Abwehroffiziers 1938-1940. Mit weiteren Dokumenten zur Militäropposition gegen Hitler*, Helmut Krausnick et Harold C. Deutsch (éd.), avec la coll. de Hildegard von Kotze, Stuttgart, 1970.

Guderian, Heinz, *Souvenirs d'un soldat*, traduit de l'allemand par François Courtet, avec la coll. d'André Leclerc-Kohler, Plon, Paris, 1954.

Gumbel, Emil Julius, *Vier Jahre politischer Mord*, 1re éd. Berlin, 1922 ; rééd. Heidelberg, 1980.

Gumbel, Emil Julius, *« Verschwörer verfallen der Feme ». Opfer/Mörder/Richter 1919-1929*, avec la coll. de Bertold Jacob et Ernst Falck, Berlin, 1929.

Gutmann, Israel *et al.* (éd.), *Enzyklopädie des Holocaust. Die Verfolgung und Ermordung der europäischen Juden*, Munich et Zurich (2e éd.), 1998.

Haase, Norbert, *Deutsche Deserteure*, Berlin, 1987.

Haase, Norbert et Gerhard Paul (éd.), *Die anderen Soldaten. Wehrkraftzersetzung, Gehorsamsverweigerung und Fahnenflucht im Zweiten Weltkrieg*, Francfort-sur-le-Main, 1995.

Haffner, Sebastian, Stephan Hermlin, Kurt Tucholsky *et al.*, *Zwecklegenden. Die SPD und das Scheitern der Arbeiterbewegung*, Berlin, 1996.

Hagenlücke, Heinz, *Deutsche Vaterlandspartei. Die nationale Rechte am Ende des Kaiserreiches*, Düsseldorf, 1997.

Halder, Franz, *Hitler, seigneur de la guerre*, traduit, présenté et commenté par R. Jouan et Louis Rougier, Payot, Paris, 1950.

Hansen, Ernst Willi, Gerhard Schreiber et Bernd Wegner (éd.), *Politischer Wandel, organisierte Gewalt und nationale Sicherheit. Beiträge zur neueren Geschichte Deutschlands und Frankreichs, Festschrift Klaus-Jürgen Müller*, Munich, 1995.

Hansen, Reimer, *Das Ende des Dritten Reiches. Die deutsche Kapitulation 1945*, Stuttgart, 1966.

Hartmann, Christian, *Halder. Generalstabschef Hitlers 1938-1942*, Paderborn, 1991.

Heer, Hannes, *Tote Zonen. Die deutsche Wehrmacht an der Ostfront*, Hambourg, 1999.

Heer, Hannes, « Die Bilderwelt der Nachkriegsjahre », in *Vernichtungskrieg, catalogue d'exposition*, p. 8-18.

Heer, Hannes, « Die Logik des Vernichtungskrieges. Wehrmacht und Partisanenkampf », in Heer et Naumann, *Vernichtungskrieg*, p. 104-138.

Heer, Hannes, « Killing Fields. Die Wehrmacht und der Holocaust », *in* Heer et Naumann, *Vernichtungskrieg*, p. 57-77.

Heer, Hannes, « Verwischen der Spuren. Vernichtung der Erinnerung », in *Vernichtungskrieg*, catalogue d'exposition, p. 160-176.

Heer, Hannes et Klaus Naumann (éd.), *Vernichtungskrieg. Verbrechen der Wehrmacht 1941-1944*, Hambourg, 1995.

Heiber, Helmut (éd.), *Goebbels-Reden*, 2 vol., Düsseldorf, 1972.

Helfferich, Karl, *Fort mit Erzberger*, Berlin, 1919.

Henke, Klaus-Dietmar, *Die amerikanische Besetzung Deutschlands*, Munich, 1995.

Herbert, Ulrich (éd.), *Nationalsozialistische Vernichtungspolitik 1939-1945. Neue Forschungen und Kontroversen*, Francfort-sur-le-Main, 1998.

Herbert, Ulrich, *Best. Biographische Studien über Radikalismus, Weltanschauung und Vernunft, 1903-1989*, Bonn (3e éd.), 1996.

Herbert, Ulrich et Olaf Groehler, *Zweierlei Bewältigung. Vier Beiträge über den Umgang mit der NS-Vergangenheit in den beiden deutschen Staaten*, Hambourg, 1992.

Herz, Rudolf, *Hoffmann & Hitler. Fotografie als Medium des Führer-Mythos*, Munich, 1994.

Heusinger, Adolf, *Befehl im Widerstreit. Schicksalsstunden der deutschen Armee 1923-1945*, Tübingen et Stuttgart, 1950.

Hilberg, Raul, *La Politique de la mémoire*, traduit de l'anglais par Marie-France de Paloméra, Gallimard, 1996.

Hilberg, Raul, *Exécuteurs, victimes, témoins : la catastrophe juive : 1933-1945*, traduit de l'anglais par Marie-France de Paloméra, Gallimard, 1994.

Hilberg, Raul, *La Destruction des Juifs d'Europe,* traduit de l'anglais par Marie-France de Paloméra et André Charpentier, Fayard, Paris, 1988.

Hilberg, Raul, « Wehrmacht und Judenvernichtung », *in* Manoschek, *Wehrmacht*, p. 23-38.

Hillgruber, Andreas, « Das Russlandbild der führenden deutschen Militärs vor Beginn des Angriffs auf die Sowjetunion », in *Russland – Deutschland – Amerika*, Wiesbaden, 1978, p. 296-310. Repr. in Volkmann, *Russlandbild*, p. 125-140.

Hillgruber, Andreas, *Grossmachtpolitik und Militarismus im 20. Jahrhundert. 3 Beiträge zum Kontinuitätsproblem*, Düsseldorf, 1974.

Hillgruber, Andreas, « Die "Endlösung" und das deutsche Ostimperium als Kernstück des rassenideologischen Programms des Nazionalsozialismus », *Vierteljahrshefte für Zeitgeschichte* 20, 1972, p. 133-153.

Hitler, Adolf, *Mein Kampf*, Munich, 1933. La traduction française est régulièrement rééditée aux Nouvelles Éditions Latines sous le titre *Mon combat*.

Hitler Sämtliche Aufzeichnungen 1905-1924, Eberhard Jäckel (éd.), en coll. avec Axel Kuhn, Stuttgart, 1980.

Hitlers zweites Buch. Ein Dokument aus dem Jahre 1928, Gerald D. Weinberg (éd.), Stuttgart, 1961.

Hoffmann, Joachim, *Stalins Vernichtungskrieg 1941-1945*, Munich, 1995.

Hoegner, Wilhelm, *Die verratene Republik. Deutsche Geschichte 1919-1933*, Munich, 1979.

Höhn, Reinhard, *Sozialismus und Heer*, vol. III : *Der Kampf des Heer gegen die Sozialdemokratie*, Bad Harzburg, 1969.

Hürter, Johannes, *Wilhelm Groener, Reichswehrminister am Ende der Weimarer Republik (1928-1932)*, Munich, 1993.

Jacobsen, Hans-Adolf, *1939-1945. Der Zweite Weltkrieg in Chronik und Dokumenten*, Darmstadt (5e éd.), 1961.

Jacobsen, Hans-Adolf (éd.), *Generaloberst Halder : Kriegstagebuch*, vol. II, Stuttgart, 1954.

Jahr, Christoph, *Gewöhnliche Soldaten. Desertion und Deserteure deutschen und britischen Heer 1914-1918*, Göttingen, 1998.

Jansen, Christian, *Emil Julius Gumbel. Portrait eines Zivilisten*, Heidelberg, 1991.

Jochmann, Werner, « Die Ausbreitung des Antisemitismus », *in* W. E. Mosse et A. Paucker (éd.), *Deutsches Judentum in Krieg und Revolution 1916-1923*, Tübingen, 1971.

Kempner, Robert M.W. et C. Haensel (éd.), *Das Urteil im Wilhelmstrassen-Prozess*, Schwäbisch-Gmünd, 1951.

Kershaw, Ian, *Le Mythe Hitler. Image et réalité sous le IIIe Reich*, traduit de l'anglais par Paul Chemla, Flammarion, Paris, 2006 (édition citée : Champs/Histoire).

Kesselring, Albert, *Soldat bis zum letzten Tag*, Bonn, 1953.

Kirsin, Jurij J., « Die sowjetischen Streitkräfte am Vorabend des Grossen Vaterländischen Krieges », *in* Wegner, *Wege*, p. 389-403.

Klee, Ernst, et Willi Dressen (éd.), *« Gott mit uns ». Der deutsche Vernichtungskrieg* in Osten *1939-1945*, Francfort-sur-le-Main, 1989.

Klee, Ernst, Willi Dressen, Volker Riess (éd.), *« Schöne Zeiten ». Judenmord aus der Sicht der Täter und Gaffer*, Francfort-sur-le-Main, 1988.

Klemperer, Victor, *Je veux témoigner jusqu'au bout. Journal 1942-1945,* traduit de l'allemand par Ghislain Riccardi, Michèle Kiintz-Tailleur et Jean Tailleur, Le Seuil, Paris, 2000.

Klotz, Johannes (éd.), *Vorbild Wehrmacht ? Wehrmachtsverbrechen, Rechtsextremismus und Bundeswehr*, Cologne, 1998.

Kluge, Ulrich, *Die deutsche Revolution 1918/1919. Staat, Politik und Gesellschaft zwischen Weltkrieg und Kapp-Putsch*, Francfort-sur-le-Main, 1985.

Kohl, Paul, *Der Krieg der deutschen Wehrmacht und der Polizei 1941-1944. Sowjetische Überlebende berichten*, Francfort-sur-le-Main, 1995.

Kohl, Paul, *« Ich wundere mich, dass ich noch lebe ». Sowjetische Augenzeugen berichten*, Gütersloh, 1990.

Koselleck, Reinhart, « Der Einfluss der beiden Weltkriege auf das soziale Bewusstsein », *in* Wette, *Krieg des kleinen Mannes*, p. 324-343.

Kramer, Helmut, « Kriegsverbrechen, deutsche Justiz und das Verjährungsproblem », *in* Wette et Ueberschär (éd.), *Kriegsverbrechen im 20*, p. 493-506.

Krause, Andreas, *Scapa Flow. Die Selbstversenkung der Wilhelminischen Flotte*, Berlin, 1999.

Krausnick, Helmut et Hans-Heinrich Wilhelm, *Die Truppe des Weltanschauungskrieges. Die Einsatzgruppen der Sicherheitspolizei und des SD 1938-1942*, Stuttgart, 1981.

Krausnick, Helmut, *Hitlers Einsatzgruppen. Die Truppen des Weltanschauungskrieges 1938-1942*, Francfort-sur-le-Main, 1985.

Kroener, Bernhard R., « Auf dem Weg zu einer "nationalsozialistischen Volksarmee". Die soziale Öffnung des Heeresoffizierkorps im Zweiten Weltkrieg », *in* Broszat, Henke et Woller, *Stalingrad*, p. 651-682.

Kroener, Bernhard R., « Die personellen Ressourcen des Dritten Reiches im Spannungsfeld zwischen Wehrmacht, Bürokratie und Kriegswirtschaft 1939-1942 », in *Das Deutsche Reich und der Zweite Weltkrieg*, vol. V/I : *Organisation und Mobilisierung des deutschen Machtbereichs*, Stuttgart, 1988, p. 693 *sq*.

Krüger, Gabriele, *Die Brigade Ehrhardt*, Hambourg, 1971.

Krummacher, F. A. et Helmut Lange, *Krieg und Frieden. Geschichte der deutsch-sowjetischen Beziehungen. Von Brest-Litowsk zum Unternehmen Barbarossa*, Munich et Esslingen, 1970.

Kühne, Thomas (éd.), *Von der Kriegskultur zur Friedenskultur ? Zum Mentalitätswandel in Deutschland seit 1945*, Münster, 2000.

Lahne, Werner, *Unteroffiziere. Werden, Wesen und Wirkung eines Berufsstandes*, Munich, 1965.

Langemann, Hans, *Das Attentat. Eine kriminalwissenschaftliche Studie zum politischen Kapitalverbrechen*, Hambourg, 1956.

Laqueur, Walther, *Was niemand wissen wollte. Die Unterdrückung der Nachrichten über Hitlers Endlösung*, Francfort-sur-le-Main, Berlin et Vienne, 1982.

Laternser, Heinrich, *Die Verteidigung deutscher Soldaten*, Bonn, 1950.

Lichtenstein, Heiner et Otto R. Romberg (éd.), *Täter – Opfer – Folgen. Der Holocaust in Geschichte und Gegenwart*, Bonn, 1995.

Liddell Hart, Basil H., *The German Generals Talks*, New York, 1948, (2e éd., 1979). Version française : *Les généraux allemands parlent : ascension et chute des généraux allemands, leurs récits des événements militaires de 1939-1945*, traduit de l'anglais par Lola Tranec, Delamain et Boutelleau, 1948.

Liddell Hart, Basil H., *The Other Side of the Hill*, Londres, 1948.

Loewenthal, Max J., *Jüdische Reserveoffiziere*, Berlin, 1914.

Lohalm, Uwe, *Völkischer Radikalismus. Die Geschichte des Deutschvölkischen Schutz- und Trutzbundes 1919-1923*, Hambourg, 1970.

Lösche, Peter, *Der Bolschewismus im Urteil der deutschen Sozialdemokratie 1903-1920*, Berlin, 1967.

Ludendorff, Erich, *Kriegsführung und Politik*, Berlin, 1923.

Manoschek, Walther (éd.), *Die Wehrmacht im Rassenkrieg. Der Vernichtungskrieg hinter der Front*, Vienne, 1996.

Manoschek, Walther (éd.), *« Es gibt nur eines für das Judentum: Vernichtung ». Das Judenbild in deutschen Soldatenbriefen 1939-1944*, Hambourg, 1995.

Manoschek, Walther, *« Serbien ist judenfrei », Militärische Besatzungspolitik und Judenvernichtung in Serbien 1941/42*, Munich, 1993.

Manoschek, Walther, « "Gehst mit Juden erschiessen ?" Die Vernichtung der Juden in Serbien », *in* Heer et Naumann, *Vernichtungskrieg*, p. 39-56.

Manstein, Erich von, *Aus einem Soldatenleben 1887-1939*, Bonn, 1958.

Manstein, Erich von, *Verlorene Siege*, Bonn, 1955. *Victoires perdues*, traduit de l'allemand par René Jouan, Plon, Paris, 1958.

Meinl, Susanne, *Nationalsozialisten gegen Hitler. Die nationalrevolutionäre Opposition um Friedrich Wilhelm Heinz*, Berlin, 2000.

Messerschmidt, Manfred, *Die Wehrmacht im NS-Staat. Zeit der Indoktrination*, Hambourg, 1969.

Messerschmidt, Manfred, « Allgemeine Wehrpflicht – Bürger in Uniform », in *Französische Revolution. Impulse, Wirkungen, Anspruch*, Heidelberg, 1990, p. 93-101.

Messerschmidt, Manfred, « Das Reichskriegsgericht und die Verweigerer aus Gewissensgründen », *in* Hansen, Schreiber et Wegner, *Politischer Wandel*, p. 369-383.

Messerschmidt, Manfred, « Der "Zersetzer" und sein Denunziant. Urteil des Zentralgerichts des Heeres – Aussenstelle Wien – 1944 », *in* Wette, *Krieg des kleinen Mannes*, p. 255-278.

Messerschmidt, Manfred, « Deserteure im Zweiten Weltkrieg », *in* Wette, *Deserteure*, p. 58-73.

Messerschmidt, Manfred, « Die Wehrmacht als tragende Säule des NS-Staates (1933-1939) », *in* Manoschek, *Wehrmacht*, p. 39-54.

Messerschmidt, Manfred, « Die Wehrmacht in der Endphase. Realität und Perzeption », *in* Messerschmidt, Manfred et Ekkehart Guth (éd. sous l'égide du Militärgeschichtliches Forschungsamtes), *Die Zukunft des Reiches : Gegner, Verbündete und Neutrale (1943-1945)*, Herford et Bonn, 1990, p. 195-222.

Messerschmidt, Manfred, « Die Wehrmacht : vom Realitätsverlust zum Selbstbetrug », *in* Volkmann, *Ende*, p. 223-257.

Messerschmidt, Manfred, « Juden im preussisch-deutschen Heer », in *Deutsche jüdische Soldaten. Von der Epoche der Emanzipation bis zum Zeitalter der Weltkriege*, Hambourg, Berlin et Bonn, 1996, p. 39-62.

Messerschmidt, Manfred, « Vorwärtsverteidigung. Die "Denkschrift der Generale" für den Nürnberger Gerichtshof », *in* Heer et Naumann (éd.), *Vernichtungskrieg*, p. 531-550.

Messerschmidt, Manfred, *Was damals Recht war … NS-Militär- und Strafjustiz im Vernichtungskrieg*, Wolfram Wette (éd.), Essen, 1996.

Messerschmidt, Manfred, « Das preussische Militärwesen », in Neugebauer, Wolfgang (éd.), *Handbuch der preussischen Geschichte*, vol. III, Berlin et New York, 2001.

Messerschmidt, Manfred et Ursula von Gersdorff, *Offiziere im Bild von Dokumenten aus drei Jahrhunderten*, Militärgeschichtliches Forschungsamt (éd.), Stuttgart, 1964.

Messerschmidt, Manfred et Fritz Wüllner, *Die Wehrmachtjustiz im Dienste des Nationalsozialismus. Zerstörung einer Legende*, Baden-Baden, 1987.

Meyer, Georg, « Soldaten ohne Armee. Berufssoldaten im Kampf um Standesehre und Versorgung », *in* Broszat, Henke et Woller, *Stalingrad*, p. 683-750.

Meyer, Georg, « Zur Situation der deutschen militärischen Führungsschicht im Vorfeld des westdeutschen Verteidigungsbeitrages 1945-1950/51 », in *Anfänge westdeutscher Sicherheitspolitik 1945-1956*, vol. 1 : *Von der Kapitulation zum Pleven-Plan*, Munich et Vienne, 1982, p. 577-726.

Meyer, Klaus et Wolfgang Wippermann (éd.), *Gegen das Vergessen. Der Vernichtungskrieg gegen die Sowjetunion 1941-1945*, Francfort-sur-le-Main, 1992.

Michalka, Wolfgang (éd.), *Der Erste Weltkrieg. Wirkung, Wahrnehmung, Analyse*, Munich et Zurich, 1994.

Michalka, Wolfgang (éd. sous l'égide du Militargeschichtliches Forschungsamt), *Der Zweite Weltkrieg. Analysen, Grundzüge, Forschungsbilanz*, Munich et Zurich (2e éd.), 1990.

Mohrmann, Wolf-Dieter (éd.), *Der Krieg hier ist hart und grausam ! Feldpostbriefe an den Osnabrücker Regierungspräsidenten 1941-1944*, Osnabrück, 1984.

Mommsen, Hans, *Die verspielte Freiheit. Der Weg der Republik von Weimar in den Untergang 1918 bis 1933*, Berlin, 1989.

Müller, Klaus-Jürgen, *Armee und Drittes Reich 1933-1939. Darstellung und Dokumentation*, Paderborn (2e éd.), 1989.

Müller, Klaus-Jürgen, *Das Heer und Hitler. Armee und nationalsozialistisches Regime 1933-1940*, Stuttgart, 1969.

Müller, Rolf-Dieter, *Hitlers Ostkrieg und die deutsche Siedlungspolitik. Die Zusammenarbeit von Wehrmacht, Wirtschaft und SS*, Francfort-sur-le-Main, 1991.

Müller, Rolf-Dieter, *Das Tor zur Weltmacht. Die Bedeutung der Sowjetunion für die deutsche Wirtschafts- und Rüstungspolitik zwischen den Weltkriegen*, Boppard am Rhein, 1984.

Müller, Rolf-Dieter, « Raub, Vernichtung, Kolonisierung: Die deutsche Wirtschaftspolitik in den besetzten sowjetischen Gebieten 1941-1944 », *in* Schafranek et Streibel, *22. Juni 1941*, p. 99-111.

Müller, Rolf-Dieter, « Von Brest-Litowsk bis zum "Unternehmen Barbarossa" – Wandlungen und Kontinuität des deutschen "Drangs nach Osten" », *in* Goldschmidt *et al.*, *Frieden*, p. 70-86.

Müller, Rolf-Dieter et Gerd R. Ueberschär, *Hitlers Krieg im Osten 1941-1945. Ein Forschungsbericht*, Darmstadt, 2000.

Müller, Rolf-Dieter et Gerd R. Ueberschär, *Kriegsende 1945. Die Zerstörung des Deutschen Reiches*, Francfort-sur-le-Main, 1994.

Müller, Rolf-Dieter, Gerd R. Ueberschär et Wolfram Wette, *Wer zurückweicht wird erschossen ! Kriegsalltag und Kriegsende in Südwestdeutschland 1944/45*, Fribourg, 1985.

Müller, Rolf-Dieter et Hans-Erich Volkmann (éd.), *Die Wehrmacht. Mythos und Realität*, Munich, 1999.

Murawski, Erich, *Der deutsche Wehrmachtbericht 1939-1945. Ein Beitrag zur Untersuchung der geistigen Kriegführung. Mit einer Dokumentation der Wehrmachtberichte vom 1. 7. 1939 bis zum 9. 5. 1945*, Boppard am Rhein (2e éd.), 1992.

Nagel, Irmela, *Fememorde und Fememordprozesse in der Weimarer Republik*, thèse de doctorat, Cologne, 1991.

Naumann, Klaus, *Der Krieg als Text. Das Jahr 1945 im kulturellen Gedächtnis der Presse*, Hambourg, 1998.

Naumann, Klaus, « Nachkrieg. Vernichtungskrieg, Wehrmacht und Militär in der deutschen Wahrnehmung nach 1945 », *Mittelweg 36*, n° 3/1997, p. 11-25.

Naumann, Klaus, « Wenn ein Tabu bricht. Die Wehrmachtausstellung in der Bundesrepublik », *Mittelweg 36*, n° 1/1996, p. 11 *sq*.

Niedhart, Gottfried et Dieter Riesenberger (éd.), *Lernen aus dem Krieg ? Deutsche Nachkriegszeiten 1918 und 1945. Beiträge zur historischen Friedensforschung*, Munich, 1992.

Niedhart, Gottfried (éd.), *Der Westen und die Sowjetunion. Einstellungen und Politik gegenüber der Sowjetunion in Europa und in den USA seit 1917*, Paderborn, 1983.

Nolte, Hans-Heinrich, *Der deutsche Überfall auf die Sowjetunion 1941*, Hanovre, 1991.

Nutz, Walther, « Der Krieg als Abenteuer und Idylle. Landser-Hefte und triviale Kriegsromane », in *Gegenwartsliteratur und Drittes Reich. Deutsche Autoren in der Auseinandersetzung mit der Vergangenheit*, Hans Wagner (éd.), Stuttgart, 1977, p. 265-283.

Oppenheimer, Franz, *Die Judenstatistik im preussischen Kriegsministerium*, Munich, 1922.

Overmans, Rüdiger, « Die Toten des Zweiten Weltkrieges in Deutschland. Bilanz der Forschung unter besonderer Berücksichtigung der Wehrmacht- und Vertreibungsverluste », in Michalka, *Der Zweite Welkrieg*, p. 858-873.

Pätzold, Kurt, *Ihr waret die besten Soldaten. Ursprung und Geschichte einer Legende*, Leipzig, 2000.

Picht, Clemens, « Zwischen Vaterland und Volk. Das deutsche Judentum im Ersten Weltkrieg », in Michalka, *Der Erste Weltkrieg*, p. 736-755.

Putz, Erna, *Franz Jägerstätter … besser die Hände als der Wille gefesselt*, Linz (2e éd.), 1978.

Rautenberg, Hans-Jürgen et Norbert Wiggershaus (éd.), « Die "Himmeroder Denkschrift" vom Oktober 1950. Politische und militärische Überlegungen für einen Beitrag der Bundesrepublik Deutschland zur westeuropäischen Verteidigung », *Militärgeschichtliche Mitteilungen* 21, 1977, p. 135-206 ; également publié sous forme de cahier spécial des *MGM*, Karlsruhe, 1977.

Reichel, Peter, « Zwischen Dämonisierung und Verharmlosung : Das NS-Bild und seine politische Funktion in den 50er Jahren. Eine Skizze », *in* Schildt, Axel et Arnold Sywottek (éd.), *Modernisierung im Wiederaufbau. Die westdeutsche Gesellschaft der 50er Jahre*, Bonn, 1993, p. 679-692.

Reichelt, Stefanie, *« Für mich ist der Krieg aus ! » Deserteure und Kriegsdienstverweigerer des Zweiten Weltkrieges in München*, Munich, 1995.

Reichsbund jüdischer Frontsoldaten (éd.), *Kriegsbriefe gefallener deutscher Juden*, Berlin, 1935.

Reichsbund jüdischer Frontsoldaten (éd.), *Die jüdischen Gefallenen des deutschen Heeres, der deutschen Marine und der deutschen Schutztruppen 1914-1918. Ein Gedenkbuch*, Berlin, 1932.

Reynolds, Nicholas, « Der Fritsch-Brief vom 11. Dezember 1938 », *Vierteljahrshefte für Zeitgeschichte* 28, 1980, p. 360 *sq.*

Riedesser, Peter et Axel Verderber, *« Maschinengewehre hinter der Front ». Zur Geschichte der deutschen Militärpsychiatrie*, Francfort-sur-le-Main, 1996.

Rohkrämer, Thomas, *Der Militarismus der « kleinen Leute ». Die Kriegervereine im Deutschen Kaiserreich 1871-1914*, Munich, 1990.

Röhm, Eberhard, *Sterben für den Frieden. Spurensicherung : Hermann Stöhr (1898-1940) und die Ökumenische Friedensbewegung*, Stuttgart, 1985.

Röhr, Werner (éd.), en coll. avec Dietrich Eichholtz, Gerhart Hass et Wolfgang Wippermann, *Faschismus und Rassismus. Kontroversen um Ideologie und Opfer*, Berlin, 1992.

Rommel, Erwin, *La Guerre sans haine*, carnets présentés par Sir Basil H. Liddell Hart, Le Livre contemporain, 1960.

Rosenfeld, Günter, *Sowjetunion und Deutschland 1922-1933*, Berlin (-Est), 1983.

Ruchniewicz, Malgorzata et Krzyztof, « Die sowjetischen Kriegsverbrechen in Polen : Katyn 1940 », *in* Wette et Ueberschär, *Kriegsverbrechen*, p. 356-369.

Rückerl, Adalbert, *NS-Verbrechen vor Gericht. Versuch einer Vergangenheitsbewältigung*, Heidelberg (2e éd.), 1984.

Rückerl, Adalbert, *Die Strafverfolgung von NS-Verbrechen 1945-1978. Eine Dokumentation*, Heidelberg et Karlsruhe, 1979.

Rürup, Reinhard (éd.), *Berlin 1945. Eine Dokumentation*, Berlin (2e éd.), 1995.

Rüss, Hartmut, « Wer war verantwortlich für das Massaker von Babij Jar ? », *Militärgeschichtliche Mitteilungen*, vol. 57/1998, p. 483-508.

Sabrow, Martin, *Der Rathenaumord. Rekonstruktion einer Verschwörung gegen die Republik von Weimar*, Munich, 1994.

Salewski, Michael, « Die bewaffnete Macht im Dritten Reich 1933-1939 », in *Deutsche Militärgeschichte in sechs Bänden 1648-1939*, vol. 4, Herrsching, 1983, section VII.

Sauer, Wolfgang, « Die Mobilmachung der Gewalt », in Karl Dietrich Bracher, Wolfgang Sauer et Gerhard Schulz, *Die nationalsozialistische Machtergreifung. Studien zur Errichtung des totalitären Herrschaftssystems Deutschland 1933/34*, vol. III, Francfort-sur-le-Main, Berlin et Vienne, 1974.

Schafranek, Hans et Robert Streibel (éd.), *22. Juni 1941. Der Überfall auf die Sowjetunion*, Vienne, 1991.

Scheel, Wolfgang, *Der Tag von Potsdam*, Berlin, 1996.

Schneider, Christian, *Denkmal Manstein. Psychogramm eines Befehlhabers*, *in* Heer et Naumann, *Vernichtungskrieg*, p. 402-417.

Schoenaich, Paul Freiherr von, *Vom vorigen zum nächsten Krieg*, Berlin, 1925.

Schornstheimer, Michael, « “Harmlose Idealisten und draufgängerische Soldaten”. Militär und Krieg in den Illustriertenromanen der fünfziger Jahre », *in* Heer et Naumann, *Vernichtungskrieg*, p 634-650.

Schornstheimer, Michael, *Die leuchtenden Augen der Frontsoldaten. Nationalsozialismus und Krieg in den Illustriertenromanen der Nachkriegszeit,* Berlin, 1995.

Schramm, Percy Ernst (éd.), *Die Niederlage 1945. Aus dem Kriegstagebuch des Oberkommandos der Wehrmacht*, Munich (2e éd.), 1985.

Schreiber, Gerhard, *Deutsche Kriegsverbrechen in Italien. Täter, Opfer, Strafverfolgung*, Munich, 1996.

Schreiber, Gerhard, *Die italienischen Militärinternierten im deutschen Machtbereich 1943 bis 1945. Verraten-Verachtet-Vergessen*, Munich, 1990.

Schreiber, Gerhard, *Revisionismus und Weltmachtstreben. Marineführung und deutsch-italienische Beziehungen 1919-1944*, Stuttgart, 1978.

Schröder, Hans Joachim, « "Man kam sich da vor wie ein Stück Dreck". Schikane in der Militärausbildung des Dritten Reiches », *in* Wette, *Krieg des kleinen Mannes*, p. 183-198.

Schröder, Hans Joachim, *Die gestohlenen Jahre. Erzählgeschichten und Geschichtserzählung im Interview : Der Zweite Weltkrieg aus der Sicht ehemaliger Mannschaftssoldaten*, Tübingen, 1992.

Schröder, Hans Joachim, « Die Vergegenwärtigung des Zweiten Weltkrieges in biographischen Interviewerzählungen », *Militärgeschichtliche Mitteilungen* 49, 1991, p. 9-37.

Schröder, Hans Joachim: « "Ich hänge hier, weil ich getürmt bin". Terror und Verfall im deutschen Militär bei Kriegsende 1945 », *in* Wette, *Krieg des kleinen Mannes*, p. 279-294.

Schröter, Heinz, *Stalingrad. « ... bis zur letzten Patrone »*. Osnabrück, 1953 ; rééd. Klagenfurt, 1970.

Schubert, Klaus von, *Wiederbewaffnung und Westintegration. Die innere Auseinandersetzung um die militärische und aussenpolitische Orientierung der Bundesrepublik 1950-1952*, Stuttgart, 1970.

Schwarzmüller, Theo, *Zwischen Kaiser und « Führer ». Generalfeldmarschall August von Mackensen. Eine politische Biographie*, Paderborn (2e éd.), 1996.

Schwendemann, Heinrich, « Endkampf und Zusammenbruch im deutschen Osten », *Freiburger Universitatsblätter* 130, 1995, p. 9-27.

Schwendemann, Heinrich, « Strategie der Selbstvernichtung: Die Wehrmachtführung im "Endkampf" um das "Dritte Reich" », *in* Müller et Volkmann, *Wehrmacht*, p. 224-244.

Segall, Jakob, *Die deutschen Juden als Soldaten im Kriege 1914/18*, Berlin, 1921.

Simpson, Christopher, *Der amerikanische Bumerang. NS-Kriegsverbrecher im Sold der USA*, Vienne, 1988.

Smelser, Ronald et Enrico Syring (éd.), *Die Militärelite des Dritten Reiches. 27 biographische Skizzen*, Berlin, Francfort-sur-le-Main, 1995.

Staatsbibliothek Preussischer Kulturbesitz (éd.), *Flugblattpropaganda im 2. Weltkrieg. Ausstellung 4. September-5. November 1980*, Berlin, 1980 (catalogue d'exposition).

Stahlberg, Alexander, *Die verdammte Pflicht. Erinnerungen 1932 bis 1945*, Berlin, Francfort-sur-le-Main, 1987.

Steinert, Marlis G., *Hitlers Krieg und die Deutschen. Stimmung und Haltung der deutschen Bevölkerung im Zweiten Weltkrieg*, Düsseldorf et Vienne, 1970.

Steinert, Marlis G., *Die 23 Tage der Regierung Dönitz*, Düsseldorf, 1967.

Steininger, P.A., *Der Nürnberger Prozess. Aus den Protokollen, Dokumenten und Materialien des Prozesses gegen die Hauptkriegsverbrecher vor dem Internationalen Militärgerichtshof*, choix et introduction de P. A. Steininger, vol. 1, Berlin-Est 2e éd., 1957.

Streim, Alfred, « Saubere Wehrmacht ? Die Verfolgung von Kriegs- und NS-Verbrechen in der Bundesrepublik und in der DDR », *in* Heer et Naumann (éd.), *Vernichtungskrieg*, p. 569-597.

Streit, Christian, *Keine Kameraden. Die Wehrmacht und die sowjetischen Kriegsgefangenen 1941-1945*, Stuttgart, 1978.

Stumpf, Reinhard, *Die Wehrmacht-Elite. Rang- und Herkunftsstruktur der deutschen Generale und Admirale 1933-1945*, Boppard am Rhein, 1982.

Stumpf, Richard, *Warum die Flotte zerbrach. Kriegstagebuch eines christlichen Arbeiters*, Berlin, 1927.

Sywottek, Arnold, « Die Sowjetunion aus westdeutscher Sicht seit 1945 », *in* Niedhart, *Westen*, p. 289-262.

Taylor, Telford, *Die Nürnberger Prozesse. Kriegsverbrechen und Völkerrecht*, Zurich, 1951.

Trials of War Criminals before the Nuernberg Military Tribunals under Control Council Law No. 10. Nuernberg October 1946-April 1949, 15 vol., Washington, United States Govermnent Printing Office, 1951.

Tutorow, Norman E. (éd.), *War Crimes, War Criminals, and War Crimes Trials. An Annotated Bibliography and Source Book,* New York, Westport, Londres, 1986.

Ueberschär, Gerd R., « Der Mord an den Juden und der Ostkrieg. Zum Forschungsstand über den Holocaust », *in* Lichtenstein et Romberg, *Täter*, p. 49-81.

Ueberschär, Gerd R. (éd.), *Hitlers militärische Elite*, 2 vol., Darmstadt, 1998.

Ueberschär, Gerd R. (éd.), *Der 20. Juli 1944. Bewertung und Rezeption des deutschen Widerstandes gegen das NS-Regime*, Cologne, 1994.

Ueberschär, Gerd R., *Generaloberst Franz Halder. Generalstabschef, Gegner und Gefangener Hitlers*, Göttingen et Zurich, 1991.

Ueberschär, Gerd R., « Die Haltung deutscher Widerstandskreise zu Hitlers Russlandpolitik und Ostkrieg », *in* Goldschmidt, *Frieden*, p. 117-134.

Ueberschär, Gerd R. et Winfried Vogel, *Dienen und Verdienen. Hitlers Geschenke an seine Eliten*, Francfort-sur-le-Main, 1999.

Ueberschär, Gerd R. et Wolfram Wette (éd.), *« Unternehmen Barbarossa ». Der deutsche Überfall auf die Sowjetunion 1941*, Paderborn, 1984. Édition de poche sous le titre *Der deutsche Überfall auf die Sowjetunion. « Unternehmen Barbarossa » 1941*, Francfort-sur-le-Main, 1991.

Uhlig, Heinrich, « Der verbrecherische Befehl. Eine Diskussion und ihre historisch-dokumentarischen Grundlagen », *in* Europäische Publikation e.V. (éd.), *Vollmacht des Gewissens*, vol. II, Francfort-sur-le-Main et Berlin, 1965, p. 284-410.

Verein zur Abwehr des Antisemitismus (éd.), *Die Juden im Heere*, Berlin, 1910.

Vernichtungskrieg. Verbrechen der Wehrmacht 1941 bis 1945, catalogue d'exposition, Hamburger Institut für Sozialforschung (éd.), Hambourg, 1996.

Vogelsang, Thilo, « Neue Dokumente zur Geschichte der Reichswehr 1930-1933 », *Vierteljahrshefte für Zeitgeschichte* 2, 1954, p. 434 *sq*.

Volkmann, Hans-Erich (éd.), *Ende des Dritten Reiches – Ende des Zweiten Weltkrieges. Eine perspektivische Rückschau*, Munich et Zurich, 1995.

Volkmann, Hans-Erich (éd.), *Das Russlandbild im Dritten Reich*, Vienne et Munich, 1994.

Volkov, Shulamit, *Die Juden in Deutschland 1780-1918*, Munich, 1994.

Wegmann, Günter, *« Das Oberkommando der Wehrmacht gibt bekannt ... ». Der deutsche Wehrmachtbericht. Vollständige Ausgabe der 1939 bis 1945 durch Presse und Rundfunk veröffentlichten Texte*, 3 vol., Osnabrück, 1982.

Wegner, Bernd, « Hitler, der Zweite Weltkrieg und die Choreographie des Untergangs », *Geschichte und Gesellschaft* 26, 2000, n° 3, p. 492-518.

Wegner, Bernd (éd.), *Zwei Wege nach Moskau. Vom Hitler-Stalin-Pakt zum « Unternehmen Barbarossa »*, Munich et Zurich, 1991.

Wegner, Bernd, « Erschriebene Siege. Franz Halder, die "Historical Division" und die Rekonstruktion des Zweiten Weltkrieges im Geiste des deutschen Generalstabes », *in* Hansen, Schreiber et Wegner, *Politischer Wandel*, p. 287-302.

Weiss, John, *Der lange Weg zum Holocaust. Die Geschichte der Judenfeindschaft in Deutschland und Österreich*, Hambourg, 1997.

West-östliche Spiegelungen, série A, vol. 3, *Russen und Russland aus deutscher Sicht. 19. Jahrhundert*, Munich, 1992.

West-östliche Spiegelungen, série A, vol. 1, *Russen und Russland aus deutscher Sicht. 9.-17. Jahrhundert*, Munich, 1985.

Westphal, Siegfried, *Der deutsche Generalstab auf der Anklagebank, Nürnberg 1945-1948*, Mayence, 1978.

Westphal, Siegfried, *Heer in Fesseln. Aus den Papieren des Stabschefs von Rommel, Kesselring und Rundstedt*, Bonn, 1964.

Wette, Wolfram, *Kriegstheorien deutscher Sozialisten. Marx, Engels, Lassalle, Bernstein, Kautsky, Luxemburg. Ein Beitrag zur Friedensforschung*, Stuttgart et autres, 1971.

Wette, Wolfram, *Gustav Noske. Eine politische Biographie*, Düsseldorf (2e éd.), 1987.

Wette, Wolfram, « Das Massensterben als "Heldenepos". Stalingrad in der NS-Propaganda », *in* Wette et Ueberschär, *Stalingrad*, p. 43-60.

Wette, Wolfram, « Das Russlandbild in der NS-Propaganda. Ein Problemaufriss », *in* Volkmann, *Russlandbild*, p. 55-78.

Wette, Wolfram, « Deutsche Erfahrungen mit der Wehrpflicht 1918-1945. Abschaffung in der Republik und Wiedereinführung in der Diktatur », *in* Foerster, *Wehrpflicht*, p. 91-106.

Wette, Wolfram, « Die deutsche militärische Führungsschicht in den Nachkriegszeiten », *in* Niedhart et Riesenberger, *Lernen*, p. 39-66.

Wette, Wolfram, « Die propagandistische Begleitmusik zum deutschen Überfall auf die Sowjetunion am 22. Juni 1941 », *in* Ueberschär et Wette, *Überfall*, p. 45-65.

Wette, Wolfram (éd.), *Der Krieg des kleinen Mannes. Eine Militärgeschichte von unten*, Munich et Zurich (2e éd.), 1995.

Wette, Wolfram (éd.), *Militarismus in Deutschland 1871 bis 1945. Zeitgenössische Analyse und Kritik*, Münster, Hambourg et Londres, 1999.

Wette, Wolfram (éd.), *Deserteure der Wehrmacht. Feiglinge, Opfer, Hoffnungsträger ? Dokumentation eines Meinungswandels*, Essen, 1995.

Wette, Wolfram et Gerd R. Ueberschär (éd.), *Kriegsverbrechen im 20. Jahrhundert*, Darmstadt, 2001.

Wette, Wolfram et Gerd R. Ueberschär (éd.), *Stalingrad. Mythos und Wirklichkeit einer Schlacht*, Francfort-sur-le-Main, 1992.

Wette, Wolfram, Ricarda Bremer et Detlef Yogel (éd.), *Das letzte halbe Jahr. Stimmungsberichte der Wehrmachtpropaganda 1944/45*, Essen, 2001.

Wiehn, Erhard Roy (éd.), *Die Schoah von Babij Jar. Das Massaker deutscher Sonderkommandos an der jüdischen Bevölkerung von Kiew 1941 fünfzig Jahre danach zum Gedenken*, Constance, 1991.

Wilhelm, Hans-Heinrich, *Rassenpolitik und Kriegführung. Sicherheitspolizei und Wehrmacht in Polen und der Sowjetunion*, Passau, 1991.

Williams, Robert C., *The Russian Soul. A Study of European Thought and Non European Nationalism*, *Journal of the History of Ideas* 31, 1970, p. 573-588.

Wohlfeil, Rainer, *Heer und Republik*, Francfort-sur-le-Main, 1970 (= *Handbuch zur deutschen Militärgeschichte 1648-1939*), partie VI : *Reichswehr und Republik (1918-1933)*.

Wohlfeil, Rainer et Hans Dollinger, *Die deutsche Reichswehr. Bilder, Dokumente, Texte. Zur Geschichte des Hunderttausend-Mann-Heer 1919-1933*, Wiesbaden, 1977.

Wood, E.Th. et St.M. Jankowski, *Jan Karski. Einer gegen den Holocaust*, Gerlingen, 1997.

Wüllner, Fritz, *Die Militärjustiz und das Elend der Geschichtsschreibung. Ein grundlegender Forschungsbericht*, Baden-Baden, 1991.

Zahn, Gordon, *Er folgte seinem Gewissen. Das einsame Zeugnis des Franz Jagerstätter*, traduit de l'anglais, Graz, Vienne et Cologne, 1967.

Zarusky, Jürgen, *Die deutschen Sozialdemokraten und das sowjetische Modell. Ideologische Auseinandersetzung und aussenpolitische Konzeptionen 1917-1933*, Munich, 1992.

Zeidler, Manfred, « Das Bild der Wehrmacht von Russland und der Rote Armee zwischen 1933 und 1939 », *in* Volkmann, *Russlandbild*, p. 10-123.

Zeidler, Manfred, *Reichswehr und Rote Armee 1920-1933. Wege und Stationen einer ungewöhnlichen Zusammenarbeit*, Munich, 1993.

Zentner, Christian et Friedemann Bedürftig (éd.), *Das grosse Lexikon des Zweiten Weltkrieges*, Munich, 1988.

Zentner, Christian et Friedemann Bedürftig (éd.), *Das grosse Lexikon des Dritten Reiches*, Munich, 1985.

Zimmermann, Moshe, *Die deutschen Juden 1914-1945*, Munich, 1997.

Index des noms de lieux

Index des noms de personnes

Table

collection tempus
Perrin

Déjà paru

1. *Histoire des femmes en Occident* (dir. Michelle Perrot, Georges Duby), *L'Antiquité* (dir. Pauline Schmitt Pantel).
2. *Histoire des femmes en Occident* (dir. Michelle Perrot, Georges Duby), *Le Moyen Âge* (dir. Christiane Klapisch-Zuber).
3. *Histoire des femmes en Occident* (dir. Michelle Perrot, Georges Duby), *XVIe-XVIIIe siècle* (dir. Natalie Zemon Davis, Arlette Farge).
4. *Histoire des femmes en Occident* (dir. Michelle Perrot, Georges Duby), *Le XIXe siècle* (dir. Michelle Perrot, Geneviève Fraisse).
5. *Histoire des femmes en Occident* (dir. Michelle Perrot, Georges Duby), *Le XXe siècle* (dir. Françoise Thébaud).
6. *L'épopée des croisades* – René Grousset.
7. *La bataille d'Alger* – Pierre Pellissier.
8. *Louis XIV* – Jean-Christian Petitfils.
9. *Les soldats de la Grande Armée* – Jean-Claude Damamme.
10. *Histoire de la Milice* – Pierre Giolitto.
11. *La régression démocratique* – Alain-Gérard Slama.
12. *La première croisade* – Jacques Heers.
13. *Histoire de l'armée française* – Philippe Masson.
14. *Histoire de Byzance* – John Julius Norwich.
15. *Les Chevaliers teutoniques* – Henry Bogdan.
16. *Mémoires, Les champs de braises* – Hélie de Saint Marc.
17. *Histoire des cathares* – Michel Roquebert.
18. *Franco* – Bartolomé Bennassar.
19. *Trois tentations dans l'Église* – Alain Besançon.
20. *Le monde d'Homère* – Pierre Vidal-Naquet.
21. *La guerre à l'Est* – August von Kageneck.
22. *Histoire du gaullisme* – Serge Berstein.
23. *Les Cent-Jours* – Dominique de Villepin.
24. *Nouvelle histoire de la France*, tome I – Jacques Marseille.
25. *Nouvelle histoire de la France*, tome II – Jacques Marseille.
26. *Histoire de la Restauration* – Emmanuel de Waresquiel et Benoît Yvert.

27. *La Grande Guerre des Français* – Jean-Baptiste Duroselle.
28. *Histoire de l'Italie* – Catherine Brice.
29. *La civilisation de l'Europe à la Renaissance* – John Hale.
30. *Histoire du Consulat et de l'Empire* – Jacques-Olivier Boudon.
31. *Les Templiers* – Laurent Daillez.
32. *Madame de Pompadour* – Évelyne Lever.
33. *La guerre en Indochine* – Georges Fleury.
34. *De Gaulle et Churchill* – François Kersaudy.
35. *Le passé d'une discorde* – Michel Abitbol.
36. *Louis XV* – François Bluche.
37. *Histoire de Vichy* – Jean-Paul Cointet.
38. *La bataille de Waterloo* – Jean-Claude Damamme.
39. *Pour comprendre la guerre d'Algérie* – Jacques Duquesne.
40. *Louis XI* – Jacques Heers.
41. *La bête du Gévaudan* – Michel Louis.
42. *Histoire de Versailles* – Jean-François Solnon.
43. *Voyager au Moyen Âge* – Jean Verdon.
44. *La Belle Époque* – Michel Winock.
45. *Les manuscrits de la mer Morte* – Michael Wise, Martin Abegg Jr. & Edward Cook.
46. *Histoire de l'éducation*, tome I – Michel Rouche.
47. *Histoire de l'éducation*, tome II – François Lebrun, Marc Venard, Jean Quéniart.
48. *Les derniers jours de Hitler* – Joachim Fest.
49. *Zita impératrice courage* – Jean Sévillia.
50. *Histoire de l'Allemagne* – Henry Bogdan.
51. *Lieutenant de panzers* – August von Kageneck.
52. *Les hommes de Dien Bien Phu* – Roger Bruge.
53. *Histoire des Français venus d'ailleurs* – Vincent Viet.
54. *La France qui tombe* – Nicolas Baverez.
55. *Histoire du climat* – Pascal Acot.
56. *Charles Quint* – Philippe Erlanger.
57. *Le terrorisme intellectuel* – Jean Sévillia.
58. *La place des bonnes* – Anne Martin-Fugier.
59. *Les grands jours de l'Europe* – Jean-Michel Gaillard.
60. *Georges Pompidou* – Éric Roussel.
61. *Les États-Unis d'aujourd'hui* – André Kaspi.
62. *Le masque de fer* – Jean-Christian Petitfils.
63. *Le voyage d'Italie* – Dominique Fernandez.
64. *1789, l'année sans pareille* – Michel Winock.

65. *Les Français du Jour J* – Georges Fleury.
66. *Padre Pio* – Yves Chiron.
67. *Naissance et mort des Empires.*
68. *Vichy 1940-1944* – Jean-Pierre Azéma, Olivier Wieviorka.
69. *L'Arabie Saoudite en guerre* – Antoine Basbous.
70. *Histoire de l'éducation*, tome III – Françoise Mayeur.
71. *Histoire de l'éducation*, tome IV – Antoine Prost.
72. *La bataille de la Marne* – Pierre Miquel.
73. *Les intellectuels en France* – Pascal Ory, Jean-François Sirinelli.
74. *Dictionnaire des pharaons* – Pascal Vernus, Jean Yoyotte.
75. *La Révolution américaine* – Bernard Cottret.
76. *Voyage dans l'Égypte des Pharaons* – Christian Jacq.
77. *Histoire de la Grande-Bretagne* – Roland Marx, Philippe Chassaigne.
78. *Histoire de la Hongrie* – Miklós Molnar.
79. *Chateaubriand* – Ghislain de Diesbach.
80. *La Libération de la France* – André Kaspi.
81. *L'empire des Plantagenêt* – Martin Aurell.
82. *La Révolution française* – Jean-Paul Bertaud.
83. *Les Vikings* – Régis Boyer.
84. *Examen de conscience* – August von Kageneck.
85. *1905, la séparation des Églises et de l'État.*
86. *Les femmes cathares* – Anne Brenon.
87. *L'Espagne musulmane* – André Clot.
88. *Verdi et son temps* – Pierre Milza.
89. *Sartre* – Denis Bertholet.
90. *L'avorton de Dieu* – Alain Decaux.
91. *La guerre des deux France* – Jacques Marseille.
92. *Honoré d'Estienne d'Orves* – Étienne de Montety.
93. *Gilles de Rais* – Jacques Heers.
94. *Laurent le Magnifique* – Jack Lang.
95. *Histoire de Venise* – Alvise Zorzi.
96. *Le malheur du siècle* – Alain Besançon.
97. *Fouquet* – Jean-Christian Petitfils.
98. *Sissi, impératrice d'Autriche* – Jean des Cars.
99. *Histoire des Tchèques et des Slovaques* – Antoine Marès.
100. *Marie Curie* – Laurent Lemire.
101. *Histoire des Espagnols*, tome I – Bartolomé Bennassar.
102. *Pie XII et la Seconde Guerre mondiale* – Pierre Blet.
103. *Histoire de Rome*, tome I – Marcel Le Glay.

104. *Histoire de Rome*, tome II – Marcel Le Glay.
105. *L'État bourguignon 1363-1477* – Bertrand Schnerb.
106. *L'Impératrice Joséphine* – Françoise Wagener.
107. *Histoire des Habsbourg* – Henry Bogdan.
108. *La Première Guerre mondiale* – John Keegan.
109. *Marguerite de Valois* – Éliane Viennot.
110. *La Bible arrachée aux sables* – Werner Keller.
111. *Le grand gaspillage* – Jacques Marseille.
112. *« Si je reviens comme je l'espère » : lettres du front et de l'Arrière, 1914-1918* – Marthe, Joseph, Lucien et Marcel Papillon.
113. *Le communisme* – Marc Lazar.
114. *La guerre et le vin* – Donald et Petie Kladstrup.
115. *Les chrétiens d'Allah* – Lucile et Bartolomé Bennassar.
116. *L'Égypte de Bonaparte* – Jean-Joël Brégeon.
117. *Les empires nomades* – Gérard Chaliand.
118. *La guerre de Trente Ans* – Henry Bogdan.
119. *La bataille de la Somme* – Alain Denizot.
120. *L'Église des premiers siècles* – Maurice Vallery-Radot.
121. *L'épopée cathare*, tome I, *L'invasion* – Michel Roquebert.
122. *L'homme européen* – Jorge Semprún, Dominique de Villepin.
123. *Mozart* – Pierre-Petit.
124. *La guerre de Crimée* – Alain Gouttman.
125. *Jésus et Marie-Madeleine* – Roland Hureaux.
126. *L'épopée cathare*, tome II, *Muret ou la dépossession* – Michel Roquebert.
127. *De la guerre* – Carl von Clausewitz.
128. *La fabrique d'une nation* – Claude Nicolet.
129. *Quand les catholiques étaient hors la loi* – Jean Sévillia.
130. *Dans le bunker de Hitler* – Bernd Freytag von Loringhoven et François d'Alançon.
131. *Marthe Robin* – Jean-Jacques Antier.
132. *Les empires normands d'Orient* – Pierre Aubé.
133. *La guerre d'Espagne* – Bartolomé Bennassar.
134. *Richelieu* – Philippe Erlanger.
135. *Les Mérovingiennes* – Roger-Xavier Lantéri.
136. *De Gaulle et Roosevelt* – François Kersaudy.
137. *Historiquement correct* – Jean Sévillia.
138. *L'actualité expliquée par l'Histoire.*
139. *Tuez-les tous ! La guerre de religion à travers l'histoire* – Élie Barnavi, Anthony Rowley.

140. *Jean Moulin* – Jean-Pierre Azéma.
141. *Nouveau monde, vieille France* – Nicolas Baverez.
142. *L'Islam et la Raison* – Malek Chebel.
143. *La gauche en France* – Michel Winock.
144. *Malraux* – Curtis Cate.
145. *Une vie pour les autres. L'aventure du père Ceyrac* – Jérôme Cordelier.
146. *Albert Speer* – Joachim Fest.
147. *Du bon usage de la guerre civile en France* – Jacques Marseille.
148. *Raymond Aron* – Nicolas Baverez.
149. *Joyeux Noël* – Christian Carion.
150. *Frères de tranchées* – Marc Ferro.
151. *Histoire des croisades et du royaume franc de Jérusalem*, tome I, *1095-1130, L'anarchie musulmane* – René Grousset.
152. *Histoire des croisades et du royaume franc de Jérusalem*, tome II, *1131-1187, L'équilibre* – René Grousset.
153. *Histoire des croisades et du royaume franc de Jérusalem*, tome III, *1188-1291, L'anarchie franque* – René Grousset.
154. *Napoléon* – Luigi Mascilli Migliorini.
155. *Versailles, le chantier de Louis XIV* – Frédéric Tiberghien.
156. *Le siècle de saint Bernard et Abélard* – Jacques Verger, Jean Jolivet.
157. *Juifs et Arabes au XX*e *siècle* – Michel Abitbol.
158. *Par le sang versé. La Légion étrangère en Indochine* – Paul Bonnecarrère.
159. *Napoléon III* – Pierre Milza.
160. *Staline et son système* – Nicolas Werth.
161. *Que faire ?* – Nicolas Baverez.
162. *Stratégie* – B. H. Liddell Hart.
163. *Les populismes* (dir. Jean-Pierre Rioux).
164. *De Gaulle, 1890-1945*, tome I – Éric Roussel.
165. *De Gaulle, 1946-1970*, tome II – Éric Roussel.
166. *La Vendée et la Révolution* – Jean-Clément Martin.
167. *Aristocrates et grands bourgeois* – Éric Mension-Rigau.
168. *La campagne d'Italie* – Jean-Christophe Notin.
169. *Lawrence d'Arabie* – Jacques Benoist-Méchin.
170. *Les douze Césars* – Régis F. Martin.
171. *L'épopée cathare*, tome III, *Le lys et la croix* – Michel Roquebert.

172. *L'épopée cathare*, tome IV, *Mourir à Montségur* – Michel Roquebert.
173. *Henri III* – Jean-François Solnon.
174. *Histoires des Antilles françaises* – Paul Butel.
175. *Rodolphe et les secrets de Mayerling* – Jean des Cars.
176. *Oradour, 10 juin 1944* – Sarah Farmer.
177. *Volontaires français sous l'uniforme allemand* – Pierre Giolitto.
178. *Chute et mort de Constantinople* – Jacques Heers.
179. *Nouvelle histoire de l'Homme* – Pascal Picq.
180. *L'écriture. Des hiéroglyphes au numérique.*
181. *C'était Versailles* – Alain Decaux.
182. *De Raspoutine à Poutine* – Vladimir Fedorovski.
183. *Histoire de l'esclavage aux États-Unis* – Claude Fohlen.
184. *Ces papes qui ont fait l'histoire* – Henri Tincq.
185. *Classes laborieuses et classes dangereuses* – Louis Chevalier.
186. *Les enfants soldats* – Alain Louyot.
187. *Premiers ministres et présidents du Conseil* – Benoît Yvert.
188. *Le massacre de Katyn* – Victor Zaslavsky.
189. *Enquête sur les apparitions de la Vierge* – Yves Chiron.
190. *L'épopée cathare*, tome V, *La fin des Amis de Dieu* – Michel Roquebert.
191. *Histoire de la diplomatie française*, tome I.
192. *Histoire de la diplomatie française*, tome II.
193. *Histoire de l'émigration* – Ghislain de Diesbach.
194. *Le monde des Ramsès* – Claire Lalouette.
195. *Bernadette Soubirous* – Anne Bernet.
196. *Cosa Nostra. La mafia sicilienne de 1860 à nos jours* – John Dickie.
197. *Les mensonges de l'Histoire* – Pierre Miquel.
198. *Les négriers en terres d'islam* – Jacques Heers.
199. *Nelson Mandela* – Jack Lang.
200. *Un monde de ressources rares* – Le Cercle des économistes et Érik Orsenna.
201. *L'histoire de l'univers et le sens de la création* – Claude Tresmontant.
202. *Ils étaient sept hommes en guerre* – Marc Ferro.
203. *Précis de l'art de la guerre* – Antoine-Henri Jomini.
204. *Comprendre les États-Unis d'aujourd'hui* – André Kaspi.
205. *Tsahal* – Pierre Razoux.
206. *Pop philosophie* – Mehdi Belahj Kacem, Philippe Nassif.

207. *Le roman de Vienne* – Jean des Cars.
208. *Hélie de Saint Marc* – Laurent Beccaria.
209. *La dénazification* (dir. Marie-Bénédicte Vincent).
210. *La vie mondaine sous le nazisme* – Fabrice d'Almeida.
211. *Comment naissent les révolutions.*
212. *Comprendre la Chine d'aujourd'hui* – Jean-Luc Domenach.
213. *Le second Empire* – Pierre Miquel.
214. *Les papes en Avignon* – Dominique Paladilhe.
215. *Jean Jaurès* – Jean-Pierre Rioux.
216. *La Rome des Flaviens* – Catherine Salles.
217. *6 juin 44* – Jean-Pierre Azéma, Philippe Burrin, Robert O. Paxton.
218. *Eugénie, la dernière impératrice* – Jean des Cars.
219. *L'homme Robespierre* – Max Gallo.
220. *Les Barbaresques* – Jacques Heers.
221. *L'élection présidentielle en France, 1958-2007* – Michel Winock.
222. *Histoire de la Légion étrangère* – Georges Blond.
223. *1 000 ans de jeux Olympiques* – Moses I. Finley, H. W. Pleket.
224. *Quand les Alliés bombardaient la France* – Eddy Florentin.
225. *La crise des années 30 est devant nous* – François Lenglet.
226. *Le royaume wisigoth d'Occitanie* – Joël Schmidt.
227. *L'épuration sauvage* – Philippe Bourdrel.
228. *La révolution de la Croix* – Alain Decaux.
229. *Frédéric de Hohenstaufen* – Jacques Benoist-Méchin.
230. *Savants sous l'Occupation* – Nicolas Chevassus-au-Louis.
231. *Moralement correct* – Jean Sévillia.
232. *Claude Lévi-Strauss, le passeur de sens* – Marcel Hénaff.
233. *Le voyage d'automne* – François Dufay.
234. *Erbo, pilote de chasse* – August von Kageneck.
235. *L'éducation des filles en France au XIXe siècle* – Françoise Mayeur.
236. *Histoire des pays de l'Est* – Henry Bogdan.
237. *Les Capétiens* – François Menant, Hervé Martin, Bernard Merdrignac, Monique Chauvin.
238. *Le roi, l'empereur et le tsar* – Catrine Clay.
239. *Neanderthal* – Marylène Patou-Mathis.
240. *Judas, de l'Évangile à l'Holocauste* – Pierre-Emmanuel Dauzat.
241. *Le roman vrai de la crise financière* – Olivier Pastré, Jean-Marc Sylvestre.
242. *Comment l'Algérie devint française* – Georges Fleury.
243. *Le Moyen Âge, une imposture* – Jacques Heers.

244. *L'île aux cannibales* – Nicolas Werth.
245. *Policiers français sous l'Occupation* – Jean-Marc Berlière.
246. *Histoire secrète de l'Inquisition* – Peter Godman.
247. *La guerre des capitalismes aura lieu* – Le Cercle des économistes (dir. Jean-Hervé Lorenzi).
248. *Les guerres bâtardes* – Arnaud de La Grange, Jean-Marc Balencie.
249. *De la croix de fer à la potence* – August von Kageneck.
250. *Nous voulions tuer Hitler* – Philipp Freiherr von Boeselager.
251. *Le soleil noir de la puissance, 1796-1807* – Dominique de Villepin.
252. *L'aventure des Normands, VIIIe- XIIIe siècle* – François Neveux.
253. *La spectaculaire histoire des rois des Belges* – Patrick Roegiers.
254. *L'islam expliqué par* – Malek Chebel.
255. *Pour en finir avec Dieu* – Richard Dawkins.
256. *La troisième révolution américaine* – Jacques Mistral.
257. *Les dernières heures du libéralisme* – Christian Chavagneux.
258. *La Chine m'inquiète* – Jean-Luc Domenach.
259. *La religion cathare* – Michel Roquebert.
260. *Histoire de la France*, tome I, *1900-1930* – Serge Berstein, Pierre Milza.
261. *Histoire de la France*, tome II, *1930-1958* – Serge Berstein, Pierre Milza.
262. *Histoire de la France*, tome III, *1958 à nos jours* – Serge Berstein, Pierre Milza.
263. *Les Grecs et nous* – Marcel Detienne.
264. *Deleuze* – Alberto Gualandi.
265. *Le réenchantement du monde* – Michel Maffesoli.
266. *Spinoza* – André Scala.
267. *Les Français au quotidien, 1939-1949* – Éric Alary, Bénédicte Vergez-Chaignon, Gilles Gauvin.
268. *Teilhard de Chardin* – Jacques Arnould.
269. *Jeanne d'Arc* – Colette Beaune.
270. *Crises, chaos et fins de monde.*
271. *Auguste* – Pierre Cosme.
272. *Histoire de l'Irlande* – Pierre Joannon.
273. *Les inconnus de Versailles* – Jacques Levron.
274. *Ils ont vécu sous le nazisme* – Laurence Rees.
275. *La nuit au Moyen Âge* – Jean Verdon.
276. *Ce que savaient les Alliés* – Christian Destremau.

277. *François Ier* – Jack Lang.
278. *Alexandre le Grand* – Jacques Benoist-Méchin.
279. *L'Égypte des Mamelouks* – André Clot.
280. *Les valets de chambre de Louis XIV* – Mathieu Da Vinha.
281. *Les grands sages de l'Égypte ancienne* – Christian Jacq.
282. *Armagnacs et Bourguignons* – Bertrand Schnerb.
283. *La révolution des Templiers* – Simonetta Cerrini.
284. *Les crises du capitalisme.*
285. *Communisme et totalitarisme* – Stéphane Courtois.
286. *Les chasseurs noirs* – Christian Ingrao.
287. *Averroès* – Ali Benmakhlouf.
288. *Les guerres préhistoriques* – Lawrence H. Keeley.
289. *Devenir de Gaulle* – Jean-Luc Barré.
290. *Lyautey* – Arnaud Teyssier.
291. *Fin de monde ou sortie de crise ?* – Le Cercle des économistes (dir. Pierre Dockès et Jean-Hervé Lorenzi).
292. *Madame de Montespan* – Jean-Christian Petitfils.
293. *L'extrême gauche plurielle* – Philippe Raynaud.
294. *La guerre d'indépendance des Algériens* (prés. Raphaëlle Branche).
295. *La France de la Renaissance* – Arlette Jouanna.
296. *Verdun 1916* – Malcolm Brown.
297. *Lyotard* – Alberto Gualandi.
298. *Catherine de Médicis* – Jean-François Solnon.
299. *Le XXe siècle idéologique et politique* – Michel Winock.
300. *L'art nouveau en Europe* – Roger-Henri Guerrand.
301. *Les salons de la IIIe République* – Anne Martin-Fugier.
302. *Lutèce* – Joël Schmidt.
303. *Les aventurières de Dieu* – Elisabeth Dufourcq.
304. *Chiisme et politique au Moyen-Orient* – Laurence Louër.
305. *La chute ou l'Empire de la solitude 1807-1814* – Dominique de Villepin.
306. *Louis II de Bavière* – Jean des Cars.
307. *L'Égypte des grands pharaons* – Christian Jacq.
308. *La Deuxième Guerre mondiale* – John Keegan.
309. *Histoire du libertinage* – Didier Foucault.
310. *L'affaire Cicéron* – François Kersaudy.
311. *Les Gaulois contre les Romains* – Joël Schmidt.
312. *Le soufre et le moisi* – François Dufay.

313. *Histoire des Étrusques* – Jean-Marc Irollo.
314. *Le plaisir au Moyen Âge* – Jean Verdon.
315. *Cro Magnon* – Marcel Otte.
316. *La ligne de démarcation* – Éric Alary.
317. *Histoires de Berlin* – Bernard Oudin, Michèle Georges.
318. *Histoire de l'armée allemande* – Philippc Masson.
319. *La guerre de Cent Ans* – Georges Minois.
320. *La santé de Louis XIV* – Stanis Perez.
321. *La mémoire des pieds-noirs* – Joëlle Hureau.
322. *Pascal* – Francesco Paolo Adorno.
323. *Dictionnaire culturel de la Bible.*
324. *Levinas* – François-David Sebbah.
325. *Histoire de la réforme protestante* – Bernard Cottret.
326. *Chronologie commentée de la Seconde Guerre mondiale* – André Kaspi.
327. *Chronologie commentée du Moyen Âge français* – Laurent Theis.
328. *Histoire de l'ordre de Malte* – Bertrand Galimard Flavigny.
329. *Histoire ignorée de la marine française* – Étienne Taillemite.
330. *Erich von Manstein* – Benoît Lemay.
331. *L'argent des Français* – Jacques Marseille.
332. *Leclerc* – Jean-Christophe Notin.
333. *Radio Londres* – Aurélie Luneau.
334. *Louis XII* – Didier Le Fur.
335. *Le chouan du Tyrol* – Jean Sévillia.
336. *Cléopâtre* – Jacques Benoist-Méchin.
337. *Les noirs américains* – Nicole Bacharan.
338. *Que sont les grands hommes devenus ?* – Jacques Julliard.
339. *La cour de Versailles aux xviie et xviiie siècles* – Jacques Levron.
340. *Simon de Montfort* – Michel Roquebert.
341. *Les deux terres promises* – Michel Abitbol.
342. *Histoire des instituteurs et des professeurs* – Béatrice Compagnon, Anne Thévenin.
343. *Baudouin IV de Jérusalem* – Pierre Aubé.
344. *Monet* – Pascal Bonafoux.
345. *La moisson des dieux* – Jean-Jacques Fiechter.
346. *La Terre est plate* – Thomas L. Friedman.
347. *La société d'indifférence* – Alain-Gérard Slama.
348. *Gaston Fébus* – Claudine Pailhès.
349. *La France perd la mémoire* – Jean-Pierre Rioux.

350. *Mémoires accessoires,* tome I, *1921-1946* – Philippe de Gaulle.
351. *Mémoires accessoires,* tome II, *1946-1982* – Philippe de Gaulle.
352. *11 novembre 1942, l'invasion de la zone libre* – Eddy Florentin.
353. *L'homme du* Monde, *la vie d'Hubert Beuve-Méry* – Laurent Greilsamer.
354. *Staline, la cour du tsar rouge,* tome I, *1929-1941* – Simon Sebag Montefiore.
355. *Staline, la cour du tsar rouge,* tome II, *1941-1953* – Simon Sebag Montefiore.
356. *Le 18 Brumaire* – Thierry Lentz.
357. *Louis XVI,* tome I, *1754-1786* – Jean-Christian Petitfils.
358. *Louis XVI,* tome II, *1786-1793* – Jean-Christian Petitfils.
359. *Histoire de la cuisine et de la gastronomie françaises* – Patrick Rambourg.
360. *L'Amérique des néo-conservateurs, l'illusion messianique* – Alain Frachon, Daniel Vernet.
361. *Du fascisme* – Pascal Ory.
362. *Histoire de la gendarmerie* – Éric Alary.
363. *Clemenceau* – Michel Winock.
364. *Le modèle suisse* – François Garçon.
365. *Une journée dans l'affaire Dreyfus, « J'accuse », 13 janvier 1898* – Alain Pagès.
366. *Ribbentrop* – Michael Bloch.
367. *Voyage au cœur de l'OAS* – Olivier Dard.
368. *Splendeurs et misères du fait divers* – Louis Chevalier.
369. *Christianisme et paganisme du IVe au VIIIe siècle* – Ramsay MacMullen.
370. *Mihailović, héros trahi par les Alliés (1893-1946)* – Jean-Christophe Buisson.
371. *La guerre civile européenne. National-socialisme et bolchevisme, 1917-1945* – Ernst Nolte.
372. *Rome et Jérusalem* – Martin Goodman.
373. *La chute de Saigon* – Olivier Todd.
374. *Les secrets du Vatican* – Bernard Lecomte.
375. *Madame de Staël* – Ghislain de Diesbach.
376. *L'irrésistible ascension de l'argent* – Niall Ferguson.
377. *Erwin Rommel* – Benoît Lemay.

378. *Histoire des Espagnols*, tome II – Bartolomé Bennassar.
379. *Les généraux allemands parlent* – Basil H. Liddell Hart.
380. *Google et le nouveau monde* – Bruno Racine.
381. *Histoire de France* – Jacques Bainville.
382. *Après le déluge* – Nicolas Baverez.
383. *Histoires de la Révolution et de l'Empire* – Patrice Gueniffey.
384. *Mille ans de langue française*, tome I, *Des origines au français moderne* – Alain Rey, Frédéric Duval, Gilles Siouffi.
385. *Mille ans de langue française*, tome II, *Nouveaux destins* – Alain Rey, Frédéric Duval, Gilles Siouffi.
386. *Juliette Gréco, une vie en liberté* – Bertrand Dicale.
387. *Le grand jeu de dupes* – Gabriel Gorodetsky.
388. *Des cendres en héritage. L'histoire de la CIA* – Tim Weiner.
389. *La Bastoche. Une histoire du Paris populaire et criminel* – Claude Dubois.
390. *Les Mitterrand* – Robert Schneider.
391. *L'étrange voyage de Rudolf Hess* – Martin Allen.
392. *Le monde post-américain* – Fareed Zakaria.
393. *Enquête sur les béatifications et les canonisations* – Yves Chiron.
394. *Histoire des paradis* – Pierre-Antoine Bernheim, Guy Stavridès.
395. *Margaret Thatcher* – Jean-Louis Thiériot.
396. *L'art de la guerre* – Nicolas Machiavel.
397. *Caligula* – Pierre Renucci.
398. *L'épopée du Normandie-Niémen* – Roland de la Poype.
399. *Stefan Zweig* – Dominique Bona.
400. *Louise de La Vallière* – Jean-Christian Petitfils.
401. *La saga des Grimaldi* – Jean des Cars.
402. *Jacques Pilhan, le sorcier de l'Élysée* – François Bazin.
403. *François-Joseph* – Jean-Paul Bled.
404. *La gauche à l'épreuve 1968-2011* – Jean-Pierre Le Goff.
405. *La vie élégante* – Anne Martin-Fugier.
406. *Le mur de Berlin* – Frederick Taylor.
407. *Naissance de la police moderne* – Jean-Marc Berlière.
408. *La guerre du Mexique* – Alain Gouttman.
409. *Les conflits du Proche-Orient* – Xavier Baron.
410. *L'Action française* – François Huguenin.
411. *Le duel, une passion française* – Jean-Joël Jeanneney.
412. *La bataille de Moscou* – Andrew Nagorski.
413. *Jean-Jacques Rousseau* – Monique et Bernard Cottret.

414. *Louis Massignon* – Christian Destremau, Jean Moncelon.
415. *Histoire politique de la Ve République* – Arnaud Teyssier.
416. *Le peuple de la nuit* – Diana Cooper-Richet.
417. *François-Ferdinand d'Autriche* – Jean-Louis Thiériot.
418. *Les dossiers secrets du XXe siècle* – Alain Decaux.
419. *Histoire de la papauté* – Yves Bruley.
420. *Anti*-Prince – François Sauzey.
421. *Jeanne d'Arc, vérités et légendes* – Colette Beaune.
422. *Heydrich et la solution finale* – Édouard Husson.
423. *Sainte Geneviève* – Joël Schmidt.
424. *Malesherbes* – Jean des Cars.
425. *Histoire de la Méditerranée* – John Julius Norwich.
426. *La guerre secrète*, tome I, *Origines des moyens spéciaux et premières victoires alliées* – Anthony Cave Brown.
427. *La guerre secrète*, tome II, *Le jour J et la fin du IIIe Reich* – Anthony Cave Brown.
428. *La droite, hier et aujourd'hui* – Michel Winock.
429. *L'obsession des frontières* – Michel Foucher.
430. *L'impardonnable défaite* – Claude Quétel.
431. *Le dernier empereur* – Jean Sévillia.
432. *Lucie Aubrac* – Laurent Douzou.
433. *Le déclin de Rome et la corruption du pouvoir* – Ramsay MacMullen.
434. *Le donjon et le clocher* – Éric Mension-Rigau.
435. *Histoire de l'Atlantique* – Paul Butel.
436. *Skorzeny, chef des commandos de Hitler* – Glenn B. Infield.
437. *Une histoire du XXe siècle*, tome I – Raymond Aron.
438. *Une histoire du XXe siècle*, tome II – Raymond Aron.
439. *Versailles après les rois* – Franck Ferrand.
440. *Précis de l'histoire de France* – Jules Michelet.
441. *L'assassinat d'Henri IV* – Jean-Christian Petitfils.
442. *De l'esprit de cour* – Dominique de Villepin.
443. *Figures de proue* – René Grousset.
444. *La saga des Hachémites* – Rémy Kauffer.
445. *Jacques et Raïssa Maritain* – Jean-Luc Barré.
446. *La chevalerie* – Dominique Barthélemy.
447. *Histoire de Rome* – Jean-Yves Boriaud.
448. *De Gaulle et l'Algérie française* – Michèle Cointet.
449. *Le clan des Médicis* – Jacques Heers.
450. *Histoire des grands-parents* – Vincent Gourdon.

451. *Histoire des grands scientifiques français* – Éric Sartori.
452. *Bir Hakeim* – François Broche.
453. *La mort de Napoléon* – Thierry Lentz.
454. *L'épopée de l'archéologie* – Jean-Claude Simoën.
455. *L'Égypte ancienne au jour le jour* – Christian Jacq.
456. *Histoire de Beyrouth* – Samir Kassir.
457. *Vaincre ou mourir à Stalingrad* – William Craig.
458. *Franklin D. Roosevelt* – André Kaspi.
459. *Louis-Philippe et sa famille* – Anne Martin-Fugier.
460. *Dans la Grèce d'Hitler* – Mark Mazower.
461. *Malaise dans la civilité ?* – Claude Habib, Philippe Raynaud (dir.).
462. *Comprendre la guerre. Histoire et notions* – Laurent Henninger, Thierry Widemann.
463. *Le guide des élections américaines* – Nicole Bacharan, Dominique Simonnet.
464. *Malaparte* – Maurizio Serra.
465. *L'Algérie des passions, 1870-1939* – Pierre Darmon.
466. *Le roman de Marrakech* – Anne-Marie Corre.
467. *René Char* – Laurent Greilsamer.
468. *Marie-Thérèse d'Autriche* – Jean-Paul Bled.
469. *La synarchie, le mythe du complot permanent* – Olivier Dard.
470. *Le Versailles de Louis XIV* – Mathieu Da Vinha.
471. *Norbert Elias et le XXe siècle* (dir. Quentin Deluermoz).
472. *La reine Astrid* – Pascal Dayez-Burgeon.
473. *Le Chemin des Dames* (dir. Nicolas Offenstadt).
474. *Encyclopédie de la Grande Guerre*, tome I (dir. Stéphane Audoin-Rouzeau et Jean-Jacques Becker).
475. *Encyclopédie de la Grande Guerre*, tome II (dir. Stéphane Audoin-Rouzeau et Jean-Jacques Becker).
476. *Hitler*, tome I, *20 avril 1889-octobre 1938* – John Toland.
477. *Hitler*, tome II, *Novembre 1938-30 avril 1945* – John Toland.
478. *Jacques Cœur* – Jacques Heers.
479. *Les maréchaux soviétiques parlent* (prés. Laurent Henninger).
480. *La vie des Huns* – Marcel Brion.
481. *Histoire de Belgrade* – Jean-Christophe Buisson.
482. *Allemagne IIIe Reich* – Mathilde Aycard, Pierre Vallaud.
483. *Le Moyen Age, ombres et lumières* – Jean Verdon.
484. *La saga des Habsbourg* – Jean des Cars.
485. *Aimé Césaire* – Romuald Fonkoua.

486. *L'art du commandement* – John Keegan.
487. *L'histoire des papes, de 1789 à nos jours* – Bernard Lecomte.
488. *Vercingétorix* – Paul M. Martin.
489. *Le défilé des réfractaires* – Bruno de Cessole.
490. *Hitler parle à ses généraux* (prés. Helmut Heiber).
491. *Hermann Goering* – François Kersaudy.
492. *L'affaire des Poisons* – Jean-Christian Petitfils.
493. *Les trente glorieuses chinoises* – Caroline Puel.
494. *La résistance allemande à Hitler* – Joachim Fest.
495. *Histoire des auteurs* – Isabelle Diu, Elisabeth Parinet.
496. *Madame du Barry* – Jacques de Saint Victor.
497. *Dominique de Roux* – Jean-Luc Barré.
498. *Thierry Maulnier* – Étienne de Montety.
499. *Tocqueville* – Jean-Louis Benoît.
500. *Combattant de la France Libre* – Jean-Mathieu Boris.
501. *Himmler*, tome I, *1900-septembre 1939* – Peter Longerich.
502. *Himmler*, tome II, *septembre 1939-mai 1945* – Peter Longerich.
503. *Portraits-souvenirs* – Alain Duhamel.
504. *Le complexe de l'autruche* – Pierre Servent.
505. *L'abbé Mugnier* – Ghislain de Diesbach.
506. *Le Prince* – Nicolas Machiavel.
507. *La traque d'Eichmann* – Neal Bascomb.
508. *Churchill et Hitler* – François Delpla.
509. *Histoire de la Corse et des Corses* – Jean-Marie Arrighi, Olivier Jehasse.
510. *De la guerre en Amérique* – Thomas Rabino.
511. *Histoire du Japon médiéval* – Pierre-François Souyri.
512. *1492, un monde nouveau ?* – Bartolomé et Lucile Bennassar.
513. *Napléon et la guerre d'Espagne* – Jean-Joël Brégeon.
514. *Bismarck* – Jean-Paul Bled.
515. *La Lorraine des ducs* – Henry Bogdan.
516. *Morts pour Vichy* – Alain Decaux.
517. *La duchesse de Chevreuse* – Denis Tillinac.
518. *Histoire intellectuelle des droites* – François Huguenin.
519. *Les crimes de la Wehrmacht* – Wolfram Wette.

À paraître

L'exode – Éric Alary.
Les soldats de la honte – Jean-Yves Le Naour.

Composition Nord Compo
Villeneuve-d'Ascq

Impression réalisée par

BRODARD & TAUPIN

La Flèche (Sarthe), le 04-09-2013

N° d'édition : 2975 – N° d'impression : 3001381
Dépôt légal : septembre 2013
Imprimé en France